中国文化遗产研究院·文物保护科技系列·2018年
山东省菏泽市定陶区文物局

定陶汉墓黄肠题凑调查、保护与研究

成　倩　王江峰　著

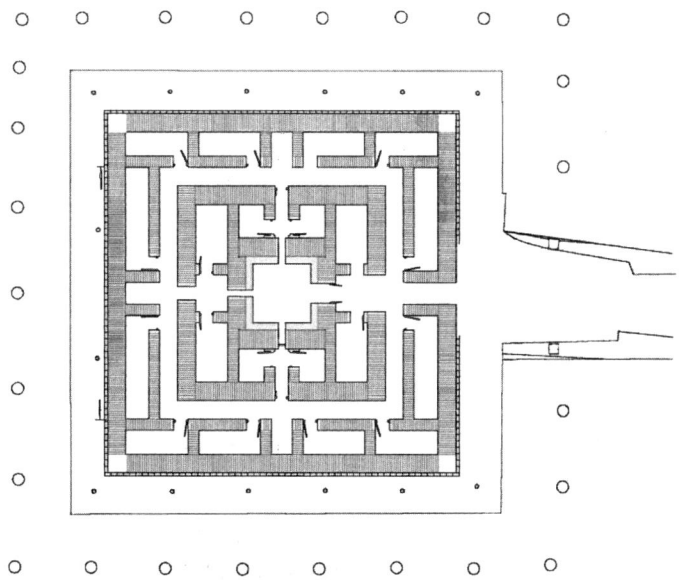

科学出版社
北　京

内 容 简 介

2013年,定陶王墓地(王陵)M2汉墓被评为"2012年度全国十大考古新发现"。本书以该墓出土"黄肠题凑"饱水木结构为研究对象,阐述了利用最新技术手段,开展现状调查、现场保护、动态监测、文字辨识以及保护技术研究等一系列工作,力求解决文物保护和考古研究中的实际问题,为大型出土(水)木质文物保护提供了示范案例。

本书适用于大专院校文化遗产保护及相关专业本科生和研究生使用,对文物保护与修复专业技术人员和考古工作者也具有参考价值与启示。

图书在版编目(CIP)数据

定陶汉墓黄肠题凑调查、保护与研究 / 成倩,王江峰著 . —北京:科学出版社,2018.7
ISBN 978-7-03-058252-2

Ⅰ. ①定⋯ Ⅱ. ①成⋯ ②王⋯ Ⅲ. ①汉墓–埋葬制度–调查研究–菏泽 Ⅳ. ①K892.22

中国版本图书馆CIP数据核字(2018)第155663号

责任编辑:雷 英 / 责任校对:邹慧卿
责任印制:肖 兴 / 封面设计:金舵手世纪

科 学 出 版 社 出版
北京东黄城根北街16号
邮政编码:100717
http://www.sciencep.com

中国科学院印刷厂 印刷
科学出版社发行 各地新华书店经销
*

2018年7月第 一 版 开本:787×1092 1/16
2018年7月第一次印刷 印张:20 1/4 插页:16
字数:450 000

定价:228.00元
(如有印装质量问题,我社负责调换)

序 一 FOREWORD I

中国文化遗产研究院院长 柴晓明

定陶汉墓M2位于山东省菏泽市定陶区马集镇西北约2000米，是我国目前发现规模最大、规格最高、保存最完整的大型"黄肠题凑"葬制墓葬之一，其年代为西汉晚期。考古学界认为墓主为汉哀帝之母，即定陶恭王刘康之姬——丁氏。根据《汉书·哀帝纪》和《汉书·外戚传》等文献，丁太后去世后汉哀帝以汉代"天子之制"殡葬其母，并与恭王合葬，是目前所发掘的汉代最高等级的墓葬，也是学术界研究汉代帝王陵寝的重要标本，具有非常重要的地位。故如何在发掘后尽快保护该墓，并为今后长期保存该墓打下坚实基础，就成为当前一项非常艰巨的任务。

国家文物局对定陶汉墓的研究、保护等工作高度关注。2012年，国家文物局领导要求中国文化遗产研究院承担历史责任，迎难而上，做好定陶汉墓相关保护工作。此后中国文化遗产研究院作为技术总牵头单位，积极推动定陶汉墓的保护工作，与山东省文物局以及菏泽市、定陶县政府和文物部门等齐心协力，为定陶汉墓保护工作做出不懈努力，并在现场保护、展示的研究及方案的设计等方面取得重大成就。

众所周知，出土出水大型木构文物保护是国际性难题，从瑞典瓦萨号和英国玛丽罗斯号沉船，到我国的杭州跨湖桥独木舟、随州曾侯乙墓、六安双墩一号黄肠题凑等诸多案例，无不在保护过程中遇到各种难题，工作周期较长，许多工作仍在持续进行中。定陶汉墓出土黄肠题凑用材量大约2000立方米，不仅体量硕大，而且历经2000多年岁月洗礼和黄河泛滥淤埋，致使这一饱水木构建筑在重见天日之时，已经出现木材开裂、盐析、微生物大片滋生等诸多病害。发掘出土的定陶汉墓遗迹位于距离当代地表11米的一个大深坑中，不断受到地下水、自然降水的侵扰，又为已经脆弱斑驳的文物躯体增添了新的伤害，情况相当复杂。面对这样一项珍贵而特殊的保护对象，开展长期的保护工作犹如"摸着石头过河"一般，没有现成的经验可供借鉴。

定陶汉墓"黄肠题凑保护"项目组是一个由年轻人组成的团队。尽管团队部分成员参与过高句丽墓葬壁画原址保护及南海Ⅰ号出水文物保护等项目，但是对于大型出土木结构的原址保护经验仍属寥寥。可贵的是，子项目负责人成倩以及沈大娲等同志不畏困难，查阅大量中英文文献，赴国内外遗址考察调研，与国内外专家深入交流，借鉴各项保护经验与教训，不断思考完善满足定陶汉墓黄肠题凑特定需求的一整套保护思路。例如，定陶汉墓自动控制喷淋系统是我国在文物遗址上的首次应用，保障了黄肠题凑在较长时间内的高度稳定，为后续的保护设施建设、保护研究赢得了时间。汉墓环境监测系统利用激光调制技术克服了极端高湿环境下对汉墓环境的精准监测和数据传输难题，也是一项创新性的实践。以王江峰为首的定陶区文物局团队与项目组密切配合，五年间精心组织，落实现场监测等，做了大量工作。

本书主要反映的就是定陶汉墓保护项目的子项目"黄肠题凑保护"工作和研究的部分成果。该书系统阐释了目前所能做到的保护该墓葬黄肠题凑的科学方法，具有学术和现实意义。更重要的是，通过这一项目的历练，项目组同志不仅积累了解决实际保护问题的经验，更锻炼了将高新科学技术用于文物保护领域的能力。我希望中国文化遗产研究院的青年业务人员在面对祖先留给我们厚重的文化遗产时，更加具有敬畏感和历史责任感，不仅努力将每一项保护工作做得更好，而且能够把自己的工作实践心得整理、发表出来，供业界评判、指导。

2018 年 6 月

序 二 FOREWORD II

湖北省博物馆原馆长、研究馆员 陈中行

在人类的历史长河中，出土的竹木漆器类文物以它各色的造型、神秘的纹样、精巧的工艺、深厚的历史文化内涵，成为文化遗产宝库中的独特一支。我国是一个出土木质文物历史悠久、类型极为丰富的国家，不仅竹木漆器精致繁多，而且出土（出水）的大型饱水木结构也层出不穷。例如，杭州跨湖桥遗址出土8000年前独木舟、湖北随州曾侯乙墓、浙江绍兴印山大墓、上海元代水闸遗址、成都商业街出土船棺葬、扬州天山广陵王汉墓出土黄肠题凑、安徽六安双墩一号墓出土黄肠题凑、北京的大葆台汉墓和老山汉墓，等等。出水文物有广东阳江的"南海 I 号"、海南省博物馆藏"华光礁一号"，宁波"小白礁一号"等重要的木质沉船等，不胜枚举。

与精巧的竹木漆器相比，大型木结构具有体量硕大、结构复杂、承载的考古历史信息丰富等特点，反映出古代工匠对木材属性的认识和对"木作"技术的成熟应用。但是，由于遗址出土木构的木材种属不同、埋藏环境不同、腐蚀程度不均匀，大型木结构整体的原址保护方式具有很多的局限性。

跨湖桥遗址于2002年被评为"2001年度全国十大考古新发现"，2006年被国务院核定公布为第六批全国重点文物保护单位。算是有缘，在跨湖桥独木舟遗址发现的同年，我承担了国家"十五"科技攻关项目——"遗址大型饱水木构件的原址保护技术研究"。跨湖桥独木舟遗址项目于是成为重要的保护研究类型和重点案例。团队通过十多年的研究和施工，集结了众多领域的科研力量，终于使跨湖桥独木舟及其遗址得到基本稳定。因此，我深知大型出土饱水木结构的原址保护是一项非常具有挑战性的任务。

山东定陶M2汉墓是目前我国已经问世的10余座"黄肠题凑"墓葬中规模最大、保存最为完整的一座西汉王陵，具有极为珍贵的历史、科学和艺术价值，被评为"2012年度全国十大考古新发现"。

大型出土饱水木质结构文物的保护，由于其存在的遗址或者墓葬环境的不同，特别是地质环境的不同，原址保护的方法和技术亦不尽相同，因此这也是文化遗产保护领域的一类国际性难题。以成倩为首的中国文化遗产研究院定陶汉墓黄肠题凑保护团队联合定陶区文物局王江峰等同志，以出土汉墓黄肠题凑木结构建筑为对象，系统地阐述了现状调查、现场保护与监测、保护研究等几方面的工作成果。黄肠题凑保护团队根据定陶汉墓遗址的实际保存情况，采用了自动控制双流体喷雾喷淋系统、半导体激光调制和分布式感温光纤环境监测系统等最新科技，应用于汉墓黄肠题凑的抢救性保护。这些技术是首次在国内大型遗址中应用，其保护方式先进，成果具有创新性和其他同类遗址可借鉴性。

为了满足黄肠题凑原址保护的需求，项目团队开展了近四年的脱水加固对比实验，其研究结果可服务于未来的现场保护工作；针对黄肠题凑动态的变化特征，团队人员对本体和保存环境连续监测、分析，灵活应对汉墓动态变化，切实采取相应保护措施，体现出较好的保护技术水平；采用高光谱成像技术，解决了黄肠题凑墨书文字的辨读问题，为考古研究提供了重要的实物证据。这些研究成果对于其他国内外大型饱水木质文物保护具有重要的参考意义。

这几年来，关于定陶汉墓保护项目的专家咨询会、论证会，我已经参加过大大小小数十次之多，也见证了项目的进展和取得的各项成绩。成倩同志一直坚持将最新的科学技术与古老的黄肠题凑的保护研究相结合，努力维护汉墓的安全稳定，为后续长期保护处理提供了有力的条件。作为新一代的保护工作者，能够迎难而上，勇于承担，努力解决保护工程的实际问题，十分可贵。在本书出版之际，我欣然为其撰序，希望她再接再厉，在出土木质文物保护领域做出更大的贡献！

2018 年 4 月

序 三 FOREWORD III

中国文化遗产研究院原副院长、研究馆员
定 陶 汉 墓 保 护 项 目 负 责 人   马清林

在人类发展历史中，留下了无数历史遗迹和遗物，其中木质类文物遗存丰富多样，包括竹木漆器和古代建筑结构体，其科学保护也面临诸多难题。20世纪70年代，我国文物科技保护专家胡继高、陈中行先生等开展了竹木漆器保护研究工作，取得了很多成果，积累了丰富经验。在21世纪初期，又启动了大型木质文物保护研究工作和工程实施。由于大型出土木构筑物具有体积庞大、不易整体移动和难于均匀脱水定型等特点，因此亟须开展科学研究，开启新思路，寻找新的保护技术。

山东定陶王墓地（王陵）属于第七批全国重点文物保护单位，该遗址M2号墓自2010年10月山东省文物考古研究所、菏泽市文物管理处、定陶县文管处联合组队抢救性发掘，出土了"黄肠题凑"形制的椁室。木椁顶部共有五层枋木封盖，厚1.6 m。椁室底部也垒砌四层枋木，厚约1.28 m。墓室内高约1.85 m。整个墓室在水位之下，底部有厚约0.2 m的淤泥。木椁墓室用木材总量约2000立方米。木材种类有柏木、楠木、硬松木等，棺为梓木。这是我国目前已经发掘"黄肠题凑"形制墓葬中规模最大、保存最为完整的一座。

定陶M2汉墓发掘和"黄肠题凑"椁室出土，引起国家文物局、山东省政府和社会各界的高度关注。2012年，受国家文物局领导指示，要求中国文化遗产研究院组织相关力量，调研情况，以原址保护为原则，提出定陶汉墓保护的决策建议。9月，中国文化遗产研究院"定陶汉墓保护项目组"成立，由木质文物保护、生物防治、遗址水环境控制和考古学方面的专业人员组成。

2013年1月，中国文化遗产研究院党政联席会议议定定陶汉墓保护项目由马清林副院长督办，许言副院长辅助，以强化院内多专业力量参与。

2014年3月，山东定陶县文物局发来《山东定陶王墓地（王陵）M2汉墓原址保护工程方案》文物保护工程设计合同书，以及《关于定陶王墓地（王陵）M2汉墓原址本体保护的说明》公函。确定定陶王墓地（王陵）M2汉墓的本体保护基本面积为：以黄肠题凑汉墓为中心放大的正方形区域，边长为50 m×50 m。柱洞、积砂槽及50 m×50 m范围内夯土属于本体保护范围，施工中不能受到影响，在设计时应充分考虑。

2014年5月，"《山东定陶王墓地（王陵）M2汉墓保护工程（一期）》方案论证会"在国家文物局召开。认为该方案以墓葬所在区域的水文地质勘察结果为基础，以疏干排水、修建挡水墙和原址保护为基本思路，结合原址支顶与保护设施建设，为黄肠题凑和夯土区的长期有效保护创造了良好环境，并为展示创造了条件，有利于定陶汉墓的保护和长期保存。同时建议立刻启动"黄肠题凑"的自动喷淋设施建设。

2014年6月，财政部、国家文物局在京组织召开了"2014年度国家重点文物保护专项补助资金额度较大项目评审会"，确定了项目预算编制和预算终审。7月，山东定陶王墓地（王陵）M2汉墓"黄肠题凑"喷雾喷淋系统实施方案专家咨询会召开。

至此，在项目组和相关合作单位的共同努力下，经过两年多时间的考察、研究、专家会议评估及领导指导，定陶汉墓原址保护工程正式拉开序幕。

定陶M2汉墓原址保护是一项非常复杂的系统工程，涉及水文地质、岩土力学、环境科学、建筑学、化学、文物保护、微生物学和考古学等。根据M2汉墓保存现状实际问题和保护侧重，项目研究和工程实施分五个方面：①M2汉墓保护设施工程；②M2汉墓保护设施建设中的相关考古工作；③M2汉墓墓圹与夯土区保护前期研究；④M2汉墓黄肠题凑的临时性保护与前期研究；⑤M2汉墓生物病害监测及防控前期研究。保护研究工程汇集了中国文化遗产研究院、北京科技大学、中国科学院微生物研究所、南开大学、北京化工大学、中铁西北科学研究院有限公司、中国航天科技集团公司第十一研究院等国内科研设计工程技术人员。

在2014年国家文物局批复后，经过三年多时间的努力，至2017年底，定陶M2汉墓保护的各项工作取得了很多成果，达到了项目设计的预期，部分项目已开始实施。

本书主要介绍山东定陶王墓地（王陵）M2汉墓"黄肠题凑"的临时性保护与前期研究及实施情况，该部分由成倩、沈大娲副研究员负责，开展了"定陶汉墓黄肠题凑保护、监测与前期研究子项目"工作；为"黄肠题凑""量身定制"的自动控制喷淋系统保证了饱水木结构较长期的稳定，光纤传感技术应用下的环境监测系统可以实时在线显示黄肠题凑保存状态；持续三年跟踪监测木材的动态变化和椁室内、外环境因素波动规律；在实验室开展以环境因素控制为主导的"黄肠题凑"整体脱水保护技术前期研究，获得了大量的数据和科学结论。

《定陶汉墓黄肠题凑调查、保护与研究》一书作为《山东定陶王墓地（王陵）M2 汉墓保护工程（一期）》的部分内容，是大型木质文物或木构文物科学保护的重要尝试性科学研究成果。由于考古工作的新进展，重要发现不断出现，具体保护工作思路也发生了调整。但是，M2 汉墓前期的科研成果仍然具有科学意义和实践指导意义，它们的分集出版，必将发挥学术指导和科研成果扩散的作用，持续为祖国和人类的文化遗产保护发挥作用。

2018 年 4 月

前　言 PREFACE

　　定陶王墓地（王陵）M2汉墓（以下简称"定陶汉墓"）位于山东省菏泽市定陶区马集镇大李家村西北约2000 m处。近年来，该墓葬多次被盗，墓室正上方和东北角均出现盗洞痕迹。经山东省文物局研究并报国家文物局批准后，于2010年10月上旬，山东省文物考古研究所组队开始对M2定陶汉墓进行抢救性发掘。

　　迄今为止，墓室清理工作基本完成，墓葬"黄肠题凑"形制保存完整，有彩棺、丝袍等少量随葬品。该墓葬整体呈"甲"字形，墓圹呈正方形，边长约28.3 m，加之柱洞等与墓室结构相关的设施，整个墓葬范围约40 m见方。"黄肠题凑"墓椁呈正方形，边长23 m。整体使用木材量高达2000 m³。是目前我国已经发掘的10余座"黄肠题凑"墓葬中规模最大、规格最高、保存最完整的一座。被考古学界评为"2012年度全国十大考古新发现"。

　　"黄肠题凑"葬制是汉代高级贵族的特殊丧葬制度，它从一个侧面反映了汉代的礼仪制度、等级制度及思想文化的发展等。"黄肠题凑"是这种葬制中重要的葬具，它最晚出现在战国时期的"题凑"制，在西汉时期盛行一时，在东汉砖室墓的兴盛中逐渐没落，是竖穴木椁墓发展到鼎盛的一种形制。但是由于这是一类等级较高的葬制，文献记载和考古发掘的资料并不丰富，人们对于这类墓葬内部的构筑形式没有全面的认识。定陶王墓地M2汉墓黄肠题凑的出土，使我们更为深入地认识"黄肠题凑"的葬制、建筑结构及其折射出的汉代的社会、文化风貌。

　　墓地距黄河60 km，南距黄河古道近80 km。经年累月的黄河冲积淤埋使该墓葬的封土厚达11 m，然而地下水位距离地表下常年维持在2 m左右。因此，封土淤埋较深、水位运行较浅，这些都使得后续的考古和保护工作阻力重重。目前汉墓遗址仍处于积水坑中，黄肠题凑椁室木材整体处于饱水状态。局部墙体木材和椁室外顶部糟朽更为严重，并且逐渐出现失水、开裂、盐析、微生物滋生等病害。2012年9月，山东省文物局和定陶县文物局正式委托中国文化遗产研究院作为技术总牵头单位,承担以"黄肠题凑"为核心的定陶汉墓保护工程。这时距离出土发掘已有近3年时间,期间工作人员不断进出墓室,反复抽取墓室积水,导致墓室环境剧烈波动等,加剧了木材腐蚀糟朽的进程。

木质文物属于有机质吸湿性材料,其特征是材质脆弱不稳定,非常容易受到环境变化、生物破坏、人为影响等因素的干扰。在经历了2000多年的密封水侵,汉墓原本干燥坚固的木材以饱水糟朽的状态重见天日,其木材组织、结构与建造初期不可同日而语。如此大体量的饱水木质建筑结构的保护在我国文物保护历史上尚属首次,亦属于一项国际性的难题。工程涉及面广、工程量大、风险值高,是一个跨多学科领域的综合性文化遗产保护工程。

作为文物保护工作者,我们面临的一项巨大的挑战和任务是:在建设保护设施期间,如何维持汉墓木材形貌暂时的稳定性?如何保证建筑结构的稳定?如何使饱水的木结构能够保持一个长期稳定的存放状态?

为此,本书以山东定陶汉墓出土饱水木质黄肠题凑椁室为研究对象,开展了前期调查、保存现状分析和科学检测,探讨了木材腐蚀风化的原因;并详细介绍为期3年的临时性保护施工期间,饱水黄肠题凑椁室的保护、监测、维护等方面的工作,以及在实验室展开相关研究工作的最新结论。在保护研究过程中,意外发现题凑木材内侧的墨书文字,为判断汉墓墓主身份、营造年代、营造技术等方面提供了重要的考古信息,并以此研究了墨书黄肠题凑的保护技术。本书希望为后续的现场保护、设计和利用提供重要的科学依据,亦希望为国内外大型出土木构建筑的保护修复提供翔实的案例和经验。

本书的第1章和第2章展示了定陶汉墓2012年的现状调查情况;第3章为文献调研;第4~7章侧重于介绍现场保护和动态监测;第8~11章着重于阐述相关保护研究工作;第12章回顾了文物保护工程的组织管理;第13章为结语。

目 录 CONTENTS

序一 　　　　　　　　　　　　　　　　　　　　　　　　　　柴晓明（ i ）
序二 　　　　　　　　　　　　　　　　　　　　　　　　　　陈中行（iii）
序三 　　　　　　　　　　　　　　　　　　　　　　　　　　马清林（ v ）
前言 　　　　　　　　　　　　　　　　　　　　　　　　　　　　（ix）

第1章　概况 ··（001）

1.1　定陶汉墓考古背景 ··（001）

1.2　"黄肠题凑"墓葬制度及考古发现 ·······································（003）

1.2.1　"题凑"类墓葬建筑材质 ·······································（005）
1.2.2　"黄肠题凑"建筑形式 ···（006）
1.2.3　"黄肠题凑"建筑历史沿革 ···································（006）
1.2.4　定陶汉墓"黄肠题凑"建筑结构 ····························（009）

1.3　定陶汉墓"黄肠题凑"保护进展 ··（010）

第2章　保存现状调查与评估 ··（014）

2.1　保存现状与病害调查 ···（014）

2.1.1　保存现状 ···（014）
2.1.2　病害调查 ···（017）

2.2　科学分析 ···（019）

2.2.1　木材种属 (019)
　　　2.2.2　微观形貌观察 (025)
　　　2.2.3　木材化学组成分析 (026)
　　　2.2.4　木材、积水及土壤盐分分析 (031)
　　　2.2.5　"黄肠题凑"木材的物理特性 (034)
　　　2.2.6　木材保存状况和糟朽程度分析 (038)
　　　2.2.7　小结 (042)
　2.3　保存现状与病害原因探讨 (042)
　　　2.3.1　木材腐蚀的内因 (042)
　　　2.3.2　水的破坏性 (043)
　　　2.3.3　盐分的影响 (044)
　　　2.3.4　环境变化的影响 (044)
　　　2.3.5　微生物的影响 (048)
　　　2.3.6　小结 (048)

第3章　文献调研 (051)

　3.1　木材保护基本概念 (051)
　3.2　木质文物干缩性原理 (053)
　3.3　大型饱水木质文物脱水保护的国外调研 (053)
　　　3.3.1　瑞典战船Vasa号 (053)
　　　3.3.2　意大利出土木质文物保护调研 (054)
　3.4　大型饱水木质文物脱水保护的国内调研 (065)
　　　3.4.1　安徽六安双墩一号汉墓黄肠题凑 (065)
　　　3.4.2　江苏扬州汉广陵王墓黄肠题凑 (066)
　　　3.4.3　浙江萧山跨湖桥遗址独木舟 (066)
　　　3.4.4　湖南长沙西汉渔阳墓黄肠题凑 (068)
　3.5　大型饱水木质文物脱水保护的文献查阅 (070)
　　　3.5.1　国外研究情况 (070)
　　　3.5.2　国内研究情况 (071)

3.5.3 饱水木质文物脱水加固处理方法研究⋯⋯⋯⋯⋯⋯⋯⋯⋯⋯⋯⋯（072）

第 4 章　自动控制喷雾喷淋系统⋯⋯⋯⋯⋯⋯⋯⋯⋯⋯⋯⋯⋯⋯⋯⋯⋯（083）

4.1 引言⋯⋯⋯⋯⋯⋯⋯⋯⋯⋯⋯⋯⋯⋯⋯⋯⋯⋯⋯⋯⋯⋯⋯⋯⋯⋯⋯⋯⋯⋯（083）

4.2 历史上大型古沉船的喷淋保护⋯⋯⋯⋯⋯⋯⋯⋯⋯⋯⋯⋯⋯⋯⋯⋯（083）

4.3 设计目的⋯⋯⋯⋯⋯⋯⋯⋯⋯⋯⋯⋯⋯⋯⋯⋯⋯⋯⋯⋯⋯⋯⋯⋯⋯⋯⋯（085）

4.4 设计内容⋯⋯⋯⋯⋯⋯⋯⋯⋯⋯⋯⋯⋯⋯⋯⋯⋯⋯⋯⋯⋯⋯⋯⋯⋯⋯⋯（085）

    4.4.1 墓室内部喷雾喷淋管路⋯⋯⋯⋯⋯⋯⋯⋯⋯⋯⋯⋯⋯⋯⋯⋯⋯（085）

    4.4.2 墓室外顶部喷淋⋯⋯⋯⋯⋯⋯⋯⋯⋯⋯⋯⋯⋯⋯⋯⋯⋯⋯⋯⋯（088）

    4.4.3 动力机房机组⋯⋯⋯⋯⋯⋯⋯⋯⋯⋯⋯⋯⋯⋯⋯⋯⋯⋯⋯⋯⋯（089）

4.5 耗液量统计⋯⋯⋯⋯⋯⋯⋯⋯⋯⋯⋯⋯⋯⋯⋯⋯⋯⋯⋯⋯⋯⋯⋯⋯⋯（091）

4.6 运行效果⋯⋯⋯⋯⋯⋯⋯⋯⋯⋯⋯⋯⋯⋯⋯⋯⋯⋯⋯⋯⋯⋯⋯⋯⋯⋯⋯（092）

4.7 结论⋯⋯⋯⋯⋯⋯⋯⋯⋯⋯⋯⋯⋯⋯⋯⋯⋯⋯⋯⋯⋯⋯⋯⋯⋯⋯⋯⋯⋯⋯（093）

第 5 章　环境监测系统设计与实施⋯⋯⋯⋯⋯⋯⋯⋯⋯⋯⋯⋯⋯⋯⋯⋯（095）

5.1 设计目的⋯⋯⋯⋯⋯⋯⋯⋯⋯⋯⋯⋯⋯⋯⋯⋯⋯⋯⋯⋯⋯⋯⋯⋯⋯⋯⋯（095）

5.2 保存环境⋯⋯⋯⋯⋯⋯⋯⋯⋯⋯⋯⋯⋯⋯⋯⋯⋯⋯⋯⋯⋯⋯⋯⋯⋯⋯⋯（096）

5.3 光纤传感技术原理⋯⋯⋯⋯⋯⋯⋯⋯⋯⋯⋯⋯⋯⋯⋯⋯⋯⋯⋯⋯⋯⋯（097）

    5.3.1 传统湿度监测的缺陷⋯⋯⋯⋯⋯⋯⋯⋯⋯⋯⋯⋯⋯⋯⋯⋯⋯⋯（097）

    5.3.2 TDLAS 技术原理⋯⋯⋯⋯⋯⋯⋯⋯⋯⋯⋯⋯⋯⋯⋯⋯⋯⋯⋯⋯（097）

    5.3.3 分布式光纤温度传感系统⋯⋯⋯⋯⋯⋯⋯⋯⋯⋯⋯⋯⋯⋯⋯（099）

5.4 系统设计及实施⋯⋯⋯⋯⋯⋯⋯⋯⋯⋯⋯⋯⋯⋯⋯⋯⋯⋯⋯⋯⋯⋯⋯（101）

    5.4.1 系统总体方案设计⋯⋯⋯⋯⋯⋯⋯⋯⋯⋯⋯⋯⋯⋯⋯⋯⋯⋯⋯（101）

    5.4.2 墓室内温度及高湿环境的监测⋯⋯⋯⋯⋯⋯⋯⋯⋯⋯⋯⋯⋯（101）

    5.4.3 墓室外顶温度监测⋯⋯⋯⋯⋯⋯⋯⋯⋯⋯⋯⋯⋯⋯⋯⋯⋯⋯⋯（103）

    5.4.4 墓室周围环境温湿度监测⋯⋯⋯⋯⋯⋯⋯⋯⋯⋯⋯⋯⋯⋯⋯（104）

    5.4.5 系统信息的展示与利用⋯⋯⋯⋯⋯⋯⋯⋯⋯⋯⋯⋯⋯⋯⋯⋯（105）

    5.5 结论 ··（107）

第 6 章　环境监测分析与利用 ···（109）

    6.1 墓室温度一致性情况分析 ··（110）
        6.1.1 墓道口至墓室内部温度一致性 ···（110）
        6.1.2 S1 小室范围内温度一致性 ···（113）
        6.1.3 墓室四周温度一致性 ··（115）
        6.1.4 盗洞处温度变化情况 ··（119）
        6.1.5 墓室温度回归分析 ···（119）
        6.1.6 小结 ···（121）
    6.2 墓顶温度数据分析 ··（122）
        6.2.1 遮阳棚下温度变化情况 ··（122）
        6.2.2 墓顶温度变化情况 ···（123）
        6.2.3 大气、遮阳棚与墓顶温度变化对比 ···（124）
        6.2.4 小结 ···（126）
    6.3 墓顶保护与监测系统的评价与改进 ··（127）
        6.3.1 模型建立 ···（127）
        6.3.2 温度场数学模型 ···（127）
        6.3.3 风速场数学模型 ···（129）
        6.3.4 水蒸气质量场数学模型 ··（130）
        6.3.5 评价与预测 ··（131）

第 7 章　定陶汉墓木材监测 ···（135）

    7.1 监测目的 ··（135）
    7.2 监测对象 ··（136）
        7.2.1 喷淋终端水 ··（136）
        7.2.2 墙体木材 ···（136）
        7.2.3 结构裂隙 ···（140）

7.3 监测方法 ……………………………………………………………………………（143）
7.3.1 喷淋系统终端水质 ……………………………………………………（143）
7.3.2 木材材质 ……………………………………………………………（143）
7.3.3 木材裂隙 ……………………………………………………………（144）

7.4 监测结果 ……………………………………………………………………………（144）
7.4.1 喷淋终端水质监测结果 ………………………………………………（144）
7.4.2 木材监测结果 …………………………………………………………（145）
7.4.3 裂隙监测结果 …………………………………………………………（148）

7.5 数据分析 ……………………………………………………………………………（148）
7.5.1 喷淋阶段监测点木材含盐量对比 ……………………………………（148）
7.5.2 喷淋前后盐分对比分析 ………………………………………………（148）
7.5.3 与新鲜柏木含盐量对比 ………………………………………………（154）
7.5.4 喷淋前后 pH 对比分析 ………………………………………………（154）

7.6 结论 …………………………………………………………………………………（156）

第 8 章 黄肠题凑木材脱水保护研究 ……………………………………………（157）

8.1 实验目的 ……………………………………………………………………………（157）

8.2 黄肠题凑木材腐蚀特征 ……………………………………………………………（158）
8.2.1 样品前期准备 …………………………………………………………（158）
8.2.2 分析过程 ………………………………………………………………（158）
8.2.3 木材腐蚀特点讨论 ……………………………………………………（159）

8.3 PEG 加固技术模拟实验 ……………………………………………………………（160）
8.3.1 PEG 加固剂初步筛选实验 ……………………………………………（160）
8.3.2 两步法 PEG 加固剂筛选实验 ………………………………………（162）
8.3.3 实验结果与讨论 ………………………………………………………（163）

8.4 环境控制木材脱水模拟实验 ………………………………………………………（173）
8.4.1 实验目的 ………………………………………………………………（174）
8.4.2 样品制备 ………………………………………………………………（174）
8.4.3 实验内容与步骤 ………………………………………………………（175）

| 8.4.4   实验结果与讨论 …………………………………………（177）
| 8.5   结论 ………………………………………………………………（192）

第9章　黄肠题凑墨书的发现与信息提取 ……………………………（194）

　　9.1　引言 ………………………………………………………………（194）
　　9.2　定陶黄肠题凑墨书发现过程 ……………………………………（195）
　　9.3　短波红外成像光谱的应用 ………………………………………（197）
　　　　9.3.1　高光谱成像技术概述 ……………………………………（197）
　　　　9.3.2　短波红外成像光谱数据获取 ……………………………（198）
　　　　9.3.3　信息提取方法 ……………………………………………（199）
　　　　9.3.4　墨书信息提取 ……………………………………………（200）
　　　　9.3.5　墨书信息解译 ……………………………………………（203）
　　　　9.3.6　镜向文字现象 ……………………………………………（203）
　　9.4　结论 ………………………………………………………………（205）

第10章　饱水墨书黄肠题凑木材保护研究 …………………………（207）

　　10.1　引言 ……………………………………………………………（207）
　　10.2　文献综述 ………………………………………………………（208）
　　　　10.2.1　饱水竹简木牍保护研究 ………………………………（208）
　　　　10.2.2　汉代用墨研究 …………………………………………（208）
　　　　10.2.3　墨书保护评价研究 ……………………………………（209）
　　10.3　研究目的 ………………………………………………………（210）
　　10.4　模拟实验技术路线 ……………………………………………（210）
　　10.5　模拟实验 ………………………………………………………（211）
　　　　10.5.1　样品制备 ………………………………………………（211）
　　　　10.5.2　老化实验 ………………………………………………（216）

10.5.3　脱盐实验 ………………………………………………………（220）

　　　10.5.4　脱水加固实验 …………………………………………………（221）

　10.6　分析讨论 …………………………………………………………………（245）

　　　10.6.1　色差对比分析 …………………………………………………（245）

　　　10.6.2　干缩率对比分析 ………………………………………………（247）

　　　10.6.3　保护方法对比分析 ……………………………………………（249）

　　　10.6.4　小结 ……………………………………………………………（250）

　10.7　结论 ………………………………………………………………………（251）

第11章　木材阻力仪的应用 ………………………………………………（253）

　11.1　引言 ………………………………………………………………………（253）

　11.2　文献综述 …………………………………………………………………（254）

　　　11.2.1　饱水木质文物特点 ……………………………………………（254）

　　　11.2.2　木材阻力仪技术 ………………………………………………（255）

　　　11.2.3　国内外相关研究 ………………………………………………（255）

　　　11.2.4　木材腐朽程度等级量化评估 …………………………………（257）

　　　11.2.5　定陶汉墓"黄肠题凑" ………………………………………（258）

　11.3　墓室保存状况评估 ………………………………………………………（260）

　　　11.3.1　顶板保存状况评估 ……………………………………………（260）

　　　11.3.2　立柱保存状况评估 ……………………………………………（264）

　　　11.3.3　横梁保存状况评估 ……………………………………………（266）

　　　11.3.4　墙体保存状况评估 ……………………………………………（270）

　11.4　木材阻力仪在饱水木结构研究中的应用 ………………………………（273）

　　　11.4.1　隐蔽部位木质结构尺寸的探测 ………………………………（273）

　　　11.4.2　木构件的裂隙探测 ……………………………………………（276）

　　　11.4.3　木材年轮探测 …………………………………………………（279）

　　　11.4.4　不同材种的特点 ………………………………………………（281）

　11.5　结论 ………………………………………………………………………（283）

第 12 章　定陶汉墓发掘以来的现场考古及保护管理 ……………（285）

12.1　项目概况 ………………………………………………………（285）
12.2　考古发掘情况 …………………………………………………（285）
12.3　文物保护工程进展情况 ………………………………………（290）
12.3.1　项目组织管理 …………………………………………（290）
12.3.2　方案编制与实施 ………………………………………（291）
12.4　工程现场的组织管理与配合 …………………………………（293）

第 13 章　结语 ……………………………………………………………（295）

附表　定陶汉墓黄肠题凑监测点木材含盐量数据表 ……………（297）

后记 ………………………………………………………………………（301）

第 1 章 概 况

1.1 定陶汉墓考古背景

山东省定陶王墓地（王陵）M2汉墓位于山东省定陶县马集镇大李家村西北约2000 m。该遗址在20世纪50年代初期还保留有三个堌堆。后来多次在堌堆上发现被盗掘的现象。2010年10月，经国家文物局批准，由山东省文物考古研究所、菏泽市文物管理处、定陶县文物管理处联合组队对三个堌堆中最大的一座，编号为M2的墓葬进行抢救性发掘。

墓葬整体呈"甲"字形（图1-1；图版1），斜坡式墓道朝东，长约20余米。墓圹近正方形，南北长28.46 m，东西宽27.84 m。墓圹四周边缘分布有一周柱洞，排列整齐[1]。墓椁位于墓圹中部，呈正方形，边长为23 m。木椁周围砌砖墙，墙外与墓圹之间形成积砂槽。墓圹夯土与椁室之间为积砂槽，宽2.2～2.8 m，用细沙封填。

平面：定陶汉墓的黄肠题凑结构并非形式，而是起着真正的承重、连接及加强作用。墓室内部为相互联通的复杂结构，由内至外依次为：最中心的前、中、后三个墓室沿东西方向贯通，其次为8个内层小室、回廊和12个外层墓室（图1-2；图版2）。最外围的题凑墙厚达1.15 m，由规格统一的木条整齐堆叠而成，端头清晰可见。

剖面：自上而下依次为顶部5层枋木，厚约1.6 m。5层枋木下叠压"黄肠题凑墙体"上部的过梁木，厚约26 cm。根据考古人员对西北角的发掘清理，"题凑墙"黄肠木共8层，高1.54 m。"题凑墙"上部第一层铺设两根一组的木材，其余下方7层均以3条薄枋木以榫卯串成一组。第8层为墙体下部的垫木，厚约16 cm。垫木之下即为木

图 1-1 定陶汉墓遗址俯视图

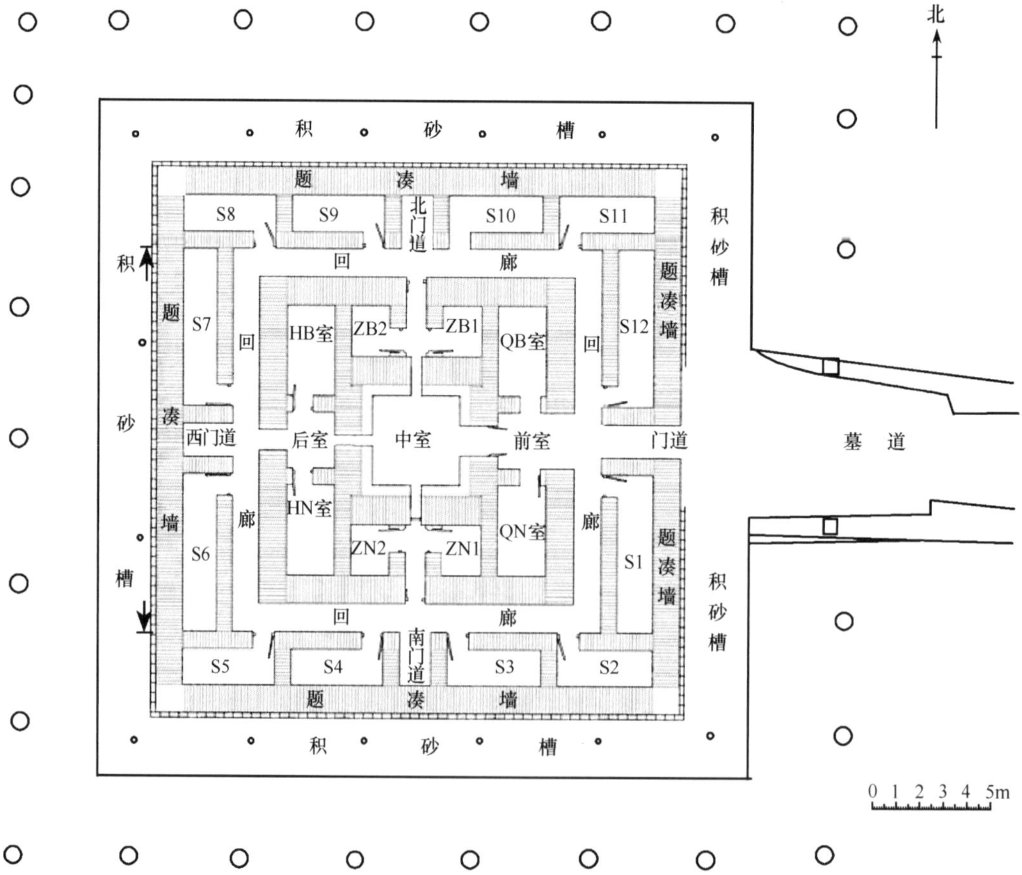

图 1-2 定陶王墓地 M2 汉墓平面图

椁墓室内底板。内底板之下，共有 4 层垒砌枋木，总厚度约 1.28 m。墓室下第 4 层椁木底板下，铺垫厚 5 cm 的积砂和两层子母扣青砖，青砖下有约 60 cm 厚积砂，之下有一层青砖[2]。整个汉墓采用榫卯结构，未见使用任何铁质固定物（图 1-3；图版 3）。

最外围的"题凑"墙厚 1.15 m，由 20994 根黄肠木组成，每根长 1.15 m，宽 0.16 m，厚约 0.07 m。回廊内侧、中室四周亦由长度为 1.15 m 的黄肠题凑叠垒，共计 2412 根。

M2 汉墓规模宏大，埋藏形式较为特殊，建筑考究，讲究对称。人工夯筑而成的地上墓室，墓圹四壁采用木板贴护，周围使用大量积砂，木椁的顶部及周边用青砖封护。墓椁使用木料 2000 余方。黄肠木支架采用榫卯结构相互连接，各个墓室门扉上下采用青铜构件固定，如此建筑考究的墓葬结构为全国罕见。

由于被盗等原因，墓葬中出土的随葬品等遗物仅发现丝袍和竹笥。从黄肠题凑葬制结构、随葬品和出土青砖的大量楷书及隶书特征，判断该墓的建造时代约为西汉晚期。

定陶汉墓一经发现，其墓主的身份就得到考古界的重视，经过学者多方考证，认为此墓墓主很可能为汉哀帝刘欣的生母丁姬[1]。因汉成帝无子，刘欣被征入廷，立为太子，时定陶王刘康已死，刘欣袭王位。哀帝即位后虽尊丁姬为帝太后，但仅过两年即过世，汉哀帝感念母亲，派重臣送丁姬太后归葬定陶，并且大规模修建帝太后陵墓[3]。从墓葬出土情况来看，该墓并未发现玉衣、印鉴等可以证明墓主身份的随葬器物，但是这可能也是因为一些历史原因造成的。该墓黄肠题凑的枋木上发现墨书文字："建始四年四月癸丑……长乐省匠由……"这些文字不仅记录了确切的纪年，以及黄肠题凑的尺寸规格、工匠名称、管理机构、墓葬营造等重要考古信息，也侧面印证了墓主身份[4]。

1.2 "黄肠题凑"墓葬制度及考古发现

自 20 世纪 50 年代以来，在北京、河北、湖南、江苏等省市，先后发现了战国、西汉、东汉时代的"黄肠题凑"墓，随着汉代诸侯王、王后墓中"黄肠题凑"这种葬制被逐渐发掘，人们也开始了对"黄肠题凑"墓葬制度的探讨。

文献中春秋时期即有"题凑"之名。《史记·滑稽列传》记载楚庄王（公元前 613～前 590 年）欲厚葬他的一匹爱马，优孟哭着讽谏应以人君之礼葬之："以雕玉为棺，文梓为椁，楩枫豫章为题凑。"[5]但是，考古发掘并未发现春秋时期"题凑"葬制的墓。最早出现"题凑"之名的文献应该是《吕氏春秋·孟冬纪·节丧》中"题凑之室，棺椁数袭，积石积炭，以环其外"的记载。《吕氏春秋》为战国晚期秦相吕

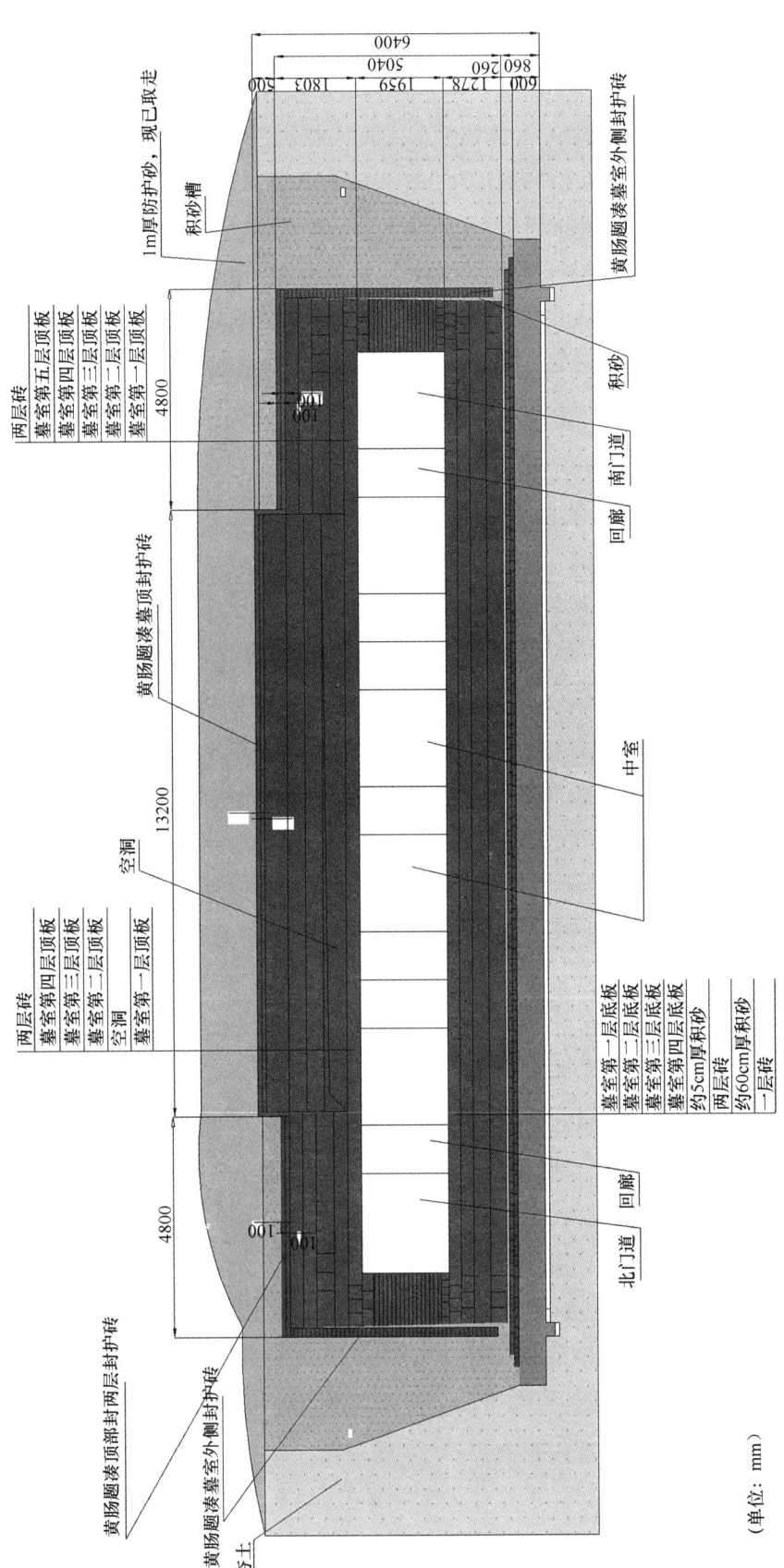

图 1-3 定陶王墓地 M2 汉墓剖面图
（单位：mm）

不韦组织编纂,所以"题凑"之制最迟为战国时期出现[5]。从文献的表述可以看出,"题凑"一经出现即为贵族享用的高级葬制,但是这时的"题凑"制并不是一套成体系的制度,应为这类葬制的形成时期。

"黄肠题凑"葬制是西汉时期盛行的帝、后和同制京师的诸侯国王、王后用的一套葬制,是西汉最高级的葬制之一。包括"黄肠题凑"、"枞木外藏椁"、"便房"和"梓宫"四部分[6]。关于西汉"黄肠题凑"的表述翔实,《汉书·霍光传》:"光薨,上及皇太后亲临光丧。……赐金钱、缯絮、绣被百领,衣五十箧,璧珠玑玉衣、梓宫、便房、黄肠题凑各一具。枞木外藏椁十五具。东园温明,皆如乘舆制度。"由此可见"黄肠题凑"这一葬制在西汉时期的尊贵等级和庞大规模。

东汉时期,"黄肠题凑"葬制受当时砖石室葬制流行的影响而产生了"石材题凑",它是"黄肠题凑"的变种。所谓"石材题凑",是指墓葬中砖室周围用石材砌垒的框壁结构,类似于"黄肠题凑"葬制中"黄肠题凑"的存在[7]。

关于"题凑"与"黄肠题凑"的形制,学界多有探讨,主要有两种不同的观点。其中刘振东先生[5]认为:题凑是顺墓壁方向垒成(枋木与墓壁平行),而黄肠题凑是逆墓壁方向垒成(枋木与墓壁垂直)。在这一观点中,枋木与墓壁垂直的墓葬形式都属于"黄肠题凑"制,而与"题凑"制没有关系。但是,从文献资料和考古发掘来看,"黄肠题凑"的起源、发展是离不开"题凑"制的,可以说,汉代的"黄肠题凑"制应该来源于"题凑"制。另外,何旭红先生[8]认为:题凑制是仅次于黄肠题凑制的葬制,它同样是组合先秦葬制而成,内容仍包括棺、便房、题凑、外藏椁等,相对于"黄肠题凑"葬制而言规定可能较宽泛。迄今为止所发现的这一类墓葬并不太多,墓葬所用的木材也并不单一。

1.2.1 "题凑"类墓葬建筑材质

战国时期,对"题凑"的用材似无严格的等级规定。根据文献记载"题凑"用材有柏、楩、枫、豫、樟等,而在墓葬的发掘报告中,对出土的战国时期"题凑"制用材也无明确表述。

西汉时期,柏木为材的"黄肠题凑"最为盛行,并且"黄肠题凑"葬制在葬具的用材上形成了一套严格的等级制度,各个葬具的用材都有明确的规定:"黄肠"题凑、"枞木"外藏椁、"楩"房和"梓"宫。其中"黄肠"为黄心柏木的心材。《汉书》和《续汉书》中都有相关记载。

东汉时期的"题凑"墓被称为"石材题凑",顾名思义是指墓葬中砖室周围用石材砌垒的框壁结构,"题凑"材质自然是石质,被称为"黄肠石"[7]。

1.2.2 "黄肠题凑"建筑形式

根据《后汉书·礼仪志》"大丧条下"刘昭注补引《汉书音义》篇说:"题,头也。凑,以头向内,所以为固也。"由此可知"题凑"是指木头头部向内堆放的墓葬结构。"题凑"构筑方式的产生,应与椁室的加固有关。因为大型墓的圹穴既大又深,如果不用较大的木材垒椁,则难以承受来自顶部的巨大压力。第一种是长沙咸家湖西汉曹(女巽)墓这一类型的"黄肠题凑",一端顶靠外椁墙,另一端用填土夯实,这种"以头向内"的"黄肠题凑"当时"所以为固",是起着加固外墙椁的作用。第二种是北京大葆台这一类型的"黄肠题凑",夹在内外墙回廊之间,"至今仍堆叠齐整,十分坚固",它承受着5层顶板的压力,当时起着所谓内椁墙的作用[9]。第三种一类是六安双墩一号汉墓,题凑直接构筑于外椁四周,整个题凑高度超过椁室,墓室顶端构架在题凑上面,使题凑起到承重墙的作用,把墓室连成一体,从而使墓室结构更为严谨、坚固,等于是前两种的结合;另一类是题凑建在外椁四周,以至低于外椁,在建筑上仅起象征作用,咸家湖陡壁山一号墓和象鼻嘴一号墓可归为这一类[10]。

"黄肠题凑"这一葬具的结构在不同的发展时期、不同的墓葬等级,有不一样的垒叠方式。西汉前期,"黄肠题凑"制作比较粗糙,平铺叠垒,各层题凑木之间无榫卯固定,题凑木头皆向内。从墓室看,只能看见枋木端头面,四壁顶部再加一层压边木,结构十分坚固,四角采用纵横相压的井干式结构。属于这种搭建结构的有北京大葆台西汉木椁墓、长沙象鼻嘴一号墓和陡壁山一号墓;河北定县40号墓还出现了6层枋木一横一顺叠垒而成(已焚毁)的形式。西汉中期开始出现榫卯,高邮天山一号墓四面凿出阴阳榫,使之与上下左右的题凑木相嵌合。东汉时期,"石材题凑"中题凑用法类同于"黄肠题凑",层层垒叠[6]。

1.2.3 "黄肠题凑"建筑历史沿革

1)战国时期

从时间顺序来看,战国时期的"题凑"墓应该是"黄肠题凑"葬制发展的初期。河南辉县固围村2号战国中期某魏王墓应该为"黄肠题凑"葬制发展初级阶段的墓葬。墓葬底用单层枋木铺成,四壁用长短枋木纵横相叠成约1 m厚的墙体(叠法为自下第一层南北向,第二层东西向,依次向上共17层,总高约4.15 m),顶用两层木板纵横排列(下层东西向,上层南北向)。内椁底、顶、四壁皆用枋木垒成,外涂黑漆，内涂红漆。内外椁间积炭，外椁外积砂积石[9]。

2）西汉时期

西汉是目前考古发现题凑墓最多的时期，这一时期的黄肠题凑材质多为柏木，也有其他材质的。黄肠题凑的建造结构因为时期的早晚和等级的高低，形制大小有所不同（表1-1）。

表1-1 西汉发掘"黄肠题凑"形制墓葬一览

发掘年份	出土地点、墓号	墓主	墓葬时代	指定墓主的其他重要物证	题凑材质	题凑规模（总木枋数，尺寸）	参考文献
1978	河北石家庄小沿村汉墓	赵王张耳	公元前202年（汉初五年）	棺内有"长（张）耳"铜印			[11]
1978	长沙象鼻嘴M1	某代吴姓长沙王	西汉前期（文景时期）	墓外有牛羊陪葬坑	柏木	908根（东西长：1.60～1.75 m，宽：0.20～0.30 m，南北长：1.50 m，厚：0.30～0.33 m）	[12]
1974～1975	长沙咸家湖曹（女巽）墓	某代长沙王后	西汉前期（文景时期）	出土"长沙后丞"封泥。"曹（女巽）"、"妾"、"妃"私章3枚	柏木	179根（长：0.7～1.17 m，宽：0.4 m，厚：0.4 m）	[13]
1993	长沙望城坡M1	某代吴姓长沙王后"渔阳"	西汉前期	出土"渔阳家"、"渔阳"漆器甚多，"长沙后府"、"长沙又库"封泥。木楬书"陛下"、"王祝"赗赠衣物	楠木	601根（长：0.8～0.99 m，宽：0.2～0.5 m，厚：0.32～0.49 m）	[14]
1959	河北定县40号墓	中山怀王刘修	宣帝五凤年间	出土竹简所记最晚时间			[15]
1979	高邮天山M1	广陵厉王刘胥	公元前54年	椁房门上漆书"中府内户"、"食官内户"，板材上刻"广陵船官"。有"尚浴"器一套	楠木	857根（长：0.94 m，宽：0.4 m，厚：0.4 m）	[16]
1974	北京大葆台M1	广阳顷王刘建	公元前45年	车3、马13，漆器针刻"二十四年五月丙辰"	柏木	约15000根（长：0.9 m，宽：0.1 m，厚：0.1 m）	[17]
2006	安徽六安双墩M1	六安国始封王共王庆	西汉中期	出土有"六安飤丞"封泥、"共府"铭文铜壶	栎木、檫木等	922根（长：0.92 m，宽：0.25 m，厚：0.23 m）	[18]
2009～2011	江苏盱眙县大云山汉墓M1	第一代江都王刘非	西汉中期	出土"江都饮长"封泥、"江都宦者沐盘十七年受邸"银盘等			[19]

续表

发掘年份	出土地点、墓号	墓主	墓葬时代	指定墓主的其他重要物证	题凑材质	题凑规模（总木枋数，尺寸）	参考文献
2000	北京老山汉墓	某代燕王后或广阳王后	西汉中期或晚期		栗木等杂木	所用枋木规格甚多，一般长0.9~1 m	[20]
2005	望城凤篷岭 M1	某代刘姓长沙王后	西汉后期	出土五铢钱及"长沙王后家杯"漆耳杯	楠木	111根（长：0.8~1 m，横断面为正方形，边长：0.2~0.4 m）	[21]

苏林释"黄肠题凑"曰："以柏木黄心致累棺外，故曰黄肠；木头皆内向，故曰题凑。"经考古发现印证，这个解释基本上是正确的。这种"柏木黄心致累棺外"的"黄肠题凑"墓的内部构造为对称结构的椁室，用木板间切分隔成数个独立的空间，然后按不同用途分别放入木棺和随葬品。由椁顶闭盖、密封。在椁的外部用规整的枋木一端皆朝向中心棺椁位置呈横向排[22]。木枋层层堆垒整齐，但木枋的尺寸、堆垒层数等却不一致。典型墓有长沙咸家湖陡壁山一号墓、河北石家庄市北郊西汉墓。

长沙咸家湖西汉陡壁山一号墓黄肠题凑在外椁壁板四周，用179根粗大的黄心柏木材垒砌，整体平面呈"非"形。其中，东边垒三层，每层东西方向铺15根，共45根，南北两边各垒三层，每层南北方向铺18根，各54根。西边通墓道只垒二层，每层东西方向铺13根，共26根。四边高度都低于椁室外壁板。南北两边最下层的第四、十、十六这3根木枋，与承垫椁室底板的3根垫木两端相扣，其余木枋都是平铺垒叠，没有榫卯扣接[13]。

黄肠题凑在西汉时期逐渐形成一套规整的葬制，从内到外包括"梓宫"、"便房"、"黄肠题凑"和"枞木外藏椁"四部分。"黄肠题凑"墓也发展出了更为复杂的结构，在"黄肠题凑"内部出现了回廊[22]，内部的结构也由封闭隔绝走向连通，出现了实用性的门和门柱，内部的各个空间都可以自由出入。根据墓主的身份，等级越高的墓室结构越复杂。这种"黄肠题凑"墓室结构也为中心对称型，中心位置为棺椁放置的地方。典型的考古发掘案例有长沙象鼻嘴一号西汉墓、湖南长沙望城坡西汉渔阳墓、湖南望城凤篷岭汉墓和高邮天山汉墓。

长沙象鼻嘴一号西汉墓的木结构由通道、题凑、外椁、前室、外回廊、内回廊、棺室和套棺几部分构成。题凑位于外椁墙板的四周，质地比较坚硬，表面平整，棱角线分明，应该是加工过的。题凑枋木，长短不一，东西两边较长，南北两边较短，四边题凑木的最下层铺在夯土之上，夯土外高内低，略向内斜，故使题凑木里端紧靠外椁板。题凑木垒叠整齐有序，大概是在外椁板垒砌好以后铺放的[12]。

湖南长沙望城坡西汉渔阳墓墓室由枕木、底板、墙板、盖板及榫门、藏室组成。四面墙板皆由枋木垒叠而成，上下间无榫接。墙板四角的斗合方法均采用边搭榫。底板由17根枋木构成，南北向平铺在枕木上，底板枋木凿治平整[23]。

湖南望城风篷岭汉墓的题凑位于墓坑壁与木构椁室外壁之间，除墓道下端口和中列前室之间缺失外，基本围绕椁室一周，平面略呈"凸"字形。木枋多呈空心状。题凑的结构不甚规整，且高低不平，方向不一，因此推测当时建造墓葬时，题凑木枋是在建造椁室之后才摆放的，而且摆放时没有密集垒砌，而是与填土混合构筑，较为随意。题凑的各个转角处，或与某段相接题凑同向放置，如北面与东面题凑的转角，或采用垂直双向上下交错叠置的方式，如西面与北面题凑的转角[24]。

3）东汉时期

东汉时期出现的石材黄肠题凑是在砖石室墓的影响下用石材作题凑的砖室墓。东汉前期定县北庄中山王墓和济宁肖王庄任城王墓，是题凑石取代题凑墓的典型实例。二墓均在砖室外围增筑一圈题凑石墙，石墙用4000块左右的石块单道垒砌，高8 m左右，平面呈方形或凸字形。砖室券顶上又平铺二层或三层石块，与石墙一起把整座砖室包围在宏大的石屋里。石块均琢制规整，大小基本划一[7]。

1.2.4 定陶汉墓"黄肠题凑"建筑结构

从陪葬品和墓主身份上，基本上已确定了此墓葬的年代和等级：此墓葬建于西汉晚期，是"黄肠题凑"这一墓葬制度由盛转衰的阶段；等级上来说，帝太后级的墓葬应该是目前所发现的黄肠题凑葬制中级别最高的墓葬。从规模上来说，定陶汉墓是我国迄今为止发现的规模最大的"黄肠题凑"汉墓，它不再是仅有椁外一层的"黄肠题凑"结构。整个墓室，包括内部所有的墙都由"题凑"形式垒砌，所以其"黄肠题凑"结构并非形式，而是起着真正的承重、支撑、加固作用，整个题凑木堆叠整齐，端头清晰可见。

题凑墙、各室间隔垒砌的枋木均由三个薄枋木榫卯连接成一组。从这一点上也可以看出"黄肠题凑"葬制没落的原因。前期"黄肠题凑"的题凑木基本都为体积较大的木枋，一般长约1 m，宽厚0.2~0.4 m，见方。定陶汉墓规模如此之大，所用题凑枋木的尺寸却为长1.15 m，宽约0.16 m，厚0.07 m，不得不由三条这样的薄枋木榫卯连接成一组，然后垒砌。这充分证明了"黄肠题凑"这种葬制在北方发展到后期，柏木木材即将用尽的状况[2]。

定陶王墓地M2汉墓的建筑结构也极为复杂。墓室上方共5层枋木，厚约1.6 m。自上而下编号为1~5层，其中第1、2层南北向排列；第3层东西向排列；第4层南北向排列；第5层东西向排列。5层枋木下压过梁木，厚约26 cm。过梁木下的黄肠木"题凑墙"共8层，高1.54 m。"题凑墙"上部第1层为东西平铺两根一组的"黄肠木"。其余下方7层每层为三片薄枋木组成，南北向垒砌而成。第8层为"题凑墙"下部的垫木，厚约16 cm。回廊室内的高度为1.96 m。垫木下即为墓室内底板，由4层垒砌的枋木组成，总厚度约1.28 m[2]。

对比之前所发现的黄肠题凑墓葬，定陶汉墓出土的黄肠题凑目前是规模最庞大、结构最复杂的一座，它的各项建筑配置都为最高规格，可以说是黄肠题凑这种葬制发展到极致的巅峰之作。但是我们通过分析不难看出一些盛极而衰的迹象，不断提升的规模导致木材大量使用，最终导致无材可用。但是，"黄肠题凑"的出现就是建筑的智慧，仅通过垒叠就能使那么大体量的木材构建成形，并且两千年依然完整，这本来就是一种不可小觑的构思。所以对历代黄肠题凑建筑结构的分析不仅有重大的历史考古价值，也具有重要的科学价值和艺术价值。

1.3 定陶汉墓"黄肠题凑"保护进展

2012年9月6日伊始，山东省文物局和菏泽市定陶区文物局正式委托中国文化遗产研究院作为技术总牵头单位，全面负责定陶王墓地（王陵）M2汉墓的原址保护工作，项目总负责人为马清林副院长。在经过2012～2013年的水文地质与工程地质勘查、专家论证和多方商榷之后，"定陶汉墓保护项目"划分为四个子项目：一，汉墓保护设施工程；二，夯土区保护与相关考古工作；三，黄肠题凑保护、监测及前期研究工作；四，生物病害监测及防治前期研究。2014年总项目组编制完成了《山东定陶王墓地（王陵）M2汉墓保护工程方案》。4月22日，在京召开的专家论证会，肯定了"以疏干排水、修建挡水墙和原址保护为基本思路，结合原址支顶与保护设施建设，为黄肠题凑和夯土的长期有效保护创造了良好条件"等设计思路，并于同年5月14日由国家文物局组织专家会议，评审并批复总体方案（文物保函〔2014〕1163号）。

作者作为项目组成员，自2012年开始负责"子项目三——"山东定陶王墓地（王陵）M2汉墓黄肠题凑临时性保护及保护研究项目"。在"原址保护"的前提下，首要任务是开展抢救性保护措施，维持饱水木结构的整体稳定。在此基础上，为了满足"黄肠题凑整体的长期有效保护"需求，设计开展密封环境控制下饱水木结构加固处理后脱水干燥的保护思路。

在各级领导关心支持和项目组共同努力下，黄肠题凑保护子项目取得了一些初步成果。2014年，设计安装了"自动控制喷淋喷雾系统"，不仅及时维持了黄肠题凑木结构饱水稳定的状态，而且有效抑制微生物的滋生泛滥。2015年5月项目结项验收会，专家们一致认为，"双流体喷雾"配合"行车喷淋"方式是国内大型饱水木质文物的首例应用，为国内先进水平。

2016年12月，子项目组与北京航天易联科技公司合作开发了"汉墓黄肠题凑环境监测系统"。采用的激光吸收调制技术和分布式光纤传感技术首次应用于文物领域，在结项验收会上获得专家们认可。这一系统为后续现场保护指导和汉墓环境分析研究提供了重要支撑。

现场保护过程中，项目组意外发现多处枋木内侧的纪年、重量、尺寸等墨书文字，采用高光谱成像技术对模糊文字成功地进行辨读，这一发现为汉墓的价值认知和考古研究提供了重要依据。

2015年1月，国家文物局局长励小捷赴定陶汉墓现场考察工作，听取了定陶汉墓保护的整体思路以及喷淋系统的功能和运转情况，对中国文化遗产研究院项目组的工作给予了充分肯定。

本书阐述了自2012~2017年以来，子项目组围绕定陶汉墓"黄肠题凑"开展的现状调查、现场保护和前期研究各项成果。

现场保护主要包括：

（1）保存现状调查与评估；

（2）自动控制喷雾喷淋系统的设计与实施；

（3）黄肠题凑椁室环境监测系统的设计与实施；

（4）黄肠题凑木材动态监测工作。

研究工作包括：

（1）黄肠题凑饱水木材脱水加固保护技术研究；

（2）环境监测数据的利用与分析；

（3）饱水黄肠题凑墨书的信息提取与保护技术研究；

（4）木材阻力仪在汉墓保护中的应用研究。

此外，定陶区文物局梳理了近5年期来，配合保护实施开展的现场考古、遗址管理工作。在技术单位与文物管理部门的有机配合下，目前，汉墓黄肠题凑逐渐恢复至出土时的饱水状态，并且能够在很长一段时间内持续维持稳定。这为不断调整汉墓的保护方向，研究新的保护思路并且实施保护措施赢得更为充分的时间。

参考文献

[1] 山东省文物考古研究所，菏泽市文物管理处，定陶县文管处. 山东定陶县灵圣湖汉墓. 考古，2012，(7)：61-67.

[2] 崔圣宽. 定陶县灵圣湖汉墓西北角积沙槽清理工作汇报. 2014. 内部资料.

[3] 盘霄远. 山东定陶灵圣湖汉墓墓主身份研究. 赤峰学院学报（汉文哲学社会科学版），2014，(02)：22-24.

[4] 成倩. 定陶王墓地（王陵）M2汉墓黄肠木文字发现经过. 2013. 内部资料.

[5] 刘振东. 题凑与黄肠题凑. 见：中国社会科学院考古研究所. 新世纪的中国考古学——王仲殊先生八十华诞纪念论文集. 北京：科学出版社. 2005。

[6] 刘德增. 也谈"黄肠题凑"葬制. 考古，1987，(4)：352-356.

[7] 田立振. 汉代的黄肠题凑与石材题凑. 文史知识，2000，(10)：58-59.

[8] 何旭红. "黄肠题凑"制与"题凑"制——对汉代"黄肠题凑"葬制的新认识. 湖南省博物馆馆刊，2007，(4).

[9] 单先进. 西汉"黄肠题凑"葬制初探. 见：中国考古学会第三次年会论文集（1981年）. 北京：文物出版社，1984，238-249.

[10] 尤振尧. "黄肠题凑"葬制的探讨. 南京博物院集刊，1982，(4).

[11] 石家庄市图书馆文物考古小组. 河北石家庄市北郊西汉墓发掘简报. 考古，1980，(01)：52-55.

[12] 湖南省博物馆. 长沙象鼻嘴一号西汉墓. 考古学报，1981，(01)：111-130.

[13] 长沙市文化局文物组. 长沙咸家湖西汉曹墓. 文物，1979，(03)：1-16.

[14] 长沙市文物考古研究所. 湖南长沙望城坡西汉渔阳墓发掘简报. 文物，2010，(04).

[15] 刘来成. 河北定县40号汉墓发掘简报. 文物，1981，(08)：1-10+97-98.

[16] 梁白泉. 高邮天山一号汉墓发掘侧记. 文博通讯，1980，(32).

[17] 北京市古墓发掘办公室. 大葆台西汉木椁墓发掘简报. 文物，1977，(06)：23-29+84-85.

[18] 胡援. 对六安双墩一号汉墓的几点认识. 中国文物报，2007-07-27（007）.

[19] 李则斌，陈刚，余伟. 揭开江都王陵盱眙大云山汉墓发掘纪实. 中国文化遗产，2012，(01)：74-81+7.

[20] 王鑫. 北京老山汉墓. 见：2000年中国重要考古发现. 北京：文物出版社，2001.

[21] 长沙市文物考古研究所，望城县文物管理局. 湖南望城风篷岭汉墓发掘简报. 文物，2007，(12)：21-41.

[22] 黄晓芬. 汉墓形制的变革——试析竖穴式椁墓向横穴式室墓的演变过程. 考古与文物，

1996,（01）：49-69.

[23] 宋少华，李鄂权. 湖南长沙望城坡西汉渔阳墓发掘简报至正十一年铭青花云龙瓶. 文物，2010，（04）：4-35+97+1.

[24] 长沙市文物考古研究所，望城县文物管理局. 湖南望城风篷岭汉墓发掘简报. 文物，2007，（12）：21-41.

第 2 章 保存现状调查与评估

2.1 保存现状与病害调查

2.1.1 保存现状

1. 地势地貌

山东菏泽定陶县系黄河中下游冲积平原，历史上经过黄河历次冲积，近年来没有大的洪涝灾害发生。地势西南高、东北低，微地貌形态分高、平、洼三种类型，分别占总面积的 17%、57% 和 26%。

2. 自然环境

定陶属暖温带季风型大陆性半湿润气候，四季分明，冬冷夏热，秋凉春燥，四季分明，日照充足。年平均日照数 2525.2 小时；年平均降水量 664.5 mm；年平均气温 13.7℃，蒸发量 1887.1 mm，无霜期 209 天。据定陶气象局提供资料，夏季定陶最高气温达 40.7℃，冬季最低气温至 -17.9℃，相对湿度为 50%~90%。

3. 墓室外部

定陶汉墓的保存现状调查始于 2012 年 9 月。墓室内外总表面积测算约为 3000 m^2。由于考古工作尚未发掘完全，黄肠题凑的整体结构并未探清，现阶段木材用材量估算为 2000 m^3。长时间的黄河淤积致使该墓葬封土被黄河冲击淤埋深达 11 m，现地下水距地表下常年维持在 2 m 左右。体量庞大的木质墓椁的底板日常仍浸泡于约 1 m 深的地下水中。在考察人员进入墓室之前，需要临时抽降墓室积水至 20 cm 的高度，工作人员着胶鞋、白色工作服和草帽才能进入。

自墓葬发掘以来，定陶县文物局已采取诸多临时性保护措施。2010 年，定陶汉墓黄肠题凑出土时处于饱水状态，题凑顶部覆盖了干燥的毛毡棉被等保温材料，毛毡上再覆盖双层塑料膜。由于一部分木材中的水分被保温材料吸收抢夺，造成大量失水。且毛毡铺覆之前未进行消毒处理，水分被塑料布封捂在毛毡内，又加剧了藻类、蜘蛛、蚯蚓等微生物和生物的滋生发展（图 2-1、图 2-2；图版 4）。

2011 年 10 月，为了避免降水对黄肠题凑的影响，定陶县文物局修建了一座"T"形钢轨移动式钢架结构保护大棚（图 2-3；图版 5），覆盖范围包括黄肠题凑、沙沟和墓道等，建筑面积 34 m×34 m。一定程度地阻止了自然降水等环境突变现象对汉墓遗址的破坏。但大棚四面通风，大气环境四季波动，甚至早晚环境变化仍然对墓室环境造成剧烈的影响（图 2-4；图版 6）。图 2-5 显示了冬季墓道口的积水已经结冰，对墓道口处木材影响较大（图版 7）。另外，保护大棚的顶棚由白色半透明的玻璃纤

图 2-1　覆盖毛毡保温材料

图 2-2　覆盖棉被滋生藻类

图 2-3　钢架结构大棚

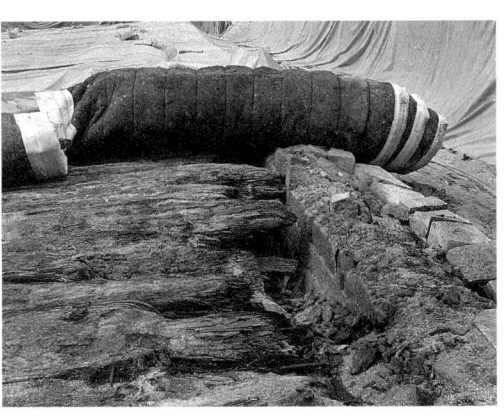

图 2-4　顶部木材的部分酥解

维搭建，对于日光和紫外线具有一定程度的遮蔽效果。但是通过现场检测，秋季汉墓室外午间的光照度最大值为 $1×10^5$ Lux。日光透过大棚顶棚材料后，光照度仍为 2000 Lux。说明遮阳棚虽然可以有效遮挡降水，但是对光照和紫外线辐射的阻隔作用有限。博物馆展示环境对木质等有机质文物的光照度限制标准为 50～100 Lux，因此，2012 年定陶汉墓的保存条件尚不能满足出土木质文物安全保存环境要求。

定陶汉墓于 20 世纪 50 年代初期留有堌堆，后多次在堌堆上发现被盗掘现象。墓室的中室和 S11 室出现两处盗洞，盗洞面积分别为 1.6 m×1.2 m 和 1.2 m×1 m，可容纳一人自由出入。盗洞处被切割下的散木于 2011 年存放于遗址附近简易库房内，经过自然风干，木材已经出现较大的裂隙（图 2-6）。这表明如果不及时采取人为保护和缓慢的脱水处理，任其短时间内自然干燥，木材可能会严重开裂，不仅影响黄肠题凑的整体风貌，甚至会影响其整体结构的稳定性。

图 2-5　墓道口积水冬季结冰

图 2-6　墓室顶板木材自然风干产生裂隙

4. 墓室内部

自 2010 年考古发掘直至项目组介入保护工作以来，黄肠题凑已维持 3 年的出土裸露状态，由于当地工作人员和外来考察人员的不断进出，墓室内积水高度反复变化，导致原本墓室密封环境的平衡状态不断被打破，原本饱水的木材不断适应新的保存环境。题凑墙下部区域反复浸泡，比上半区糟朽程度更为严重，而上半区由于长期失水，已经渐渐远离饱水状态，导致木材表层呈现松软、开裂和结晶盐析出等病害现象。墓室底板则仍有约 10 cm 厚度的淤泥在浑浊的积水中不断沉淀积聚（图 2-7）。

图 2-7　底部淤泥和地下水浸泡

微生物是威胁黄肠题凑保存的一个重要因素，它们可以分解组成黄肠题凑的木材，将其作为营养物质直接吸收；也可形成菌膜或代谢物污染其表面。在发掘以前，定陶汉墓黄肠题凑周遭的土壤微生物群落已相对稳定，又由于处于缺氧环境，一定程度上得以免于真菌的侵害。但是发掘后，平衡被打破，黄肠题凑内外的微生物随着空气、地下水的流动，以及工作人员的扰动不断交换。2012年9月，定陶汉墓保护项目组第一次进入墓室时，黄肠题凑已经表面软化腐朽，产生木腐味（图2-8、图2-9；图版8）。

图 2-8 墓室内大面积变色

图 2-9 题凑墙腐蚀呈不规则分布

2.1.2 病害调查

根据对汉墓黄肠题凑木材的持续调查记录，由于当地工作人员与外来人员的不断进出，墓室内积水高度反复变化，导致原本密封的墓室环境平衡状态不断被打破，原本饱水的木材不断适应新的保存环境，导致题凑下部反复浸泡，上部失水，呈现松软、开裂和结晶盐析出等病害现象，病害调查情况见表2-1。

表2-1 定陶汉墓黄肠题凑木材病害情况表

病害类型	病害说明
饱水状况	定陶汉墓黄肠题凑木材出土时处于饱水状态，含水率为110%～190%
裂隙	墓葬内部题凑墙体距离底板1 m以上至顶板之间区域，由于水分挥发过快，表面树脂附着层已经出现大面积开裂（图2-10；图版9）
变色	汉墓题凑墙呈现不规则黑色区域分布（图2-11；图版10）
糟朽	全部构件发生不同程度的糟朽，尤其是木材的端头糟朽最为严重。题凑墙体整体下半部较上半部糟朽严重（图2-12；图版11）
动物损害	多处发现蜘蛛密集结网、蚯蚓繁殖等大量动物活动痕迹（图2-13；图版12）
微生物损害	题凑墙体局部出现白色团状物质（图2-14；图版13）
盐类病害	个别墓室题凑墙上部出现白色针状结晶盐（图2-15；图版14）

图 2-10　题凑墙上部龟裂起翘严重
（2013 年 4 月摄）

图 2-11　题凑墙体变色发黑

图 2-12　题凑墙端头木材糟朽严重

图 2-13　蚯蚓滋生

图 2-14　题凑墙微生物滋生严重

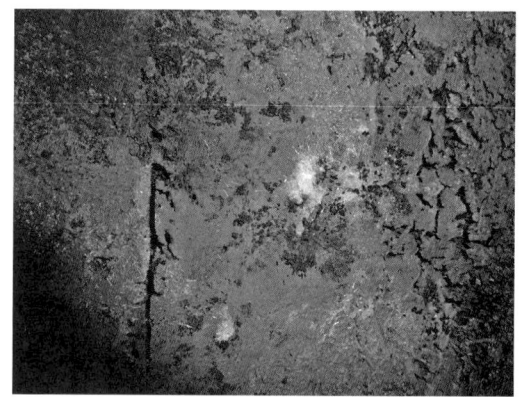

图 2-15　题凑墙上部水分挥发后析出白色结晶盐

2.2 科学分析

针对定陶汉墓黄肠题凑保存现状,对木材、积水、结晶盐等进行了取样,并围绕树种、化学组成、含水量、无机盐组分等问题,利用显微观察、傅里叶变换红外光谱分析仪(FT-IR)、X射线衍射仪(XRD)、离子色谱(IC)分析、拉曼光谱分析(Raman)等分析手段进行了检测分析,对黄肠题凑木材的腐蚀程度及腐蚀产物进行了深入解析。

在编号为S12的墓室中散落有20余根与题凑墙木材规格尺寸完全相同的木料,这成为我们进行科学分析研究的珍贵样品。选择其中一根作为重点分析标本,取回实验室进行检测分析。

按照图2-16所示,将木材分为两部分:DT-1部分用于木材树种鉴定、显微观察、含水率测定、木材化学组成分析、阻抗仪木材腐蚀度分析;DT-2部分用于木材力学强度分析。

图 2-16　题凑墙木材标本

2.2.1　木材种属

木材的识别与鉴定是从事木材研究和保护的基础。根据木材的宏观或微观特征,将木材鉴定到属或类,是正确认识和科学保护利用木材的最基本工作。根据木材切片后的横切面、弦切面和径切面的微观形态和典型特征对比判断木材种属。目前木材识别与鉴定方法主要采用木材对分检索表识别。对分检索表是运用对分法原理,将木材构造特征进行有无或正反并列对比，以互相排斥为条件，循序渐进，逐渐缩小范围，最后划分出每个树种[1]。

2012年和2017年定陶汉墓项目组与中国林业科学研究院木材工业所相继合作，将17个取样木材进行树种鉴定。根据木材切片的显微分析，其中有9个硬木松、1个软木松、4个柏木、2个楠木、1个香樟（表2-2）。

表2-2 取样木材种属鉴定结果

序号	样品名称	取样位置	树种鉴定结果
1	110-8	简易房保存，盗洞处木材，2010年取出	硬木松
2	110-12	简易房保存	硬木松
3	110-33	QB室西墙梁柱	硬木松
4	110-22	墓室外、顶部盖板东北角	软木松
5	110-31	主室北侧西柱内缝	柏木
6	DT-1	题凑墙木材	香樟
7	DT-2	三角形题凑残木	柏木
8	Sd-1	S1室东侧墙（里侧）	硬木松
9	Sd-2	S1室东侧墙	柏木
10	Sd-3	S2室正回廊转角	柏木
11	Sd-4	中室北侧墙	楠木
12	Sd-5	北侧盗洞第一层	楠木
13	Sd-6	北侧盗洞第二层	硬木松
14	Sd-7	北侧盗洞第三层	硬木松
15	Sd-8	北侧盗洞第四层	硬木松
16	Sd-9	北侧盗洞第五层	硬木松
17	Sd-10	S11门	硬木松

我们对木材种属的鉴定树种特征描述如下。

（1）硬木松：拉丁名 *Pinu sp.* 松科 Pinaceae。早材管胞长方形、方形及多边形，具缘纹孔多一列，偶二列。轴向薄壁细胞不见。木射线具单列和纺锤形两类，射线管胞内壁具深锯齿或呈网状。交叉场纹孔式窗格型，少数松木型。具轴和径向树脂道，泌脂细胞壁薄。样品显微照片见图2-17～图2-25（图版15～图版17）。

（2）软木松：拉丁名 *Pinu sp.* 松科 Pinaceae。早材管胞长方形、方形及多边形，具缘纹孔多一列，偶二列。轴向薄壁细胞不见。木射线具单列和纺锤形两类，射线管胞内壁不明显至稀疏微齿。交叉场纹孔式窗格型，少数松木型。具轴和径向树脂道，泌脂细胞壁薄（图2-26～图2-28）。

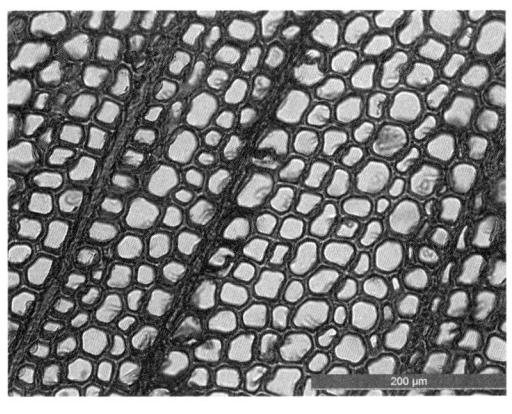
图 2-17　样品 110-8 横向切面（硬木松）

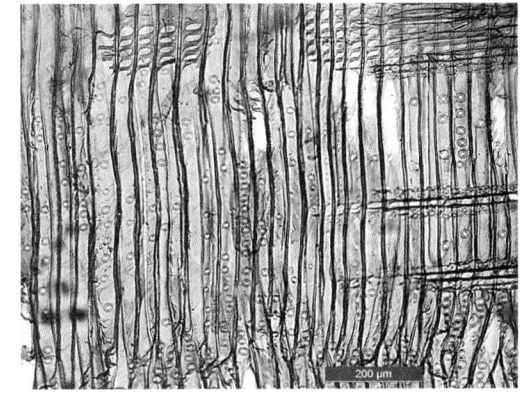
图 2-18　样品 110-8 径向切面

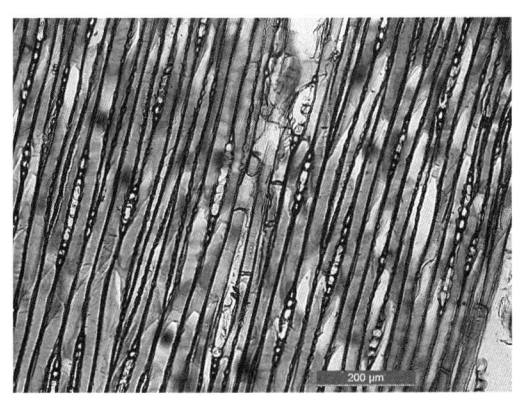
图 2-19　样品 110-8 弦向切面

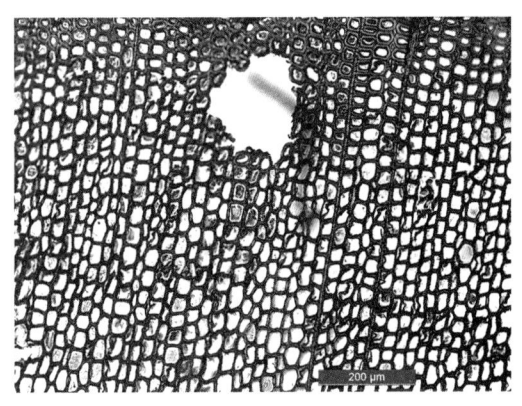
图 2-20　样品 110-12 横向切面（硬木松）

图 2-21　样品 110-12 径向切面

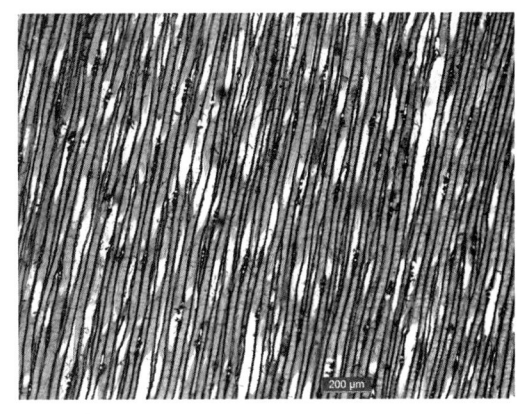
图 2-22　样品 110-12 弦向切面

按照结构特征和材性，一般将松树分为软木松和硬木松。硬木松为松木中双维管束亚属，比较重硬，纹理不均匀，强度较大，加工较难，早材至晚材急变，松脂含量高。软木松为松木中的单维管束亚属，比较轻软，纹理均匀，强度小，加工容

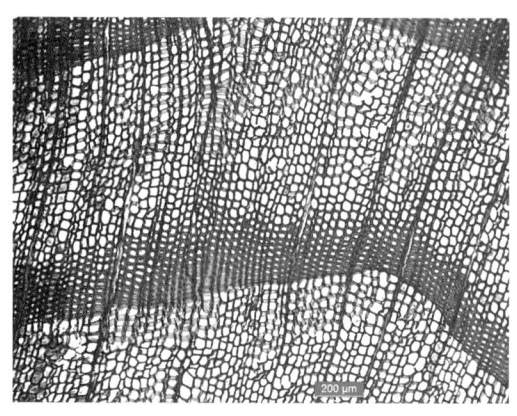

图 2-23 样品 110-33 横向切面（硬木松）

图 2-24 样品 110-33 径向切面

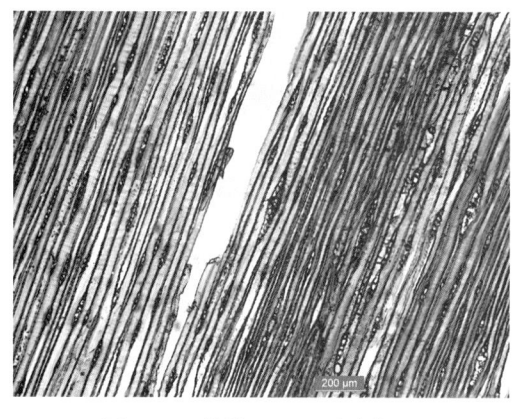

图 2-25 样品 110-33 弦向切面

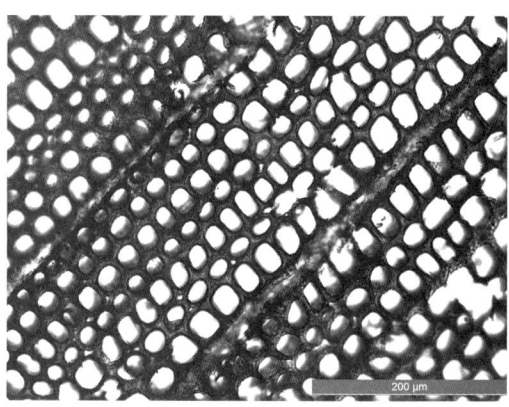

图 2-26 样品 110-22 横向切面（软木松）

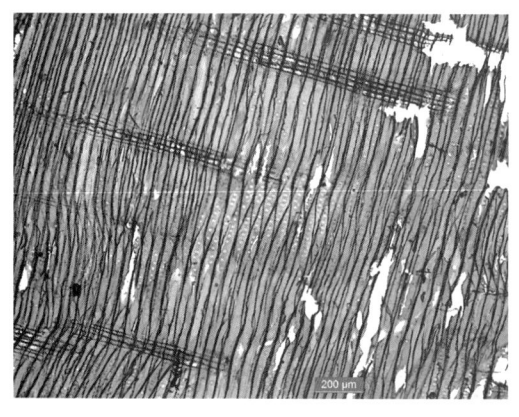

图 2-27 样品 110-22 径向切面

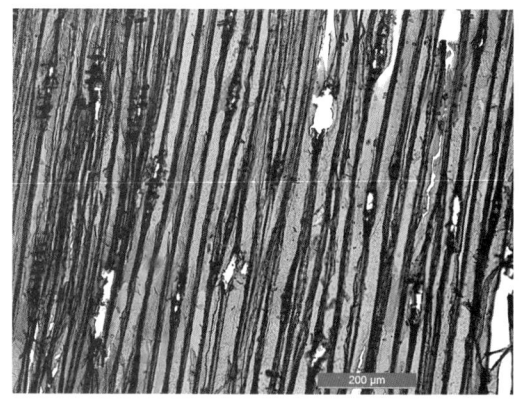

图 2-28 样品 110-22 弦向切面

易，早材至晚材渐变，少翅裂。

（3）柏木：拉丁名 *Cupress us* sp. 柏科 Cupressaceae。木材主要结构：管胞具缘纹孔多一列，偶二列（图 2-29～图 2-34；图版 18～图版 20）。全部晚材管胞弦壁具缘纹孔数少，明显。纹孔加厚缺如。轴向薄壁细胞量少，星散状，少数带状。木射

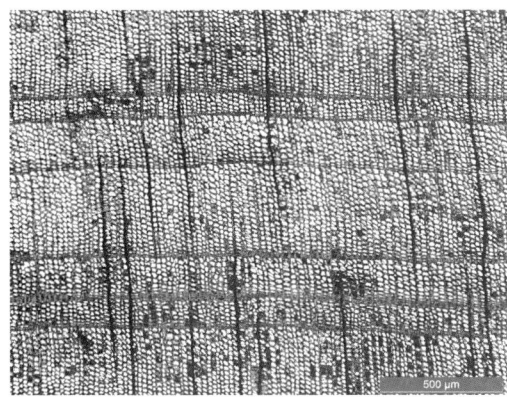
图 2-29 样品 sd-2 横向切面（柏木）

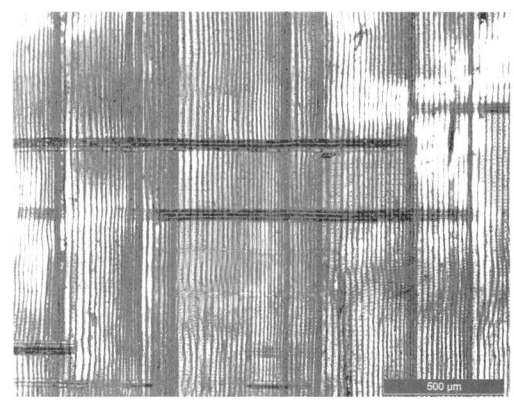
图 2-30 样品 sd-2 径向切面

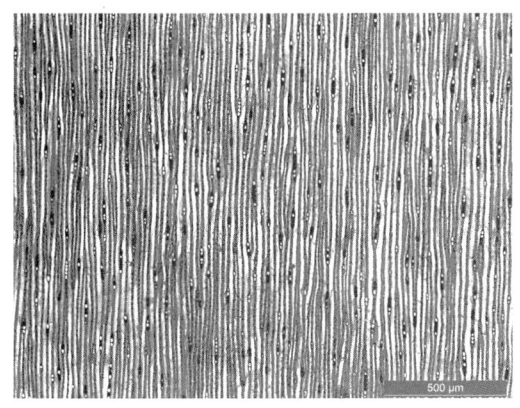
图 2-31 样品 sd-2 弦向切面

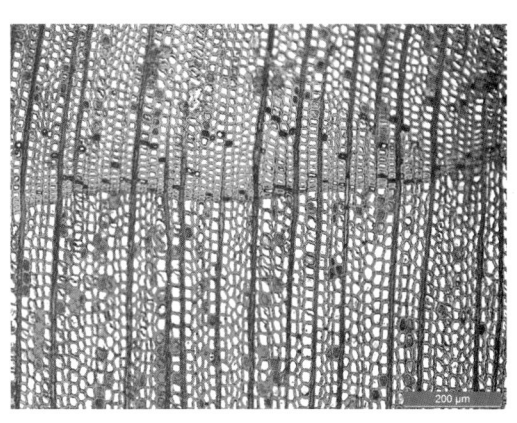
图 2-32 样品 sd-3 横向切面（柏木）

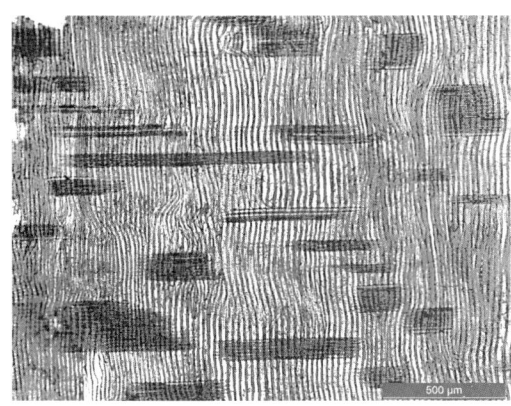
图 2-33 样品 sd-3 径向切面

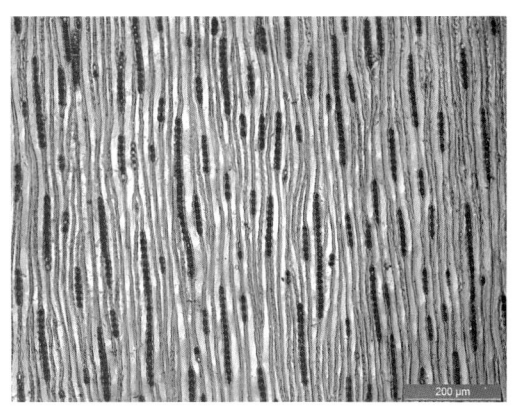
图 2-34 样品 sd-3 弦向切面

线单列。具射线管胞偶见，内壁无锯齿。交叉场纹孔式为柏木型。树脂道缺乏。

（4）香樟：拉丁名 *Cinnamomum* sp. 樟科 Lauraceae。木材主要结构：导管胞圆形，卵圆形。单管孔，壁薄，螺纹加厚未见。单穿孔，管间纹孔式互列，轴向薄壁组织环管状及轮界状。油细胞甚多。木纤维壁薄及厚。射线 - 导管间纹孔式刻痕状及大圆形。

（5）楠木：拉丁名 *phoebe* sp. 隶樟科 Lauraceae。木材主要结构：单管孔及径列复管孔，单穿孔，管间纹孔式列，导管内具沉积物，导管－射线间纹孔式刻痕状及大圆形。轴向薄壁组织环管束状及轮界状，油细胞丰富。具分隔木纤维。射线组织非叠生，异形Ⅱ型及Ⅲ型，具油细胞，具晶体（图 2-35～图 2-40；图版 21～图版 23）。

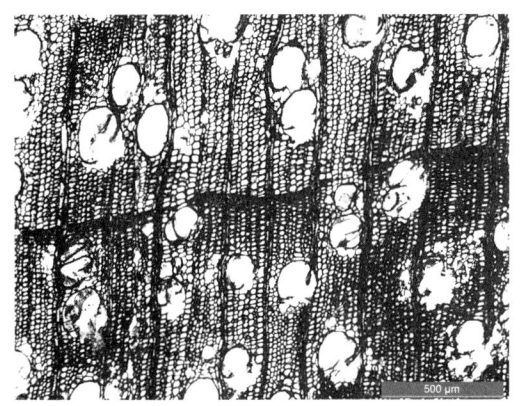

图 2-35　样品 sd-4 横向切面（楠木）

图 2-36　样品 sd-4 径向切面

图 2-37　样品 sd-4 弦向切面

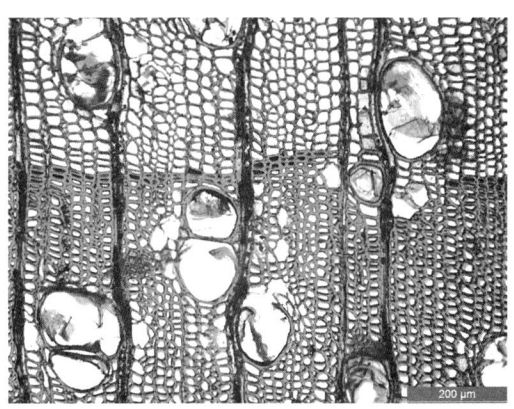

图 2-38　样品 sd-5 横向切面（楠木）

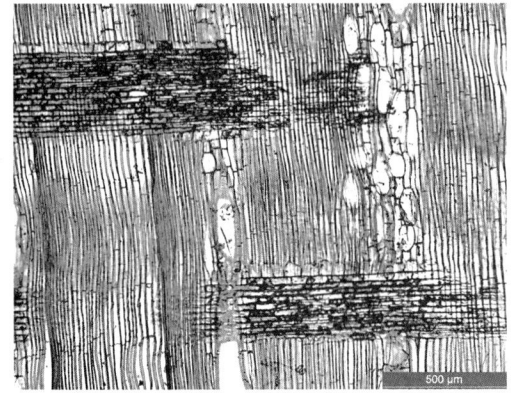

图 2-39　样品 sd-5 径向切面

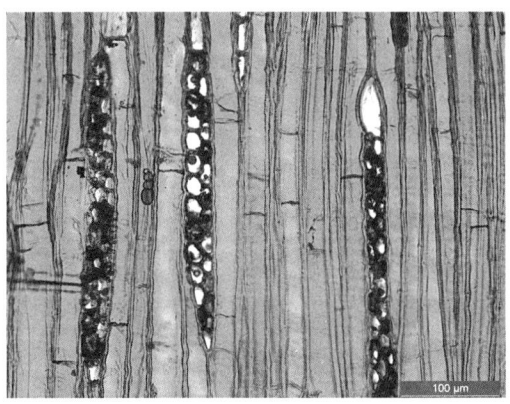

图 2-40　样品 sd-5 弦向切面

黄肠题凑的木材经过树种鉴定后，初步判断木材分布规律为：墓室外顶部枋木为软木松，墓室内顶板除第一层为楠木外，第二层至第五层均为硬木松。题凑墙体木材为柏木。汉墓中室的顶板和墙体均为楠木材种。

2.2.2 微观形貌观察

利用生长锥对题凑墙木材取样样品 DT-1IISZ01、DT-1IISZ03、DT-1IISZ10，采用德国的 Leica DM 4000M 显微镜与日立 S-3600N 型扫描电镜（SEM）对微观形貌的差别进行观察对比（图 2-41；表 2-3）。

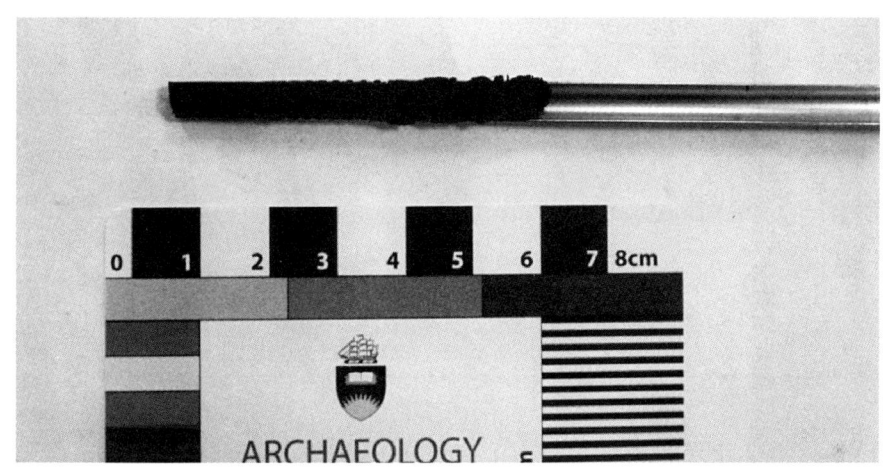

图 2-41 生长锥钻取的样品 DT-1IISZ

扫描电镜检测结果（表 2-3）显示，随着样品深度的不同其木材细胞形貌也有所不同。

（1）木材表面 0～8 mm 深处木材细胞可见大量腐朽的孔洞，细胞壁收缩变形明显，管胞之间有明显的剥离现象，细胞壁结构相对完整；管胞径向照片可以看到明显的腐朽残破区域，细胞壁上大量纹孔结构已经完全破坏，大量纹孔已丧失原有结构而因腐朽成为孔洞，细胞腔中亦可见生长的菌丝。

（2）木材表面 8～40 mm 深处木材细胞腔形状较圆润，细胞壁也可见显著变形，管胞间也存在剥离现象；木材管胞径向照片显示，管胞结构整齐，细胞壁上的纹孔结构相对完整，仅少数纹孔因纹孔膜腐朽形成的孔洞。

根据题凑木不同深度的扫描电镜显微观察结果，认为木材的纤维组织的破损现象是表层最为严重的，腐蚀破损程度由表及里逐渐减弱。

表 2-3　不同深度木材样品微观形貌

取样深度 /mm	木材微观形貌	
	横向	径向
0~8		
8~40		

2.2.3　木材化学组成分析

1. 题凑墙和顶板木材化学成分分析

木材的纤维素、半纤维素和木质素是构成木材细胞壁的物质基础。综纤维素是纤维素和半纤维素的总和。木材的综纤维素、木质素、1%NaOH 抽提物和灰分，体现木材的保存状态和腐蚀程度，分别依据国家标准 GB/T 2677.10、GB/T 2677.8、GB/T 2677.5 和 GB/T 2677.3 进行检测。

根据表 2-4，两个题凑端头较为腐蚀的样品 A 和 B 属于饱水状态，含水率分别为 178.35% 和 96.01%。顶板木样块 C 已经自然干燥，含水率仅为 7.56%。

表 2-4　代表样品的化学成分分析结果

编号（位置）	木材信息	样品重量	含水率/%	pH	电导率值/（μs/cm）	综纤维素/%	木质素/%	灰分/%	1%NaOH抽提物/%
A（墙体）	饱水柏木	16.31	178.35	6.74	103.1	48.25	37.68	6.43	27.56
B（墙体）	饱水柏木	14.82	96.01	6.74	103.7	47.22	36.56	1.47	26.49
C（顶板）	气干材-硬木松	11.63	7.56	6.84	127	55.24	34.47	2.40	23.16

热的 1% NaOH 溶液除能溶出原料中的水抽出物和部分木素、多戊糖、多己糖、树脂酸外还能溶出糖醛酸，以及因光、热、氧化或受细菌作用变质的腐朽成分。因而，1% NaOH 抽出物的量，在一定程度上可以反映原料变质或腐朽的程度。木材腐朽越严重，其 1% NaOH 溶液抽出物含量越高。

为了能够详细测定题凑墙木材 1% NaOH 抽出物含量，我们选择墙体题凑木条 TD-1 样品，沿纤维方向从外至内每 5 mm 厚度切取适量的木材样品，烘至全干，研成粉末样品，共制成 1～10 号 10 个样品，然后参照"GB2677.5—81 造纸原料 1% NaOH 抽出物含量的测定方法"，对每个样品 1% NaOH 溶液抽出物含量进行测定。

10 件题凑墙木材样品 1% NaOH 抽出物含量检测结果见图 2-42。木材表层的抽出物含量较高，为 25%～34%，而木材内部的抽出物含量减小为 20%，也反映出由表层至内部的糟朽规律。

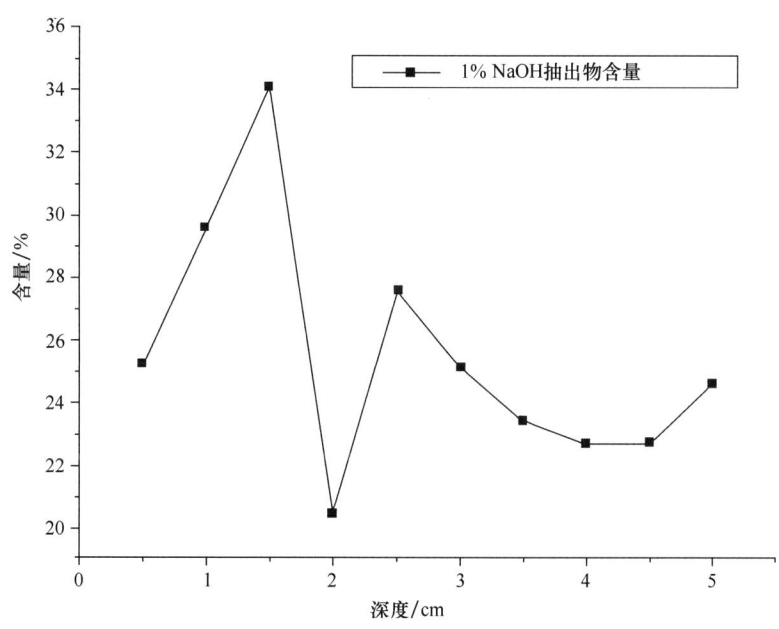

图 2-42　从木材表面至内 1%NaOH 抽出物含量变化情况

2. 化学成分的变化

利用 FT-IR 技术分析了样木随着腐蚀深度的不同，有机物组成的相应变化，以及与新鲜柏木的差异性，见图 2-43。

通过比较新鲜柏木与定陶汉墓柏木样品的红外光谱谱图（图 2-43），两者之间存在差异，且不同取样深度样品红外光谱谱图也存在差异，对比已有文献中关于细胞壁聚合物傅里叶变换红外光谱特征峰（表 2-5）后发现：

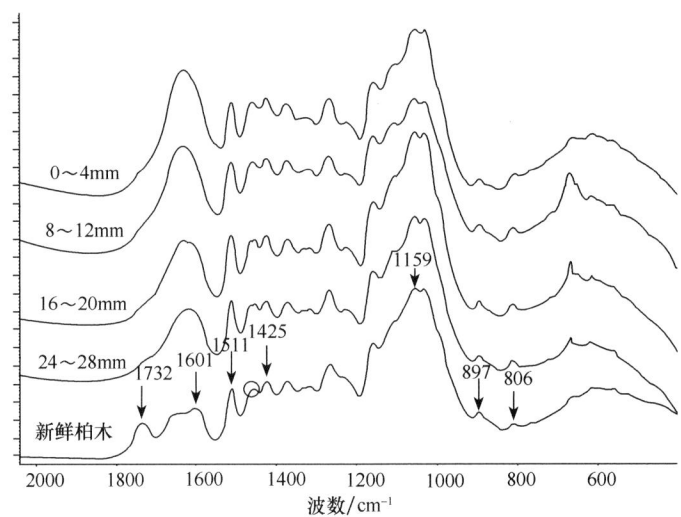

图 2-43　新鲜柏木和定陶汉墓黄肠题凑柏木红外光谱谱图

表 2-5　新鲜木材细胞壁聚合物傅里叶变换红外光谱特征峰及其归属[2]

	波数 /cm^{-1}	谱峰归属
木质素 （Lignin）	1510 1423	苯环伸缩振动 苯环伸缩振动
木聚糖 （Xylan）	1730 1600	C=O 伸缩振动 C=O 伸缩振动
葡甘露聚糖 （Glucomannan）	805	甘露糖骨架振动
纤维素 （Cellulose）	895 1160	C—H 变形 C—O—C 非对称伸缩振动

（1）1730 cm^{-1} 附近为半纤维素中木聚糖的特征峰，新鲜柏木木材该峰出现在 1732 cm^{-1}，峰较为明显。而定陶汉墓柏木各深度木材样品在 1730 cm^{-1} 附近均无峰，说明其木材中半纤维素中的木聚糖已不存在或含量很低，在红外光谱的分辨率下无法显示；1600 cm^{-1} 附近是半纤维素中木聚糖的特征峰，新鲜柏木木材该峰出现在 1601 cm^{-1}，峰较为明显。而汉墓柏木 0～12 mm 深度样品在 1600 cm^{-1} 附近均无峰，16 mm 深度之后在 1601 cm^{-1} 处虽不明显但有峰，说明汉墓柏木 0～12 mm 深度样品木材中半纤维素中的木聚糖已不存在或含量很低，而 16 mm 深度之后还有少量存在；此外，805 cm^{-1} 附近为半纤维素中葡甘露聚糖的特征峰，新鲜柏木木材出现该峰，而汉墓柏木各深度木材样品在 806 cm^{-1} 峰也较为明显，说明其木材中半纤维素中的葡甘露聚糖并未完全水解。以上结果表明汉墓出土木材细胞壁中的半纤维素并未完全水解，其中深度为 0～12 mm 水解较严重。

(2)新鲜柏木木材纤维素特征峰分别出现在 897 cm^{-1}、1159 cm^{-1} 处,汉墓柏木各深度木材样品在 897 cm^{-1}、1159 cm^{-1} 处峰均较明显,表明其木材中仍存在纤维素。

(3)新鲜柏木木质素特征峰分别出现在 1425 cm^{-1}、1511 cm^{-1} 处,汉墓柏木各深度木材样品在 1425 cm^{-1}、1511 cm^{-1} 处峰均较明显,表明其木材中仍存在木质素。

通过对比分析后发现,定陶柏木的纤维素和木质素的形态保留较好,在深度为 0~12 mm 的木材半纤维素的木聚糖的水解流失比较严重,葡甘聚露糖水解情况稍好。

3. 木材表面附着物红外光谱分析

木材表面普遍存在黄色或黑色表面附着物,有些呈流淌状,有些呈现结壳,有些呈现层状附着于木材表面。表 2-6 为样品取样及红外光谱分析结果。

表 2-6 样品取样及红外光谱分析结果

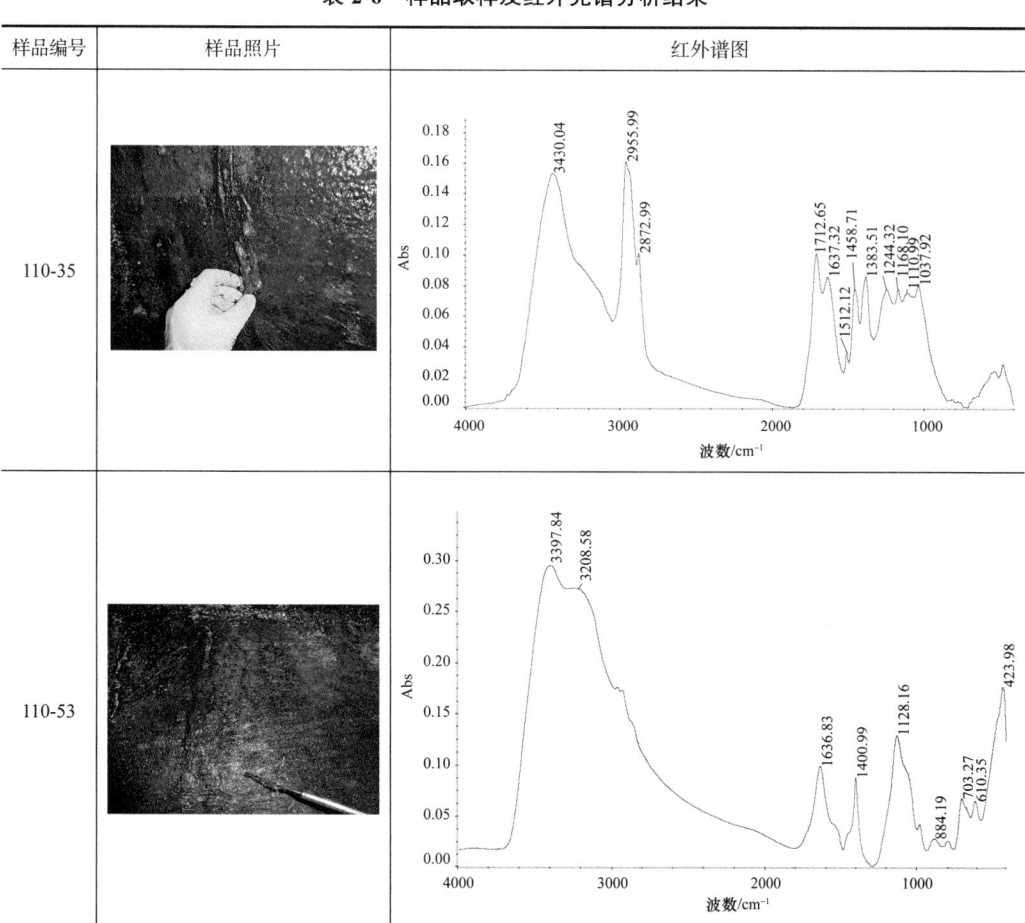

续表

样品编号	样品照片	红外谱图
110-64	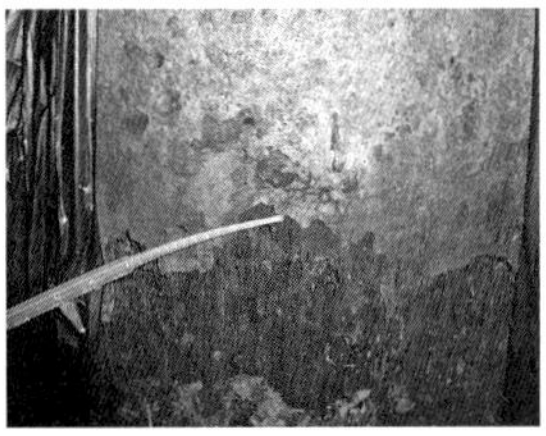	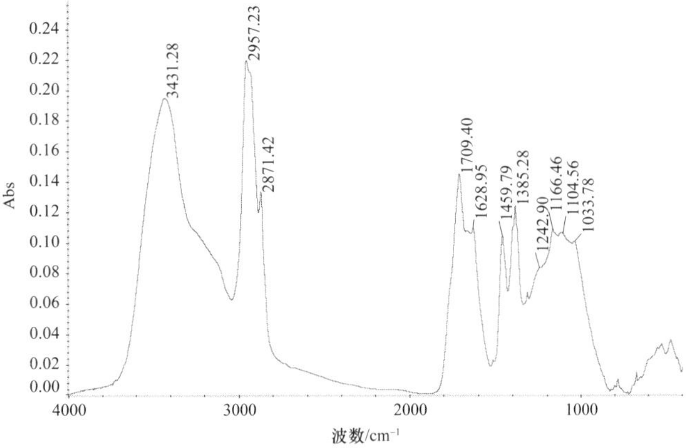3431.28 2957.23 2871.42 1709.40 1628.95 1459.79 1385.28 1242.90 1166.46 1104.56 1033.78 Abs 波数/cm⁻¹
110-70	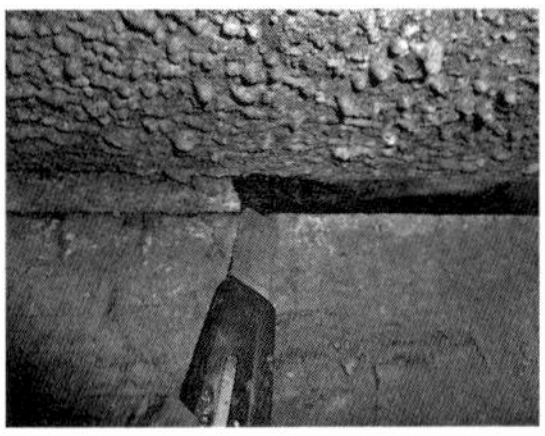	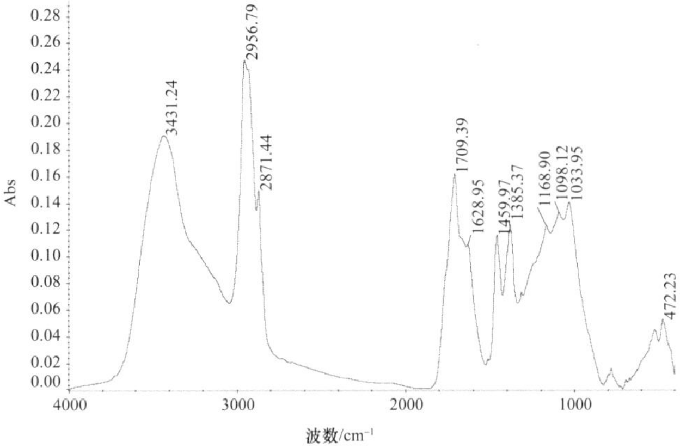3431.24 2956.79 2871.44 1709.39 1628.95 1459.97 1385.37 1168.90 1098.12 1033.95 472.23 Abs 波数/cm⁻¹
110-73	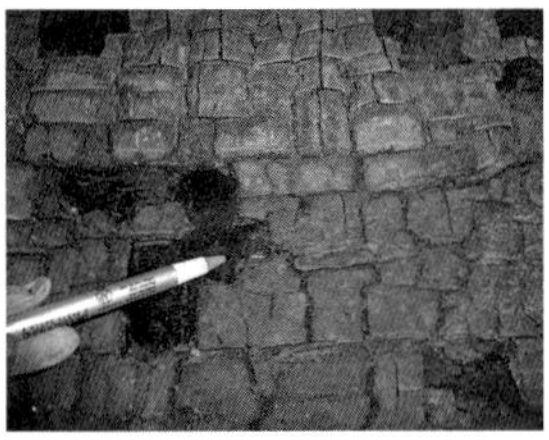	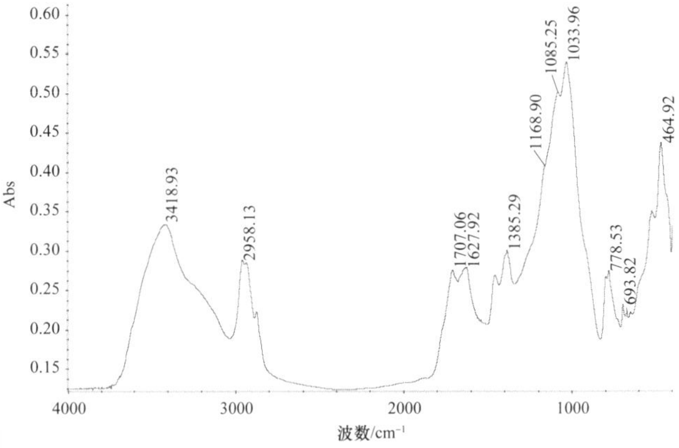3418.93 2958.13 1707.06 1627.92 1385.29 1168.90 1085.25 1033.96 778.53 693.82 464.92 Abs 波数/cm⁻¹

根据表2-6的红外光谱分析结果，除样品110-53呈现较典型的硫酸盐特征谱带外（1128 cm^{-1}），其余样品的红外光谱均出现植物树脂的特征谱带，包括

$1710 \sim 1630 \text{ cm}^{-1}$ 的 C═O 伸缩振动，$1170 \sim 1033 \text{ cm}^{-1}$ 处的 C—O 伸缩振动，$1460 \sim 1380 \text{ cm}^{-1}$ 附近的 C—H 弯曲振动。红外光谱分析结果表明这些样品均是植物性树脂。

定陶汉墓墓室中木材表面黄色附着物和墓道口漆膜状物质很有可能为人工涂刷，黑色附着物可能是在木材腐朽过程中形成的。黄色附着物虽然宏观形貌有所不同，但从其包埋样品的微观形貌来看，其密度、厚度较为接近，厚度都超过 200 μm，如果其为木材本身分泌树脂，是否能够达到这样的厚度及均匀的宏观形貌还需要进一步研究。黑色附着物与黄色附着物不仅颜色不同，而且从显微观察的结果来看，黑色呈现出的是颗粒状，而且也不像黄色附着物那样有结壳的现象。在显微镜下可以明显观察到，这些黑色附着物中常常能看到白色的虫卵。在墓室现场也可以看到，往往黑色附着物下方的木材保存状况较差，因此，初步认为，黑色附着物可能是木材微生物腐朽过程中形成的腐蚀产物。

2.2.4　木材、积水及土壤盐分分析

在现状调查过程中，研究发现题凑木材一度在较为干燥的环境中表面迅速聚集大量白色盐分。盐分在饱水木质文物干燥后的保存过程中具有破坏性。因此需要尽量去除（图 2-44）。为分析盐分组成成分及产生来源，作者分别对木材及墓室积水进行了 pH 检测，采用离子色谱仪对木材和积水中离子浓度进行分析对比。

图 2-44　木材表面白色盐霜为透明针状结晶

1. 实验条件

水样、木样 pH：上海雷磁 PHS-3C 精密型 pH 剂，17℃。

盐离子浓度分析：美国 Dionex 公司 DX-600 型离子色谱仪，包括 ED50 电导检出器、GP50 梯度泵、LC20 色谱箱、CSRS-ULTRA 阳离子自动再生抑制器，配有色谱软

件的工作站。

盐分矿物成分：日本理学公司 RIX-1000 型 X 射线衍射仪。

2. 木材及积水的盐分分析

对墓室中不同位置的地下水以及墓室外井水水样进行采集。由于取样时间为冬季，对墓室土遗址覆盖积雪融化后的水样亦采集检测，用于对比研究，检测结果见表 2-7。

表 2-7 墓室水样及木材离子色谱检测结果

取样位置	pH	离子色谱分析数据/（mg/L）						
		Cl^-	NO_3^{2-}	SO_4^{2-}	Na^+	K^+	Mg^{2+}	Ca^{2+}
6# 回廊积水	8.08	337.92	7.43	140.29	178.47	6.144	117.00	166.63
前回廊东北角积水	7.46	360.59	3.28	147.86	180.19	6.158	119.17	150.78
中心室积水	8.11	403.36	7.29	242.58	184.54	4.89	110.57	136.32
墓室内西南角	7.38	502.49	0.48	156.96	161.15	6.69	134.75	176.96
墓室口积水	7.54	465.72	1.62	197.47	177.72	6.01	128.31	157.60
墓室外井水	8.33	69.40	2.73	57.68	65.16	2.16	96.00	58.62
融化雪水	—	4.7232	15.34	80.36	1.78	1.38	1.61	45.89
门口水样	—	320.214	11.558	154.104	161.22	5.40	113.65	121.66
回廊水样	—	359.332	6.406	138.002	167.99	6.23	126.38	127.83
墓道北侧室	—	350.764	18.348	178.49	183.89	5.89	117.46	104.09
110-8 干木样	4.92	3.27	0.96	2.79	2.2	0.88	4.312	18.498
110-22 顶部枋木	4.26	4.49	3.24	126.30	7.028	0.674	20.222	54.08
110-33QB 室梁柱木	4.23	3.13	1.70	14.58	2.36	0.764	8.186	23.448

由离子色谱结果可知，除墓室自然降雪的水质相对较为纯净之外，其余墓室内采集积水均具有非常高的含盐量。墓室积水的 Cl^- 与 SO_4^{2-}，以及 Na^+、Mg^{2+} 和 Ca^{2+} 的浓度远高于墓道口南侧地下 18 m 深的井水和自然降雪。墓室积水的 pH 整体偏碱性，为 7.38～8.08。这说明积水中的盐分来源不仅仅是有地下井水参与，而且溶解携带了土壤中大量的可溶盐。

3. 土壤盐分分析

现场考察发现，北侧土遗址探沟的北壁土壤上存在大量白色物质（图 2-45），刮取表面白色粉末，在显微镜下观察，析出物呈乳白色颗粒状，并混有少量浅棕色颗粒（图 2-46）。

XRD 分析结果（图 2-47、图 2-48）表明，北侧探沟北壁土壤上大量白色物质为 $CaSO_4 \cdot 2H_2O$，与题凑墙表面 $CaSO_4 \cdot 2H_2O$ 和 $CaCO_3$ 白色结晶混合物成分吻合。这一结果更加反映出地下水可以在长期缓慢的流动过程中将土壤中的盐离子源源不断

图 2-45 北侧探沟土壤上的白色物质

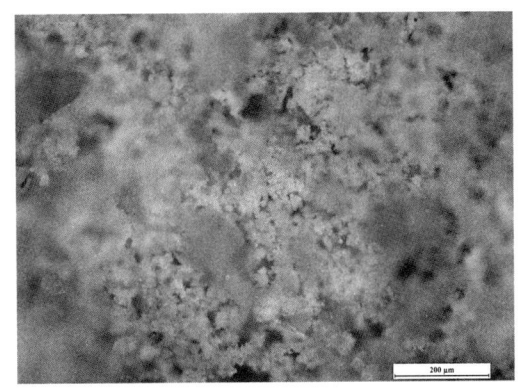

图 2-46 土壤盐析的微观形貌

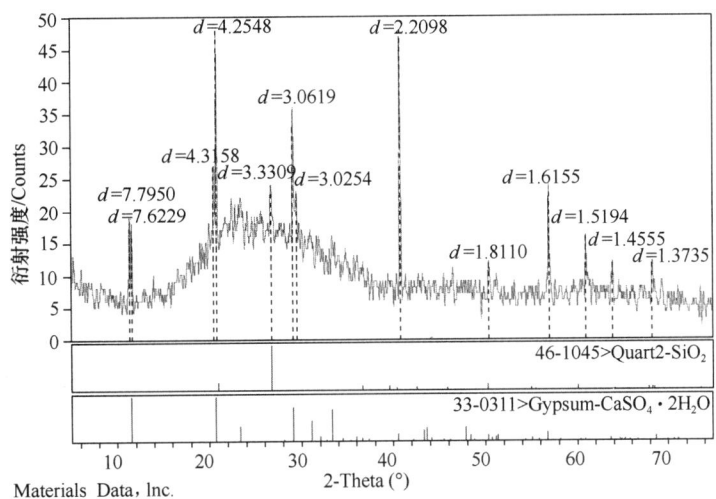

图 2-47 北侧探沟北壁土壤白色物质图 X 衍射检测

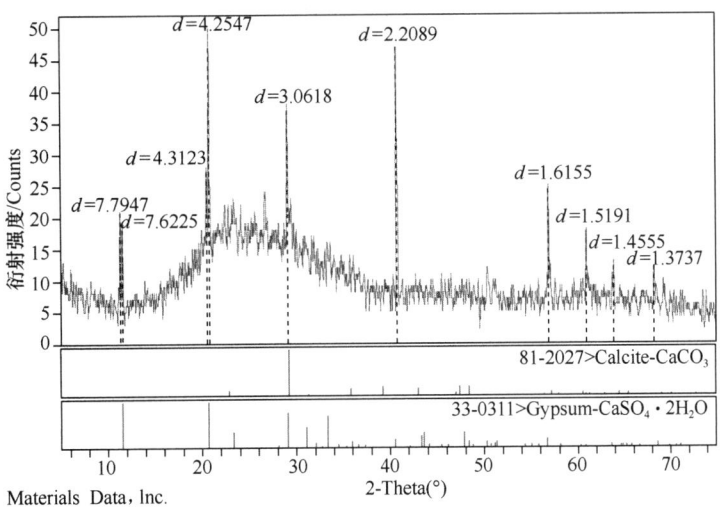

图 2-48 题凑墙表面白色结晶物 XRD 检测结果

地携带进入腐蚀糟朽的木材中，形成新的破坏形式。

对水和木材盐分的分析结果表明，木材自身的含盐量较低。木材表面析出结晶盐与土壤表面白色盐析的结果重合，显示盐分主要是由积水溶解并携带大量可溶盐离子，与腐蚀木材不断发生交换。木纤维逐渐溶解流失，进而水中盐离子渗透深入木材内部，造成木材干燥后大量针状结晶析出。因此，在木材保湿、加固、脱水的保护实施过程中，对于木材脱盐处理也是保护工作的一项重要内容。

2.2.5 "黄肠题凑"木材的物理特性

1. 木材中的水分

木材是一种由木质细胞组成的多孔吸湿性材料，木材中的水分使细胞壁处于膨胀状态以支持其自身的重量。木材中的水分按其存在的状态可分为自由水、吸着水和化合水三类。自由水（free water）是指以游离态存在于木材细胞的细胞腔、细胞间隙和纹孔腔这类大毛细管中的水分。包括液态水和细胞腔内水蒸气两部分；吸着水（bound water）是以吸附状态存在于细胞壁中微毛细管的水，即细胞壁微纤丝之间的水分，对木材物理力学性质有着重要的影响[3]。

木材在遭遇到生物或微生物危害后，含水率变化要比健康材更大，特别是出土饱水腐蚀木材，可以吸收大量水分。而且木材腐蚀越严重，含水率越高。因此，含水率是表征木材腐蚀程度的重要参数。

这里提到的含水率是指绝对含水率（absolute moisture content）：以全干木材的质量为基准计算的含水率。其计算公式为

$$W = [(G_w - G_0)/G_0] \times 100\%$$

式中，W 为绝对含水率（%）；G_0 为全干木材质量（g）；G_w 为测定木材质量（g）。

题凑木的整体绝对含水率为 117.9%。按照 Hoffmann[4] 依据木材含水率对古代饱水木材腐朽程度的分类，其含水率低于 180% 应为轻微腐朽。Christensen[5] 的研究表明，饱水木质文物的腐朽从外向内逐渐发生，当其含水率低于 185% 时，腐朽只发生在木材浅表面。采用木材生长锥沿遗留的枋木纵向钻取，样品绝对含水率随题凑木深度变化见图 2-49，生长锥钻取样品绝对含水率结果（图 2-49）显示：木材表面 0～8 mm 处含水率最高超过 180%，8～12 mm 处含水率逐渐降低，12 mm 之后含水率趋于稳定为 124%～136%，表明木材腐朽最严重区域位于木材表面 0～8 mm 处。

需要特别说明的是：墓室自 2011 年发掘直至取样研究，已经时隔近 3 年时间，此前墓室的水分不断挥发干燥，导致此时木材并非饱水状态。在后期"墓室黄肠题凑"木材动态监测过程中，发现重度糟朽区域饱水木材含水率竟高达 600% 以上，腐

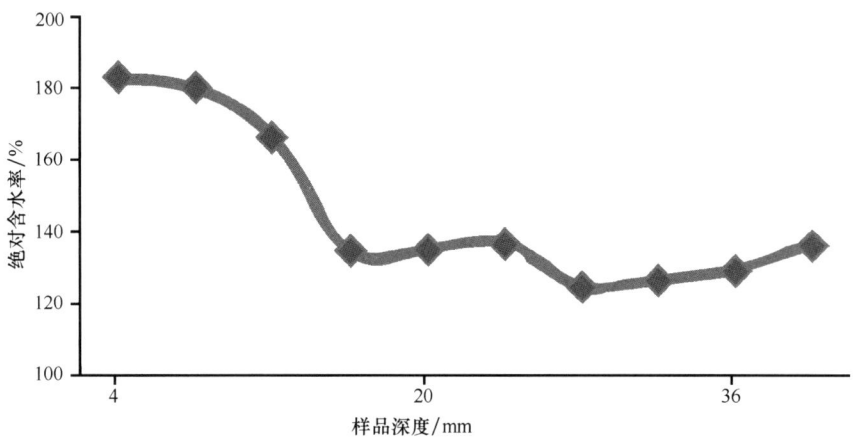

图 2-49　木材由外至内含水率的变化情况（2012 年 12 月取样）

蚀破坏程度是非常严重的。

2. 密度及力学强度分析

针对定陶汉墓黄肠题凑木材的密度、抗弯强度、抗弯弹性模量、横纹抗压、抗弯强度、抗弯弹性模量等力学指标进行制样和测量。取样为题凑墙木材，实验方法参考的国家标准有：

GB/T 1931—2009 木材含水率测定方法；

GB/T 1932—2009 木材干缩性测定方法；

GB/T 1933—2009 木材密度测定方法；

GB/T 1936.1—2009 木材抗弯强度试验方法；

GB/T 1936.2—2009 木材抗弯弹性模量测定方法；

GB/T 1939—2009 木材横纹抗压试验方法；

GB/T 1937—2009 木材顺纹抗剪强度试验方法。

检测结果见表 2-8。

表 2-8　题凑木样检测结果

项目		平均值	标准差	变异系数
气干密度 /（g/cm²）		0.626	0.031	4.903
含水率 /%		117.900	11.624	9.859
干缩性 （含水率至 12.0%）	径向干缩系数 /%	0.141	0.042	29.535
	弦向干缩系数 /%	0.196	0.061	30.940
	体积干缩系数 /%	0.358	0.088	24.590
潮湿试样 （含水率 117.9%）	抗弯强度 /MPa	61.459	5.296	8.618
	抗弯弹性模量 /GPa	7.604	1.042	13.707

续表

	项目	平均值	标准差	变异系数
潮湿试样（含水率117.9%）	横纹全部抗压（径向）/MPa	4.287	0.411	9.578
	横纹全部抗压（弦向）/MPa	4.276	0.439	10.256
	顺纹抗剪强度（径面）/MPa	6.837	0.521	7.623
气干试样（含水率12.0%）	顺纹抗剪强度（弦面）/MPa	7.106	0.840	11.764
	抗弯强度/MPa	89.083	6.889	7.733
	抗弯弹性模量/GPa	8.514	0.873	10.249
	横纹全部抗压（径向）/MPa	8.613	1.063	12.346
	横纹全部抗压（弦向）/MPa	8.068	0.685	8.494
	顺纹抗剪强度（径面）/MPa	8.527	0.891	10.454
	顺纹抗剪强度（弦面）/MPa	9.685	1.265	13.063

现代柏木物理力学性质比较见表2-9。

表2-9 现代柏木物理力学性质比较（产地：湖北崇阳）

	项目	平均值	变异系数	12%含水率下的强度值
气干密度/(g/cm²)		0.600	8.2	0.588
含水率/%		15.0	—	12.0
干缩性/%	径向干缩系数	0.127	31.5	0.127
	弦向干缩系数	0.180	25.0	0.180
	体积干缩系数	0.320	25.3	0.320
抗弯强度/MPa		98.49	10.8	110.309
抗弯弹性模量/GPa		9.996	9.9	10.446
横纹全部抗压（径向）/MPa		7.742	14.6	8.787
横纹全部抗压（弦向）/MPa		6.566	14.1	7.452
顺纹抗剪强度（径面）/MPa		9.408	12.8	10.255
顺纹抗剪强度（弦面）/MPa		10.878	18.7	11.857

注：① 除干缩系数为气干状态的测试结果外，其他物理力学强度平均值均为15%含水率下的强度；② 12%含水率下的物理力学强度非实际测定值，是根据国家标准换算公式得来的

对比定陶汉墓黄肠题凑木与湖北崇阳现代柏木物理性能[6]后发现（图2-50）。题凑木的气干密度为0.626 g/cm³，按照《木材材性分级规定》[6]属中等，略大于现代新鲜柏木，应与题凑木特殊的选材特点有关。为了追求黄色效果，题凑木使用淡黄色柏木心材，相较边材而言，心材的密度较大、孔隙率较小。

题凑木的体积干缩率为0.358%，按照《木材材性分级规定》[6]，其收缩率为最小等级；与新鲜木材相比，其弦向、径向及体积干缩系数分别增加11.0%、8.9%及11.8%。一般情况下，木材干缩率与其密度负相关，虽然题凑木密度高于新鲜木材，且为尺寸稳定性较边材更好的心材，但干缩系数反而升高，应与木材的腐朽有关。

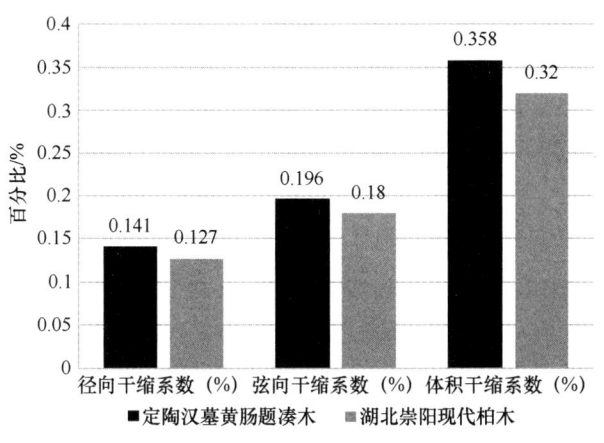

图 2-50　定陶汉墓黄肠题凑木与湖北崇阳现代柏木物理性能（干缩性）对比

木材学将木材的含水分为自由水、吸着水和化合水三种。收缩的原因主要归结为吸附水的减少，在木材失水初期自由水散失的过程中，木材尺寸基本不会发生变化，收缩的起点为吸附水散失时，即木材含水率在纤维饱和点以下开始出现收缩[7]。与新鲜木材不同，考古出土的饱水木材由于半纤维素及纤维素降解，细胞壁失去原有强度，甚至出现腐朽的孔洞，细胞中的自由水对细胞壁起到支撑作用，即使是在自由水散失阶段木材也可能出现收缩[8]。因此，尽管题凑木为轻微腐朽，且密度还较新鲜柏木大，但收缩率明显增加。题凑木差异干缩系数为 1.42，接近新鲜柏木 1.39，也表明其腐朽主要发生在木材浅表面。

对比定陶汉墓黄肠题凑木潮湿试样、气干试样及湖北崇阳现代柏木三种的力学性能后发现（图 2-51）：题凑木试样干燥后其各项力学强度均有所提高。因此，通过科学

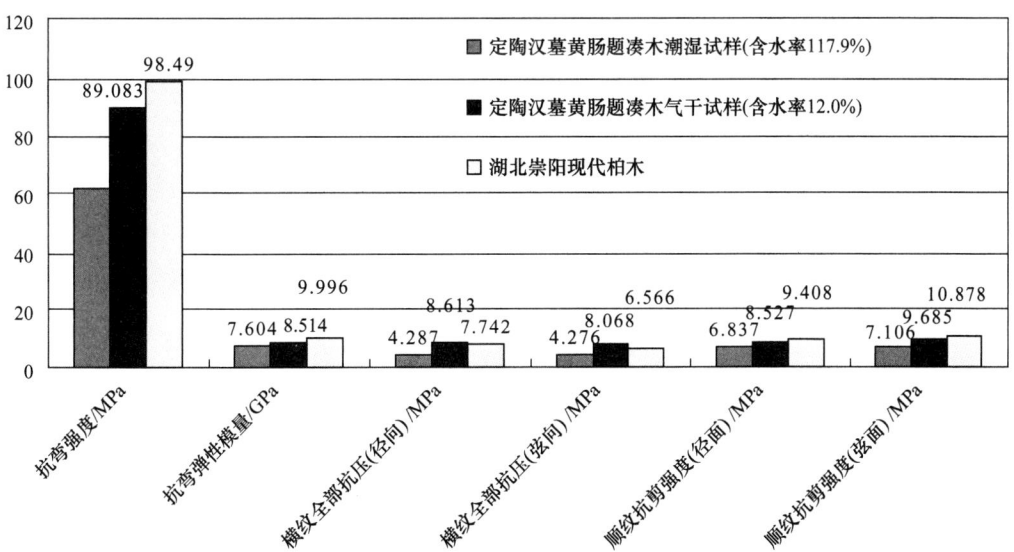

图 2-51　定陶汉墓黄肠题凑木潮湿试样、气干试样及湖北崇阳现代柏木试样力学性能对比

有效的脱水处理，在一定程度上能够提高题凑木力学性能。此外，题凑木气干试样的抗弯强度、抗弯弹性模量、顺纹抗剪强度（径面）、顺纹抗剪强度（弦面）低于湖北崇阳现代柏木试样，而横纹全部抗压（径向）、横纹全部抗压（弦向）高于湖北崇阳现代柏木试样。

该实验设计了题凑木材在恒温恒湿环境下自然风干后力学强度的测试，并且与饱水木材力学性能对比。该实验分析及对比结果，可以为后期木材腐蚀状况研究和保护方法选择提供支撑。

2.2.6 木材保存状况和糟朽程度分析

墓室中散落有数根题凑墙所使用的木材，提取其中一根作为重点分析标本，取回实验室进行检测分析。

按照图2-16所示将木材分为两部分：DT-1部分用于木材树种鉴定、显微观察、含水率测定、木材化学组成分析、阻抗仪木材腐蚀度分析；DT-2部分用于木材力学强度分析。

DT-1质量为9051 g，尺寸为12.5 cm×19.4 cm×32.3 cm（图2-52），计算其含水密度为1.16 g/cm³。DT-1实际由三块独立木材通过榫卯连接构成。样品表面呈棕褐色，各面不同程度出现开裂，局部按压较为松软。各

图 2-52　DT-1 外观与结构（cm）

面拍照分别命名为 A 面、B 面、C 面、D 面、E 面、F 面，图 2-53 为各面保存情况。

木材阻力仪通过微机系统把探针刺入过程中受到的阻力变化直观地表现出来，从而反映出木材密度的变化，进而表征出木材腐蚀程度的变化。选择 DT-1 C 面、F 面局部为检测面，每个检测点均穿透样块。

C 面检测点所得数据为垂直纵向方向的木材阻力变化情况。共选择 10 个检测点，图 2-54（图版 24）为其分布情况：检测点 2、3、4、5、6 所处蓝色区域距上方边缘 2 cm；检测点 1、8、9、10 所处黄色区域距上方边缘 8 cm；检测点 7 所处红色区域中心有榫卯，与检测点 4 对应，距中心榫头边缘 2.5 cm。C 面蓝色区域各检测点检测结果见图 2-55，其中检测点 2 与检测点 3、4、5、6 区别较大，在其检测深度为 25～40 mm 处应有木材腐朽严重的部位，检测点 3、4、5、6 所得曲线分布较集中可视为这一区域典型的木材阻力变化曲线。按照公式 $R_{MT}=\dfrac{\int_0^H RA \cdot dh}{H}$（%）换算得检测

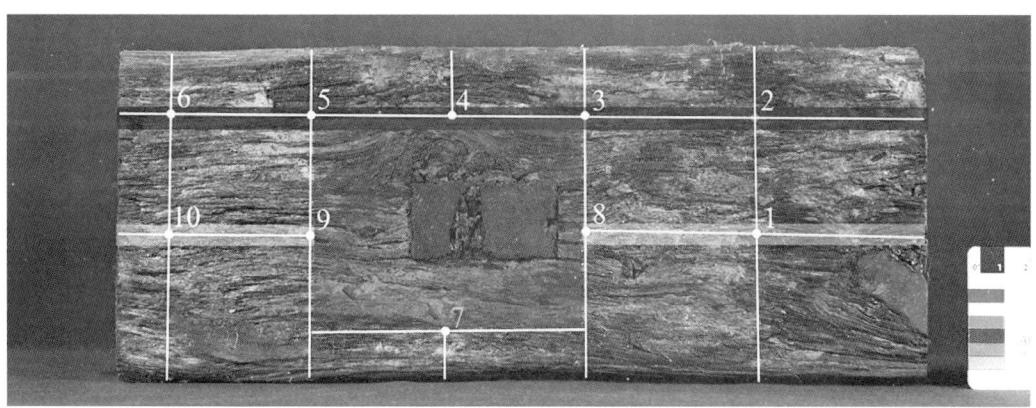

(a) A 面 　　　　　　　　　　　　　(b) B 面

(c) C 面 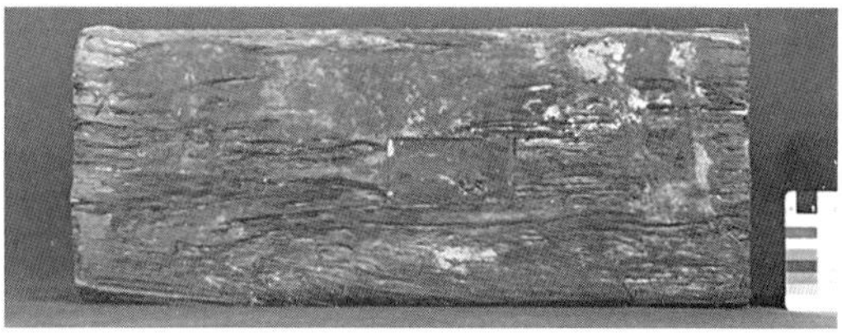　　　　　　　　　　　　　(d) D 面

(e) E 面 　　　　　　　　　　　　　(f) F 面

图 2-53　DT-1 各面保存状况

图 2-54　C 面（原始弦切面）检测点分布情况

点 3、4、5、6 处 R_{MT} 分别为 18.6%、18.6%、18.9%、18.8%，取其平均值得 C 面蓝色区域平均 R_{MT} 为 18.73%；图 2-56 为 C 面黄色区域各检测点检测结果，其中检测点 1、8 在其检测区域也有腐蚀较为严重的区域，检测点 9、10 所得曲线分布较集中

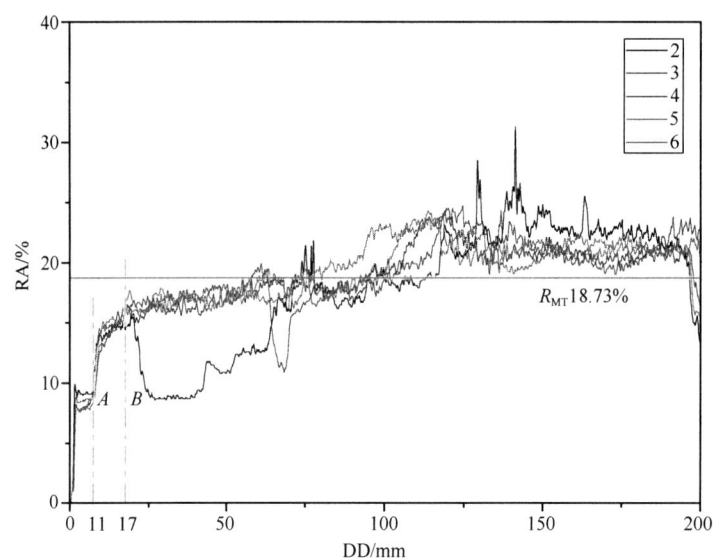

图 2-55　C 面蓝色区域检测点木材横截面阻力变化曲线

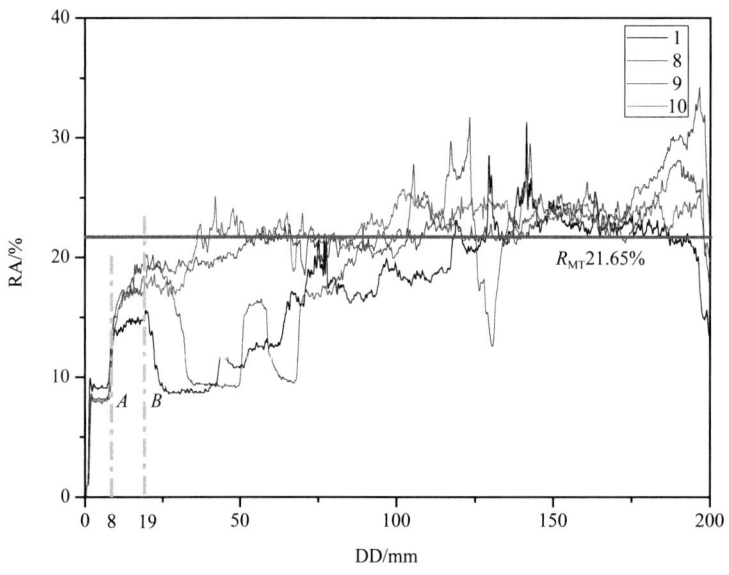

图 2-56　C 面黄色区域检测点木材横截面阻力变化曲线

视为这一区域典型的木材阻力变化曲线。计算得 C 面黄色区域平均 R_{MT} 为 21.65%；而从图 2-57 中 C 面红色区域各检测点检测结果可以看到，由于各个检测点分布无规律，很难用检测点 4、7 来说明榫卯附近的木材腐蚀是否具有一定规律。其中检测点 8，如上文所述予以忽略，检测点 4、7、9 所得曲线虽不集中，但曲线变化趋势是相同的。已有文献表明，木材腐蚀是由外至内进行的，腐蚀程度由外至内逐渐变低。C 面黄色区域平均 R_{MT} 为 21.65%，大于 C 面蓝色区域平均 R_{MT}（18.73%），这是由于蓝色区域更靠近木材边缘。

为研究沿木材纵截面方向阻力变化情况在 F 面选择 4 个检测点（图版 25），图

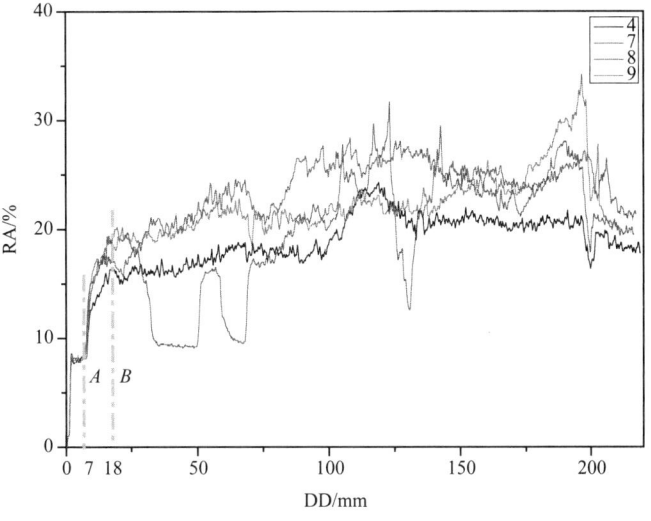

图 2-57　C 面红色区域检测点木材横截面阻力变化曲线

图 2-58　F 面（原始端面）检测点分布情况

2-58 为其分布情况：每个检测点都处于图中划分区域中心。其中 1 区和 4 区木材保存较好；3 区木材表面有裂隙；2 区大面积木材严重腐蚀。由于该面仅测了 4 个点，其中检测点 1 于深度 160 mm 处开始走偏，探针刺出木材；检测点 2 位于木材髓心区，可以看到，这一区域木材在小于 125 mm 深处，其 RA 值都为 7% 左右，这与 C 面检测点 1、8 所得的数据能够对应，说明所探测区域存在局部严重腐蚀；检测点 3、4 变化趋势接近，分布较为集中，其中检测点 3 在其检测深度小于 24 mm 时，其 RA 小于检测点 4 区域，这是由其表面有少量裂隙造成的。

从图 2-59 检测结果可以看到，无论是在木材横截面方向还是纵截面方向，都存在 A、B 两个临界点，检测结果从木材表面开始。阻力较小，在 10% 之下。当探针刺入深度到达 A 点阻力陡然上升，至 B 点开始阻力上升速度趋缓。阻力在从表面至

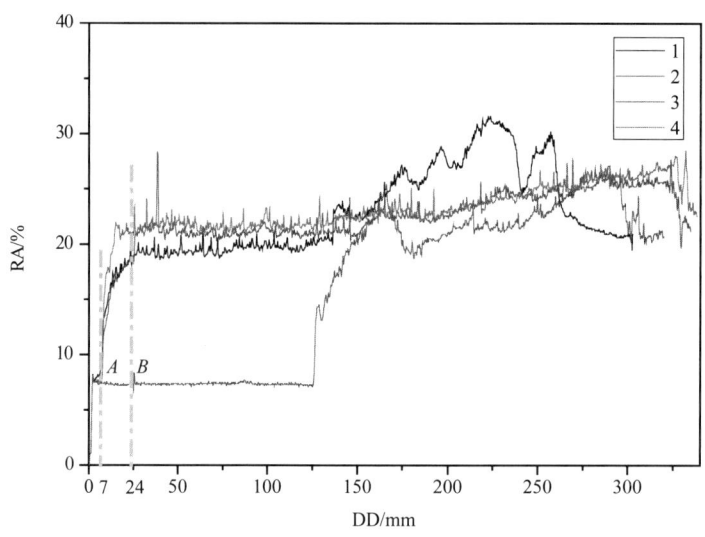

图 2-59　F 面检测点木材阻力变化曲线

深度 A 再至深度 B 的变化可能是由木材腐蚀程度的变化引起的。

因此，可据此判断 DT-1 木材样品从表面至中心区域其腐蚀程度及含水率存在三个明显的分区：①Ⅰ区（表面～7 mm），木材表面至深度 A，腐蚀程度最高，含水率最高；②Ⅱ区（7～18 mm），深度 A 至深度 B，腐蚀程度和含水率中等；③Ⅲ区，深度 B 至木材中心，腐蚀程度与含水率最低。

2.2.7　小结

题凑墙病害严重程度呈无规律分布，题凑木的两个端头，即横切面，普遍比木材纵向糟朽严重。利用木材针测仪检测发现，木材纵向糟朽深度一般为 2～10 mm，然而题凑的端头糟朽深度可高达 10 cm。表层糟朽区域木材的绝对含水率为 170%～190%，内部致密层的含水率为 117%。

2.3　保存现状与病害原因探讨

2.3.1　木材腐蚀的内因

木材是由细胞壁和细胞腔组成：细胞壁是构成木材的主体，它主要的化学成分是纤维素（45%～50%）、半纤维素（20%～35%）、木质素（15%～35%）、木材抽提物（1%~10%）和灰分（1%）等。

纤维素（$C_6H_{10}O_5$）$_n$是由许多葡萄糖胺基长链结构相互联结起来的高分子聚合物。数十条纤维素分子链，依靠侧链上的羟基形成氢键缔合作用，成为较为有秩序的基本纤丝。由基本纤丝再组合成为微纤丝。微纤丝之间有一定的空隙，木质素和半纤维素就填充其中，起联结、加固框架结构的作用。

由于半纤维素是低分子量的聚糖，其平均聚合度只有200左右，可以在碱水溶液中被抽提，又很容易在酸性的水中被水解，其稳定性较差。在长期的地下埋藏环境下，最容易遭受溶失和分解，使细胞壁空隙增多或扩大。纤维素的微纤丝组合，中心部位分子排列整齐而有规则，而包围在四周排列较不整齐、不规则的分子所组成的外膜被称为"无定形区"，是木材纤维中较为薄弱的部分。在长期地下水的浸泡及菌类纤维素酶的作用下，往往这一部分纤维分子逐渐降解，最终使木材中的微纤维消失，木材纤维素含量降低。

2.3.2 水的破坏性

实验室对定陶汉墓黄肠题凑木材利用生长锥取样，并进行含水率检测发现，题凑木材沿纵向表层至内部的含水率变化较大，由184%减少为125%（图2-60）。由于表层较为糟朽，而内部质地较坚硬，所以呈现出腐蚀程度变化的规律性。这样从外至内非均匀性的腐蚀会造成木材在失水过程中产生巨大的收缩差异，导致木材表面广泛开裂。

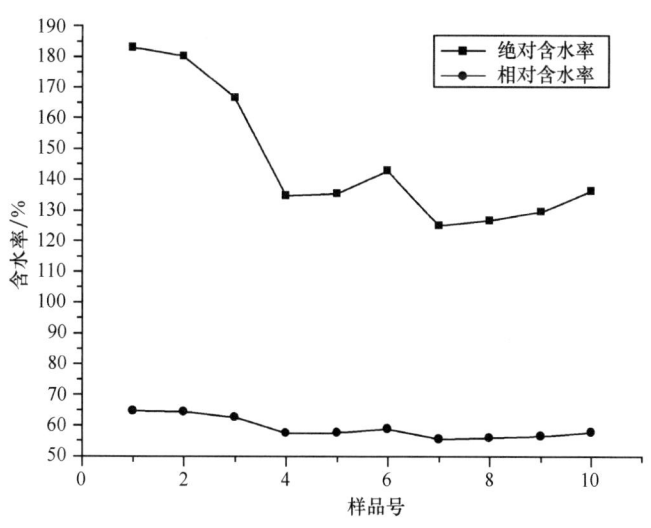

图2-60 木材从外向内每隔5 mm钻取的10个样品含水率的变化

深埋在地下的古代木材，经过了漫长的岁月之后，其结构和化学成分均会发生变化。大量纤维素被分解而其中木质素等稳定成分的含量相对增加；同时，细胞壁变薄，甚至被破坏，使水分充满细胞腔，并填充纤维素、半纤维素成分解离后所留下的空间，这样，木材的含水便达到过饱和状态。水对木材形稳性的影响极为严重。由于水是极性分子，其移动是靠外界的能量来破坏与细胞壁的结合力，当细胞壁完好的时候，木材细胞壁的结构能够保持原来的形貌。而当木材细胞壁内微细纤维受损的时候，水分移动时，微细纤维就会因毛细张力的破坏而发生解离，从而导致细胞壁向内塌陷，木材的形稳性受到影响。因此，对于饱水木器，纤维饱和点理论与其收缩变化之间并没有对应的关系。一旦暴露于周围环境中，就可能变得非常不稳定，且以惊人的速度收缩、扭曲和崩溃。从出土至损坏，通常只有数小时或数天的时间。显然，这种古木材的结构与化学组分，明显不同于新鲜木材。

2.3.3 盐分的影响

在北侧探沟北壁土壤上存在大量的白色结晶状物质（见图2-45），而在墓室内部题凑墙表面也发现大量白色晶体。

利用XRD检测分析结果表明，北侧探沟北壁土壤上的大量白色物质与题凑墙表面白色结晶物均为$CaSO_4 \cdot 2H_2O$和$CaCO_3$的混合物（见图2-46）。这说明墓室内的结晶盐是通过水的迁移流动，源源不断地把外界土壤中的可溶盐和微溶盐引入糟朽木材内部。当木材中水分挥发后，结晶盐不断富集析出。$CaSO_4 \cdot 2H_2O$结晶时会迅速膨胀，体积增大。这种强大的内部机械应力足以破坏脆弱的木质细胞组织结构。

经过实验室对木材酸碱度的检测，糟朽木材的pH为4.23～4.92，然而墓室内地板积水的pH为7.38～8.38。墓葬旁边深达18 m的一眼井泉的pH也高达8.33。弱酸环境不仅能够水解半纤维素，而且弱碱性的水环境可以溶解、萃取半纤维素分子[9]。通过傅里叶变换红外光谱分析结果，已证明越靠近端头，木材的半纤维素特征峰越微弱，表层几乎破损殆尽。所以长期在弱碱性的水溶液中浸泡，还会加剧木材的水解糟朽。

2.3.4 环境变化的影响

极易腐朽的木质文物之所以能够在埋藏成百甚至数千年而得以保存，但是在刚刚出土时，外观看来保存状况尚好，之后迅速劣化。这种情况主要由两方面原因造成：

一是饱水木材腐朽过程特点。出土饱水木器，在漫长岁月的地下环境中，地下水和地表渗透水的长期浸渍侵蚀，木材组织发生不同程度的降解。然而，严重降解的木头，虽然仅剩下脆弱的胞间层及细胞壁内少量残存的纤维素晶体，降解的木质素残余附着在这些细胞和脆弱的木材骨架上，但只要木材一直饱水，细胞壁被水支持，一定程度上，木材仍会呈现出较好的外观。加之木材的腐朽是由外至内逐渐发生，因此，一些大的木质构件出土时还保持有较好的力学强度。这都给人以错觉，认为其刚刚出土时保存状况是好的，实际上其微观形貌组织已经出现严重的破损。

二是保存环境的质变。木质类文物能够在大量含水的环境中保存下来，表明它们已与所处的饱水、缺氧、稳定的环境相适应并达到了平衡。然而，当它们被发掘出来，暴露于光照、氧气、温湿度不断变化的环境中时，这种平衡被打破，腐变将迅猛展开。因此，饱水木材在出土后如不进行合理的保护，往往在数周，甚至是数日内迅速失水，外观明显改变、变形，甚至扭曲。保存环境中诸如水、光照不仅仅是造成木质类文物降解腐朽的直接因素，还是促进微生物生长的重要条件。因此，木质文物出土后，对于其保存环境的调查研究及控制尤为重要。在保存环境相对稳定的博物馆中，尚且需要对于文物环境进行监控。针对保存环境复杂且不断变化的原址保护的大型遗址，更需要对环境进行细致全面的研究与控制。

饱水木材出土后，保存环境的主要影响因素有"外界水"、温湿度和光照等。

这里谈的"外界水"与饱水木材组织细胞中的水无关，而是指墓室周围保存环境中的水分。

1）外界水的影响

对于饱水木材而言，水不仅仅是造成木材水解腐蚀的重要因素，尤为重要的是，已经被腐蚀的细胞壁组织，绝大部分都是由水填充的，这也是为什么饱水木材还能维持不错的外观形貌。木材出土后与埋藏环境中的水分分离，木材细胞中起到填充作用的水开始挥发，木材细胞壁失去支撑，收缩塌陷，木材外观开始改变。因此，饱水木材在出土后为了延缓其水分的挥发，需要使用大量的水对其进行喷淋或是浸泡。虽然定陶汉墓所处位置地下水位较高，墓室中目前还有大量的地下水涌入，但是，其一直处于半饱水的状态。而且随着季节更替，当地降水量变化，地下水位高度也会不断变化。通过定陶地区气象资料可以看到，每年的7~8月降水量会达到其他月份的几倍甚至十几倍（图2-61）。同时，为了工作需要，工作人员每次在进入墓室前都要将墓室中的积水抽出，降低水位。这些都造成了定陶汉墓保存环境中的"外界水"总是处于不断的变化之中，更加速了木材的腐蚀。因此，环境中地下水的

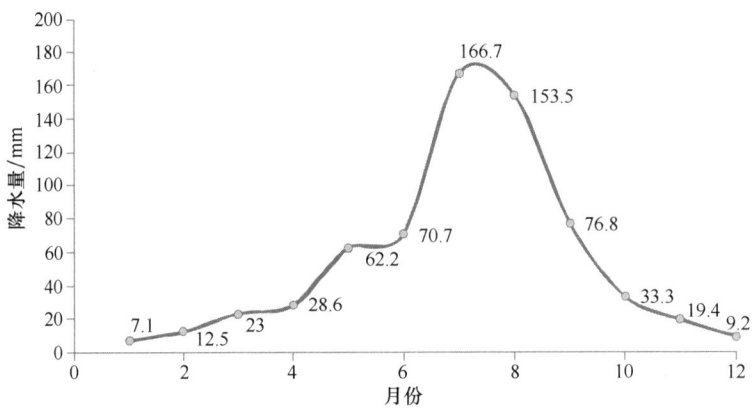

图 2-61　定陶县 1981～2010 年各月降水量

控制是关键因素。

2）温湿度影响

温度对于文物的影响体现在两个方面：一是由温度因素直接产生的破坏作用；二是由于温度的改变而引起相对湿度的改变，以及由此对于其他腐蚀因素的促进作用。直接作用主要为，组成文物为两种或两种以上材质时，由于膨胀系数不同，各种材料受热膨胀或是遇冷收缩，体积变化不同，变化速度各异，导致文物开裂。通过气象数据可以看到，定陶地区年温差达到 27.5℃（图 2-62），因此其保存环境温度跨度较大。

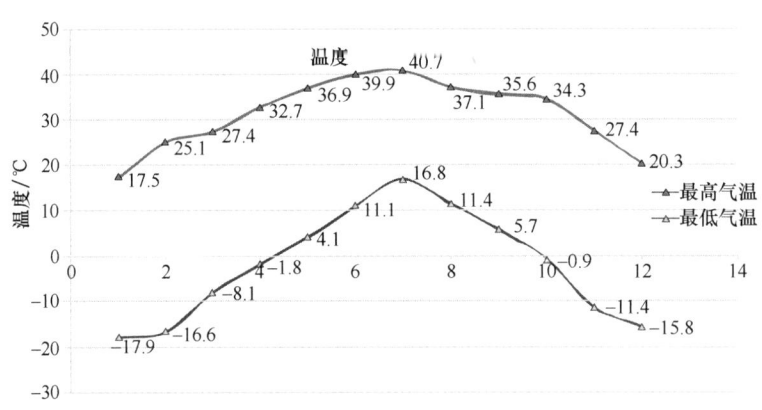

图 2-62　1981～2010 年定陶县各月、各年极端气温

可以看到，温湿度的变化最终还是由于水分造成文物材料的老化变质，它是文物保存过程中的潜在性灾难，可以说湿度过高或过低的环境对于木材文物的长期保护非常不利。因此，必须根据情况将保存环境控制在一定范围内。

受定陶县文物局委托，我们于 2014 年 1 月开始对汉墓室内温湿度和外顶部含水木材的温度进行监测。图 2-63 是 2014 年 1 月 11 日～3 月 6 日外顶部木材温度变化监测结果，发现尽管目前汉墓顶部被大幅塑料布和毛毡棉被覆盖，但是顶部木材温度分别在 2014 年 2 月 11 日和 12 日较长的时间低于 0℃，详见图 2-64。同一时间，室外最低气温仅为 -8℃。

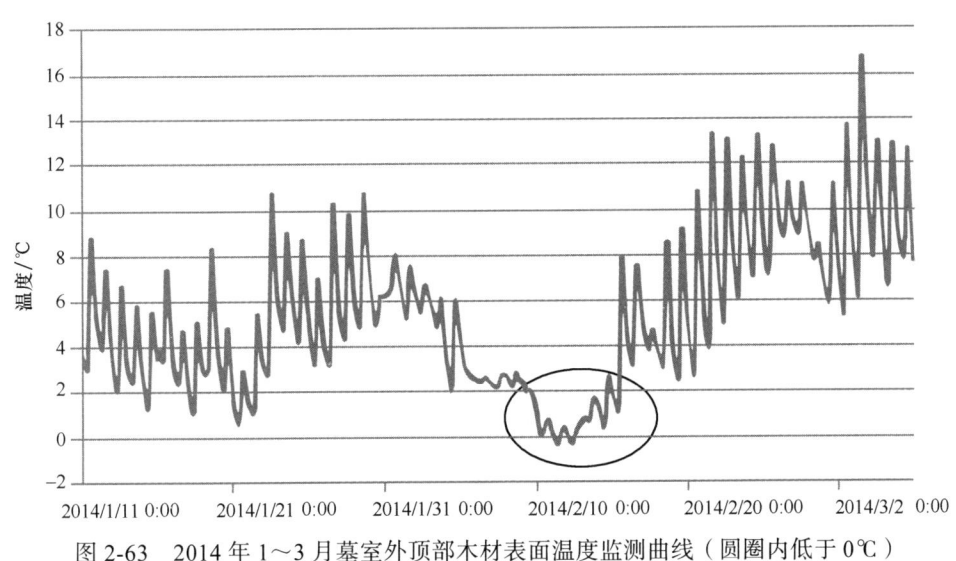

图 2-63　2014 年 1~3 月墓室外顶部木材表面温度监测曲线（圆圈内低于 0℃）

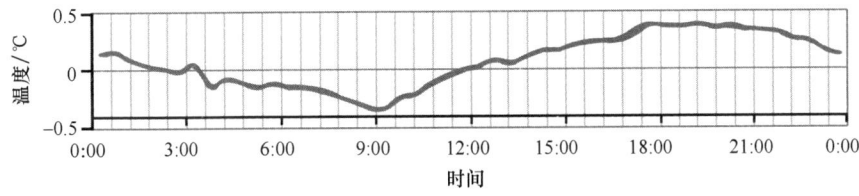

图 2-64　2014 年 2 月 11 日，外顶部木材监测温度长时间降为 0℃ 以下，
对饱水木材的破坏性非常强

　　根据专业气象部门报道，2013~2014 年冬季较往年平均气温偏高，大部分时间无明显降雪。但是以汉墓目前的保温方式，尚不能抵御"暖冬"产生的极端低温影响。定陶地区正常的冬季极端低温一般可达 -17℃，并且持续较长时间。环境的剧烈变化引发汉墓顶部出土木材及四周文字砖的反复"冻融"的现象对汉墓的破坏影响难以估量。顶部已经出现木材极度糟烂和文字砖崩解的情况，并非刚刚出土时已有的病害，而是历经几个冬季后，保温措施不到位逐渐出现的新型病害。

　　因此，目前应对极端天气的保温措施亟待改善。针对汉墓墓室内外的保存环境数据采集系统和报警系统亟须建立完善，从而为保护工作者随时掌握汉墓的环境变化，为及时、迅捷地提出临时保护和预防性措施提供重要的基础数据和参考依据。

2.3.5 微生物的影响

微生物是威胁黄肠题凑保存的一个重要因素,它们可以分解组成黄肠题凑的木材,将其作为营养物质直接吸收;也可形成菌膜或代谢物污染其表面。在发掘以前,定陶汉墓黄肠题凑周遭的土壤微生物群落已相对稳定,又由于处于缺氧环境,一定程度上免于遭受真菌的侵蚀。但是发掘后,这种平衡被打破,黄肠题凑内外的微生物随着空气及地下水的流动,工作人员的扰动而不断交换。2013年,黄肠题凑表面已经出现软化现象,并产生腐臭气味,部分区域明显滋生微生物(图2-65)。DNA检测结果显示,这些区域主要被一种支孢瓶霉(*Cladophialophora* sp.)感染。被该菌严重感染的区域会出现白色菌斑(样品1、2、3、5及6)。另外,酿酒酵母(*S.cerevisiae*)在墓室南侧黄肠题凑墙处呈扩散状态。*Hypochnicium* 和 *Pseudeurotium* 目前尚只形成局部病灶(样品4和7),但由于从这两份样品的SEM照片可以看到大量孢子囊(图2-65),一旦孢子喷发就可能很快传染其他区域。

样品中细菌种群较杂,优势菌群不明显,产生菌斑类病害的可能性较低。但 *Sphingomonas*、*Novosphingobium* 在受检的东、南、西侧黄肠题凑墙均有分布,并且于部分样品中属于优势细菌种群;酸胞菌(*acidocella*)虽然目前没有扩散,但在菌斑样品3和5中都是优势细菌种群。另外,检测出的排硫杆菌、脱硫橄榄状菌属、噬纤维菌目硫细菌、硫单胞菌、酸硫杆状菌等均参与硫元素循环——可能与墓室大量的芒硝类结晶盐相关。随着保护工作的开展,黄肠题凑将在较长一段时间面临不断的环境变化,加之工作人员的扰动,其遭遇更多、更危险菌群的概率也将大幅上升。

由于目前并不存在万能的抑菌剂,并且抑菌剂的长期施加会造成抗性菌株的富集,故而控制环境是抑制微生物生长的主要途径。在众多环境因素中,水是生物必需的营养源。物体的水活度(water activity number,a_w)代表着物体表面所含能被微生物吸收利用的水分的多寡,决定其上微生物的生长状况。当物体与它周围的环境所含水分达到平衡时,物体的 a_w 近似于环境百分平衡的相对湿度。多数霉菌适宜的水活度区间为 $0.60 < a_w < 0.87$。可见,相较于干燥环境或高湿环境,半干半湿环境最适宜霉菌生长。

2.3.6 小结

根据2012年9月现场调查结果,黄肠题凑的保存现状总结如下。

墓室外部:易受自然环境波动影响,冬季长时间低于0℃以下,加速木材糟朽速度;现又覆盖毛毡棉被,加剧了生物和微生物的滋生,且保温作用有限;钢架结构

样品3

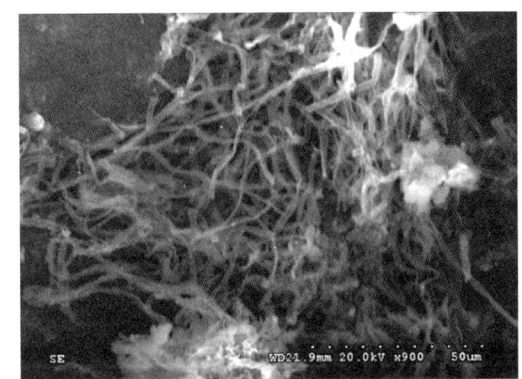
样品3扫描电镜照片（×900）

(a)

样品4

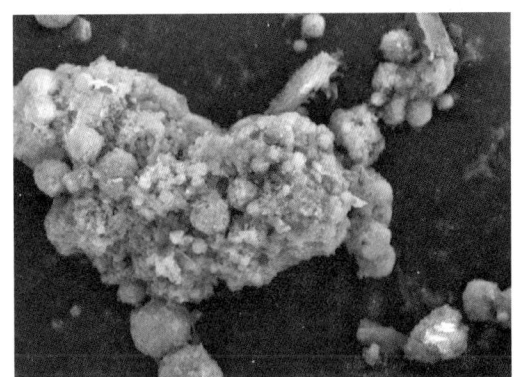
样品4扫描电镜照片（×800）

(b)

样品5

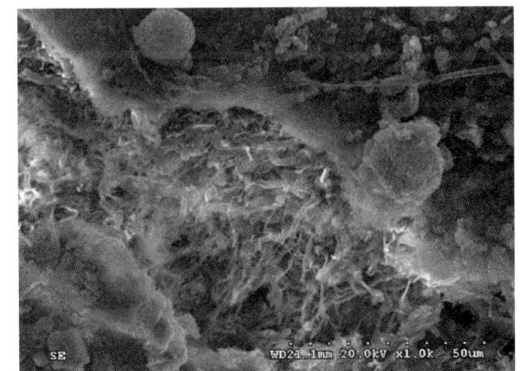
样品5扫描电镜照片（×1000）

(c)

图2-65　部分微生物样品现场及扫描电镜形貌照片

大棚虽有效阻挡降水，但不能满足出土木质文物保存环境的要求。

墓室内部：黄肠题凑墙体失水速度过快，木材开裂、起翘、盐析现象初现；人工喷淋反复进出墓室，微生物滋生范围增大，并以墓道口附近病害更为严重。

通过分析水、可溶盐、微生物、环境等因素，我们认为：黄肠题凑具有体量大、结构复杂、腐朽不均匀、高度动态变化、易受环境影响等特征。定陶汉墓腐朽根本原因是水的存在和流动直接或间接导致木材的结构组织破坏，从而加快古老木材的破损速度。定陶汉墓目前位于地表之下 11 m 的深坑中，地下水、自然降水和土壤中毛细水的综合作用，导致汉墓的保护处理和长期保存面临巨大的挑战。鉴于题凑墙体已出现糟朽加剧、干燥开裂的情况，因此开展定陶汉墓的补水、控水、治水是定陶汉墓黄肠题凑保护最为紧迫和最核心的问题。

目前，根据实际情况，定陶汉墓现场已经建立了自动控制喷淋系统，是为"补水"的措施，第 4 章将详述。根据国家文物局批复整体保护方案，计划开展汉墓地下防渗排水和地下保护设施的建设，是为"治水"。在这基础上，建设黄肠题凑的密封棚，并在环境控制下逐步进行木材加固脱水，是为"控水"。本书第 8 章即为控水过程进行模拟实验和经验积累，为实施后期科学"控水"过程提供指导借鉴。

参考文献

［1］ 徐峰，万业靖. 木材检验基础知识. 北京：化学工业出版社，2010，74.

［2］ 张双燕. 化学成分对木材细胞壁力学性能影响的研究. 中国林业科学研究院硕士学位论文，2011：24.

［3］ 徐有明. 木材学. 北京：中国林业出版社，2006，121.

［4］ Hoffmanm P. On the stabilization of waterlogged oak wood with PEG-molecular size versus degree of degradation. In: Proceedings of the 2nd ICOM Waterlogged Wood Working.

［5］ Christensen B. The conservation of waterlogged wood in the National Museum of Denmark. Denmark：Nationalmuseet，1970，99.

［6］ 中国林业科学院木材工业研究所. 中国主要树种的木材物理力学性质. 北京：中国林业出版社，1982，106.

［7］ 成俊卿. 木材学. 北京：中国林业出版社，1985，437.

［8］ 李玲. 考古出土木质文物变形的产生、回复及其永久性固定. 中国文物科学研究，2009，（2）：53-55.

［9］ 郭梦麟. 木材腐朽与维护. 北京：中国计量出版社，2009.

第3章 文献调研

3.1 木材保护基本概念

很多从事木材和古建筑保护的专业人员虽然从事木质文物保护的专业工作，但是对于木材的结构层次仍然缺乏完整的认识。本章首先进行木材基础知识的介绍。木材的基础知识和相关概念非常丰富复杂，本书重点回顾木质文物保护常见的学术名词及基本概念。

木材用肉眼或放大镜观察到的木材构造特征为木材的宏观构造特征，在显微镜下观察到的，为木材的微观构造特征。这里简要介绍木材宏观特征的几个概念：

髓（pit）又称树心，位于树干中央。它和第一年生的木材构成髓心。由于它是轴向薄壁组织构成，因此髓心部分木材力学性质低，又易于开裂腐朽，在造船特殊用材中一般去除。

年轮（annual ring）：树木在生长过程中，由于气候交替的明显变化而形成的木材轮状结构。

早材与晚材：每一年轮是由两部分木材组成，靠近髓心一侧，是树木每年生长季节早期形成的一部分木材，称为早材（early wood）；而靠近树皮一侧，是树木每年生长后期形成的一部分木材，称为晚材（late wood）。

边材与心材：从木材外边颜色来看，横切面和径切面上木材颜色有深有浅，有些树种的木材颜色深浅是均匀一致的。一些树种树干的外围部位、水分较多、细胞仍然具有活性且颜色较浅的木材称为边材（sapwood）。而一些树种的树干中心部位，水分较少，细胞已经死亡，颜色较深的木材称为心材（heartwood）。

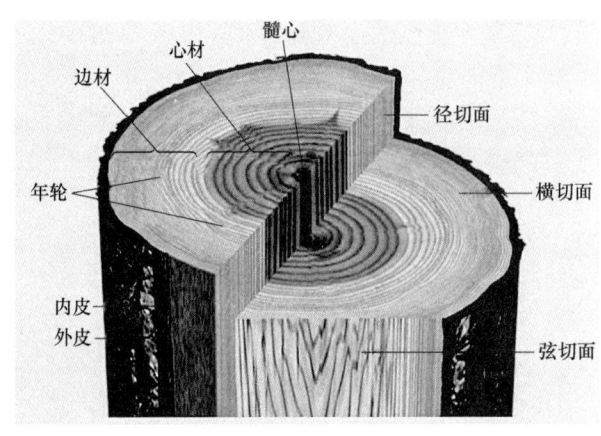

图 3-1　木材三切面示意图

木材的三切面（图 3-1）：是从不同的方向锯切木材，可以看到不同的切面，利用切面细胞及组织所变现出来的特征，可以识别木材和研究木材的性质、用途。三个标准切面是横切面（transverse surface）、径切面（radial surface）和弦切面（tangential surface）。

（1）横切面是与树干主轴或木材纹理垂直的切面，即树干的端面。这个切面上，年轮呈同心圆环状，木射线呈辐射线状。横切面是识别木材最重要的切面。

（2）径切面是顺着树干长轴方向，通过髓心与木射线平行或与年轮相垂直的纵切面。在该切面上，能显示纵向细胞（导管）的长度和宽度，以及髓心、边材的颜色与大小。

（3）弦切面是顺着树干主轴或木材纹理方向，不通过髓心，与年轮平行或与木射线垂直的纵切面。在此切面上，能显露纵向细胞的长度和宽度[1]。

木材是由无数的细胞组成，细胞是构成木材的基本形态单位。木材细胞的显微构造利于研究木材性质特征、识别木材材种，以便充分利用木材等重要信息，木材本身的物理力学性质和各向异性都与其构造有密切的关系。

木材细胞壁主要是由纤维素（cellulose）、半纤维素（hemicellulose）和木质素（lignin）三种成分构成（图 3-2）。纤维素以分子链聚集成束和排列有序的微纤丝

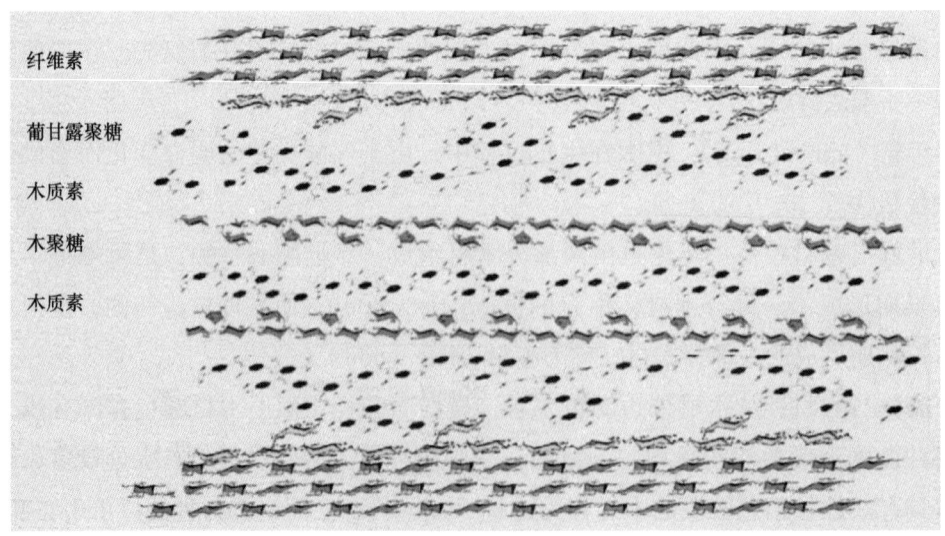

图 3-2　木材纤维素组织图

状态存在于细胞壁中,起着骨架物质作用。相当于钢筋水泥构件中的钢筋。半纤维素以无定型状态渗透在骨架物质之中,起着基体黏结作用,称为基体物质,相当于钢筋水泥构建中捆绑钢筋的细铁丝。半纤维素主要由葡甘露聚糖(glucomann)和木聚糖(xylan)组成。木质素是在细胞分化的最后阶段木质化过程中形成的,它渗透在细胞壁的骨架物质和基体物质之中,可使细胞壁坚硬,所以称其为硬壳物质或硬固物质,相当于钢筋水泥构件中的水泥[1]。

3.2 木质文物干缩性原理

木质文物的水分是以两种状态存在的。一种是存在于木材大毛细管系统,即细胞腔、间隙和纹孔中,称为自由水;另一种是存在于微型细管,以及吸附于细胞壁内纤维之间的,称为吸着水或结合水。木材在潮湿空气中吸收的水分多以吸着水形式存在。当木材浸泡在水中时,更多的水分就会以自由水的形式存在于细胞腔和毛细管中。在木材干燥时,首先是自由水蒸发出来,然后蒸发吸着水。当自由水蒸发完毕,而吸着水呈饱和状态时,木材的含水量成为木材纤维饱和点(图3-3)。

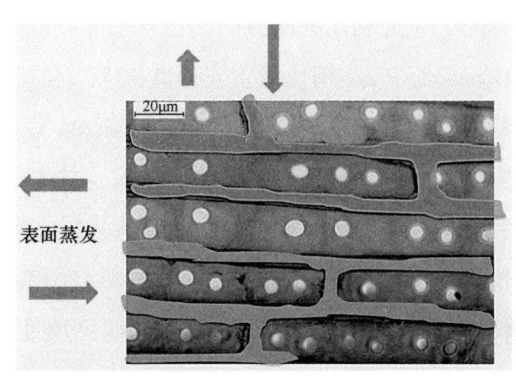

图 3-3 木材组织中水分流动示意图

3.3 大型饱水木质文物脱水保护的国外调研

3.3.1 瑞典战船 Vasa 号

Vasa 号战船于 1959 年开始发掘并着手保护。船体为全长 60.96 m,宽 11.68 m 的木船,被视为当时世界上最大的战船。对于文物保护工作者来说,Vasa 号是个前所未有的挑战。为了保护古船,减少人为破坏,在整个发掘过程当中,Vasa 号一直保湿,防止干裂。保护专家采用聚乙二醇(PEG)水溶液喷涂船体,整个喷涂过程持续了 17 年,缓慢干燥长达 11 年。Vasa 号博物馆的主厅温度一直保持在 18~20℃,相对湿度控制在 55%。目前,博物馆的工作人员在不断地监控船体变化。在对使用了 PEG 脱水后的 Vasa 号检测后发现，还原态的硫铁化合物的氧化过程会产生硫酸，导致木材酸化，还会造成 PEG 材料无规则的解裂。因此，Vasa 号保护经验告诉我们，当饱水木材存在硫铁化合物时，脱水前应先脱除硫铁化合物[2, 3]。

3.3.2　意大利出土木质文物保护调研

2015 年，中国文化遗产研究院与意大利国家研究委员会林木研究所建立合作关系，就"中国与意大利出土饱水木质文物保护"方向开展合作研究。2016 年在意大利，4 位专家在考察了中国饱水木质文物保护案例的基础上，2017 年 5 月作者与同事刘婕受意方邀请，调研了意大利出土饱水木质文物的遗址及保护修复实验室，并与意方专家进行了大量的现场交流。

意大利国家研究委员会林木研究所是意大利木材工业的一所专业研究机构，并且参与了意大利几乎所有的出土木质文物保护项目。该研究所的 Nicola Macchioni 博士和 Benedetto Pizzo 博士负责安排此次考察交流的行程，并联络相关的意大利保护研究人员、修复师和考古学家与我方对接。Nicola Macchioni 博士是意大利国家研究委员会林木研究所木材解剖结构实验室的负责人，林木研究所文化遗产中木材研究方向负责人，意大利雕花木质文物及镶嵌家具数据库建设、罗马时代威尼斯宫殿及雕刻调查、比萨港古船饱水木材加固方法研究、威尼斯城木构基础研究与评估、英格兰南部普尔港水道遗址保护研究、Fiavè-Carera 沼泽区域居民遗址分析研究及保存状况评估等研究项目负责人。

Benedetto Pizzo 博士是意大利国家研究委员会林木研究所木材与木制品化学实验室负责人，研究方向是古代木材加固材料研发及与木材具有良好相容性的高分子材料研发。

1. 意大利文物保护修复中心

我们拜访的首站是意大利文物保护修复中心（ISCR）。该中心与中国文化遗产研究院有着多年的合作传统。作者在参观有机质文物保护修复实验室时，修复师 Giulia Galotta 和 Antonella Digionanni 女士向我们展示了她们的实验室、修复室和真空冷冻干燥设备（图 3-4～图 3-6；图版 26、图版 27）。针对出土饱水小型木质文物，他们主

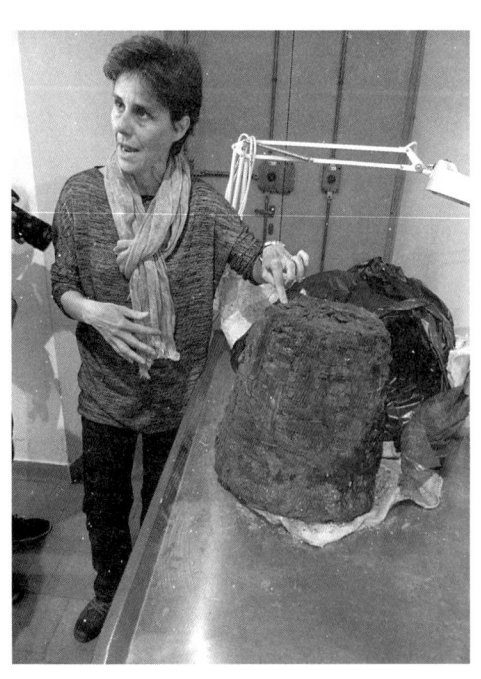

图 3-4　修复师介绍出土木篮的保护

要采用聚乙二醇加固-真空冷冻干燥的方法，并且在此方法上积累了多年的经验。具体操作是：使用PEG两步法将40%的PEG400水溶液置换为PEG4000后，对饱水木质文物进行预冷冻1～3周，之后采用真空冷冻干燥设备进行脱水处理，处理过程视木质文物的体量和腐蚀程度，控制脱水周期。这一方法与我们在山东定陶汉墓黄肠题凑木材保护的研究方法非常相近，他们的经验具有重要的借鉴意义。

ISCR新购置一台新型真空冷冻干燥设备（图3-6），腔体长3 m，宽0.5 m。修复师Antonella Digionanni介绍这台设备将主要服务于成批的木质文物脱水干燥处理，并展示了现在正在进行保护处理的青铜时期的农具和编制筐的保护。

修复师Giulia Galotta还展示了他们设计的一台UV过滤循环净水系统。通过加装UV灭菌过滤系统，水槽中浸泡的饱水木质文物再难以滋生霉菌微生物。既可以保证木质文物免受侵害，又可避免大量使用抑菌剂。这一做法非常有启示性。

保护科学家Giancarlo Sidoti博士详细介绍了木材制样、切片、分析等方法，并且向我们展示了50年来所有分析样品的档案（图3-7、图3-8）。他们非常重视档案的保留、记录和资料共享。即使是50年前的包埋样品，也可以在档案室内快速找出，用于对比研究。

图3-5　交流讨论PEG处理中的木犁耙

图3-6　ISCR的真空冷冻干燥设备

图3-7　演示木材制样、切片

图3-8　档案室的包埋样品管理

2. 赫库兰尼姆遗址

与庞贝一起毁于公元前 79 年维苏威火山爆发的还有一座城市，即那不勒斯东南郊的赫库兰尼姆（Herculaneum）。近年来，考古学家在附近海岸发现 300 多具人类遗骸，据推测是该城在火山爆发时，曾有撤离疏散的行动。与庞贝仅覆盖 4 m 的火山灰不同的是，这座城被深埋在 20~30 m 的冷却岩浆和火山灰里，罕有地保留了建筑物的楼层结构。1750~1765 年发掘时，在一户人家里发现了近 1800 卷炭化了的草纸古籍（herculaneum papyri）。从已发掘的结果来看，这是一个比庞贝更富裕的城市，许多雕像和马赛克壁画都达到很高的艺术水准。现在，这两个考古区加上托雷安农齐亚塔考古区合在一起于 1997 年列入 UNESCO 的世界遗产项目——Archaeological Areas of Pampei，Herculaneum and Torre Annanziata。

林木研究所邀请了"赫库兰尼姆保护项目"（Herculaneum Conservation Project）的负责人，考古学家 Paola Pesaresi 女士讲解了遗址的历史及目前的保存现状。与庞贝古城相比，赫库兰尼姆曾经是一座海滨休闲城市，遗址不仅展现古罗马城市布局、建筑楼层结构和浴室文化，而且还出土了大量的木质文物，包括用象牙装饰的家具、床、折叠门板、被高温灼烧的房梁和窗框的残留（图 3-9~图 3-11；图版 28）。

1927~1942 年，遗址开展大规模考古发掘工作，由于遗址区深埋于火山灰之下，地势较低，大量饱水木质文物出土。由于当时没有任何成熟的保护材料和保护理念，工作人员采用熔融的蜡液浸泡加固出土饱水木构件。普遍导致木质颜色变黑，犹如火烤一般。但是当地工作人员认为，当时采用这种方法是受制于技术水平和材料的局限，尽管有遗憾之处，但是 70 多年后的今天，这些木质文物仍然非常坚固稳定。

(a)　　　　　　　　　　　　　　　　　(b)

图 3-9　遗址内玻璃框保护的木门

图 3-10　库房存放的遗留木质家具　　图 3-11　出土象牙装饰的木构件

　　1982 年，在持续进行的考古发掘中，一艘被火山喷发前喷发力掀翻在海岸线上的饱水木船残骸被发现。船骸经过清理，用柔软的硅胶和坚硬的玻璃钢纤维进行了整体固定，并为船骸搭设了吊装移动匝道。1990 年船骸被小心地移动至现有保护展示区，翻转安置在为它专门定制的外部支撑结构上，项目组计划完成船骸的保护修复后再将船骸移回发现它的海岸边。略有些遗憾的是，由于饱水船骸在固定层中放置的时间稍微有些长，在近些年打开固定层时发现船骸已在固定层中完成了自然干燥，整体形状保持较好，却略有部分收缩（图 3-12；图版 29）。

　　20 世纪 90 年代，考古发掘工作仍在持续进行，并且不断出土饱水木质文物。由于缺乏保护经费，这些木质文物迟迟得不到加固干燥处理。保护项目负责人为了避免文物出土后自然干燥变形，为 270 件木构件建设了一间低温冷藏库房。他们将货运集装箱改造成一间冷藏仓库，设置 8～10℃保藏温度（图 3-13）。并且每 6 个月打开密封包装，进行制档、监测、补水、消毒等工作，等待保护经费到位。这也是意大利出土饱水木质文物保护的一个常态。出土木质文物得不到及时有效的保护处理和经费支持，无奈只能密封保存等待 8～10 年时间。待资金到位时，文物往往已经干枯扭曲或者霉菌泛滥，错过了保护的最佳时机。这个冷藏箱已经运行 3～4 年，修复师 Marella Labriola 也不确定何时才能保护处理这批木质文物。

　　相比之下，我国的文物保护经费一直逐年递增，而且出土大型木构文物的抢救性保护工程如"南海Ⅰ号"和"山东定陶汉墓"项目的审批及时、经费预算充足，

(a) (b)

图 3-12　木船残骸（a）和船骸的支撑结构（b）

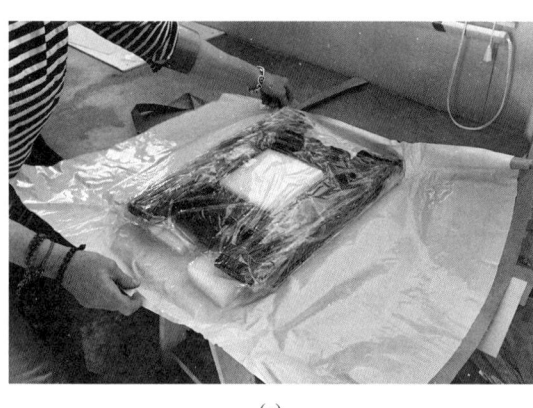 

(a) (b)

图 3-13　密封包裹湿木（a）和处于冷藏箱的饱水木质文物（b）

作为一名文物保护工作者也为国家对文化遗产保护事业如此重视支持感到骄傲和自豪。

3. Athena 考古人类学博物馆

Athena 考古人类学博物馆主要展示意大利 Auser 河流域人类文明的遗存。展厅内存放并且展示了一座罗马时期的橡木结构粮仓（图 3-14），反映了当时的乡村生活。这座粮仓是从遗址拆解后进行保护处理，并在博物馆内复原展出的。保护人员采用乳糖醇（一种人工合成的糖醇）的处理方法。其优点是处理速度快，抑制微生物生长，缺点是容易有白色颗粒状析出，需要二次清除（图 3-15）。为了营造适宜稳定的环境，博物馆专门在展厅内配置 24 小时运行的加湿机（图 3-16），并加装了木框聚乙烯膜的透明密封空间（图 3-17），在不影响参观效果的前提下，保证了粮仓木结构的长期稳定。

图 3-14　博物馆展示粮仓

图 3-15　木材端头出现的白色析出物

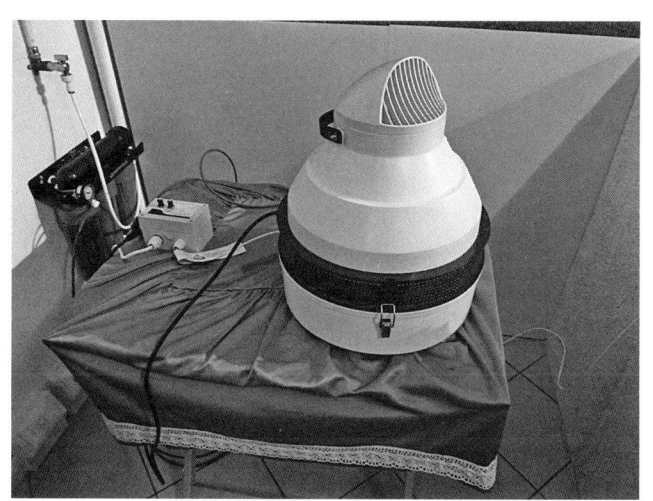
图 3-16　加湿机连续开机维持高湿

图 3-17　馆方设计密封环境

4. Pisa 沉船保护

在 1998~2000 年，由于意大利政府兴建通向海岸的铁路线，比萨地区开展大规模的考古发掘工作。考古学家在比萨的河岸边陆续发现大大小小的罗马帝国时期沉船共计 16 艘，有些保存比较完整，有些仅剩余残骸，这就是著名的"比萨沉船"。为了保留这些沉船，意大利国家铁路公司被迫改变线路，让出保护场地。目前沉船的考古工作已经结束，重点转为保护、加固和修复这批沉船和船货。

我们有机会参观了修复现场。沉船的保护场地位于出土地点旁边大约 1500 m² 的临时工作大棚内（图 3-18）。大棚内完整的沉船不多，却布满了处于不同保护阶段的沉船木构件。保护人员采用了德国 Kauramin 树脂、Rosin 树脂和聚乙二醇等几种保护材料进行筛选试验，经过效果对比后，最后选用 Kauramin 树脂材料作为沉船的保护加固剂。但使用此方法的步骤较为复杂，需要配置浓度为 25% 的树脂溶液，在微微加热条件下浸泡 6 个月。浸泡过程中需密切监测浸泡溶液的酸碱度，否则非常容易造成树脂聚合形成固态，浸泡其中的木质也无法挽救出。经过充分渗透交换后，将木构件取出，用密封膜包裹，缓慢阴干完成保护过程（图 3-19）。

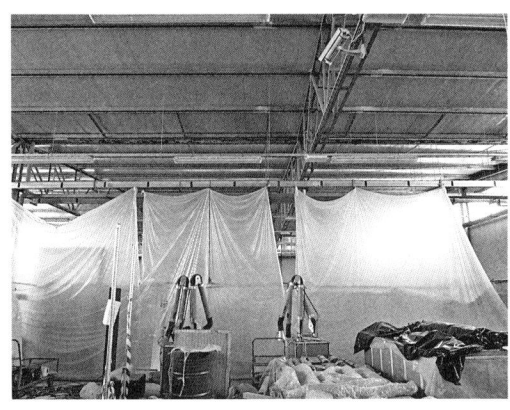
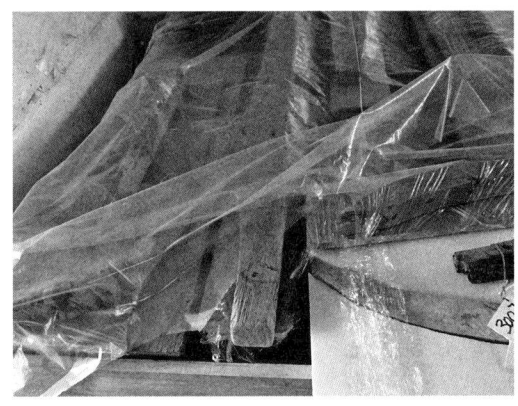

图 3-18　临时保护工作棚　　　　　　　　图 3-19　阴干过程中的船体构件

此方法的主要优点为，木构件的重量增加较小，体型变化小，保护处理周期相对较短。但缺点也很明显，使用过的 Kauramin 树脂不能循环再利用，大量的废液难以处理，成本较高；保护过程需要投入较多人力，负责密切监测；保护后木材颜色泛浅灰色。

当地计划将一处 19 世纪的展览馆建筑改造为博物馆，部分已经完成保护的沉船构件安置在此。每一艘沉船根据实际遗留的情况，保护人员"度身定制"了相应的固定钢架。有些遗留的船体构件腐蚀严重，失去了船体的完整性和支撑功能，因此糟朽构件全部固定于钢架基础机构上，以尽量恢复船体的原始风貌（图 3-20）。

这一保护项目的运作模式是由政府机构通过招投标，由一家私人保护修复公司中标后承接完成的。通过现场考察，可以看出这是一项工程量非常大，保护周期较长的项目。目前保护工作尚未完成，大部分陈列的沉船由于出土时基础条件较好，因此形貌和结构能够有效保留并固定下来。但是，据介绍一些大型沉船在发掘之初状态非常完好，但因为缺乏经费，密封近 10 年后才打开重重包裹，发现木船已经干缩变形而且霉菌泛滥。再进行保护处理，已然错过了最佳时机，"无力回天"了。

5. 树船保护调查

在意大利的 Po 山区，有一种独木舟作为连接小河道与大江之间的主要交通运输工具，曾经在罗马时期至中世纪早期广泛使用。这种独木舟是将单棵大树砍伐后，

(a) (b)

图 3-20　展览馆内存放的木船（a）和钢质框架结构（b）

将主干掏空以形成船型。树船表面未做任何封护涂层，因此保存大都不完整，仅留存残破的船身和部分木构件。船体木材多为橡木，长约 6 m，宽约 30 cm。

1990~1994 年，在 Oglio 河床出土了 7 艘独木舟，周边陆续发现 20 多艘木船。米兰文化事务旅游局下属的保护修复实验室的 Barbara Grassi 博士接待我们，并介绍了她们的保护经验。为了保护这批独木舟，她们在实验室外围建造了两条长 20 m，宽约 1 m 的长方形水槽（图 3-21），并配置药液加热系统，用于保护处理独木舟。她们采用了 PEG 三步法：首先使用浓度 10% 的 PEG400 进行加热浸泡，然后在 40~50℃ 的加热条件下，先后采用 10% 的 PEG1500 和 PEG4000 进行处理。由于船体脆弱并且总重量较大，普通的吊车难以在城市狭小的环境中施展。因此，特别设计了室外通向室内的滑道，将保护加固完成后的木船经过滑轨直接送入室内恒温恒湿仓中，做缓慢干燥处理。

修复师设置恒温恒湿仓温度为 20℃，湿度由 95% 逐级调整为 60%，在这一环境中木船缓慢失水干燥达到稳定状态（图 3-22）。我们现场观察后认为木材加固后保存状态相当稳定，可以说比较成功地保护了木船的原始形貌。

实验室 Barbara Grassi 博士介绍，在开展考古发掘工作之前，她们就需要厘清木船的保护、加固、未来的存放地点和保存条件、经费预算、人员配置等一系列问题。

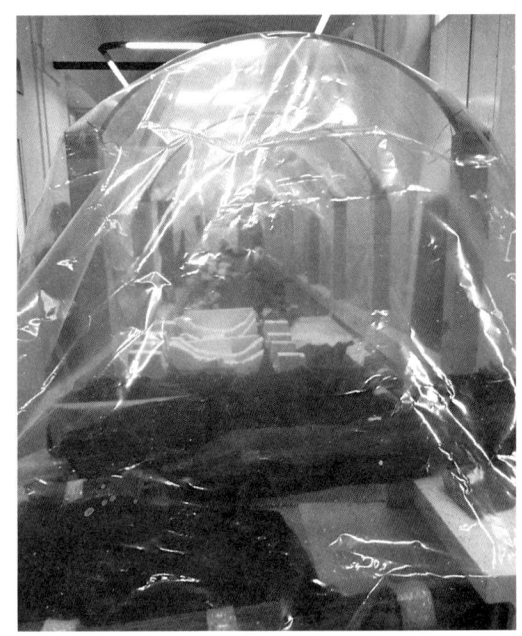

图 3-21　室外保护水槽　　　　　　　图 3-22　室内恒温恒湿仓

如果能够事前解决好每一个环节可能出现的各种问题，她们才会同意开展考古发掘并接受木船保护工作，否则宁愿木船继续留在遗址地。

保护实验室处理的第一条船存放于米兰科技博物馆。为了给木船提供稳定、洁净、可控的保存环境，博物馆特别定制了一个密封展柜，并为展柜单独配备环境控制系统（图 3-23）。但据博物馆工作人员介绍，系统曾一度出现故障，导致木船很快出现开裂和扭曲现象。为了保证木船的环境稳定，博物馆斥资整体改造了展厅整体的空调系统。这也从侧面展现出米兰科技博物馆对文物保护高度重视的态度。

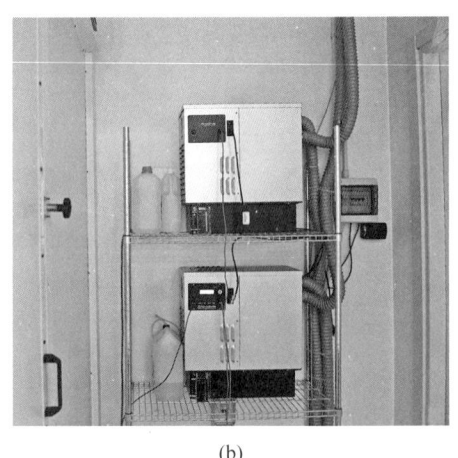

(a)　　　　　　　　　　　　　　　(b)

图 3-23　博物馆的密封展柜（a）及展柜监控设备（b）

6. 意大利木材保护技术研究所学术交流

意大利木材保护技术研究所特别安排我方进行学术报告（图 3-24）。Benedetto 和 Elisa 博士培训我方使用实验室动态强度分析（dynamic mechanical analysis）设备和微区傅里叶变换红外方法（图 3-25），分析了汉墓木材样块、华光礁沉船木材样块和慈溪沉船木材样块的密度、含水率、木质素含量、纤维素含量、储能模量、损耗模量等代表木材腐蚀特征的物理化学指标。系统地了解学习了意方科学分析出土腐蚀木材的理论与检测方法。

图 3-24　作者进行学术报告　　　图 3-25　Elisa 博士和同事刘婕进行 DMA 检测

意大利此行收获颇丰，作者考察了近 70 年来意大利最具有代表性的出土饱水木质文物的遗址和保护实验室，并有机会同遗址的考古工作者、保护修复师进行深度交谈，学习交流他们在方法、技术和管理方面的经验与教训，对于我们目前参与的大型木质文物保护项目具有很高的借鉴意义。总结有如下几点：

（1）出土饱水木质文物具有较大的特殊性。因为木质文物属于有机质，出土（出水）时已历经上千年的腐蚀过程，出土后，对环境变化高度敏感，即使经过保护处理，对保存环境仍有很强的依赖性。这是木质文物与青铜器、陶瓷等无机质文物最大的区别。

（2）每一个时代都有其历史局限性，在保护材料、保护技术、保护理念、资金投入、科学认知等方面与若干年后无法媲美。尽管 70 多年前赫库兰尼姆遗址出土的木质残件的保护效果，以今天的评判标准审视，存在诸多不足之处，如保护方法不可逆、木材发黑发硬等"后遗症"。但是，其主要的、珍贵的木构件的确完整地保留下来，并且状态稳定，并且仍然能够延续保存数十年。回头评估 70 年前的保护措施，在当时有限的条件下，也是一个成功的保护案例。因此，笔者认为在评价以往的文物保护工作时，需要客观地考虑当时所处的历史时代背景。

（3）意大利木材保护界采用了 PEG、乳糖醇、Kaurami 树脂、Rosin 树脂等不同的保护加固方法。选择何种保护方法需要针对不同的木材的保护状态、现场条件、技术资金等，综合性地选择适宜的保护方法。这需要保护工作者以充分的前期实验、研究工作为依据，得出科学可行的结论。

（4）出土木质文物的保护计划需要在考古发掘之前明确下来，即考虑清楚它们从"重见天日"到"颐养天年"这中间每个环节的保护措施。保护项目的流程，其配套的资金、技术、人员等能否支持这一保护项目。否则，环环相扣的流程如果不能很好衔接，如同上述 Pisa 沉船的例子，对文物本身喻为一场"灾难"也不为过。

（5）国内项目参考经验：结合定陶汉墓保护项目，前期对汉墓黄肠题凑的保护思路和技术与意大利 ISCR 和米兰保护实验室有着很高的相似度，这也增强了我们对原保护方法的信心。

在对汉墓实施保护工作前，还需要整体性思考汉墓保护与长期保存利用的问题。大规模遗址保护涉及的问题紧密联系，上一个环节的结果很可能影响下一个环节的保护方向。因此，前期仍有必要充分思考、论证实验方法的可行性，以及协调好、准备好配套的技术、人员、资金、管理等，形成一个综合性保护项目。一个较为完整的保护链条设计成熟后，在等待动手实施之时，会更加胸有成竹。

意方对于饱水木材的保护实践相较于国内开始得较早，也积累了较多的饱水木质文物实际保护经验，很多取得了较好的效果，也有部分发生了一些遗憾或者随着时间而出现了新问题。意方的保护经验总结对于我们将要继续开展下去的饱水木质文物保护工作来说十分可贵，犹如前车之鉴，经实践检验过的成熟的方法，值得我们思考；分析研究这些方法对不同情况下的饱水文物的适用性，更加值得我们思考；分析研究保护过程中产生的问题及其原因，避免它们出现在我们今后的保护工作中。意方的保护工作相对较为市场化，工作起步也较早，所拥有的保护人员队伍相对更为充裕，而我方则从事文化遗产的保护工作，有幸得到了国家级力量的重视和资金支持。

此次调研活动比较完满地完成了预定任务。意大利林木研究所的专家为我方精心安排了考察交流内容，联系相关的一线考古人员、保护修复师。这些专家也都毫无保留地向我们提供了他们的经验、体会、技术操作等方方面面的信息，让我们对意大利的木质文物保护工作有了一个比较全面立体的认识。

3.4　大型饱水木质文物脱水保护的国内调研

本节将介绍国内大型木构及"黄肠题凑"汉墓的保存现状,包括遗址木构的考古背景、保护历史、保存现状、保存环境、经验与教训等方面,以及对定陶汉墓保护提供的启示参考。

3.4.1　安徽六安双墩一号汉墓黄肠题凑

安徽六安双墩一号汉墓于 2006 年 3 月～2007 年 1 月由安徽省文物考古研究所抢救性发掘。墓室为"黄肠题凑"结构,双墩重棺,附有车马坑、陪葬墓、陪葬坑和陵园等,被盗严重。从随葬青铜器和封泥判断,可能为第一代六安王刘庆之墓。黄肠题凑保存完整,长 9.1 m,宽 7 m,高 2.5 m,用栎木约 200 m³。

该墓的发掘被评为"2006 年十大考古发现",出土初期木材较为致密紧实,目前保存状况见图 3-26、图 3-27。

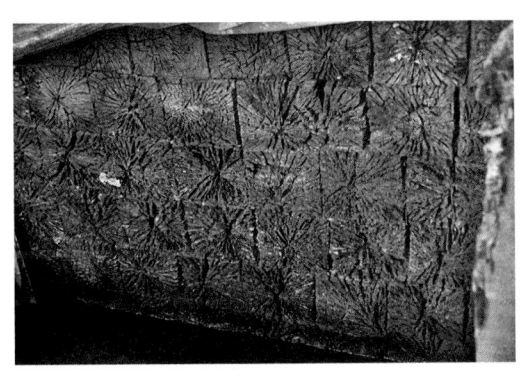　

图 3-26　六安黄肠题凑墙现状　　　　　图 3-27　六安黄肠题凑整体环境

(1)墓室为原址保存。黄肠题凑顶部覆盖塑料布,底部浸泡在积水中。露出水面部分已经自然干燥,题头沿木射线方向开裂严重,有大型真菌生长;水下部分情况不明。水面浑浊,可见大量藻类。

(2)部分顶板木已经移至文物库房,经过自然干燥,部分变形开裂严重。

(3)遗址现场的临时大棚起到了一定的防水保护作用,但由于大棚的基础与墓葬距离过近,可能导致边坡失稳;另外,保护棚内缺乏环境控制措施。

考古发掘时,环境的急剧变化会打破文物原本的物化平衡,新平衡的建立往往导致文物的快速劣化。据介绍，出土后在空气中暴露1小时，伴随着嗞嗞声，内棺盖板上的漆皮会快速起翘开裂。发掘六安汉墓时，工作人员仅将梓宫、木俑和盖板等可移动文物密封异地存放，未对黄肠题凑采取保护措施；历经6年，黄肠题凑已严重开裂、变形、变色，虽然近期用加固材料处理，仍然难挽颓势；而移送至实验室的木俑一直保持密封饱水状态，经过最近的化学加固实验处理，强度已增至可用双手直接提取（保护之前松软如蛋糕）。这说明保护木材首先应当维持其饱水状态，并在达到纤维饱和点之前尽早介入，利用适宜的保护材料置换水分并增加木材强度。

3.4.2　江苏扬州汉广陵王墓黄肠题凑

汉广陵王刘胥及王后的两具黄肠题凑于1979年6月至1982年5月由南京博物院发掘于高邮市天山乡神居山，1982年7月拆卸搬迁至博物馆广场，1992年在博物馆兴建完成后搬迁至馆内复原。

广陵王黄肠题凑通长16.65 m，宽14.28 m，高4.5 m，面积237 m²；除梓宫采用梓木外，均采用金丝楠木，共540 m³；内外表面涂黄色植物颜料。该墓设计巧妙之处在于题凑墙层层嵌砌共7层，题凑上方压边枋，枋木与题凑用燕尾榫、银锭形榫相互扣牢。

黄肠题凑出土后及时搬迁至汉广陵王墓博物馆外部自然干燥，而未采取额外的保护加固措施。由于楠木材质致密不易变形开裂，目前保存状况比较稳定，属于气干材状态；但出现整体干缩，以致题凑之间启口的榫卯结合程度远差于刚出土时"刀片难以插入"的状态。

汉广陵王墓博物馆黄肠题凑整体构造清晰，特别是墓室与底板之间的关系、墓室转角部位的隐蔽构造也得以显现，可以为推测定陶汉墓隐蔽部位结构构造提供重要参考。

博物馆未施加环境监测和控制措施，属于自然通风状态；目前未见明显的微生物滋生情况，但存在白蚁病害；为防止地下水重返，题凑搭建在约0.5 m高的砖砌平台上，底部空气流通（图3-28、图3-29；图版30、图版31）。

3.4.3　浙江萧山跨湖桥遗址独木舟

跨湖桥独木舟制造于8000年前的新石器时代，现存长5.6、宽0.5、深0.2、厚0.02m的船板（图3-30；图版32），2001年由浙江省文物考古研究所联合杭州萧山博物馆共同发掘，后保存在展厅内透明玻璃房中（图 3-31；图版 33）。负责其保护工作的湖北省博物馆前馆长陈中行研究员详细介绍了原址脱水加固定型的过程及方法。随后，项目组考察了博物馆周边环境及展陈设计。

图 3-28　扬州广陵王墓题凑墙现状

图 3-29　广陵王墓黄肠题凑底部安置状况

图 3-30　跨湖桥独木舟现状

图 3-31　跨湖桥遗址博物馆展厅

独木舟自出土后一直喷淋丙二醇，直到 2003 年发现丙二醇会溶解木材内有效成分，并对纤维素产生溶胀作用，导致木构件加速劣化。另外，独木舟在海相沉积淤泥内埋藏近 8000 年，渗透了大量盐分，如不能彻底清洗，会对独木舟的脱水和颜色造成重要影响。通过每月多次更换水槽中的纯净水，一年后木材色泽从黑褐色转为浅棕色。

在博物馆内部，专门设置透明玻璃房安置独木舟，并通过空调和抽湿设备使玻璃房温度达到 20～24℃，相对湿度保持在 70%～75% 的稳定环境。目前看来，这些措施对于独木舟的脱水及保存起到了有效作用。另外，脱水加固复合液，以及电化学成桩加固法等的使用均是大型原址饱水木质文物保护领域的创新，可以为定陶汉墓原址保护提供颇有价值的借鉴和启示。

3.4.4　湖南长沙西汉渔阳墓黄肠题凑

长沙望城坡西汉渔阳墓于1993年2～7月由原长沙市文物工作队主持发掘。墓圹为"甲"字形岩坑，坑口长15.98、宽13.3、坑深10 m。其出土的"黄肠题凑"东墙题凑127根、南墙题凑136根、北墙题凑143根、西墙题凑48根、封门题凑47根，合计501根。出土时题凑保存完好，木材经鉴定为楠木。渔阳墓是长沙地区已发现的5座西汉题凑墓中结构保存最好的一座。

据长沙市文物考古研究所考古人员介绍：望城坡西汉渔阳墓由于建在石质山顶之上，为岩坑型墓葬，虽然"黄肠题凑"出土时呈饱水状态，但墓室中并未见大量积水。墓葬发掘完毕后，长沙市文物考古研究所用填沙的方法将墓室掩埋，并对墓坑外围做防水处理，在墓坑上方加盖简易保护大厅（图3-32），四面留窗通风。待"黄肠题凑"缓慢阴干后，依次编号取出，另存放于附近的简易库房；而土遗址坑壁在"黄肠题凑"取出后，利用撑板和撑杆支撑（图3-33），在撑板与墓室坑壁之间填疏松的沙土作为隔离层，作为保护土遗址的主要措施。存放"黄肠题凑"的库房条件较为简陋，木材与该墓中共出的大量木炭存放在一起。木材已完全干燥，材质坚硬，部分呈现出较好的外观（图3-34），部分题凑木端面开裂严重（图3-35），少部分整体开裂严重。目前墓坑上方的简易保护大厅和简易库房均未进行环境监测与控制工作。木材保存状况已基本稳定，未见到微生物滋生情况。

现场考察后可以看出，长沙市文物考古研究所对"黄肠题凑"出土时保存较好的望城坡西汉渔阳墓做了细致的保护工作：保护大厅和外围防水有效地防止了雨水渗透；利用撑板和撑杆支撑使得土遗址保存状态相对稳定；"黄肠题凑"在出土后及时填沙阴干，得以维持木材形貌。虽然该墓地与定陶汉墓出土情况及埋藏环境存在较大差异，但他们的工作经验值得借鉴思考。

及时有效地控制木材干燥速度能够在一定程度上维持木材形稳性。长沙望城坡西汉渔阳"黄肠题凑"出土后并未使用加固材料，但及时的填沙掩埋有效降低了木材干燥速度从而避免木材开裂，且填沙在重力作用下对木材产生的压力有效避免大型木材变形。虽然此方法并不适合墓室充满地下水的定陶汉墓，但为今后的保护提供了一种思路，即日后木材脱水过程应采取有效措施降低木材脱水速度，避免木材开裂。

通过对上述几处大型墓葬出土木构的保护，对定陶汉墓原址保护带来以下几点启示与思考：

图 3-32 渔阳墓外围防水与上方保护大厅

图 3-33 撑板和撑杆支撑的渔阳墓墓坑

图 3-34 仓库堆放渔阳墓部分木材呈现

图 3-35 渔阳墓部分木材端面开裂严重

1）抓紧汉墓开挖不久的有利保护时机，积极采取临时抢救性保护措施

后续开展汉墓保护密封大棚的设计工作，为黄肠题凑提供相对稳定的存放环境，防止其快速脱水变形，同时为后期大范围保护施工提供保障。

2）开展小范围加固保护实验

首先在定陶汉墓墓道口两侧墙壁开始小范围喷淋不同浓度的加固材料，并及时观察、记录和对比。在实验室开展材料筛选试验后，可尝试采用多种分子量多种浓度的加固脱水剂模拟脱水。

3）建立环境监测系统

保存环境决定木材的脱水、加固定型，以及长期保存。当其稳定时，木材的脱水速度可被控制，安全性大大提高。定陶汉墓目前还置于半露天环境，又临近冬季，应尽快建立环境监测系统，尤其密切关注即将到来的冬—春季节的墓内外环境变化及对木材的影响。

4）任务的长期性

除六安遗址外，上述案例均开展了6～10年的保护工作，有的还在进行之中。因为出土饱水木构件保护的核心在于控制或延缓木材的变化速度，效果越快越不理想，所以必须充分认识这项工作的长期性和艰巨性，做好打持久战的心理准备。

5）任务的复杂性

"黄肠题凑"木材腐朽程度复杂，单一的保护方法并不能满足其保护需要。望城坡西汉渔阳墓"黄肠题凑"部分木材保存现状较好，但依然有大量木材开裂严重的情况，这与其选材有关。"黄肠题凑"使用木材为心材，存在幼龄木区，幼龄木细胞壁薄、纤维短、密度低、含水率高，更易腐朽；其横向与纵向干缩率差别大，在干燥过程中更易开裂，所以望城坡西汉渔阳墓许多题凑木中心区域严重开裂。其次，墓室顶板、底板、题凑木选用木材树种也不尽相同，使得木材保存情况也有所不同。因此，即使采用同样的保护方法，最终木材脱水效果也大相径庭。定陶汉墓"黄肠题凑"保存情况同样较为复杂，在后续的工作中，针对不同保存状况的木材，制定相适宜的脱水方法则至关重要。

3.5 大型饱水木质文物脱水保护的文献查阅

3.5.1 国外研究情况

1）德国海上博物馆的 Bremen 小船的保护

德国保护专家 Hoffmann[4]研究认为，通过两步法可以改善PEG加固脱水饱水木质文物存在的问题，即使用小分子量PEG应用于轻度腐朽木材，稳定且渗透性好，但处理后的木材吸湿性强；而对于高度腐朽的木材使用大分子量PEG，较稳定且抗吸湿性较好，但是在局部轻度腐朽的木材区域渗透性差。其具体的方法是：第一步，使用小分子量PEG浸泡木材，当达到理想渗透量后，进行下一步；第二步，使用大分子量PEG浸泡木材，在第二步中PEG的起始浓度应和第一步最终浓度相同，达到理想渗透量后结束浸泡。使用两步法加固脱水后的木材，既能保证较好的渗透效果，木材表面也只有在湿度大于86%时才会出现吸潮现象，他成功地将此方法应用于德国海上博物馆的 Bremen 小船的脱水。

2）英国 Mary Rose 号沉船的保护[5]

1967年，考古人员用大型框提法提起 Mary Rose 号沉船，并保存在相对湿度控制在95%的船坞之中。1994年开始，对 Mary Rose 号的保护开始分三个步骤实施。

第一阶段是利用低分子PEG溶液进行初步渗透加固。始于2004年的第二阶段，改用高分子PEG溶液进一步喷涂，到2010年，全部加固工作才结束。第三阶段，PEG处理结束之后，缓慢干燥船体。

3）丹麦11世纪Skuldelev古船的保护[6]

Skuldelev Ships是指发现于丹麦奥斯基勒的五艘维京时期古船。沉没时间在11世纪。考古发掘自1962年起，考古人员使用围堰的方式排干了打捞区域的水，然后转入湿地发掘。整个工作一直持续到1969年。沉船主要是由橡木和松木制成的战船和货船，最大长近30 m，宽3.8 m；最小长11 m，宽2.5 m。丹麦国家博物馆著名的饱水木船保护专家克理斯汀森在利用PEG溶液加固这五艘古船时，总结出了著名的"三段加固论"。他根据船体不同部位的腐蚀情况及PEG可以渗透的程度，用大头针测试的方法将其分成了三类：①内核非常软，可被PEG完全渗透，一般需要两年时间缓慢渗透完成；②大部分仍然保存较好，内核比较坚固。先用25%的PEG溶液渗透，然后再用50%的PEG，整个渗透要持续12个月，这种方法仅使PEG渗透到被腐蚀木材的外表面，而未能渗入其内部；③主干和船尾都保存得较好，均有相当坚硬的内核，很难渗透处理。经过大量实验，克理斯汀森找到了一种处理这类样品的新方法，即将木材中的水分先用叔丁醇置换出来。然后，利用被乙醇稀释过的PEG4000溶液进行渗透加固，大概需要一年时间，实际应用效果也证实了这种方法的可行性。目前，用PEG加固处理过的船体均保存在哥本哈根附近的奥斯基勒维京时代古船博物馆内。

3.5.2 国内研究情况

1978年起，湖北省博物馆的陈中行[7]尝试将乙二醛法应用于饱水竹、木、漆器的加固定型保护，并将该法应用于曾侯乙墓和包山楚墓彩漆主棺的保护。

陈中行[8,9]还采用PEG与尿素、二甲基脲复合液的方法应用于大型饱水木质文物的加固脱水。具体的方法是：首先将木材浸泡于纯净水中以去除器物中可溶性杂质，然后将其放入PEG复合液中（7%尿素＋21%二甲基脲＋10%PEG4000），并逐渐递增PEG溶液浓度至40%，直至木材中PEG复合液饱和。尿素和二甲基脲可以与PEG、纤维素分子进行醇醛反应，产生交联作用，阻止了纤维素分子的收缩，同时也防止了PEG在木材表面返潮现象的发生。此方法成功用于杭州萧山独木舟、成都商业街船棺的脱水。

1979年，上海博物馆吴福宝等[10]对上海浦东川杨河工地出土的一艘古代木船采取先使用正丁醇和亚麻仁油混合物对船体进行加固，再利用为期16天的冷冻期自然条件冷冻干燥，脱水十年后船体出现较多裂缝，但无翘裂及损害原形的扭曲现象产生。

浙江省博物馆[11]对浙江余姚河姆渡遗址出土的木质干栏建筑，采用以浓度10%～20%的400～4000的聚乙二醇作为尺寸稳定剂，采用自然干燥—冷冻干燥二步法工艺，在自然冰冻期内使木构件脱水，使河姆渡干栏式建筑木构件的弦向平均抗收缩率达到81%以上，平均收缩率在8%以下。成功地解决了河姆渡遗址出土严重降解的大型饱水木质文物的脱水定型问题，处理后的器物，形态稳定，纹理自然。

2005年，袁晓春[12]选用浓度为12.5%的PEG4000水溶液，混合0.4%硼砂及0.3%平平加溶液，采用喷淋的方法对山东蓬莱古登州港出土的三艘古代木质沉船进行脱水保护。保护过程中他们发现，PEG在冬季低温条件下会在木材表面发生结膜现象，不利于试剂渗透；而在夏季高温条件下，木材易发生白色霉变。此项保护工作目前还在进行之中。

通过以上文献回顾可以看到，近几十年随着水下考古的兴起，以及一些大型古墓葬的考古发掘，世界范围内出土众多古船、古代葬具、建筑等大型饱水木质文物。相较于小型可移动饱水木质文物而言，大型饱水木质文物的脱水难度更大，其脱水方法的研究正在成为文物保护领域的研究热点。这些保护实例显示，真正能够应用于大型饱水木构件文物脱水保护的方法极为有限。在国外主要采用PEG加固预处理而后进行温湿度控制的方法；而在国内还存在使用正丁醇和亚麻仁油混合物或PEG加固预处理后再结合冷冻干燥法、乙二醛加固脱水法，以及PEG+尿素+二甲基脲复合液加固脱水法。PEG材料因具有环境友好性，适合原址使用，在国内外应用最为广泛。其与温湿度控制法结合起来，很好地解决了单独使用温湿度控制法仅适用于木材含水率低于180%的饱水木质文物的问题，因此在国外应用广泛，国外出土古沉船均使用此类方法。但是，由于大型饱水木材体积大、树种多、木材降解差异大，使用小分子量PEG应用于轻度降解的木材，最稳定且渗透性好，但处理后的木材吸湿性强。而对于高度降解的木材使用大分子量PEG，较稳定且抗吸湿性较好，但是在局部轻度降解的木材区域渗透性差，这一局限，PEG两步法能够较好解决，而且使用两步法加固脱水后的木材既能保证较好的渗透效果，木材表面也只有在湿度高于86%时才会出现吸潮现象。因此PEG两步法是一种安全无毒、环境友好并且处理效果好的方法。

3.5.3 饱水木质文物脱水加固处理方法研究

关于木质文物的脱水加固定型方法，国内外学者做了许多研究，从19世纪丹麦人 Herbst 使用明矾对饱水木质文物的保护开始，随着 20 世纪 50 年代新合成材料的发展，饱水木质文物的定型加固方法得到了长足的发展。从目前来看，饱水竹木器的脱水定型方法有自然干燥法、明矾法、聚乙二醇法、冷冻干燥法、醇醚连浸法、蔗糖法、乙二醛法、超临界流体干燥技术、辐射法、高级醇法、硅胶定型法、电热真空干燥法、乳糖醇处理法、沙堆自然干燥法、甘露醇法、kauramin（密胺树脂）法、微生物法和丙二醇法。但是，随着时间的发展，明矾法加快了器物的酥解，已被木质文物保护弃用[13]；自然干燥法适用范围很有限，对机械强度很好，含水率不高的木质文物，在考虑成本因素的情况下，可采用自然干燥法。所以在此不多赘述关于这两种方法的研究。

1. 聚乙二醇法

PEG（聚乙二醇）是一种既溶于水又溶于有机溶剂的高分子材料，性能稳定、不挥发、不易燃，是比较理想的填充材料。用 PEG 做填充就是让 PEG 溶液渗透到木材的细胞中，将细胞中原有的水分置换出来，以达到木质文物脱水干燥的目的。PEG 随着分子量的不同，性质也有所不同，随着分子量由小到大的变化，PEG 由无色黏稠液体变成蜡状固体（表 3-1）。

表 3-1 常用 PEG 规格

分子量	PEG200	PEG400	PEG800	PEG1000	PEG1500	PEG2000	PEG4000
外观	无色透明液体	无色透明液体	白色膏体	白色蜡状	白色蜡状	白色固体	白色固体
熔点 /℃	-50 ± 2	5 ± 2	28 ± 2	37 ± 2	46 ± 2	51 ± 2	55 ± 2
pH	6.0～8.0	6.0～8.0	6.0～8.0	6.0～8.0	6.0～8.0	6.0～8.0	6.0～8.0

PEG 填充脱水法很早就在欧美出现。1956 年，美国的 Alfred Stammfabiaol 发表了用 PEG 稳定木材尺寸的文章。欧洲专家多将它用于对古沉船的脱水处理，如挪威的 Fjord.Viking 号、瑞典的 Vasa 号[14]、英国的 Mary Rose 号、德国的 Brme.Cog 等。1965 年，中国开始将 PEG 填充脱水法应用于文物保护中，河南信阳长台关出土的战国木漆器是使用 PEG6000 进行脱水处理的。

1995 年，姜进展[15]指出，木质在 PEG 溶液中收缩是由于 PEG 分子太大所致。而且，在用 PEG 处理饱水木材时，含水率越高越不易变形。而 PEG 溶液温度越高造成收缩的可能性就越大。树种也与收缩有一定关系，针叶树基本无收缩现象，阔叶树则有的收缩严重，有的无收缩。该文指出了 PEG 法的优点是不受木质尺寸大小的限制，缺点是会造成收缩和使木材变黑。

2004 年，赵桂芳等[16]研究了用聚乙二醇处理的木器色泽变黑的原因。实验证明，古代饱水木材经 PEG 处理色泽加深基本与 PEG 无关，而与饱水湿木内铁离子的存在有关。

2004 年，马菁毓翻译德国佩·霍夫曼著《饱水橡木木材的 PEG 脱水法——对含有不同降解程度的木材设计实施 PEG 两步法》[4]中指出，采用两步法，先用低分子量的 PEG 处理，而后使用高分子量 PEG 处理，对同时包含各种降解程度的饱水木材都得到了较好的处理。该文以对不来梅小船采用 PEG200 和 PEG3000 两步处理法为例，证明此法的可行性。

2009 年，刘东坡、卢衡[17]等用动态黏度法研究了 PEG2000 和 PEG4000 的黏度与浓度的对应关系，用实验证明了防霉抗菌剂对 PEG 浓度的影响变化不大，并建立了以动态黏度法测定 PEG 复配浓度的方法。

2010 年，程丽臻[18]介绍了一种由 PEG＋尿素＋二甲基脲组成的 PEG 复合液脱水加固定型的方法，并获得了成功。

袁晓春[19, 20]在处理蓬莱古船时，采用 PEG4000 来进行脱水加固，成功地保护了三艘古船（见表 3-1）。

半个多世纪的研究发现，PEG 作为对饱水木质文物进行脱水加固的材料，是一种成熟稳定的材料，获得了很多的成功。在使用 PEG 做脱水加固材料时，应注意根据文物的性质选择使用方法和 PEG 分子量，并注意文物颜色的变化。

2. 冷冻干燥法

真空冷冻干燥的基本原理就是使木质文物内部的水分经冷冻转化为固体冰，在高真空下使冰直接升华成水蒸气。化学热力学中的相平衡理论是真空冷冻干燥的基础。在一定的压力和温度下，水的三种形态之间达到了相平衡（图 3-36）。

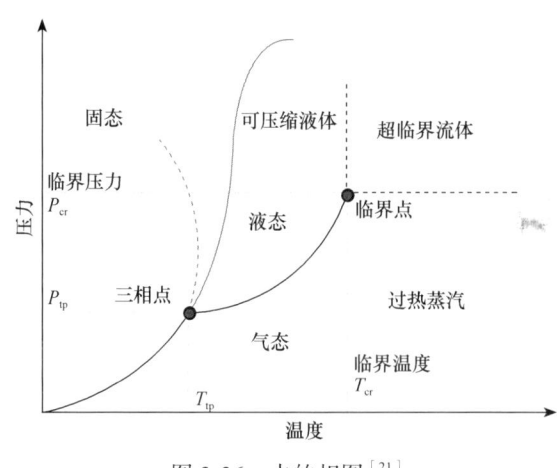

图 3-36　水的相图[21]

图 3-36 中曲线（固 - 气，液 - 气也就是图中的红线与蓝线）的斜率就是压力与温度的关系，当压力大于三相点压力时，冰融化为水再转化为水蒸气，此过程为蒸发过程；如果低于三相点压力，冰可以直接升华为水蒸气，此过程可称为升华过程。冰在升华的过程中，一方面，冰需要吸收热量，不同温度下冰的升华潜热不同，但差异不大；另一方面，当外界水的蒸气压低于冰的饱和蒸气压时，冰会升华，而外界水蒸气压会随之升高，当其上升到与冰的饱和蒸气压相等时，宏观上冰的升华就停止了，冰的饱和蒸气压随温度降低而降低。要保证冰的升华持续进行，就需要与外界维持一定的蒸气压差，这个蒸气压差可以通过控制外界蒸气压（如抽真空或保持空气对流）或控制温度来实现。真空冷冻干燥法，一般采用预先冻结的方式将文物中的水冻结成冰晶，然后在高真空条件下使文物中的冰晶升华为水蒸气。

真空冷冻干燥对文物的干预较少，能保持木质文物本身的细胞和纤维，对于表面有墨书的木质文物来说，应当是一种较为理想的方法，但是，真空冷冻干燥法很难避免开裂现象。风冷干燥法[22]和真空冷冻干燥法有共同的优点：对文物的干预小，能保持木质文物本身的细胞和纤维。但是，风冷干燥法与真空冷冻干燥法相比较而言，更为温和，风险较小，操作也更为简便，成本设备更低廉。

要了解风冷干燥的原理，首先要认识一个概念：露点/霜点。露点指的是在水蒸气分压保持不变时，湿空气达到饱和而可凝结为液态所需要降至的温度，当该温度低于 0℃时，也被称为霜点。它既是一个温度值，又常常用于表示空气湿度。当空气中的水蒸气达到饱和时（即相对湿度 100%），气温与露点相同；当水蒸气未达到饱和时，气温一定高于露点温度；所以露点与气温的差值可以用来表示空气中水蒸气含量距离饱和的程度；露点与周围环境温度相差越大，结露的可能性就越小，也就意味着空气越干燥。

其实，风冷干燥法与真空冷冻干燥法的实验原理是一致的，区别在于维持蒸气压差的手段不同，前者是通过保持空气对流，后者是通过抽真空。因此，风冷干燥法的基本原理就是：提供低露点干燥空气，使木质文物中的水分冻结，强制循环空气，维持冰与所处环境的蒸气压差，促使文物中的水分升华，同时捕捉升华出的水蒸气，令其在别处凝结，从而实现脱除木质文物中水分的目的。这一方法既能降低水分脱除的速率，又能消除水的表面张力，理论上能够避免由于水分挥发速度过快或水的表面张力作用产生的文物破坏现象。

冷冻干燥法大多都会对木质文物进行预处理，有甘露醇和 PEG 冷冻干燥法[23]、PEG 冷冻干燥法、叔丁醇-PEG 冷冻干燥法等多种冷冻干燥的预处理方法。但是，应用最多的就是 PEG 冷冻干燥法，即用 PEG 做预处理，再进行冷冻干燥。用 PEG 做冷冻干燥的预处理就是让 PEG 溶液渗透到木材的细胞中，将细胞中原有的大部分水分置换出来，再进行冷冻干燥的脱水处理，以达到木质文物脱水干燥的目的。

1998年，Setesuo ImaZu and Tadateru Nishiura著，张金萍[24]译《用甘露醇和PEG保护饱水木质文物的冷冻干燥法》介绍了先将饱水木质文物浸泡在甘露醇与PEG溶液中，而后进行冷冻干燥。它是根据甘露醇冷冻法改进的新方法，具有尺寸变化小、操作时间短、工艺简单等优点，特别适用于小型的、精致的饱水木质文物保护。

1998年，姜进展[23]介绍了PEG-冻结干燥法、甘露醇-PEG冻结干燥法、叔丁醇-PEG冻结干燥法等方法的处理。并对比了三者的优缺点。

2002年，罗曦芸、陈大勇[25]等以一批战国饱水竹简为例，重点介绍了真空冷冻干燥的装置设计和冷冻工艺。

2006年，P.Jensen[26]等对PEG冷冻干燥法处理饱水木质文物的过程建立了数学模型，分析了木质文物本体、PEG渗透参数、冷冻干燥装置性能三者之间的关系，得到了PEG浸渍木质文物的理论传递系数，建立了能预测PEG冷冻干燥法处理饱水木质文物过程的数值模型。

2008年，吴东波[27]系统介绍了聚乙二醇（PEG）冷冻干燥法的保护原理和国内外研究成果，同时也介绍了乙二醛冷冻干燥法、醇醚树脂冷冻干燥法、甘露醇冷冻干燥法等。

2009年，吴东波[28]介绍了国内外处理饱水木质文物的冷冻干燥法的研究动态。重点介绍了聚乙二醇（PEG）冷冻干燥法的研究动态，并对真空冷冻干燥机的原理进行了详细介绍。同时，涉及超临界流体干燥和微波真空干燥的机理。

2010年，张绍志[29]从理论上介绍了文物冷冻干燥的过程及其所涉及的物理学原理。指出干燥区水蒸气扩散系数对干燥过程的快慢有很大影响。与采用的保护剂的种类及浓度、预冻速度等因素有关，在选择冻干方案时应予以关注。

2011年，张绍志[30]用浓度逐步上升的PEG2000溶液对木质文物进行预处理，然后进行真空冷冻干燥。重点介绍了自制的冷冻干燥装置，并成功的通过控制冷冻速率来减小样品开裂的情况。

2012年，张绍志[31]模拟了木质文物用PEG2000进行预处理，然后进行真空冷冻干燥的实验。通过对预冻温度、冷阱温度、真空度等参数的设置，得到两种预冻速率条件下干燥区的水蒸气扩散系数可为文物冻干的预测提供可能和优化。

2014年，张琼[32]采用风冷干燥法对战国时期的饱水漆豆进行了干燥处理，很好地保留了木材原有纤维和细胞形态，未使文物出现皱缩、开裂、变形等干燥缺陷，文物基本维持原状。这种方法对文物干预少、适应范围广、操作简便、成本低廉，是一种可借鉴的新方法。

从近二十年的研究来看，冷冻干燥技术正在逐步完善，一方面，是在冷冻干燥技术原理及其设备上，有了真空冷冻干燥技术和风冷干燥技术，并且对冷冻干燥技术有了更科学的分析，对文物冷冻干燥过程有了一定的掌控；另一方面，在对文物进行冷冻干燥前的预处理上，也有多种尝试，并取得了成功。

3. 高级醇法

大家所熟知的乙醇（C_2H_5OH）和甲醇（CH_3OH），被称为低级醇，相对的，含碳量较多的醇类被称为高级醇。高级醇一般是指含有六个碳原子以上一元醇的混合物，是高分子脂肪醇，它对低分子量材料具有稳定作用，它的分子量较小，较容易渗入木材组织，呈蜡状固体，不溶于水，比较适合用于饱水木材的保护处理。但是，高级醇是具有引燃性的有机溶媒，所以不适合用来处理大型木材[33]。

因为高级醇不溶于水，但溶于低级醇，而低级醇则能与水相溶。所以，高级醇法的原理就是将低级醇作为脱水剂，置换出饱水木质文物中的水，再用高级醇置换出木质文物中的低级醇。

2001年，泽田正昭[33]讲解高级醇法时，介绍的是用甲醇逐步替换木质文物中的水，又用十六醇替换木质文物中的甲醇的方法。

2004年，金普军在处理四川绵阳出土的西汉饱水漆木器[34]时，选用甲醇-十八烷醇脱水定型的方法。先使用表面张力较小的甲醇置换出木质文物中的水，然后选用能与有机试剂相溶的十八烷醇，在一定温度下含浸文物，置换出文物中的甲醇。经保护处理的文物，弦向平均收缩率为8%左右，径向平均收缩率为1%左右，说明保护处理是成功的。

2007年，韦荃等[35]为了给已加固饱水木器文物留下再处理的空间而进行了可逆实验。通过控制环境温度，利用硬脂醇与甲醇共溶原理，改变置换溶液的浓度，用甲醇置换出其器物内的硬脂醇，再用水置换出甲醇，水又重新代替了降解木材的原有空间。这个实验证明了高级醇加固可逆性的优势。

2009年，浙江省博物馆在处理安吉出土的饱水木俑[36]时在脱水加固材料选择上，通过材料吸湿性、密度、黏度等对比，选用十六烷醇作为置换材料，并采用恒温热浸工艺，将最大收缩率控制在5%以内，使木俑成功得到保护。

从上述文献中可以看出，高级醇置换法在饱水木质文物脱水方面取得了成功，并且这种方法具有可逆性，但是，因为高级醇具有易燃易爆的特点，这个方法不适宜处理大型木质文物。

4. 醇醚连浸法

应用醇醚法处理含水木材的方法最早是由 B.B.Christensen[37]发展起来的，它是基于木材组织进行干燥的一门生物学技术。其基本方法是，先将木材的水用醇置换出来，而后再用乙醚去连续地浸浴以取代醇，最后让乙醚挥发掉。徐毓明[38]详细阐述了应用醇-醚法使古代饱水的漆器和木器脱水定型的化学和生物机理，并且指出这种方法只是对于那些形状较为规整，器壁比较薄，而且器物比较小的古漆器和木器比较适用。

2010年，魏象、肖觉民[39]介绍了一种新方法：借助于乙醚温度的蒸气压效应，在密闭容器中被加热的乙醚及漆木器所含的乙醚自发产生高压，以克服任何导致收缩的应力。

醇醚连浸法从理论和已得出的实验效果上看，比较适用较小的器物。这个方法连续使用易燃易爆溶剂，并且在高压下使用更增加了实验的危险性。

5. 超临界技术

超临界流体（SCF）是指温度和压力处于临界温度和临界压力以上的流体。超临界流体干燥技术利用气体在临界温度以上无论加多大压力都不能液化的特性，控制饱水文物内部的液体在临界点之上，使气/液界面消失，是在无液相表面张力情况下进行的干燥过程。超临界CO_2流体渗入被干燥物体内部，温和、快速地与水分子进行交换将水顶替出来。该方法在物质的脱水干燥过程中具有以下特点：当干燥物置于超临界环境中，气/液界面消失，无液相表面张力，干燥过程温和，避免了干燥应力对物质结构的破坏；由于超临界CO_2具有高扩散系数特性，其脱水干燥速度高；干燥脱水在高压力下进行，脱水过程兼有杀菌作用。2002年，罗曦芸[25]介绍了这种新技术在饱水木质文物保护上的应用，并以CO_2为例，详细讲述了超临界技术的原理和装置原理。

2011年，梁永煌、满瑞林等[40]用超临界技术对战国时代饱水竹木器的实验得出了超临界CO_2脱水干燥的最优工艺条件，并证明了这种技术处理效果良好，值得推广。

超临界技术在饱水木质文物的保护方面，是一个较新的技术，脱水速度快，其过程兼有杀菌功效，而在其他文物保护方面还有待进一步的推广应用。

6. 其他方法

2005年，刘丽、李文英、杨竹英[41]介绍了硅胶法，是将出土饱水木质文物放入干燥器皿内的托盘上，同时放入适量的变色球形硅胶，反复更换硅胶量，待硅胶不再变色，器物不再减重，脱水定型即完成。北京大兴出土的饱水木俑木偶也采用硅胶脱水法。李文英对安徽出土的九件汉代饱水漆木器也是采用硅胶法定型。

2008年，赵红英、崔国士、王经武等[42]利用乙醇浓度梯度脱水、保护单体（PEG200DMA）逐级置换、60Co γ射线辐射固化的方法对信阳长台关出土的棺木残片进行了试验性保护。保护后的试验样品外观颜色接近原文物，无开裂翘曲、无表面泛光和发黑现象，纹理清晰。微观结构研究表明，固化后的聚合物充满于残存饱水梓木内的毛细孔隙，提高了木材的力学强度和尺寸稳定性。

2010年，冯宗游、冯莹[43]介绍了脱水定型机理，是用乳香胶丙酮溶液加固、沙堆严格控制脱水速度和用沙堆束缚固定变形应力三重措施抵制消除饱水糟朽漆盂脱水定型过程中的变形应力，使其脱水定型获得成功。结果提示，该方法打破了"沙堆自然干燥法"只能处理含水量低、木胎质地好的器物的条件限制，而可对饱水糟朽漆器进行脱水定型。

2000年，张金萍、周健林[44]概述了蔗糖法保护的历史和蔗糖法脱水加固饱水木质文物的机理，并总结出了蔗糖法原料易取、易渗、能与木材内部形成氢键、能够稳定尺寸、无腐蚀性、无毒、不挥发、成本低、能保持原色、可逆性等优点。

2008年，周松峦[45]介绍的是一种利用微生物修复木质文物的方法，是利用微生物代谢产生的细菌纤维素，修复已断裂的纤维素，补充损失的纤维素，以达到修复的目的。

参考文献

[1]　徐有明. 木材学. 北京：中国林业出版社，2006，25.

[2]　Giorgi R, Chelazzi D, Baglioni P. Nanoparticles of calcium hydroxide for wood conservation. The deacidifiction of the Vasa warship. Langmuir，2005，(21)：10743-10748.

[3]　Glastrup J, Shashoua Y, Egsgaard H, et al. Degradation of PEG in the warship vasa. Macromol Symp，2006，(238)：22-29.

[4]　饱水橡木木材的PEG脱水法——对含有不同降解程度的木材设计实施PEG两步法. 佩·霍夫曼，马菁毓译. 文物科技研究，2004，(2)：188-200.

[5]　Jensen P, Schnell U. The implications of using low molecular weight PEG for impregnation of waterlogged archaeological wood prior to freeze drying. In：Hoffmann P, Strætkvern K, Spriggs J A, Gregory D (eds.). Proceedings of the Ninth ICOM Group on Wet Organic

Archaeological Materials Conference，Copenhagen. mü llerDitzen Drukerei A G，Bremerhaven, 319-331.

[6] Moren R E, Centerwall E R. The use of polyglycols in the stabilizing and preserving of wood. Meddelanden Fran Lunds Universities Historiske Museum，1960，176-196.

[7] 陈中行，程丽臻，李澜. 乙二醛脱水加固定型曾侯乙墓和包山楚墓彩漆主棺. 文博，2009，6：463-467.

[8] 陈中行. 杭州萧山跨湖桥遗址独木舟原址脱水加固定型保护. 见：跨湖桥文化国际学术研讨会论文集. 北京：文物出版社，2012，232-243.

[9] 李澜，程丽臻，陈中行. 遗址中饱水木构件原址保护脱水技术研究. 中国文物科学研究，2010，1：49-52.

[10] 吴福宝，张岚. 川杨河大型古墓船室外冷冻脱水处理. 文物保护与考古科学，1990，2（2）：13-21.

[11] 浙江省博物馆. 河姆渡饱水木质文物的室外冷冻脱水研究. 中国文化遗产，2004，3：60.

[12] 袁晓春. 蓬莱三艘古船前期保护及元朝古船保护技术. 见：中国文物保护技术协会第五次学术年会论文集. 北京：科学出版社，2008，149-158.

[13] 方北松，吴顺清. 饱水竹木漆器保护修复的历史、现状与展望. 文物保护与考古科学，2008，S1：122-130.

[14] Dal L，Ingrid B，Roth H. Conservation of the Warship Vasa—the treatment and the present problems. In：International congress on the conservation and restoration for archaeological objects.NaRa，2002，28-29.

[15] 姜进展. 木材在PEG法处理过程中收缩原因的研究. 文物保护与考古科学，1995，02：57-61.

[16] 赵桂芳，嵇益民，马菁毓，等. 探究用聚乙二醇处理饱水古代湿木色泽变化的原因. 文物科技研究，2004，00：127-130.

[17] 刘东坡，卢衡，郑幼明，等. 动态粘度法测定饱水古木尺寸稳定剂PEG浓度. 东方博物，2009，04：102-105.

[18] 程丽臻. PEG复合液脱水加固定型出土饱水残损漆木器及整形修复. 中国文物科学研究，2010，04：27-30.

[19] 袁晓春. 蓬莱三艘古船前期保护及元朝古船保护技术. 见：中国文物保护技术协会，故宫博物院文保科技部. 中国文物保护技术协会第五次学术年会论文集. 2007，10.

[20] 袁晓春. 蓬莱三艘古船保护进程中的保护技术探究. 中国文物保护技术协会. 见：中国文物保护技术协会第六次学术年会论文集，2009，5.

[21] 沈伟，曹勇，范康年. 物理化学Ⅱ. http://mooc.chaoxing.com/nodedetailcontroller/visitnodedetail?knowledgeId=415971. 2013-3-1.

[22] 张琼. 饱水木质文物的风冷干燥脱水研究. 北京大学硕士论文. 2014,（05）.

[23] 姜进展. 饱水木器真空冻结干燥法中的预处理. 故宫博物院院刊, 1998,（01）: 88-91.

[24] Setesuo ImaZu, Tadateru Nishiura 著, 张金萍译. 用甘露醇和 PEG 保护饱水木质文物的冷冻干燥法. 东南文化, 1998,（04）: 127-130.

[25] 罗曦芸, 陈大勇. 饱水文物的真空冷冻干燥研究. 实验室研究与探索, 2002,（05）: 56-58.

[26] Jensen P, Jensen J B. Dynamic model for vacuum freeze-drying of waterlogged archaeological wooden artifacts. Journal of Cultural Heritage, 2006,（7）: 156-165.

[27] 吴东波, 张绍志, 陈光明. 饱水木质文物的冷冻干燥保存研究进展. 中国制冷学会小型制冷机低温生物医学专业委员会. 见: 第九届全国冷冻干燥学术交流会论文集. 2008, 5.

[28] 吴东波, 张绍志, 陈光明. 冻干法保存饱水木质文物研究进展. 真空, 2009,（06）: 67-70.

[29] 张绍志, 苏建, 陈光明. 文物冷冻干燥过程的理论分析. 中国制冷学会小型制冷机低温生物医学专业委员会（第六专业委员会）. 见: 第十届全国冷冻干燥学术交流会论文集. 2010, 6.

[30] 张绍志, 房园园, 虞效益, 等. 木质文物真空冷冻干燥的实验研究. 真空, 2011,（01）: 75-77.

[31] 张绍志, 房园园, 陈光明, 等. 文物冷冻干燥水蒸气扩散系数的测量. 化工学报, 2012,（S1）: 28-31.

[32] 张琼. 饱水木质文物的风冷干燥脱水研究. 北京大学博士学位论文. 2014, 05.

[33] 泽田正昭. 文化财保存科学纪要. 王琼花译. 台北: 国立历史博物馆. 2001, 83-85.

[34] 金普军, 赵树中, 吕春林, 等. 四川绵阳出土的西汉饱水漆木器的前期保护工作. 文物保护与考古科学, 2004,（01）: 39-42+67.

[35] 韦荃. 高级醇加固饱水木器的可逆性实验. 文物保护与考古科学, 2007,（01）: 33-35+73.

[36] 靳海斌, 卢衡, 刘莺, 等. 安吉出土饱水木俑的稳定. 东方博物, 2009,（02）: 118-122.

[37] Christensen B B. Aarboger for nordisk oldkyndighedog historie. National Museum, Copenhagen, 1952.

[38] 徐毓明. 应用醇-醚法使古代饱水的漆器和木器脱水定形的机理探讨. 化学通报, 1982,（06）: 43-48.

[39] 魏象, 肖觉民. 漆木器脱水处理的新方法及其工艺的探索——关于高压降压膨胀法的实验报告. 文物保护技术（1981～1991）. 2010, 6.

[40] 梁永煌, 满瑞林, 王宜飞, 等. 饱水竹木漆器的超临界 CO_2 脱水干燥研究. 应用化工, 2011,（05）: 839-841+843.

[41] 刘丽, 李文英, 杨竹英. 硅胶在出土浸饱水漆木器脱水定型中的应用与研究. 文物保护与考古科学, 2005,（02）: 39-41.

［42］赵红英，崔国士，王经武．出土饱水梓木的辐射法保护．辐射研究与辐射工艺学报，2008，（02）：116-121.

［43］冯宗游，冯莹．对出土饱水糟朽漆器脱水定型的实验研究——兼论饱水残破漆器的修复．文物保护与考古科学，2010，（02）：74-78.

［44］张金萍，周健林．饱水木质文物的蔗糖保护法．中原文物，2000，（03）：57-60.

［45］周松峦，卫扬波，李垚葳，等．细菌纤维素对木质文物修复的初步探索．文物保护与考古科学，2008，（03）：55-57＋76.

第 4 章 自动控制喷雾喷淋系统

4.1 引言

针对大型出土饱水木质文物如古沉船、古墓葬的保护,设计出科学合理的提取和保护方案一直是考古与保护人员的研究难题。20 世纪出水的大型战舰,如著名的瑞典 Vasa 号和英国的 Mary Rose 号在打捞出水后均长期采用了喷淋方式保护。

2010 年 10 月,山东菏泽市定陶县定陶王墓地(王陵)M2 汉墓出土的"黄肠题凑"形制墓葬就属于一座大型饱水木质结构建筑。针对如此大体量的出土饱水木质建筑,进行原址"抢救性保护"是摆在保护人员面前的首要任务。中国文化遗产研究院黄肠题凑保护团队在充分调研国内相似墓葬保护如安徽六安双墩一号墓[1]、扬州汉广陵王墓博物馆[2]、萧山跨湖桥遗址[3]、绍兴印山越王墓[4]和随州曾侯乙墓[5]等出土木构遗址的工作效果,同时借鉴国外出水战舰的保护经验,并结合定陶汉墓的保存现状及原址保护技术要求,设计并实施了抢救性保护系统——自动控制喷雾喷淋系统。本章详细阐述了这一系统的设计、安装及运行效果。

4.2 历史上大型古沉船的喷淋保护

历史上著名的出水古沉船 Vasa 号和英国 Mary Rose 号军舰由于体量硕大,均采用自动喷淋方式进行船体补水和加固处理,下面分别简要介绍这两个案例。

Vasa 号是瑞典 17 世纪的战舰，提取发掘保护始于 1958 年。1961 年 4 月 24 日这艘已经历经了 333 年海水腐蚀的战船被打捞出水。考古人员利用起重机将事先已在底部打孔穿索的船体从 32 m 深的海底提出。这艘全长 60.96 m、宽 11.68 m 的木船，被认为是当时世界上最大的战船。在整个发掘过程中，Vasa 号一直处于保湿状态，防止干裂。

从 1962 年安装的 500 只喷头开始喷淋，工作 25 分钟间歇 20 分钟，重复不断（图 4-1）。这样一直喷淋聚乙二醇（PEG）直到 1979 年，共持续了 17 年，后缓慢干燥达 11 年，终于使这艘当时已经有 350 多岁的木制战船得以固化[6]。从打捞至保护完成，恢复至原始面貌，前后持续了近 30 年时间。目前沉船收藏于瑞典首都斯德哥尔摩的 Vasa 号博物馆中，后续保护工作仍在进行。

图 4-1　Vasa 号沉船的喷淋系统[7]

图 4-2　Mary Rose 号船体喷淋 PEG[10]

Mary Rose 号战舰是英国皇家海军在 1510 年建造的。1545 年沉船，战舰在沉睡 437 年后于 1982 年被打捞出水。船体宽约 12 m，龙骨高 32 m，但整体长度并不确定[8]。1983～1994 年的 10 年时间，船体不断被喷淋循环过滤水，维持木材湿度。1994～2010 年，16 年时间喷淋不同分子量的 PEG（图 4-2）。2011～2015 年，木材缓慢干燥，完成了木材保护[9]。

从以上两个案例中可以看出，大型出土（水）木质文物的保护首先需要维持木材的饱水状态，且不宜中断供水，为后续的保护、研究赢取时间。在浸泡法难以实现的情况下，喷淋是较为可行的方法之一。

4.3 设计目的

在前人保护经验的基础上,结合定陶汉墓体量硕大、结构复杂、易受环境波动影响等特点,我们认为喷淋方式是目前最为适宜、最为及时的保护措施。

(1)维持黄肠题凑木材外观、强度的长期稳定,为地下隔水、地上保护建筑工程施工和木材保护研究争取充分的时间。

(2)满足原址保护技术要求。在汉墓不可移动的前提下,根据其结构特点,"量身定做"喷淋系统。

(3)满足饱水木材保护要求。

首先,喷淋是木材脱盐处理的需要。木材受地下水长年浸泡,富含 Ca^{2+}、Mg^{2+}、Na^+、CO_3^{2-}、SO_4^{2-} 和 Cl^- 等阴、阳离子,容易在干燥后的木材表层析出结晶盐。利用纯水喷淋可以有效溶出木材腐蚀区的盐分。

其次,喷淋系统是后续保护工作的重要平台,实施加固剂、防腐剂等药物喷淋,运行周期为 8~10 年时间。

4.4 设计内容

喷淋系统的设计需要与定陶汉墓的地下止水帷幕建设相互配合开展。因此首期工程任务是维护墓室内部、裸露顶部的喷淋保湿。该系统包括四部分:喷雾喷淋管道、水源处理系统、动力机组站和电器控制。

4.4.1 墓室内部喷雾喷淋管路

汉墓内部空间狭小、结构错综复杂。内部共计 23 间墓室,4 条主回廊宽度仅 1.1 m,空间高度仅 1.8 m。顶板、地面和四周墙体露出表面积总共约 2500 m^2。如果布设普通的喷淋管路,可能会使用到上千件喷头,管路设计亦复杂缠绕。不仅大量占用现有空间,耗水量巨大,而且严重妨碍墓室整体的观赏效果。

基于普通喷淋方式的诸多不便,墓室内部采用了气、水双流体雾化喷嘴(pneumatic atomizer)。双流体雾化喷嘴又称动能雾化喷嘴,是目前医药、工业中应用最广泛的雾化喷嘴。它是利用压缩空气从喷嘴高速喷出并与另一通道输送的料液混合,借助空气与料液两相间相对速度不同产生的摩擦力,把料液分散成雾滴。料液及雾化气体循各自路径通过喷头,雾化气体通常为高速(可达声速)空气,具有较大动能,可以高效率地将料液雾化成小雾滴。料液由压力泵传输,即使在较低给料速度下,由气流带来的吸力也足以将料液引至喷嘴。在恒定给料速度下,以调节气流速度来控制雾化程度,雾化颗粒可达 10~300 μm[11]。

该技术特点之一是能够雾化高黏度液体,气液质量比、浆液密度为影响双流体喷嘴雾化特性的重要因素[12]。经过实验,针对黏稠度高的药液,通过增加气流量和气流压力也能起到很好的雾化效果。扇形喷嘴外形如图 4-3 所示。

图 4-3　气、水喷嘴外形图

相比较于单流体喷头,双流体气、水雾化喷头具有如下几个方面的优越性:

(1)由于气、水雾化喷头能够使液体(水和药液)充分雾化,增加墓室内的湿度,液滴粒径极小,可使雾状液滴均匀飘散覆盖在每一个角落,全方位无死角,达到保湿、均匀附着和保护汉墓木材的作用。

(2)与单流体喷嘴比较而言,减少了喷淋管路的布置。单流体喷嘴覆盖面积小,易产生死角,而且需要在室内每个平面安装,管路纵横交错,喷嘴数量倍增,增加成本。

(3)双流体喷嘴使液体充分的雾化,节省了大量的药液,减少设备运行成本。

1. 管路布设

墓室内的喷雾加湿保护主要采取气、水雾化喷嘴,可以进行纯净水或黏稠药液的自动喷雾作业,内部共计 44 只喷头(图 4-4),每个小室预留出增加喷嘴的接口,便于喷嘴在不能满足工作需求时增加喷嘴的数量。另外,主墓室内安装 2 套手执喷淋管路,方便手动喷淋。

主气管路与液体管路从墓体中部盗洞进入古墓中室,分成 4 路,每支气管路用 DN50 电磁阀控制供气,每支液管路用 DN15 电磁阀控制供液。每只喷嘴由 DN10 管供液体及气体,墓室内阀门控制层级示意图见图 4-5。

2. 喷嘴安装

墓室内部空间平均高度约为 1.8 m,考虑所在平面墓体的保护,喷嘴安装高度为 0.5 m。为防止喷嘴管路的左右晃动,采取管路与固定墩的方式进行固定,保持喷头立管的稳定,如图 4-6 所示。

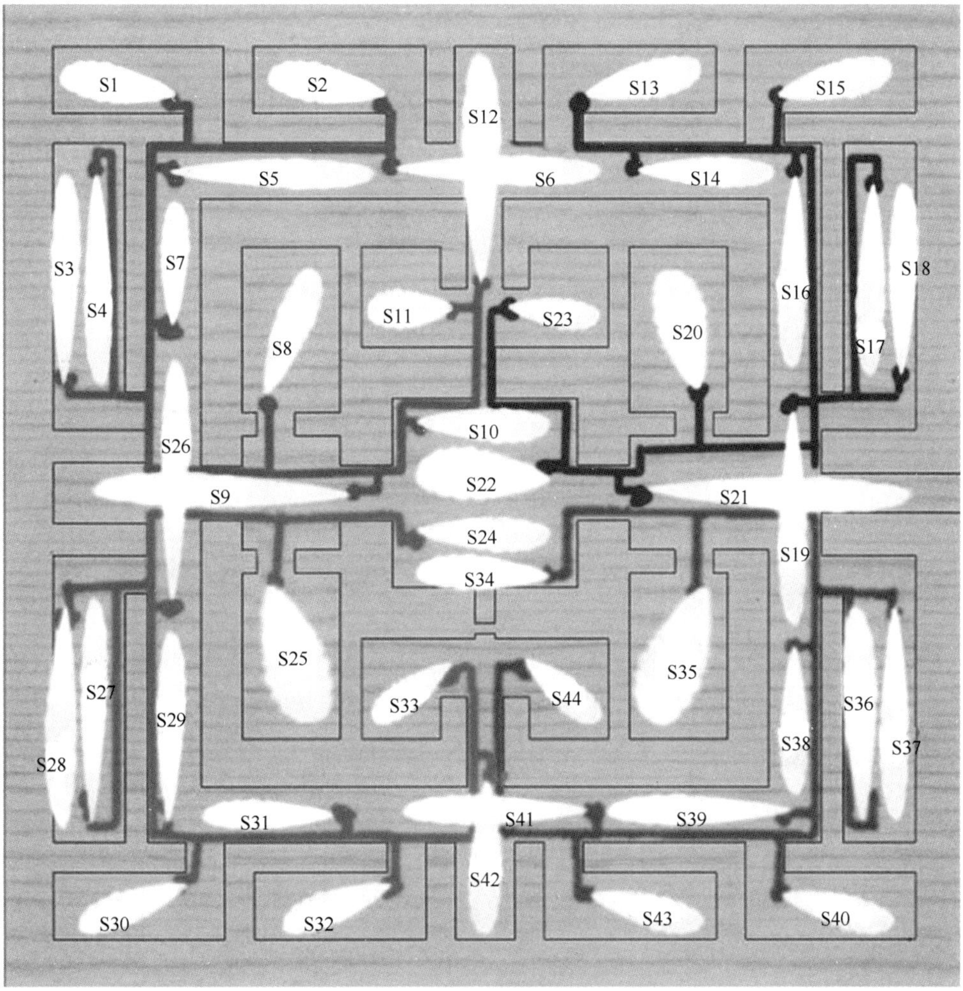

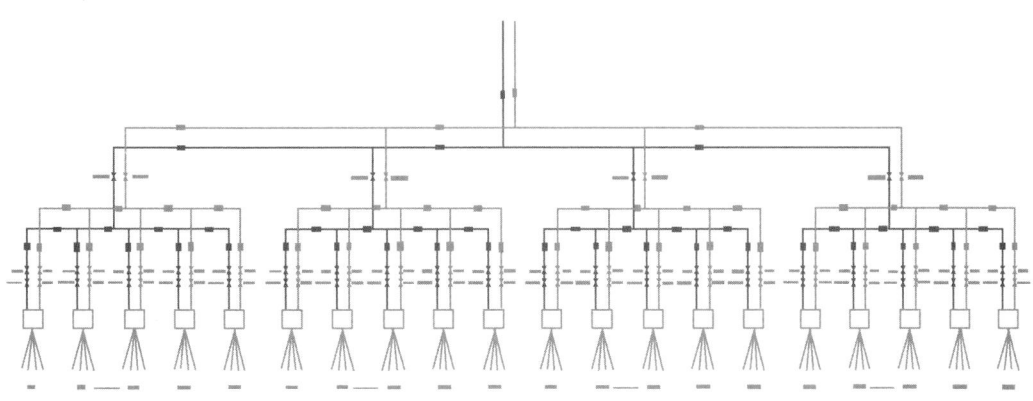

图 4-4　墓室内部喷头布设示意图

图 4-5　墓室内阀门控制层级示意图

第 4 章　自动控制喷雾喷淋系统

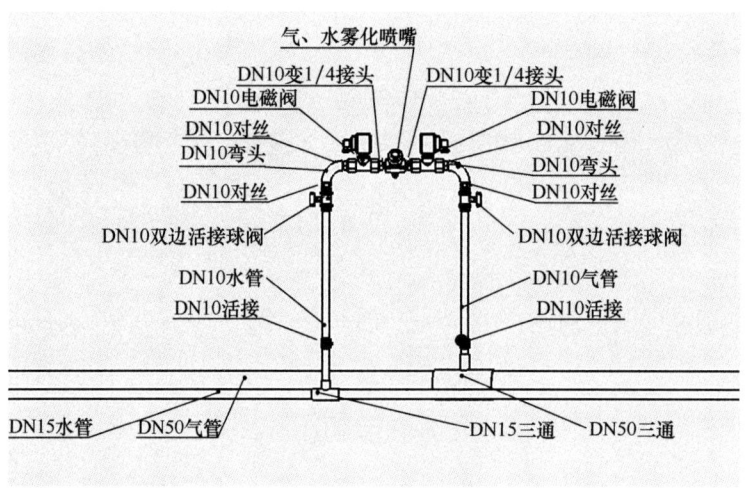

图 4-6　喷嘴管固定图

3. 可移动喷头

可移动喷头可以人工随意放置于墓内任何位置,进行喷雾作业或雾量增加作业。可拆卸三脚架与喷嘴固定在一起,软管可以从墓内气、液管路预留的接口引出液体和气体,进行喷雾作业。

4.4.2　墓室外顶部喷淋

1. 管路布设

喷雾系统采用吊装式自动行走机构进行喷淋作业。利用原有的钢结构遮阳棚,竖直向下方打吊装,安装两根轨道,在轨道间架设一根横梁,在横梁与轨道上安装自动行走机构,横梁上安装喷淋管架、喷嘴,使喷嘴以一定角度向墓体顶部喷淋。系统管路选择 PPR 材质,热熔方式进行连接。主管路选择 DN15(耐压 1.0 MPa)给水管。

2. 喷嘴选择

选用扇形喷嘴,工作压力 0.3 MPa,角度 120°,流量分别为 1 L/min 和 2 L/min,材质:铜/PPR,距喷射面 50 cm 时,覆盖宽度为 100 cm 左右。该喷嘴能产生分布均匀高冲击力的狭窄的扇形喷雾,其液滴大小中等,喷雾形状边缘界定十分清楚。大而流畅的通道最大限度地减少了阻塞现象,经精细工艺加工而成的导流平面有效地形成了一个强力驱动的喷射效果。

3. 管路安装

依托遮阳棚架设两根轨道，轨道间隔 17 m。在轨道上安装横梁，在横梁上固定喷淋管路及扇形喷嘴。管路在自动行车的运动下往复喷淋。喷嘴间距 1 m，喷嘴距墓体顶面距离是 0.5 m，角度斜向下喷淋，如图 4-7、图 4-8 所示（图版 34）。

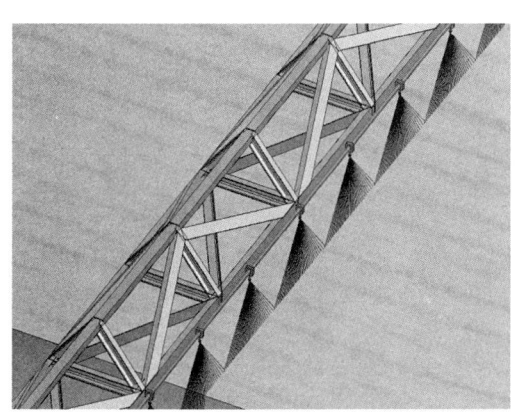

图 4-7　轨道行车喷雾示意图　　　图 4-8　墓室顶部轨道上固定红色横梁，负载白色喷淋管路，箭头所指为喷头

墓室外顶部形成轨道配合扇形喷嘴，可使喷淋系统大量减少喷头数量、简化管路、节约用水和药剂量。对于药液的消耗，如果采用实心锥形喷嘴需要 225 只，而采用轨道行车配置喷嘴则只需要 46 只。因此节约了更多水量和药液，并且是在移动式结构下进行，喷淋效果更为均匀。

4.4.3　动力机房机组

本喷雾系统的机房位于古墓西北角，在 100 m 以外与现有房屋同一地基高度，总建筑面积约为 70 m^2，其室内净尺寸为长 13 m× 宽 4.5 m× 高 3.5 m。包括北侧控制室与南侧动力室。控制室主要放置纯净水系统、远程控制系统。

监视设备、控制柜、远程控制平台等，计用空间 10 m^2。动力室放置 EDI 超纯水装置、储水罐、药罐、溶液罐、泵组、单螺杆式空气压缩机组等设备，配有电柜一台总用电量为 120 kW，计用空间 60 m^2，布局如图 4-9 所示。喷淋管路（液）全部安装电加热装置，预防冬季喷淋作业冻伤管路。

1. 纯水系统

定陶汉墓黄肠题凑深埋于地下淤泥中并受地下水浸泡，富含土壤中的盐分。喷

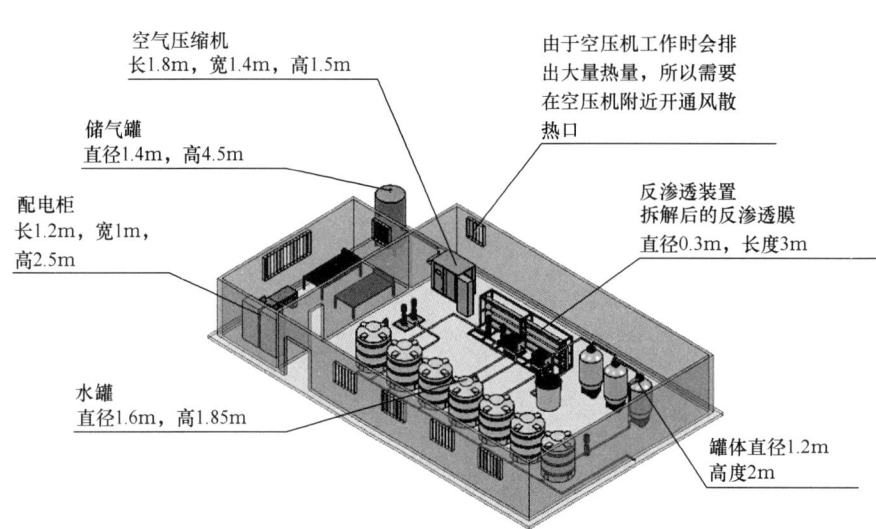

图 4-9　设备用房布局图

图 4-10　设备房的喷淋纯水系统

淋系统内设置了纯水系统（图 4-10；图版 35），用于黄肠题凑木材保水保湿的同时，进行脱盐处理，并且同步跟踪监测木材的含盐量。

实现水处理自动化可以提高管理水平，方便人员操作。水处理的自动化控制系统主要根据液位、流量、压力等信号通过 PLC 来控制泵及阀的运行状态，并能根据工艺要求及设备运行参数的变化自动或提示操作人员控制设备的运行。

原水箱、中间水箱、纯水箱均装有液位控制器，通过 PLC 来控制与水箱连接的泵的启停。

反渗透单元是纯水处理工艺中的预脱盐系统，在其进水管、纯水管、浓水管安装控制阀、压力计、流量计，监视和控制该单元的运行、清洗，确保反渗透单元在满足工艺要求的范围内。

EDI 系统是纯水处理工艺中的主脱盐系统，通过 EDI 出水口设置的电导率仪，监测和控制该单元的运行、清洗。EDI 装置可生产电阻率高达 15 MΩ·cm 以上的超纯水。纯水系统采用原水为汉墓附近深井地下水，水质经过处理后可达到三级纯水标准（表 4-1）。

表 4-1 水质监测结果

编号	取样位置	取样日期	电导率值 / (μS/cm)	pH
1	地下井水（原水）	2015.3.12	1107	7.65
2	喷淋系统终端（净化水）	2015.3.2	1.44	6.76
		2015.4.1	1.43	6.42
		2015.09.23	1.60	6.13
		2016.09.02	2.34	6.90

2. 电器控制系统

总控制为自动化，采用德国西门子 PLC 作为功能信息处理和中央控制单元；以西门子触摸屏作为操作和监控平台。多级保护功能，电气控制实现功能包括：① 墓室内每个小室可单独控制；② 若干重点区域可监视；③ 墓室外行车速度可调、行程可控；④ 对水泵惊醒变频恒定供水；⑤ 机房内所有电气设备进行智能化控制；⑥ 实现跨地域远程监视与控制。

控制系统软件元件，可同时处理多项任务，具有远程监控功能。主控单位的回路控制功能包括各类控制运算功能及功能模块，使喷雾系统灵敏、安全、快速而稳定地运行。

可以根据保护需要，在定陶办公室，随时监测调控墓室内部和外部木材喷雾时间、频率和强度等变量。

4.5 耗液量统计

本系统中喷嘴包括：墓室内气、水雾化工作的喷嘴数量 44 只，单件喷嘴推荐调节液量至 50 L/h，最大流量可调为 90 L/h，耗气量为 7 m^3/h；墓室顶面设计双排喷淋管路，单排扇形雾化喷嘴的数量 23 只；喷嘴的液量分别为 1 L/min、2 L/min。

故总耗药液量为：

44 个（墓室内喷嘴数量）×90 L/h（单件喷嘴每小时平均液量）＝3960 L/h

23 个（墓室顶部喷嘴数量）×3 L（单件喷嘴分钟液量）×60（分钟）＝4140 L/h

最大耗液量为两者之和，即 8100 L/h，这是极端状态下的最大值。通常系统运行由于交替喷淋作业，不会高于最大状态。目前的控制方式：上午、下午各喷淋 3 小时。每工作 15 分钟间歇 15 分钟，持续保持室内木材的饱水度。墓室外顶部白天工作 8～12 小时，夜间停止。

4.6 运行效果

运行一周后，系统稳定并且逐渐恢复木材为饱水稳定的状态，开裂情况得到遏制，木材之间罅隙也得到缓慢恢复。此外，根据对腐朽墙体木材监测点的含盐量跟踪分析，经过持续喷淋 5 个月后，均出现不同程度的降低（表 4-2）。表明该系统的脱盐效果开始显现。由于监测时间较短，仍需积累更多的分析数据（图 4-11）。

表 4-2　定陶汉墓监测点木材含盐量对比

日期	Cl^-/(mg/L)	NO_3^-/(mg/L)	SO_4^{2-}/(mg/L)	Na^+/(mg/L)	K^+/(mg/L)	Mg^{2+}/(mg/L)	Ca^{2+}/(mg/L)
2015.03 监测点	7.71	9.73	10.7	8.14	1.04	6.85	9.96
2015.09 监测点	4.96	0.58	8.86	4.32	0.66	4.83	7.93
降低率 /%	35.66	94.0	17.20	46.92	36.54	29.49	20.38

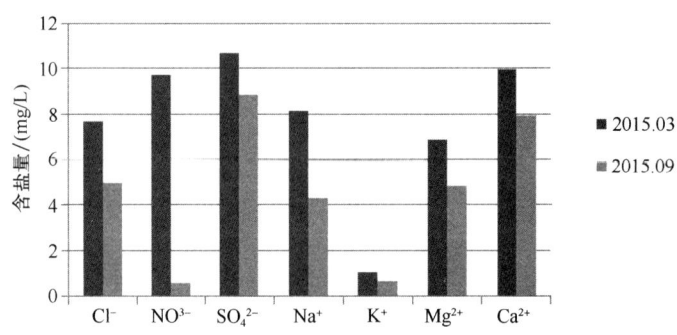

图 4-11　2015 年 3 月和 9 月喷淋前后木材含盐量对比柱形图

针对微生物滋生问题，喷淋从根本上抑制了微生物滋生环境（图 4-12；图版 36）。在持续保持黄肠题凑的饱水状态下，木材表面犹如被水密封，微生物难以继续附着于木材表面。因此，系统运行前后，墓室内微生物生长由曾经多达 32 处，至目前仅监测到的 1 处，墓室内部原有的白色霉菌区域逐渐自动消失（图 4-13；图版 37）。这表明现阶段，墓室整体保存情况已达到非常良好稳定的状态。

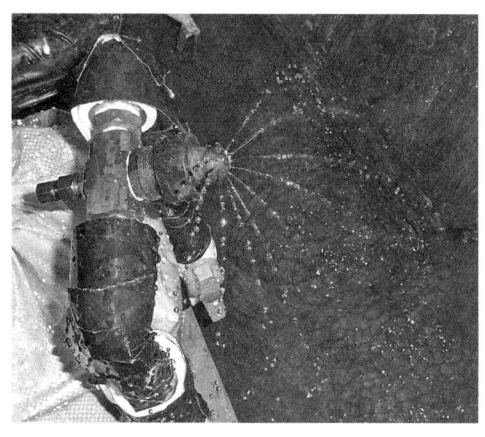 

图 4-12　墓室内喷淋头（未压气）　　　　图 4-13　木材喷淋后湿润，微生物被抑制

4.7　结论

定陶汉墓黄肠题凑自动控制喷雾喷淋系统的设计，综合考虑了汉墓的实际体量、结构、保存现状、主要病害和原址保护要求等多重因素，"量身定做"了一套供水保湿系统。该系统具有适用于密封环境的双流体管路、移动式喷淋平台、智能控制、保证水量水质等功能。而且整体系统选材慎重，避免铁离子对木材产生二次污染。

该系统的实施具有双重重要意义：其一，是现阶段的抢救性保护设施，为维持汉墓出土饱水木材的短中期的稳定性提供了一定保证；其二，为后期的定型保护提供了良好基础。

2015年5月19日，山东省文物局组织项目验收会中，评审专家认为：该智能喷雾喷淋系统能够满足黄肠题凑的保湿和后续保护要求，在我国文物遗址上属于首次应用，可为其他大型木构遗址的出土保护提供参考借鉴。目前，作者已建立了现场监测持续跟踪分析体系，将根据黄肠题凑的保护状况适时调控保护措施。详细的监测过程与喷淋效果将会在第7章"定陶汉墓木材监测"中重点介绍。

参考文献

[1]　汪景辉. 安徽六安双墩一号汉墓的发现与研究. 汉代文明国际学术研讨会论文集. 北京：燕山出版社，2009，12-15.

[2]　梁白泉. 高邮天山一号汉墓发掘侧记. 文博通讯，1980，(32).

［3］陈中行．杭州萧山跨湖桥遗址独木舟原址脱水加固定型保护．跨湖桥文化国际学术研讨会论文集．北京：文物出版社，2012，232-242．

［4］杨隽永，万俐，范陶峰等．绍兴印山越国王陵墓室主体结构的加固与保护．见：中国文物保护技术协会第六次学术年会论文集．北京：科学出版社，2009，176-181．

［5］刘彬徽，王世振，黄敬刚．湖北随州擂鼓墩二号墓发掘简报．文物，1985，（1）：16-36．

［6］Cederlund C O, Vasa I. The archaeology pf a swedish warship of 1628. In：Hocker F. The National Martime Museums of Sweden, Stockholm, 2006.

［7］瓦萨号博物馆．http://www.vasamuseet.se/en.

［8］Barker R, Brad Loewen, Christopher Dobbs. Hull Design of the Mary Rose. In：Marsden, 2009, 36.

［9］Jones M. For future generations：Conservation of a Tudor Maritime Collection The Archaeology of the Mary Rose, Volume 5. Portsmouth：The Mary Rose Trust, 2003.

［10］Maryrose．沉船博物馆．http://www.maryrose.org．

［11］卢平，梁晓燕，章名耀．双流体喷嘴雾化特性实验研究．南京师范大学学报，2008，（1）：34-37．

［12］张力，李午申，蒲舸．烟气净化双流体喷嘴雾化特性实验．环境工程，2006，（2）：40-43．

第 5 章 环境监测系统设计与实施

5.1 设计目的

中华民族历史悠久，遗留了璀璨丰富的文化遗产，文物遗址作为历史的重要见证，是历史文化传承的重要载体。加强文物保护，有利于传承中华民族优秀传统文化，维护人类共同的财富。文化遗产保护是一项综合性、多学科交叉的应用性学科领域。从保护实施具体方式划分，分为干预性保护和预防性保护。预防性保护即通过有效的质量管理、监测、评估、调控干预，抑制各种环境因素对可移动或不可移动文物的危害作用，努力使文物处于一个稳定安全的生存环境，尽可能阻止或延缓珍贵文物的物理和化学性质改变乃至最终劣化，达到长久保存的目的[1]。文物遗址保存环境的监测作为预防性保护的重要内容，一直在为文物保护工作者的保护研究、保护措施决策提供重要的基础依据。

山东定陶王墓地（王陵）M2 汉墓遗址是近年来我国发现的重要的汉代诸侯王级墓葬遗址，距今已有两千多年历史。2012 年，中国文化遗产研究院作为技术总牵头单位，承担以"黄肠题凑"为核心的定陶汉墓原址保护工程。由于遗址环境长期处于高湿状态，环境监测过程中，普通湿敏电容温湿度记录仪由于易富集凝结水，短期内迅速失效，高湿环境湿度的精准监测一直是国际难题。为了解决这一问题，我们联合中国航天空气动力技术研究院北京航天易联科技发展有限公司，采用复合光纤传感网络技术为定陶汉墓环境监测设置了环境监测系统。本章将详细阐述环境监测系统的技术原理、设计及实施应用情况。

5.2 保存环境

黄肠题凑木结构建筑埋藏于地下 11 m 深,由于经历了近 2000 年淤埋和黄河泛滥,整个木结构处于饱水和腐蚀糟朽的状态。汉墓发掘后,由于原始密封环境被打破,原有朽木迅速地受到自然环境波动的影响,进一步遭受不同形式的腐蚀损害。汉墓墓室内部呈现松软、开裂、变色、结晶盐析、微生物等病害现象。墓室外顶部饱水木材在大气环境中裸露,并覆盖棉被。2011 年 10 月,为了避免降水对黄肠题凑的影响,地方文物局修建了一座四面通风的"T"字形钢架结构大棚(图 5-1),黄肠题凑墓室处于半露天保存环境。

图 5-1 汉墓遗址的"T"字形钢架结构大棚

从 2014 年 1 月开始,我们对墓室温湿度,以及外顶部饱水木材进行小范围温度监测。尽管当时汉墓顶部被大幅毛毡棉被覆盖,但在大气环境极端低温的条件下,顶部含水木材几日内出现反复"冻融"现象。例如,2 月 11~12 日数十小时内木材温度低于 0℃以下,详见图 5-2,而同时期室外气温为 -8℃。根据当地气象局资料,定陶地区正常的冬季极端低温一般可达 -17℃,并且持续较长时间。自然环境的剧烈变化引发汉墓顶部出土饱水木材及四周文字砖的反复"冻融",这对汉墓破坏的影响难以估量。

因此,目前应对极端天气的保温保护措施亟待改善。针对汉墓墓室内外的保存环境

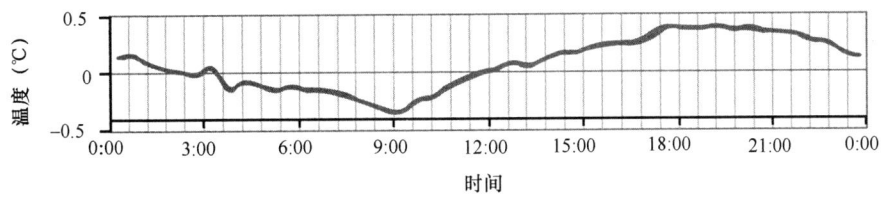

图 5-2　2014 年 2 月 11 日外顶部木材监测温度长时间降为 0℃以下

数据采集系统和报警系统亟须建立完善，从而为文物保护工作者随时掌握汉墓保存环境的变化，精准及时地提出预防性保护措施提供重要的基础数据和参考依据。

5.3　光纤传感技术原理

5.3.1　传统湿度监测的缺陷

在文物保护领域，电湿度计法监测相对湿度指标被广泛应用。博物馆的展厅、库房环境[2]，佛教洞窟、墓葬如敦煌莫高窟和吉林高句丽壁画墓[3]等大量采用湿敏电容设备开展文物、遗址保存环境的监测与控制工作。

在定陶汉墓保护初期，我们曾经安置若干个内置电池湿敏电容监测仪。但在这一特殊的高湿环境下，一个月内设备相继断电，监测仪被大量凝结水覆盖，导出的相对湿度数据大多为 100%。经过分析，针对汉墓的极端高湿的环境监测，湿敏电容设备存在几处不足：①探头被冷凝水覆盖后，测量的湿度数据停滞在 100%。同时，该类型传感器在高湿状态下工作，具有较大的迟滞。②某些湿敏电容探头具有自加热功能，可以在短时间内恢复正常测量，但是加热过程会影响周围小环境的温度、相对湿度，造成测量精度下降，同时反复的加热会降低传感器测量精度，影响使用寿命。③传感器配套的供电设备及线路对文物安全存有隐患。

后期，采用基于半导体激光调制技术（Tunable Diode Laser Absorption Spectroscopy，TDLAS）的新型湿度测量技术用于墓室内部环境监测，并采用分布式拉曼光纤温度传感器（Distributed Optical Fiber Temperature Sensor，DTS）对外顶部木材表面进行"场温度"监测。

5.3.2　TDLAS 技术原理

自然界中，每种气体都会吸收特定波长的光。当包含所有波长成分的一束白光，穿过气体后，某些特定波长的输出光将减弱或者缺失。在光谱学上，通过气体的特征吸收谱线，可以分辨物质的组分，这是定性方法；而通过分析某种气体的特征吸收谱线对应波长的光的吸收程度，来计算该气体的浓度，这是定量分析方法。Beer-Lambert 定律描述的正是光的吸收量与材料和光的性质之间的函数关系。该关系在单一气体浓度检测中可用下述方程描述[4,5]：

$$I_t = I_0 \exp[\alpha(\gamma)CL]$$

式中，I_t 为穿过待测气体后的透射光光强；I_0 为进入待测气体时的入射光光强；$\alpha(\gamma)$ 为吸收系数，该系数与气体的种类及穿过该气体的光频率（波长）有关；C 为待测气体的浓度；L 为光所经过的待测气体的吸收路径长度。

如果知道待测环境中气态水的浓度及温度，那么根据公式就可以计算出环境的相对湿度值，以 RH 表示：

$$RH = \frac{实际空气含水量}{该温度下空气含水量最大值} \times 100\%$$

湿度传感系统主要是由 DFB 激光器、探测器、激光器控制器、ARM 控制器、解调系统和显示输出系统组成，系统框架图如图 5-3 所示。

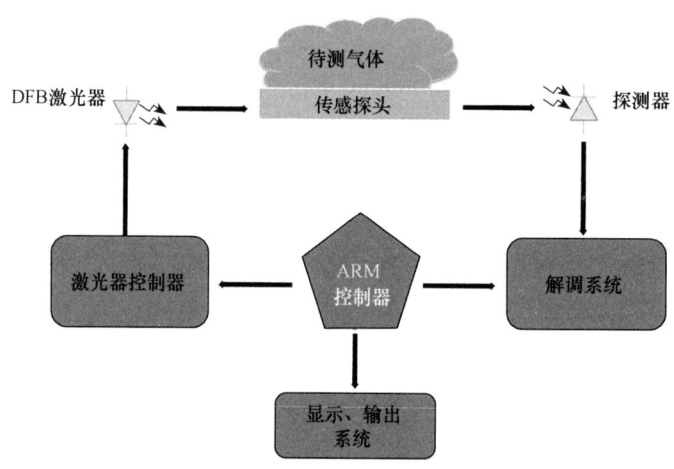

图 5-3　湿度传感系统框架图

激光器选用的是可调谐分布反馈激光器（DFB 激光器），具有优良的动态单模特性和稳定性，为蝶形封装。可调谐 DFB 激光器一般是通过温度的调谐来实现对波长的调谐。

探测器为光电二极管探测器，接收经气体吸收后的光信号并将其转换成电信号。解调系统将光电探测器中的光电流信号进行放大并转化成电压信号，进行滤波后，经过模/数传输给控制器进行处理和计算。控制器系统基于 ARM-STM32 系列芯片系统，利用上述算法，对接收到的电压数字信号进行处理和计算，得到气体的浓度信息,将其进行输出、显示。该设备特别适用于高湿环境测量,为墓室高湿测量提供了技术基础。

5.3.3 分布式光纤温度传感系统

分布式拉曼光纤温度传感器是用于测量空间温度场分布的一种新型传感技术。该技术采用普通光纤作为敏感介质和传输介质,利用光纤中的自发拉曼散射效应结合光时域反射技术(Optical Time Domain Reflected,OTDR)实现对待测温度场的远距离、分布式、实时在线测量[6,7]。

1. 拉曼散射测温原理

当激光脉冲注入光纤中时,光子与光纤中的石英分子相互作用,发生弹性碰撞和非弹性碰撞,其中弹性碰撞在宏观上表现为瑞利散射,非弹性碰撞则表现为布里渊散射和拉曼散射。对于拉曼散射,如果入射激光的能量较低,便能产生自发拉曼散射,其强度会随环境温度的变化而改变,利用这种特性可对温度进行测量。

拉曼散射分为斯托克斯(Stokes)和反斯托克斯(Anti-Stokes)散射[8,9],其中,斯托克斯散射光频率较低,反斯托克斯光频率较高,两者产生的频移量称为拉曼频移 Δv,对于石英光纤,Δv 一般为 13.2 THz。

当入射脉冲在光纤中传输到 L 处时,自发拉曼散射产生的斯托克斯光和反斯托克斯光能反向传输到入射端,其光强可表示为

$$P_s(T) \propto P_0 \exp[-(\alpha_0 + \alpha_s) L] R_s(T) \tag{5-1}$$

$$P_{as}(T) \propto P_0 \exp[-(\alpha_0 + \alpha_{as}) L] R_{as}(T) \tag{5-2}$$

式中,P_0 为入射脉冲光强,α_0、α_s、α_{as} 分别为入射光、斯托克斯光和反斯托克斯光在光纤中传输时的衰减系数;L 为光纤中发生自发拉曼散射的位置;R_s、R_{as} 与该位置处的温度有关,其表达式分别为

$$R_s(T) = \frac{1}{1 - \exp(-h\Delta v / kT)} \tag{5-3}$$

$$R_{as}(T) = \frac{1}{\exp(h\Delta v / kT) - 1} \tag{5-4}$$

式中,h 为普朗克常数;k 为波尔兹曼常数;T 为绝对温度。

当入射光强度 P_0,光纤衰减系数 α_0、α_s、α_{as} 及探测位置 L 一定时,在光纤入射端探测到的后向自发拉曼散射光强度只与探测位置处的温度 T 有关。提取式(5-3)和式(5-4)中的温度项做室温条件下的泰勒级数展开可得到:

$$P_s(T) \propto 0.00096\Delta T \qquad (5\text{-}5)$$

$$P_{as}(T) \propto 0.0080\Delta T \qquad (5\text{-}6)$$

由上面两式可知，反斯托克斯光在室温下温度灵敏度达到0.8%，而斯托克斯光对温度基本不敏感，因此反斯托克斯光携带温度信息，可通过探测反斯托克斯光强度变化得到光纤中某点的温度，这就是拉曼散射测温的原理。

2. 空间定位原理

当入射激光脉冲在光纤中传输时，沿光纤各点产生的后向散射光会回传到光纤入射端。假设脉冲从发出到返回的总时间为t，则光纤中发生散射的位置与激光入射端的距离可表示为

$$L = vt/2 \qquad (5\text{-}7)$$

式中，v为脉冲在光纤中传播的速度。由此可知，不同时刻的回光信号与发生散射的位置一一对应。光时域反射技术就是通过测量光脉冲返回入射端的时间来确定其发生散射的位置，从而实现分布式测量。

分布式光纤温度传感器工作原理如图5-4所示。光源发出脉冲光通过光波分复用器进入传感光缆，光信号在传感光缆中传输时，在光缆每个位置处均会发生自发拉曼散射，产生拉曼散射光，其中拉曼散射光的功率受环境温度的影响，即墓室外顶部某处温度越高，该处产生拉曼散射光的功率越大，这就是拉曼散射测温的理论基础。

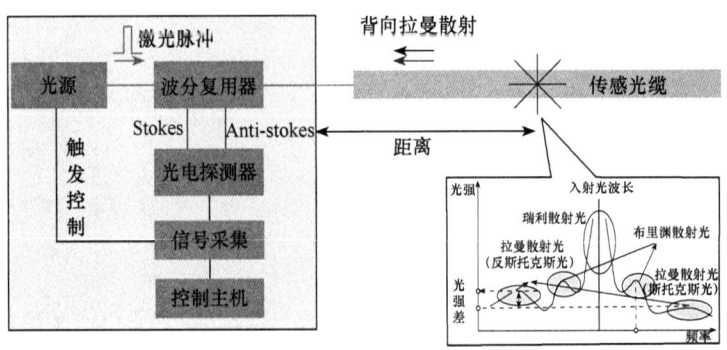

图5-4 分布式光纤温度传感器工作原理图

光缆任意位置处产生的携带温度信息的后向传输的拉曼散射光信号实时回传，再经过光波分复用器的滤波，到达光电探测器处，通过测量光信号传回到光电探测器处所用的时间，可以计算出该拉曼散射光产生的位置，从而实现对温度场的精确定位。

携带温度信息和位置信息的拉曼散射光经过光电转化、信号放大和信号采集，通过PCI接口传输至控制主机，经过控制主机分析、处理，将采集到的数据解调还原为温度值，实现对墓室顶面温度场的监测。

5.4 系统设计及实施

5.4.1 系统总体方案设计

本系统方案为：TDLAS 湿度传感器、由 PT100 和巡检仪组成的温度传感模块、分布式光纤测温系统、自动气象站和 GPRS 模块组成，如图 5-5 所示，系统组成包括：硬件部分有数据采集节点（传感单元）、GPRS 模块；软件部分有上层应用软件。

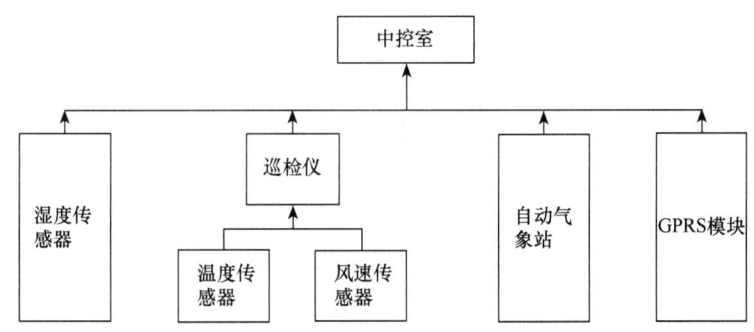

图 5-5　山东定陶汉墓遗址环境监测系统组成

系统的主要功能是针对文物保存环境的温湿度变化，实现实时数据采集与评估，并通过 GPRS 通信技术将采集参数传输到监测中心，以达到及时预警的目的。

通过实时环境监测，实现对异常保存环境的及时预警，第一时间提醒相关人员采取必要的保护和调节措施，有效提高文物保护的效率，同时及时保存所采集的数据信息，为工作人员进行文物保护方法研究提供重要依据，并为保护措施的制定提供科学依据。

5.4.2 墓室内温度及高湿环境的监测

墓室内：16 个空气温湿度数据采集点，4 个木材温度监控点，如图 5-6 所示（图版 39）。

其中红线表示墓室区域内光缆走线情况，红圆点代表各个温湿度传感器的布设位置；蓝方块代表木材墙体温度数据采集点。

所有光纤全部采用 48 芯室外铠装光缆，具有抗拉伸、防鼠虫咬、防潮防水等作用，特别适用于墓室潮湿恶劣的环境；光纤从墓室内中室的盗洞引下，墓室外架空敷设、地下直埋、镀锌钢管保护；墓室内光缆沿实木墙敷设，采用塑料可弯曲卡子，

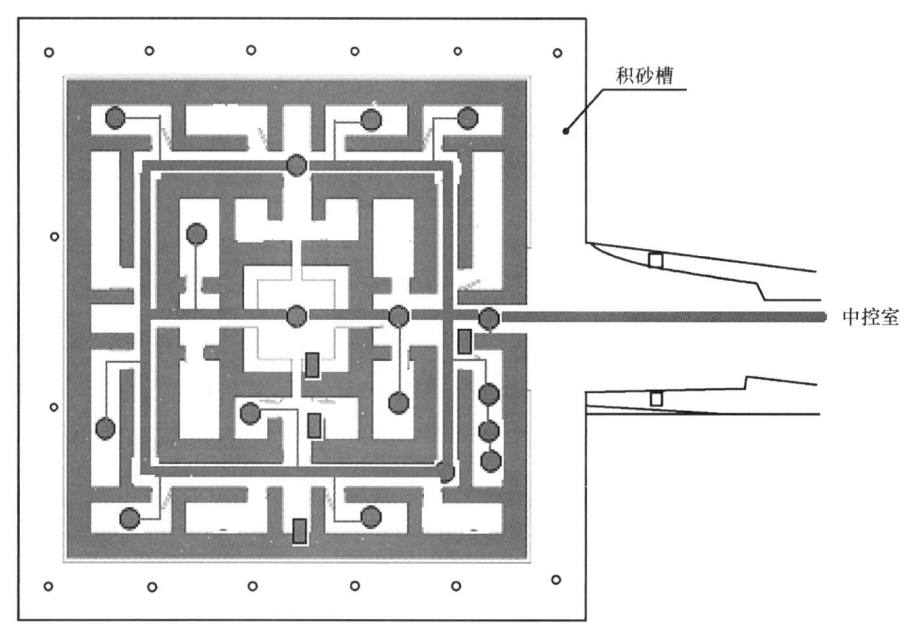

图 5-6 墓室内部监测点布设图
（圆点代表温湿度采集点，方块代表墙体温度采集点）

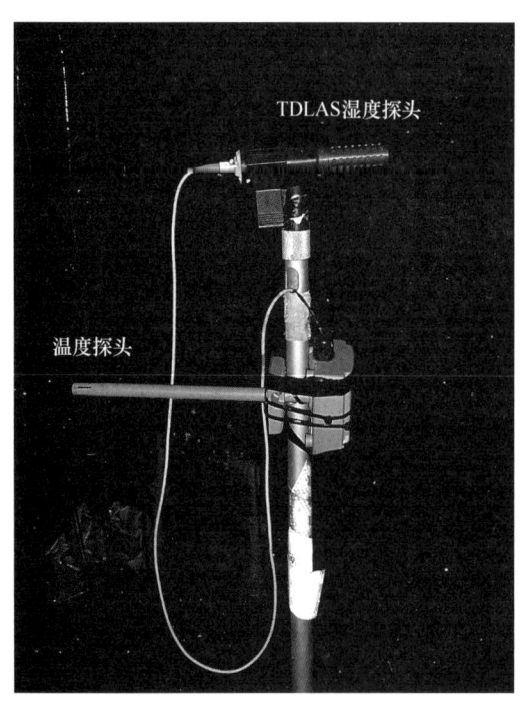

图 5-7 墓室内独立监测点，湿度探头覆盖防水罩

充分利用木材扣缝敷设，尽量不破坏木结构本体。

为了保护黄肠题凑本体，墓室内原先配置了喷淋设备，使环境长期处于高湿状态，TDLAS 在测量高湿方面具有其他湿度传感器无法比拟的优势，其测量速度快且测量准确。但是当水滴附着在气室镜头时，仍会影响传感器的测试。为此专门设计"防水罩"，以保证水蒸气在通行无阻的情况下，有效阻止液态水直接附着在气室镜头上。此复合探头在长期的现场试验中已经获得了稳定的性能（图 5-7；图版 38）。

根据现场文物现状，所有设备严格按照"不破坏文物本体"的原则进行安装，全套入室设备不能含有铁质金属成分，且墓室墙体不能打孔破坏。温湿度传感器被固定于高度为 150 cm 的支架上，光缆和电缆由支架中间穿线而过，实用且美观。

5.4.3 墓室外顶温度监测

墓室外顶部均由饱水状态的腐蚀木材组成，总面积为 529 m^2，采用分布式感温光纤系统监测顶部木材温度。该系统能持续监测从夏季到冬季墓室外顶面的温度变化，为墓室顶部在极端天气下的温度异常进行预警。具体实施方案为：感温光缆从中控室引出，采用架空、地埋方式布设到供水管道处，并沿管道继续敷设至墓室顶部。墓室顶面的光缆布设示意图如图 5-8 所示（图版 40）。

为提高墓顶的测温精度，对光缆绕 529 个圆环，圆环以"梳状"布设将整个墓室顶面覆盖，相邻两平行光缆的间隔为 1 m。每个光纤环直径 0.5 m，使用 3 m 光缆绕制而成，相邻环间隔 1 m，共需光纤环 529 个，长度 2116 m。除去光纤环，再考虑中控室至墓室距离约 100 m，铺设光缆总长为 2216 m。感温光缆布设现场如图 5-9 所示（图版 41）。

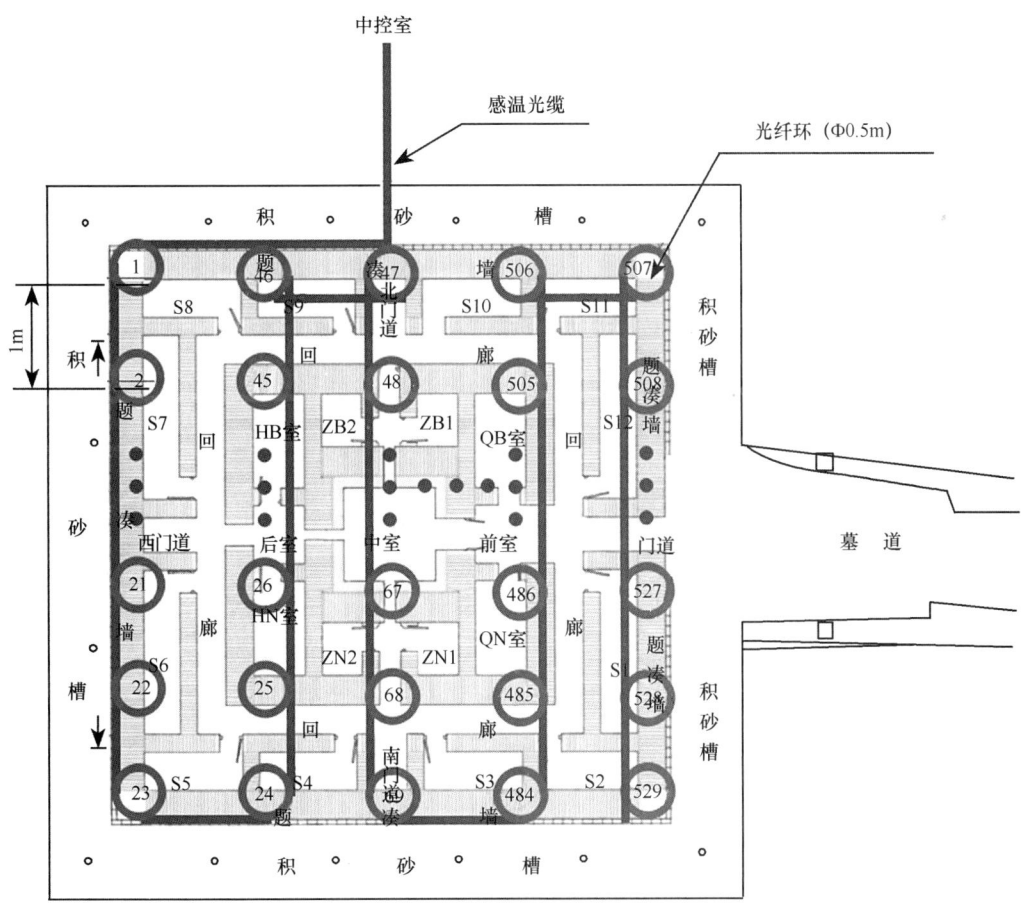

图 5-8 分布式光纤测温系统布设图
（蓝线代表感温光缆）

图 5-9　感温光缆布设现场

5.4.4　墓室周围环境温湿度监测

墓室外：在位于遗址西南方向 80 m 的空旷区域，布设自动气象站一个；钢架大棚下布设 2 个温湿度采集点。一个位于墓室盗洞口上方，另一个位于墓室南侧。遗址区的大环境内，在大棚顶部设一个光照度和紫外照度数据采集点，并在大棚内部设一个紫外线强度传感器，与大棚顶部做对照，其现场布设图如图 5-10 所示。

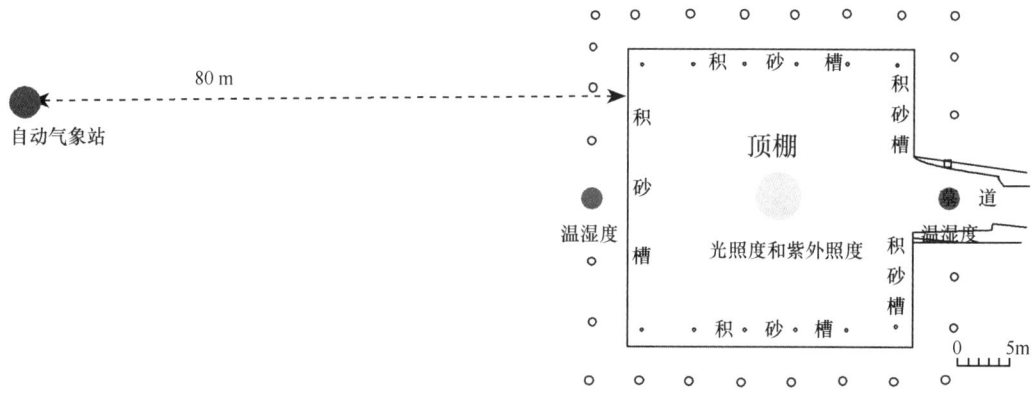

图 5-10　墓室外数据采集点布设图

5.4.5 系统信息的展示与利用

软件客户端基于 Web 开发，实现网页登录，如图 5-11 所示。对墓室内外的温湿度及其他环境参数监测点进行远程实时监测。软件功能包括墓室内外环境监测演示功能，如图 5-12、图 5-13 所示（图版 42、图版 43）。其中，所有监测点，可以同时储存历史数据并且绘制成时间曲线图供在线查阅。

复合光纤温湿度传感系统为主要的软件子系统，该部分的软件流程是：系统初始化、轮询方式获取相对湿度、绝对湿度和温度。上位机软件主要实现配置、显示、保存、报警功能，具体的操作均在温度测试主机和湿度测试主机内完成。所以系统给上位机留有固定的参数配置接口，将每一个功能模块做成 DLL 动态链接库形式。DLL1：向上位机发送温度值，DLL2：将温度值传送至湿度计算模块，DLL3：将计算好的湿度值传至上位机，如图 5-14、图 5-15 所示。

本系统基于光纤传感网络技术，集成了微传感器技术、嵌入式计算技术、无线通信技术等，并结合文物保护的理论及实际情况，是一项集成的创新，在我国文物保护领域处于前列。主要特点包括以下五点。

（1）采用基于激光吸收调制技术的新型湿度传感器，特别适用于遗址类高湿环

图 5-11　网页登录界面

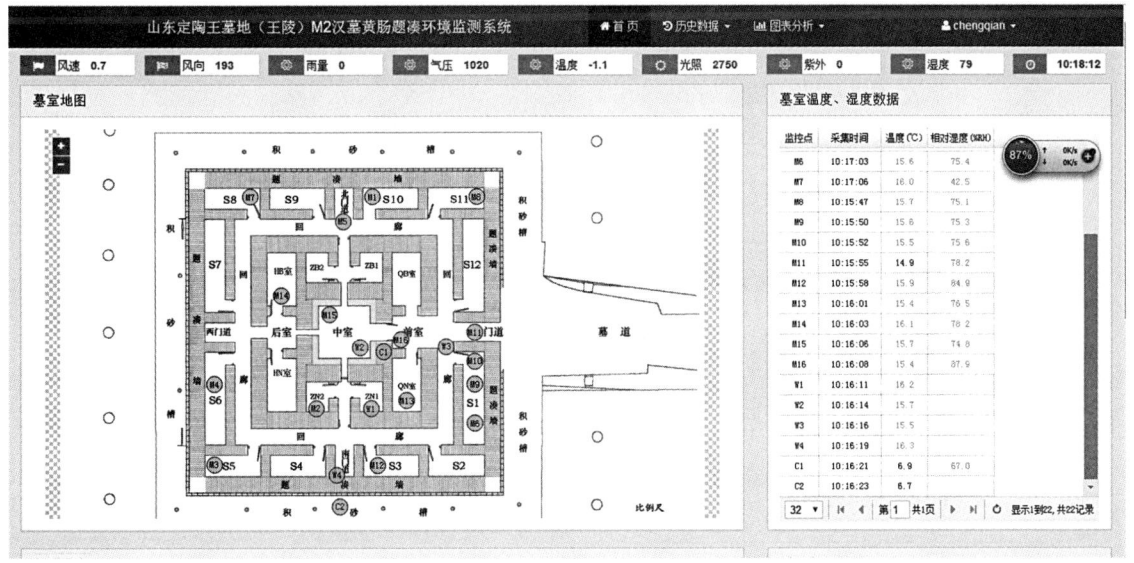

图 5-12　墓室内实时监测界面

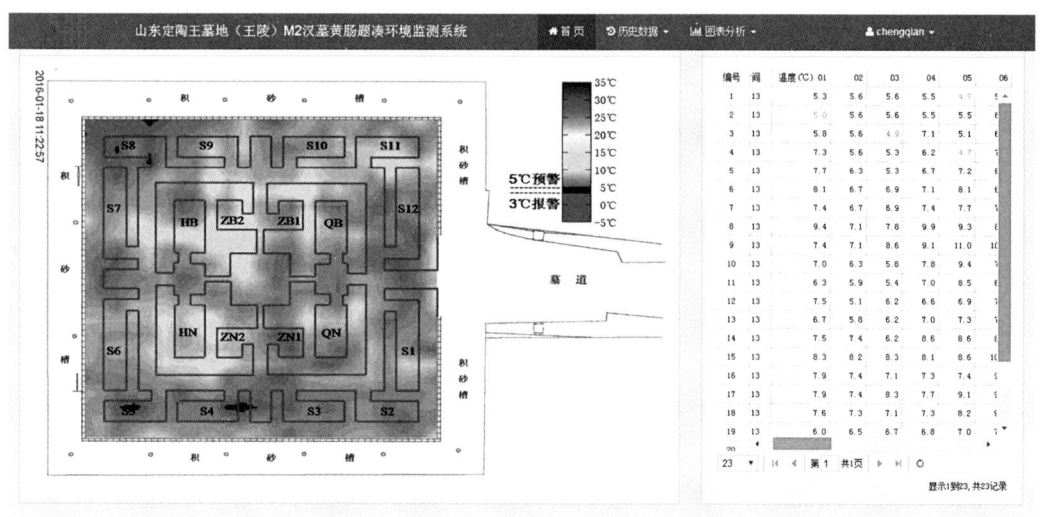

图 5-13　墓室顶部温度实时监测界面

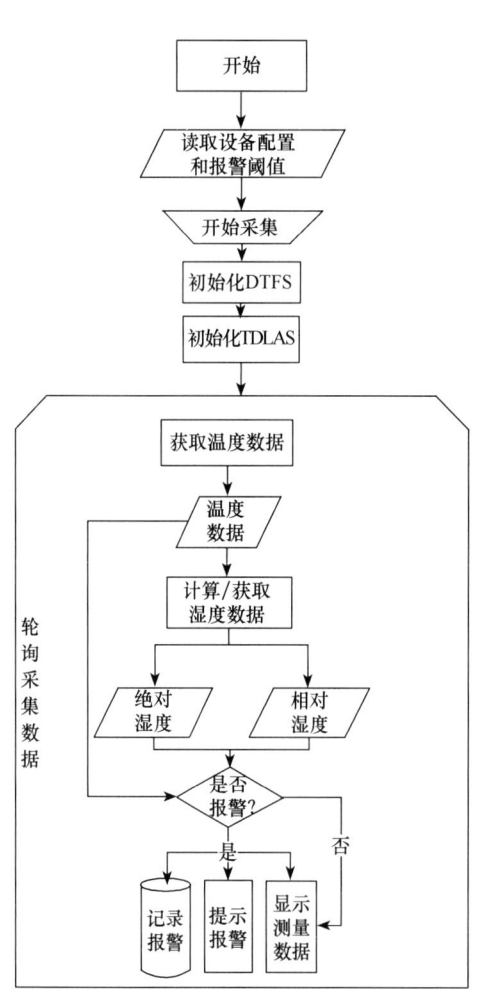

图 5-14　软件客户端

境监测,可为湿度测量提供准确数据。

(2)采用分布式光纤测温传感技术,可实现墓室木质结构大面积、连续温度数据采集与评估。

(3)采用前端光学传感器结合光缆进行数据传输,分布式测量提高系统数据采集效果,降低数据采集与评估成本。

(4)实现了环境多参数数据采集,能够对环境中大气温湿度、紫外线辐射、日照度、风向、风速、降水量进行数据分析。

(5)实现了数据采集系统的实时性、网络化及智能化。

总体来说,针对定陶汉墓原址的保护要求,"量身定做"了一套较为完善的环境监测系统。形成了大气环境—钢架大棚环境—墓室外顶部温度—墓室内部环境的"四重梯度环境"的对比监测体系,为文物保护工作者研究汉墓保存环境的特征,自然环境对黄肠题凑木构建筑的影响,以及汉墓的长期保存与利用等预防性保护研究工作,提供重要而准确的基础信息和参考依据。

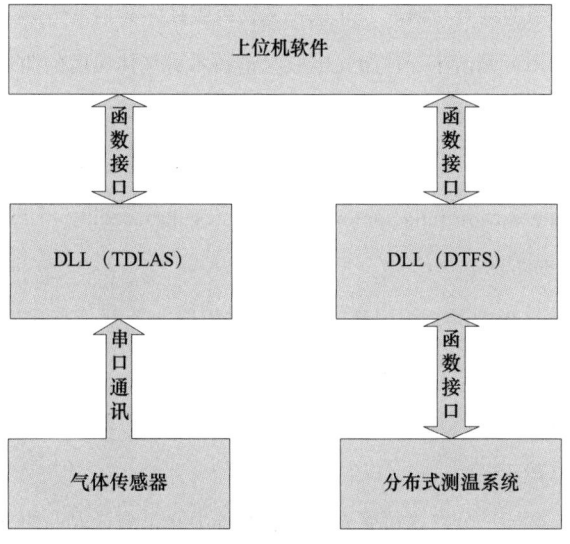

图 5-15　软件流程图

5.5　结论

山东定陶汉墓的环境监测系统基于光纤传感网络技术，集成了微传感器技术、嵌入式计算技术、无线通信技术等，并结合文物保护的理论及实际，实现实时数据采集与评估，并通过 GPRS 通信技术将采集参数传输到监测中心，以达到及时预警的目的。将 TDLAS 技术引入高湿环境的监测，这在国内文物保护领域处于领先地位。这一系统是"古老文明"与"前沿科技"的一次有机结合。2016 年 12 月 16 日，中国文化遗产研究院组织了该系统的结项验收，环境监测系统获得评审专家的一致认可。

在建立环境监测系统，获取大量环境数据的基础上，如何利用数据，如何研究黄肠题凑保存环境之变化规律，并指导、服务于黄肠题凑的现场保护措施，将在第 6 章"环境监测分析与利用"中进行阐述。

参 考 文 献

[1]　黄河，吴来明. 馆藏文物保存环境研究的发展与现状. 文物保护与科技考古，2012，(12)：14-19.

[2]　馆藏文物保存环境质量检测技术规范.WW/T 0016—2008.

[3]　中国文化遗产研究院，吉林省文物局，集安市文物局. 文物保护科技专辑Ⅲ——高句丽墓

葬壁画原址保护前期调查与研究. 北京：文物出版社，2014.

［4］ 李宁，王菲. 利用可调谐半导体激光吸收光谱技术对气体浓度的测量. 中国电机工程学报，2005，25（15）：121-126.

［5］ Sanders S T, Baldwin J A, Jenkins T P, et al. Diode laser sensor for monitoring multiple combustion parameters in pulse detonation engines. Proceeding of the Combustion Institute，2000，28（1）：587-594.

［6］ 王剑锋，刘红林，张淑琴，等. 基于拉曼光谱散射的新型分布式光纤温度传感器及应用. 光谱学与光谱分析，2013，（4）：865-871.

［7］ 刘明德，孙琪真. 分布式光纤传感技术及其应用. 激光与光电子学进展. 专题报导——光纤传感. 2009，29-33.

［8］ 杨睿，李小彦，高翔. 分布式拉曼光纤测温系统中修正测量误差的方法. 光子学报，2015，44（10）：110-115.

［9］ 宁枫，朱永，崔海军，等. 一种提高分布式光纤测温系统空间分辨率的线性修正算法. 光子学报，2012，41（4）：408-413.

第 6 章 环境监测分析与利用

定陶王墓地（王陵）遗址的光纤温湿度传感器网络、自动气象站和 GPRS 系统，是一套完善的光纤温湿度数据采集与评估系统，不仅可提供墓室环境变化规律，而且为应对自然环境的影响、制定墓室环境参数控制方案提供重要的基础信息和科学依据。

墓室内布设 16 个空气温湿度数据采集点（M 系列监测点）和 4 个木材温度数据采集点（W 系列监测点），各监测点分布见图 6-1。

墓室外布设 1 个自动气象站和 2 个温湿度传感器，代表遗址区的大环境。在大棚下和气象站各设一个光照度和紫外照度数据采集点。

墓室顶部布设分布式光纤测温系统。该系统能连续监测从夏季喷淋开始到冬季采取保暖措施后墓室外顶面的温度变化，为墓室顶部的温度异常预警。墓室顶面的光缆布设示意如图 5-8 所示。

中控室上层监测软件可通过 GPRS 远程模块，对墓室内外的温湿度以及其他环境参数进行远程实时监测。墓室内外环境监测系统可以实时显示墓室内各个温湿度点的数据，同时存储历史数据以供查阅。

现已记录 2015 年 11 月 13 日至 2016 年 12 月 31 日一个自然年，各监测点温湿度及室外气象的数据。通过对数据的分析，得知墓室环境变化规律，为应对自然环境的影响以及制订后期的墓室环境控制方案提供重要基础信息和科学依据。

采取的数据分析方法有：绘制变化图、用 SPSS 软件进行监测点的单因素方差分析以及整体墓室温度与室外气象的回归分析。最后通过 COMSOL 软件数值模拟对监测系统及大棚保护措施进行评价，并提出改进建议。

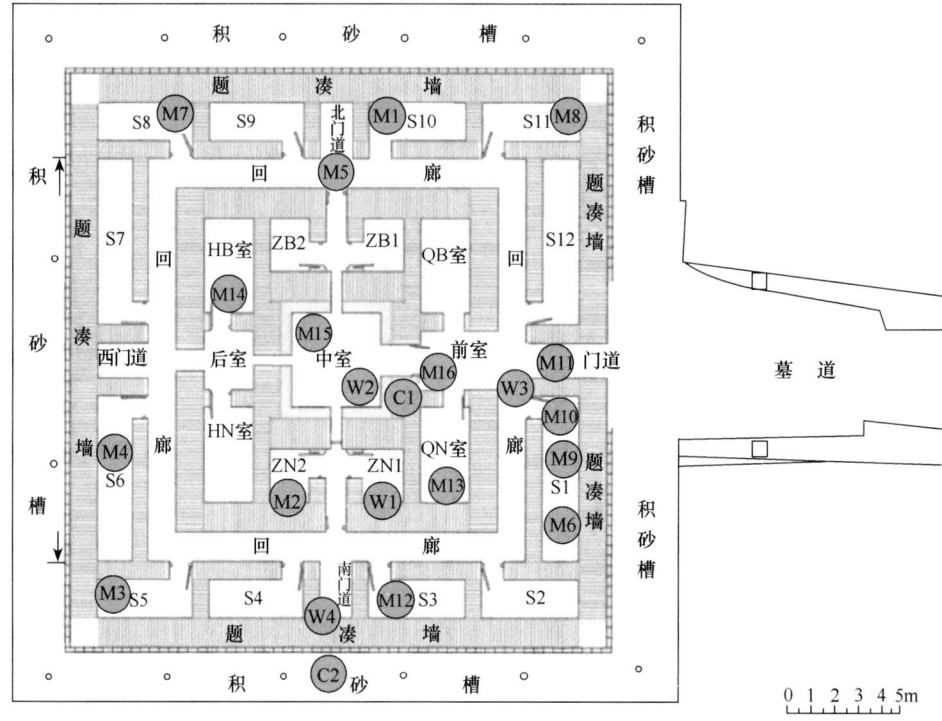

图 6-1　墓室内部监测点分布图

6.1　墓室温度一致性情况分析

6.1.1　墓道口至墓室内部温度一致性

为研究墓道口至墓室内部温度一致性的情况，选取从墓道口至墓室内部的监测点，依次为 M11、M16、M15、M14 和 M4。其中 M11 位于墓道口，受室外气象温度影响最大；M16 位于前室，紧挨 M11，也受室外气象温度影响；M15 位于中室，M14 位于 HB 室，M4 位于 S6 小室，受室外气象温度影响最小。

根据监测点 M11、M16、M15、M14 和 M4 的记录数据，绘制折线图如图 6-2 所示（图版 44）。

2015 年 11 月 13 日至 2016 年 1 月 26 日各监测点温度变化如图 6-3 所示（图版 45）。

由图 6-2 和图 6-3 可以看出：

（1）墓道口至墓室内部的五个监测点温度波动范围较小，常年稳定在 14～25℃；

（2）墓道口至墓室内部有温差，从墓道口至墓室内部温度呈递增变化；

（3）M11 位于墓道口，更易受到室外气象温度影响；

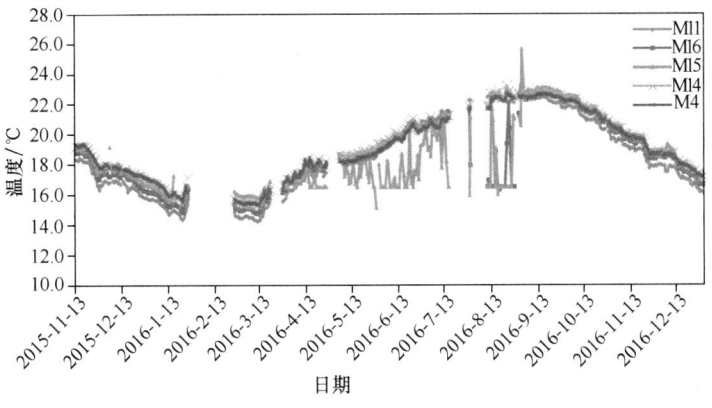

图 6-2 墓道口至内部各监测点温度变化图

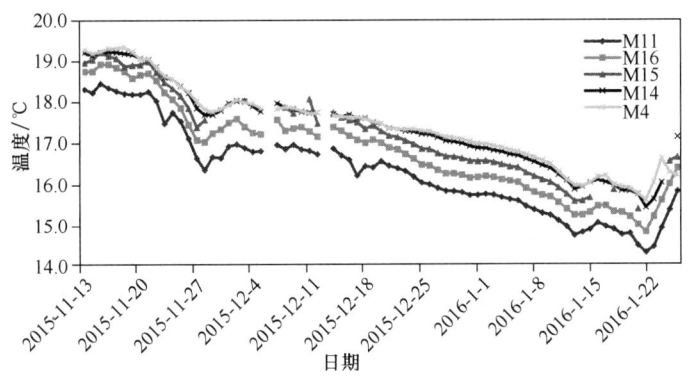

图 6-3 冬季（2015 年 11 月至 2016 年 1 月）墓道口至墓室内部温度变化图

（4）墓道口 M11 与墓室内部 M4 相比：冬季 M11 温度低于 M4，其中 1 月 24 日温差最大，达到 -1.7℃；6 月 10 日至 9 月 5 日，M11 温度高于 M4，其中 9 月 2 日温差最大，为 1℃；

（5）需要特别说明的是，图中温度连线中断的现象，是因为遗址地现场供电不稳定，经常出现断电导致设备故障检修，故障期内的数据无法采集保留。后期现场更换变压器，供电得到保障。

下面利用 SPSS 数据处理软件判断监测点之间的关系。分别选取墓道口或墓室内部其中一个监测点为自变量，其余监测点为因变量进行单因素方差分析（显著性水平为 0.05），可得到表 6-1。

表 6-1 各点依次为自变量的单因素方差分析总表

自变量	因变量		平方和	df	均方	F	显著性 P
M11	M16	组间	1420.485	83	17.114	14.989	0
		组内	291.166	255	1.142		
		总数	1711.65	338			

续表

自变量	因变量		平方和	df	均方	F	显著性 P
M11	M15	组间	1110.447	84	13.22	5.608	0
		组内	565.759	240	2.357		
		总数	1676.206	324			
	M14	组间	1658.226	84	19.741	297.638	0
		组内	16.847	254	0.066		
		总数	1675.072	338			
	M4	组间	1538.313	84	18.313	182.263	0
		组内	25.622	255	0.1		
		总数	1563.934	339			
M16	M15	组间	1269.239	77	16.484	11.402	0
		组内	355.622	246	1.446		
		总数	1624.862	323			
	M14	组间	1543.055	77	20.04	43.016	0
		组内	121.126	260	0.466		
		总数	1664.181	337			
	M4	组间	1435.535	77	18.643	41.404	0
		组内	117.522	261	0.45		
		总数	1553.057	338			
	M11	组间	1953.546	77	25.371	38.566	0
		组内	171.7	261	0.658		
		总数	2125.246	338			
M15	M14	组间	1175.2	75	15.669	9.402	0
		组内	413.309	248	1.667		
		总数	1588.508	323			
	M4	组间	1118.856	75	14.918	9.932	0
		组内	374.009	249	1.502		
		总数	1492.865	324			
	M11	组间	1400.549	75	18.674	7.358	0
		组内	631.903	249	2.538		
		总数	2032.452	324			
	M16	组间	1258.073	74	17.001	11.362	0
		组内	372.563	249	1.496		
		总数	1630.636	323			

续表

自变量	因变量		平方和	df	均方	F	显著性 P
M14	M4	组间	1552.329	77	20.16	1420.531	0
		组内	3.704	261	0.014		
		总数	1556.033	338			
	M11	组间	2116.926	77	27.493	334.343	0
		组内	21.462	261	0.082		
		总数	2138.387	338			
	M16	组间	1422.445	77	18.473	17.008	0
		组内	282.397	260	1.086		
		总数	1704.843	337			
	M15	组间	1170.726	77	15.204	7.461	0
		组内	501.283	246	2.038		
		总数	1672.009	323			
M4	M11	组间	2113.454	71	29.767	224.912	0
		组内	35.47	268	0.132		
		总数	2148.924	339			
	M16	组间	1396.831	71	19.674	16.685	0
		组内	314.819	267	1.179		
		总数	1711.65	338			
	M15	组间	1067.703	71	15.038	6.252	0
		组内	608.503	253	2.405		
		总数	1676.206	324			
	M14	组间	1670.37	71	23.526	1335.93	0
		组内	4.702	267	0.018		
		总数	1675.072	338			

由上述单因素方差分析表格可以看出，显著性 P 均小于 0.05，说明各监测点之间显著相关，墓道口与墓室内部各监测点温度具有高度一致性。

6.1.2 S1 小室范围内温度一致性

墓室回廊外侧共 12 个小室，其中位于墓室东南角的 S1 小室内，布设了 M6、M9、M10 三个监测点，该三个监测点能清楚反映小室范围内温度一致性情况。绘制温度变化图如图 6-4 所示（图版 46）。

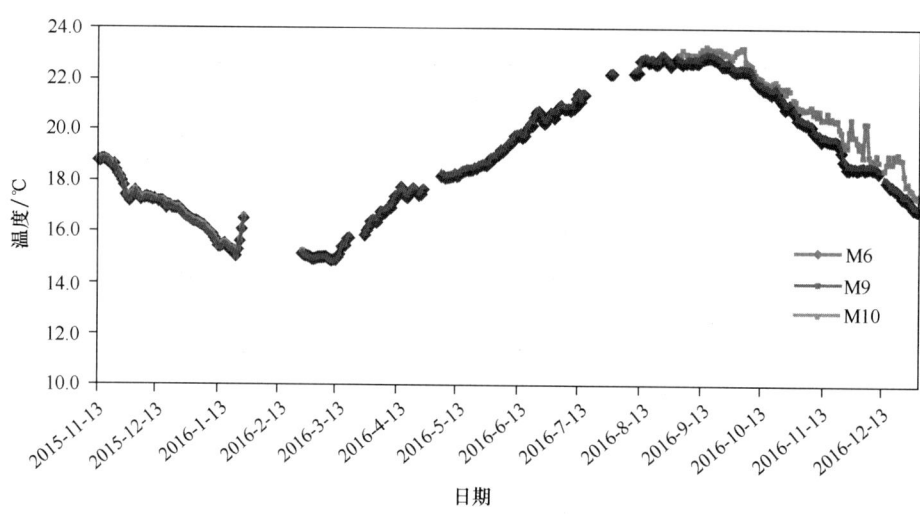

图 6-4　S1 小室内各监测点与气象温度变化图

由图 6-4 可以总结出如下规律和结论：

（1）S1 小室内的三个监测点温度波动范围较小，基本稳定在 14～25℃；

（2）S1 小室内三个监测点中，M10 温度略高于 M6，且温差在 0～0.2℃；

（3）监测点 M9 后期数据波动明显有异，说明该监测点可能出现故障，需要联系工作人员调试校正。

选取 S1 小室内其中一个监测点为自变量，其余监测点为因变量进行单因素方差可得到表 6-2 所示。

表 6-2　各点依次为自变量的单因素方差分析

自变量	因变量	平方和	df	均方	F	显著性 P
M6	M9	组间 1222.995	67	18.254	175.926	0
		组内 12.866	124	0.104		
		总数 1235.861	191			
	M10	组间 2077.145	79	26.293	6579.485	0
		组内 1.039	260	0.004		
		总数 2078.184	339			
M9	M10	组间 1150.94	70	16.442	275.59	0
		组内 7.219	121	0.06		
		总数 1158.159	191			
	M6	组间 1098.764	70	15.697	228.691	0
		组内 8.305	121	0.069		
		总数 1107.069	191			

续表

自变量	因变量		平方和	df	均方	F	显著性 P
M10	M6	组间	2006.149	81	24.767	6381.251	0
		组内	1.001	258	0.004		
		总数	2007.15	339			
	M9	组间	1224.195	68	18.003	189.801	0
		组内	11.667	123	0.095		
		总数	1235.861	191			

由上述单因素方差分析可以看出，显著性 P 均小于 0.05，说明各监测点之间显著相关，小室范围内监测点温度具有一致性。

6.1.3 墓室四周温度一致性

墓室内部东、西、南、北四个方向设有监测点 M1、M7、M4、M3、M12 和 M6。选取以上 6 个监测点的数据，能够清楚反映墓室四周温度的一致性情况。

根据监测点 M1、M7、M4、M3、M12 和 M6 的数据，绘制温度变化图如图 6-5 所示（图版 47）。

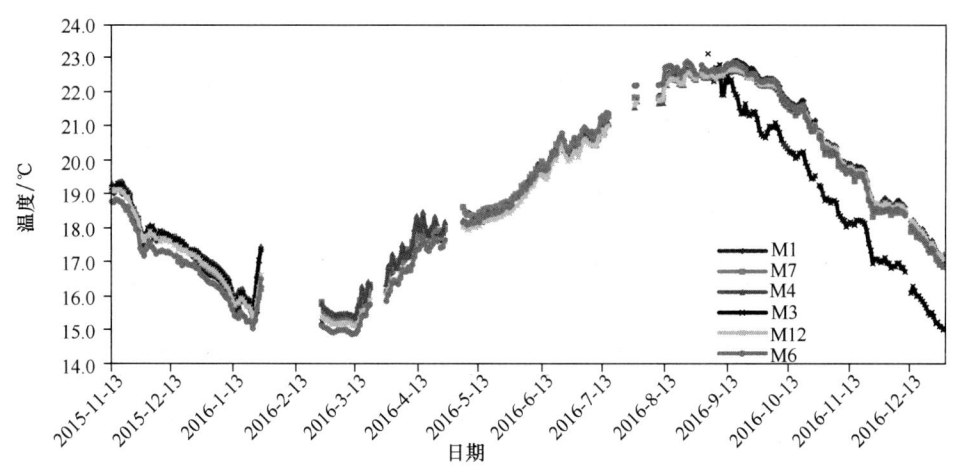

图 6-5 墓室四周温度变化图

由图 6-5 可以总结出如下规律和结论：

（1）墓室四周监测点，整体温度波动范围较小，基本稳定在 14~25℃之间；

（2）2015 年 11 月 13 日至 2016 年 4 月 26 日，墓室四周的六个监测点的温度中，M4 监测点最高，M6 监测点最低，温差集中在 0.4~0.6℃范围内；其中 1 月 26 日为室外气温最低日，温差达到1℃；

（3）2016年5月5日至7月16日，上述六个监测点的温度中，M7监测点最高，M12监测点最低，温差集中在0.2~0.4℃范围内；

（4）2016年9月16日至12月31日，上述六个监测点的温度中，M1监测点最高，M7监测点最低，温差集中在0.1~0.3℃范围内；

（5）监测点M3后期数据波动明显有异，说明该监测点可能出现故障，需要进行调试校正。

选取其中一个监测点为自变量，其余监测点为因变量进行单因素方差分析，可得到表6-3。

表6-3 各点依次为自变量的单因素方差分析

自变量	因变量		平方和	df	均方	F	显著性 P
M1	M7	组间	1670.469	76	21.98	1756.651	0
		组内	3.241	259	0.013		
		总数	1673.709	335			
	M4	组间	1550.382	76	20.4	881.879	0
		组内	5.991	259	0.023		
		总数	1556.373	335			
	M3	组间	747.457	64	11.679	30.221	0
		组内	46.761	121	0.386		
		总数	794.218	185			
	M12	组间	1729.256	76	22.753	978.225	0
		组内	6.024	259	0.023		
		总数	1735.28	335			
	M6	组间	2004.336	76	26.373	1409.633	0
		组内	4.846	259	0.019		
		总数	2009.181	335			
M7	M4	组间	1550.734	72	21.538	882.731	0
		组内	6.515	267	0.024		
		总数	1557.248	339			
	M3	组间	749.505	63	11.897	28.968	0
		组内	51.747	126	0.411		
		总数	801.252	189			
	M12	组间	1725.08	72	23.959	604.43	0
		组内	10.584	267	0.04		
		总数	1735.664	339			

续表

自变量	因变量		平方和	df	均方	F	显著性 P
M7	M6	组间	2003.159	72	27.822	1100.936	0
		组内	6.747	267	0.025		
		总数	2009.906	339			
	M1	组间	1782.524	72	24.757	1704.027	0
		组内	3.821	263	0.015		
		总数	1786.345	335			
M4	M3	组间	744.116	63	11.811	26.047	0
		组内	57.136	126	0.453		
		总数	801.252	189			
	M12	组间	1729.593	72	24.022	1056.463	0
		组内	6.071	267	0.023		
		总数	1735.664	339			
	M6	组间	2002.092	72	27.807	950.064	0
		组内	7.815	267	0.029		
		总数	2009.906	339			
	M1	组间	1779.458	72	24.715	943.74	0
		组内	6.887	263	0.026		
		总数	1786.345	335			
	M7	组间	1668.097	72	23.168	911.84	0
		组内	6.784	267	0.025		
		总数	1674.881	339			
M3	M12	组间	863.629	71	12.164	21.059	0
		组内	68.158	118	0.578		
		总数	931.787	189			
	M6	组间	997.793	71	14.053	19.874	0
		组内	83.439	118	0.707		
		总数	1081.232	189			
	M1	组间	936.163	71	13.185	20.308	0
		组内	74.018	114	0.649		
		总数	1010.181	185			
	M7	组间	864.557	71	12.177	26.467	0
		组内	54.29	118	0.46		
		总数	918.847	189			

续表

自变量	因变量		平方和	df	均方	F	显著性 P
M3	M4	组间	799.333	71	11.258	25.543	0
		组内	52.008	118	0.441		
		总数	851.342	189			
M12	M6	组间	2001.846	75	26.691	874.158	0
		组内	8.061	264	0.031		
		总数	2009.906	339			
	M1	组间	1780.398	75	23.739	1037.929	0
		组内	5.947	260	0.023		
		总数	1786.345	335			
	M7	组间	1665.622	75	22.208	633.253	0
		组内	9.259	264	0.035		
		总数	1674.881	339			
	M4	组间	1552.209	75	20.696	1084.186	0
		组内	5.04	264	0.019		
		总数	1557.248	339			
	M3	组间	747.465	63	11.865	27.794	0
		组内	53.787	126	0.427		
		总数	801.252	189			
M6	M1	组间	1782.023	79	22.557	1336.229	0
		组内	4.322	256	0.017		
		总数	1786.345	335			
	M7	组间	1668.982	79	21.126	931.155	0
		组内	5.899	260	0.023		
		总数	1674.881	339			
	M4	组间	1551.257	79	19.636	852.127	0
		组内	5.991	260	0.023		
		总数	1557.248	339			
	M3	组间	739.96	66	11.212	22.499	0
		组内	61.292	123	0.498		
		总数	801.252	189	0		
	M12	组间	1728.97	79	21.886	850.033	0
		组内	6.694	260	0.026		
		总数	1735.664	339			

由上述单因素方差分析表格可以看出,显著性水平 P 均小于 0.05,说明各监测点之间显著相关,墓室四周监测点温度具有一致性。

6.1.4 盗洞处温度变化情况

监测点 M8 位于东北角的盗洞处。为了解盗洞对墓室环境变化的影响,现将盗洞处监测点 M8、墓室内普通监测点 M1,结合室外气象温度变化进行对比,绘制温度变化见图 6-6(图版 48)。

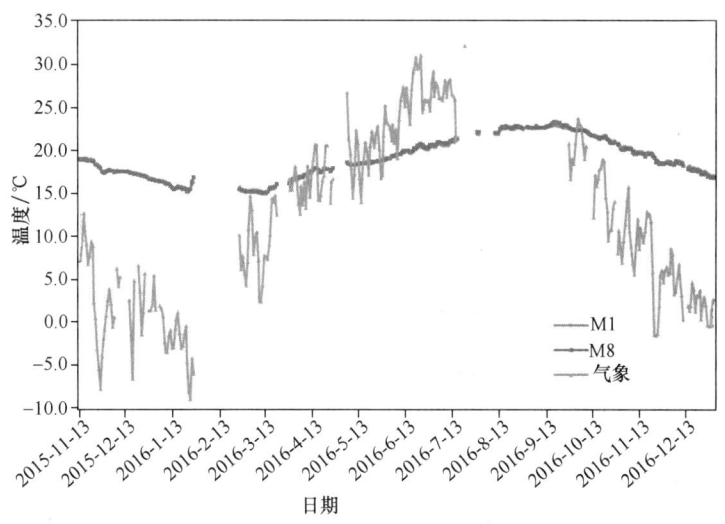

图 6-6　M8 盗洞点与气象温度变化图

观察图 6-6 可以总结出如下规律和结论:

(1)墓室盗洞点处的监测点 M8 与普通监测点 M1 相比,温度波动幅度相近,也是基本稳定在 14~25℃;

(2)2016 年 5 月底至 9 月底,室外温度较高,此时 M8 处温度略高于 M1,温差在 0~0.4℃范围内;其余时间 M1 温度略高于 M8,温差在 0~0.4℃范围内;

(3)M8 受到室外气象变化的影响不大,目前盗洞 M8 处的保护措施比较得当。

6.1.5 墓室温度回归分析

因墓室内部温度具有一致性,故可根据墓室内部温度均值与室外气象温度对比,以判断室外气象温度对墓室内部温度的影响。

监测点 M2、M3、M9 和 M15 数据波动较大,可靠性低,在剔除该四个监测点后,对剩余监测点进行算术平均,即可得到墓室内部的温度均值。对比墓室内部温度均值与室外气象温度，绘制温度变化图6-7：

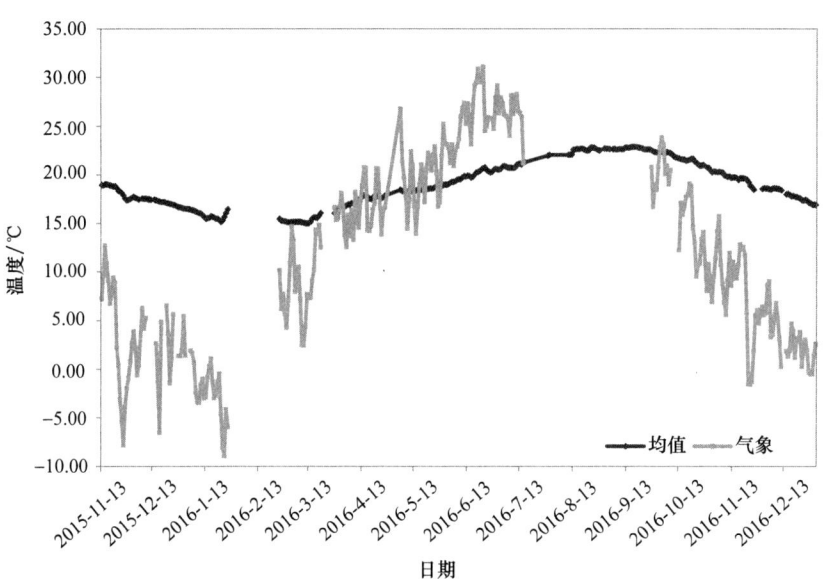

图6-7 墓室温度与气象温度变化

观察图6-7可以总结出以下规律：

（1）墓室内温度波动幅度较小，基本稳定在14℃到25℃之间；

（2）墓室内温度均值中，2016年1月24日达到最低值，数值为15℃；2016年9月17日达到最高值，数值为22.85℃；

（3）室外气象温度，2016年3月11日达到最低值，数值为-8.9℃；2016年6月21日达到最高值，数值为31.3℃。

墓室内温度均值对比于室外气象温度变化，极值出现时间有所不同。接下来通过对两组数据的回归分析，得出墓室内外温度变化存在的具体规律。

根据温度变化的特点，对2015年11月到2016年12月底室内、外温度变化进行余弦函数拟合，可以得到如下形式的拟合余弦函数方程式：

$$Y = a \cdot cos\left(\frac{2\pi}{365}(x+b)\right) + c$$

遗址室内温度的余弦曲线拟合方程为：

$$t_n = 3.64 \cdot cos\left(\frac{2\pi}{365}(d+129.1)\right) + 18.93$$

室外气象温度的余弦曲线拟合方程为：

$$t_w = 13.51 \cdot cos\left(\frac{2\pi}{365}(d+170.1)\right) + 14.56$$

将实际数据与拟合数据曲线绘制在图6-8中，其中时间坐标0表示2016年1月

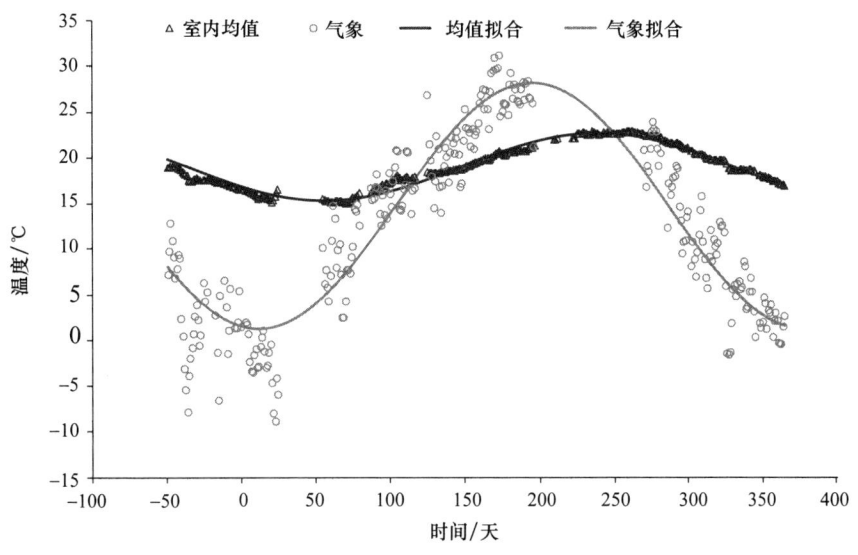

图 6-8　墓室温度与气象温度变化

1 日，室内数据与气象数据的拟合确定系数 R^2 分别为 0.96，0.86。

由拟合结果可以得到以下结论：

（1）墓室内部及室外气象温度变化符合余弦曲线周期性变化规律，周期为一年 365 天；

（2）墓外气象温度最高为 31℃，出现在 7 月 10～15 日；墓室内温度均值最高为 22.6℃，出现在 8 月 21～25 日。墓外气象温度最低为 –8.9℃，出现在 1 月 21～25 日；墓室内温度均值最低为 15℃，出现在 2 月 25 日至 3 月 2 日。

（3）墓室温度均值与室外气象温度变化不同步。根据两者余弦曲线得知，墓室内温度变化比室外气象变化滞后约 41 天。此外，遗址墓室内、外温度变化在幅值上有较大差异，墓室内温度均值波动范围为 3.64℃，墓室外温度波动范围为 13.51℃，二者相差约 9.87℃。

6.1.6　小结

通过分析，关于墓室温度的一致性可得到如下结论：

（1）墓室内部的温度分布均匀且稳定，监测点探头可以调整移动位置，数量可以适当减少，并不影响总体监测结果；

（2）某一监测点发生故障时，不影响整体温度监测；

（3）相对于室外气象温度，墓室内部温度均值变化存在着延迟和衰减，二者之间的变化关系可以为墓室的保护起到指导作用。

6.2 墓顶温度数据分析

6.2.1 遮阳棚下温度变化情况

监测点 C1 位于遮阳棚下，可以清楚描述遮阳棚下的温度变化情况。图 6-9 为大棚下监测点与气象温度变化对比图。

由图 6-9 可粗略看出大棚下 C1 的温度波动明显，且与室外气象温度具有高度的同步性。按照季节划分，可更详细地了解大棚下的温度变化情况。

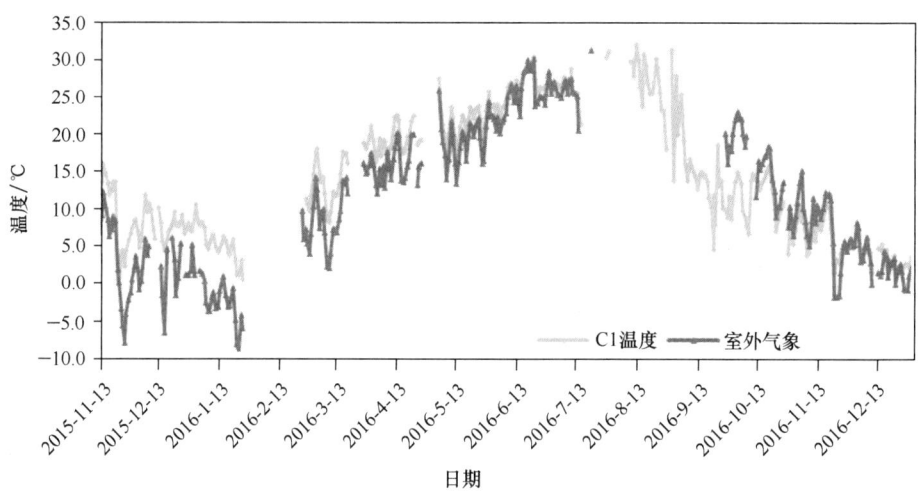

图 6-9 大棚下监测点与气象温度变化图

按照季节划分可知：

（1）冬季（12 月、1 月、2 月），室外气象温度较低，大棚下 C1 温度明显高于室外温度，温差集中在 4～8℃范围内；其中 1 月 24 日室外温度达到最低值 -8.9℃，此时大棚下温度比室外高 10.3℃，遮阳棚的保温作用非常显著；

（2）夏季（6～8 月），大棚下监测点 C1 温度高于室外温度，温差集中在 0.1～2℃；其中 6 月 22 日室外气温最高，23 日大棚下温度比此时室外气温高 3.8℃。由此说明夏季大棚会产生温室效应，建议增加反光隔热措施，以降低夏季室外温度变化对墓室的影响；

（3）春季（3～5 月），室外温度由低到高，在 10～20℃范围内，此时大棚下的监测点温度略高于室外气象温度，温差集中在 2～4℃范围内，说明大棚起到了一定的保温作用；

（4）秋季（9～11 月），室外温度由高到低，在 10～20℃范围内，太阳辐射热量相比于夏季大幅度减少，此时大棚的隔热作用明显，使棚下温度更低于室外温度，需要注意适当采取覆盖棉被等措施，以避免大棚下温度过低而损坏墓室结构。

6.2.2 墓顶温度变化情况

墓室顶部布设分布式光纤测温系统，行列方向各有 23 个分布均匀的数据采集监测点，能清楚反映墓顶温度分布情况。

1. 墓顶温度情况统计

用 SPSS 对墓顶数据进行频率统计，得到表 6-4。

表 6-4 墓顶数据频率统计表

	N		均值的标准误	中值	众数	全距	极小值	极大值
	有效	缺失						
列 1	7933	347	0.07106	14.4000	9.40	30.50	−0.50	30.00
列 2	7933	347	0.07621	13.7000	9.80	37.90	−0.80	37.10
列 3	7933	347	0.07597	13.9000	9.00	36.60	−0.80	35.80
列 4	7933	347	0.07591	13.8000	9.40	42.40	−0.60	41.80
列 5	7933	347	0.07203	14.1000	9.80	41.00	−1.00	40.00
列 6	7933	347	0.07459	14.2000	9.80	43.50	−0.60	42.90
列 7	7933	347	0.07558	14.2000	9.40	41.70	0.00	41.70
列 8	7933	347	0.07472	14.1000	9.90	41.70	−0.20	41.50
列 9	7933	347	0.06998	14.9000	10.60	42.80	0.60	43.40
列 10	7916	364	0.07305	14.5000	10.30	43.90	−1.00	42.90
列 11	7910	370	0.07054	14.8000	10.50	43.30	0.20	43.50
列 12	7910	370	0.07112	14.1000	10.30	44.10	−0.60	43.50
列 13	7910	370	0.07552	13.8000	9.00	44.70	−0.60	44.10
列 14	7910	370	0.07510	13.9000	9.60	43.50	−0.60	42.90
列 15	7910	370	0.07033	14.6000	11.30	41.50	1.20	42.70
列 16	7910	370	0.07438	14.0000	9.00	45.10	−0.10	45.00
列 17	7910	370	0.07468	13.7000	9.90	42.20	0.20	42.40
列 18	7910	370	0.07259	13.9000	9.60	43.20	0.40	43.60
列 19	7910	370	0.07453	13.7000	9.20	45.80	0.00	45.80
列 20	7910	370	0.07409	13.8000	9.30	44.00	−0.30	43.70

续表

	N		均值的标准误	中值	众数	全距	极小值	极大值
	有效	缺失						
列 21	7910	370	0.07721	13.5000	9.20	45.70	−0.60	45.10
列 22	7910	370	0.07692	13.7000	8.90	45.40	0.60	46.00
列 23	7910	370	0.07441	14.0000	9.40	43.40	1.00	44.40

根据表 6-7 可以总结出如下规律：

（1）统计时间为 2015 年 11 月 13 日至 2016 年 12 年 31 日，监测点温度多集中在 9～11℃，其中列 15 略高于 11℃；

（2）现有数据中，最低温度达 −1℃，对应时间为 2016 年 1 月 26 日，监测点对应坐标为（4，5）和（20，10）；

（3）现有数据中，温度最高达到 45.8℃，对应时间为 2016 年 9 月 17 日，监测点对应坐标为（17，19）。

注：监测点坐标以（行，列）的形式表示。

2. 墓顶温度情况总结

（1）在统计时间 2015 年 11 月 13 日至 2016 年 12 月 31 日内，监测点处在 5℃以下（冻融风险）的状态主要集中在 1 月。

（2）监测点处在 25℃以上（高温风险）的时间段为 7 月中旬至 9 月中旬，且 9 月监测点温度出现高于 30℃的情况。

（3）墓室顶部在正常温度（选取 16℃）下分布情况如图 6-10 所示（图版 49）。

（4）现有数据中极端低温出现在 1 月 26 日，分布情况如图 6-11 所示（图版 50）。

（5）现有数据中极端高温出现在 9 月 18 日，分布情况如图 6-12 所示（图版 51）。

6.2.3　大气、遮阳棚与墓顶温度变化对比

墓室外气象-大棚内-墓顶温度由上自下这三重空间的温度变化对比，能使我们清楚地了解墓室外气象对墓室的影响。大棚内选取监测点 C1，墓顶温度以各时间段均值表示。

根据相关数据绘制温度变化图如图 6-13 所示。

由图 6-13 可以得出以下结论：

（1）11 月、12 月、1 月室外温度较低，此时墓顶温度最高，大棚内温度居中，

温度场

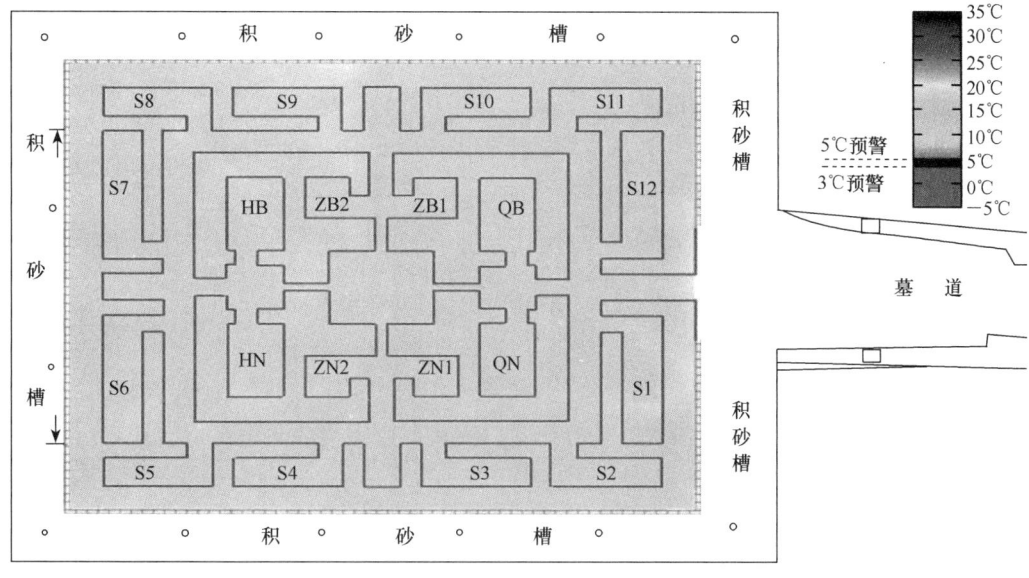

图 6-10 正常温度下墓顶温度分布图

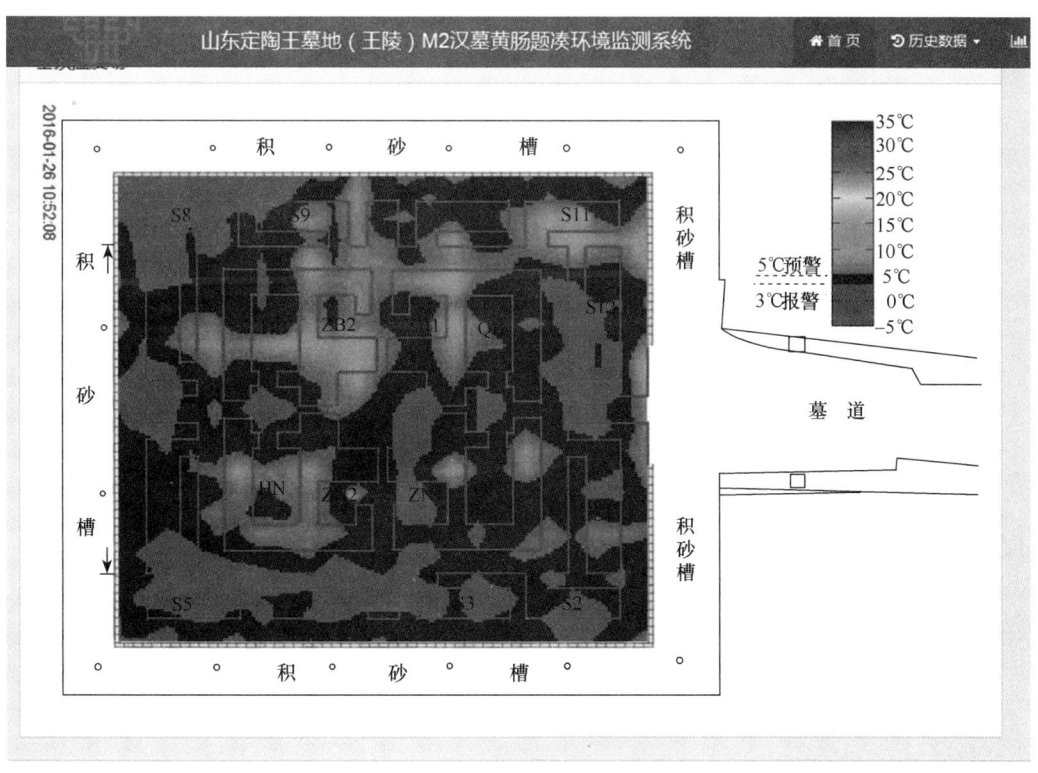

图 6-11 极端低温温度分布图

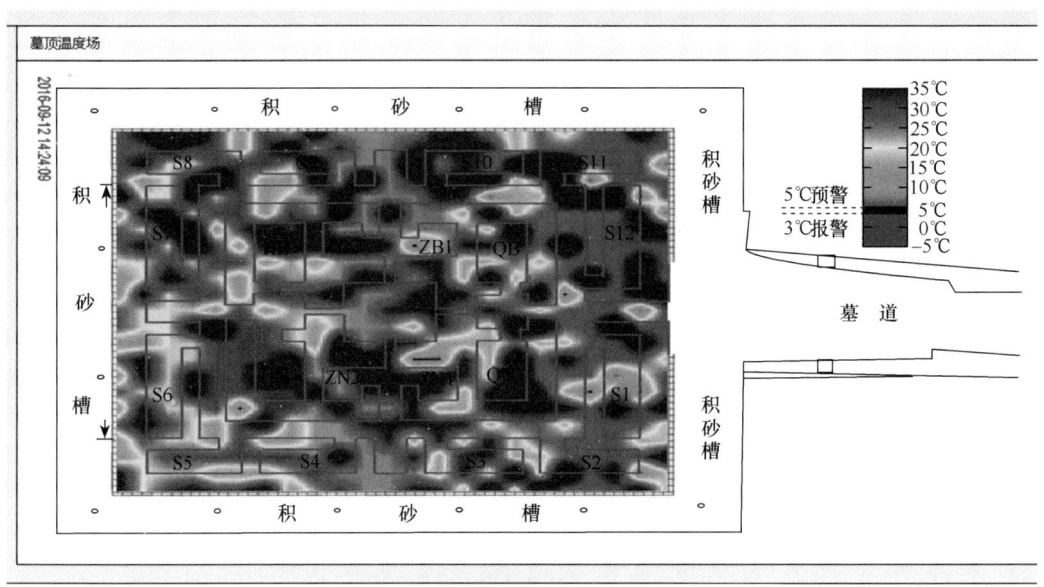

图 6-12 极端高温温度分布图

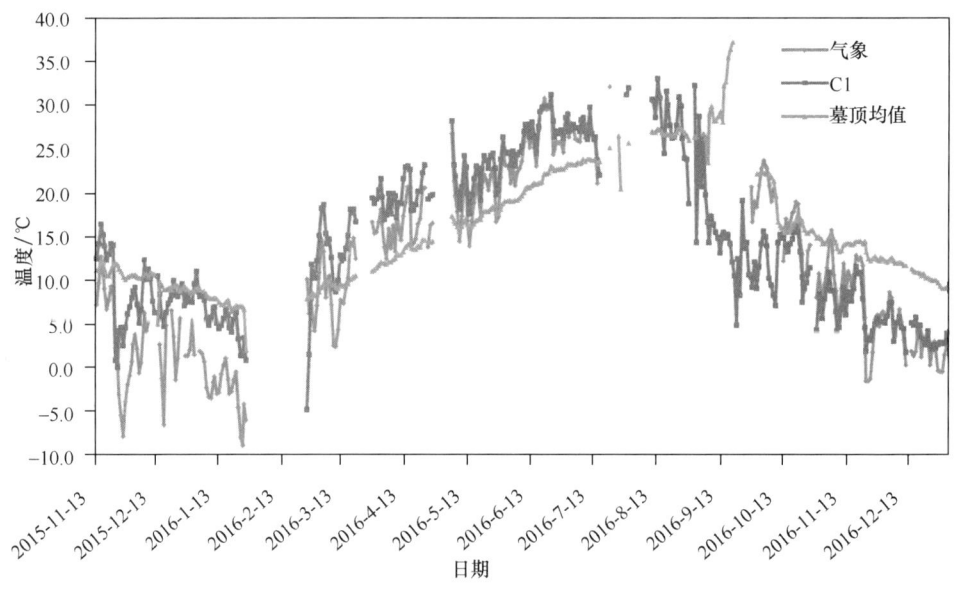

图 6-13 大气、棚内和墓顶的温度变化图

均高于室外温度,说明大棚对墓顶有保温作用;

(2)3~7月,墓顶温度最低,但仍处于安全范围内;

(3)8~9月,墓顶温度稍低于遮阳棚下温度。

6.2.4 小结

由墓顶温度分析可以得到如下结论:

（1）墓顶覆盖棉被对于墓室冬季保温作用明显；春秋过渡季节有一定保温作用，不影响墓室保护；夏季气象温度较高，大棚产生温室效应，需注意采取恰当通风隔热的降温措施；

（2）墓顶监测点布置均匀合理，能实时反映墓顶全面的温度信息；

（3）针对墓顶温度预警问题，现有数据具有参考价值；而墓顶温度分布的具体情况及预警，需要后续进行数值模拟分析工作。

6.3 墓顶保护与监测系统的评价与改进

6.3.1 模型建立

保护大棚详细尺寸：东西方向 33.5 m，南北方向 32.3 m；棚顶中心处最高，与墓顶垂直距离 3.1 m；大棚边缘处最低，与墓顶垂直距离 2.25 m。由于大棚与墓顶整体呈对称结构，现仅取其 1/4 进行绘图建模，结果如图 6-14 所示。图中所示深灰色界面为大棚的对称面。在此模型中，防晒网帘底边与墓顶之间的空间均为进风口，完全遮蔽时以进风口高度为 0 表示。为了解模型内利用热压和风压通风时的情况，在棚中心假设安装出风窗口。当前实际状况没有出风口，在计算中以出风速度为 0 表示。

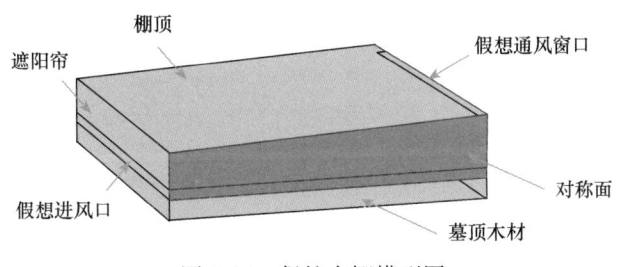

图 6-14 保护大棚模型图

6.3.2 温度场数学模型

1. 温度场能量情况分析

本模型是一个开放系统且无内热源。室外空气与棚顶、垂落遮阳帘之间存在对流换热和导热，室外温度对室内温湿度场有重要影响。室外空气通过遮阳帘底部与墓顶之间的进风口（高度为 0 意味着不设），与室内空气形成对流。大棚内的地表（即墓室顶部）与棚内空气形成对流换热。由分析可知，能量交换主要通过两种方式：导热和对流。

温度场内部节点均满足能量守恒方程：

$$\rho C_p u \nabla T + k \nabla^2 T = 0$$

式中，ρ 为空气的密度，kg/m³；C_p 为空气的定压比热，J/(kg·K)；u 为流体速度，m/s；k 为导热系数，W/(m·K)；∇T 为温度梯度，K/m。

2. 各边界条件

1）围护结构——棚顶、垂落遮阳帘

本模型中，已知边界面（即棚顶、垂落遮阳帘）周围流体（即空气）温度和边界面与流体之间的表面传热系数 h，属于第三类边界条件。根据牛顿冷却定律，物体边界面与流体之间的对流换热量为

$$q = h \times (t_r - t)$$

式中，h 为围护结构传热系数，W/(m²·K)；t_r 为室外空气综合温度，K；t 为棚内空气温度，K。

当考虑墙体和棚顶的导热热阻时，当量对流换热系数 h 的表达式为

$$h = \frac{1}{\frac{1}{h_{out}} + \frac{\delta}{\lambda}}$$

式中，h_{out} 为围护结构外表面的对流换热系数，W/(m²·K)；δ 为围护结构材料厚度，m；λ 为围护结构材料导热系数，W/(m·K)；t_r 为室外空气综合温度：相当于室外空气温度由原来的室外气温 t_{air} 增加太阳辐射的等效温度值。如果忽略围护结构外表面与天空和周围物体之间的长波辐射，t_r 的表达式为

$$t_r = t_{air} + \frac{\alpha I}{h_{out}}$$

式中，t_{air} 为室外空气温度，K；α 为围护结构外表面对太阳辐射的吸收率；I 为太阳辐射照度，W/m²。

参数取值：h_{out} 根据供热规范为参考取值 23 W/(m²·K)，棚顶钢架结构厚度取 0.6 mm，遮阳帘厚度取 0.3 mm，棚顶钢架结构导热系数取 0.04 W/(m·K)，遮阳帘导热系数取 0.02 W/(m·K)，α 取值 0.7，I 取值 707.71 W/m²。

2）遮阳帘底部与墓顶间空隙（即进风口）

风压和热压作用引起空气流动，此空隙为流动入口，具体情况在速度场中详细解释。

3）对称面

模型中几何对称面无热量传递，故换热量为 0。

4）墓顶

当墓顶表面与室内空气水分分压力不同时，由于水分相变产生热量传递，墓顶单位面积传热量为：

$$Q_b = -w_e \times q_0$$

式中，w_e 为水分蒸发率，mol/（m²·s）；q_0 为水的汽化潜热，kJ/mol。

w_e 水分蒸发率计算公式为

$$w_e = \frac{w_{out} - w_{in}}{S}$$

式中，w_{in} 为单位时间从遮阳帘底部流入的水分质量，mol/s；w_{out} 为单位时间从棚顶通风窗口流出的水分质量，mol/s；S 为墓顶表面面积，m²。

w_{in}、w_{out} 具体计算公式为

$$w_{in} = C_{in} \int_{S_1} u \, ds$$

$$w_{out} = C_{out} \int_{S_2} u \, ds$$

式中，C_{in} 为入口界面空气中水分浓度，mol/m³；C_{out} 为出口界面空气中水分浓度，mol/m³；S_1 为垂帘底部开口面积，m²；S_2 为棚顶通风窗口面积，m²；u 为空气速度，m/s。

6.3.3 风速场数学模型

棚外空气存在较大风速时，风压作用引起棚内外空气自然对流。棚内外的空气温度存在一定温差时，热压引起空气自然对流。大棚四周受到围护结构的约束，棚内空气不可避免地引发湍流现象。大棚内空气湍流流动采用稳态 k-ε 湍流模型，满足以下方程：

（1）动量方程：

微元体中流体动量的增加 = 作用在微元体上各种力之和

$$\rho(u \cdot \nabla)u = \nabla \cdot [-\rho I + (\mu + \mu_T(\nabla u + (\nabla u)^T))] + F$$

（2）连续性方程：

$$\rho \nabla \cdot (u) = 0$$

（3）湍流能动方程（k 方程）：

$$\rho(u \cdot \nabla)k = \nabla \cdot \left[\left(\mu + \frac{\mu_T}{\sigma_k}\right)\nabla k\right] + P_k - \rho\varepsilon$$

（4）湍流能量耗散率方程（ε 方程）：

$$\rho(u \cdot \nabla)\varepsilon = \nabla \cdot \left[\left(\mu + \frac{\mu_T}{\sigma_\varepsilon}\right)\nabla \varepsilon\right] + C_{\varepsilon 1}\frac{\varepsilon}{k}P_k - C_{\varepsilon 2}\rho\frac{\varepsilon^2}{k}$$

$$P_k = \mu_T[\nabla u : (\nabla u + (\nabla u)^T)]$$

式中，F 为体积力，N/m³；μ 为空气动力黏度，Pa.s；μ_T 为湍流黏性系数，$\mu_T = \frac{C_\mu \rho k^2}{\varepsilon}$；$k$ 为湍流脉动动能，J；ε 为湍流脉动动能耗散率，%；

控制方程中的经验常数按照下表取值：

C_μ	$C_{\varepsilon 1}$	$C_{\varepsilon 2}$	σ_k	σ_ε	k_v
0.09	1.44	1.92	1.0	1.3	0.41

流体密度变化对质量力的影响表示为体积力 F：

$$F=-\rho g$$

ρ 为空气密度，kg/m^3，温度场中空气密度。

风压作用满足关系式（忽略势能影响）：

$$P+\frac{1}{2}\rho u^2=c$$

P 为空气压力，Pa；c 为一常数。

2. 边界条件

1）边界面

所有壁面（棚顶、垂落遮阳帘、墓顶）近壁处按壁函数处理。

2）自然对流入口

边界条件设定为法向流入速度，数值根据当地气象参数取值。

3）自然对流出口

边界条件设定为法向应力，无外作用力，故法向应力设定为 0。

6.3.4 水蒸气质量场数学模型

1. 水蒸气质量场能量场情况分析

水蒸气质量场用于分析保护棚内空气中水分含量的变化。空气中水蒸气的含量非常低，用 Fick 定律近似处理质量传输方程中的扩散项，采用对流扩散方程来描述物种的质量传递。控制方程如下：

$$\nabla \cdot (-D\nabla c)+u \cdot \nabla c=R$$

$$N=-D\nabla c+uc$$

式中，c 为水蒸气的摩尔浓度，mol/m^3；D 为水蒸气的扩散系数，m^2/s，水蒸气在空气中的扩散系数设定为 $5\times 10^{-6} m^2/s$；u 为流体速度，取值于速度场，m^2/s；R 为水蒸气的反应速率，$mol/(m^3 \cdot s)$，即当相对湿度大于 100% 时水从空气中凝结的速率；N 为物质通量，即单位时间通过单位面积的物质数量，$mol/(m^2 \cdot s)$。

2. 各边界条件

1）围护结构：棚顶及遮阳帘

围护结构棚顶及遮阳帘不存在空气穿透，故该边界面为无通量。

2）对称面

模型中几何对称面通量为零。

3）流入边界

墓顶与垂落遮阳帘之间的空间为空气流动入口，边界条件类型为浓度约束，水分子浓度 c_0：

$$c_0 = \frac{c_a}{m_{H_2O}} \rho$$

式中，c_a 为单位质量空气中水分子的质量，g/kg；m_{H_2O} 为水分子的摩尔质量，g/mol，取值 18g/mol；ρ 为空气的密度，kg/m³，常温条件下为 1.2kg/m³。

4）流出边界

棚顶天窗为空气流动的出口，该边界面满足方程：

$$-n \cdot D\nabla c = 0$$

5）浓度边界面

墓顶木材应保持湿润，因而墓顶附近可处理为饱和浓度边界面，计算公式如下：

$$d_w = \frac{622 \times 1.2 \times P_{ws}}{P_a - P_{ws}}$$

式中，P_{ws} 为空气中饱和水蒸气分压力，Pa；P_a 为大气压力，取一个标准大气压 101325Pa。

6.3.5 评价与预测

1. 大棚及墓顶光纤测温系统评价

墓室顶部的分布式光纤测温系统可提供墓顶的温度分布信息。在墓顶温度分布均匀的情况下，这种分布信息是多余的，但若墓顶温度在空间上有较大差异，则这种分布式的温度信息对墓顶保护非常有指导意义。本章分析了夏、冬季墓顶温度的分布情况，以评价分布式光纤测温系统的价值，并为墓顶保护提供理论依据。其中模型中考虑了太阳辐射，墓室内夏季为22℃恒温，冬季为15℃恒温。夏季外界环境条件为温度35℃，湿度23 g/（kg·air）；冬季外界环境条件为温度-7℃，湿度10 g/（kg·air）。模拟软件采用COMSOL，截取了墓顶表面1 cm处的空气温度数据，结果如图6-15所示（图版52）。

由模拟结果可以看到，不管夏季还是冬季，墓顶表面的温度都有一定的差异，趋势是由四周向中间逐渐过渡。其中夏季的温度分布是由外向内逐步升高，温度范围为27~32℃。冬季大棚内的温度也是由四周向中心逐步升高，温度范围为

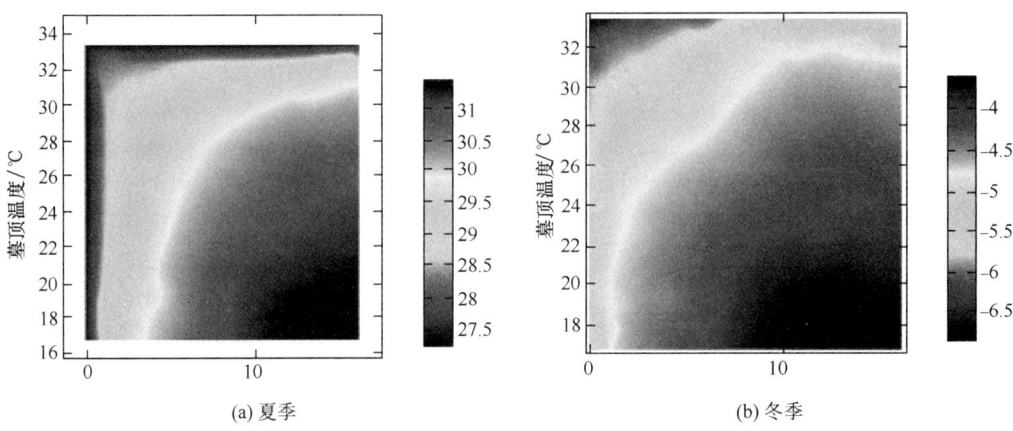

图 6-15 墓顶温度分布

-7~-4℃。不管是夏季还是冬季，大棚顶部向下的辐射热多余四周墙体的，因而模拟结果都是中心比四周温度高。光纤测温系统的矩阵式测点布置有利于反映墓顶的温度分布不均匀状况，可以为墓室的保护提供更好的指导。

夏季大棚内的各点温度均低于室外空气温度，冬季大棚内的各点温度均高于室外空气温度，说明大棚的应用缓解了气候对墓室的影响。但冬季大棚空气温度达到了零下，若墓顶表面保温不好，墓顶的木材仍有冻胀的风险。

2. 遮阳棚改进措施分析

现在的大棚已经具有一定的保护效果，但在夏天有比较明显的"温室效应"，即太阳辐射可以通过遮阳帘传进来，但棚内的温度很难以长波辐射的形式散出去。这种情况可以通过对流散热来改善。例如，可以将遮阳帘卷起一定高度，同时在棚顶加开通风窗，借助风力和热浮升力形成对流。为说明散热效果，假定屋顶开一个 30 m×1 m 的通风窗，同时将遮阳帘卷起 0.2 m、0.4 m、0.6 m、0.8 m 几个不同的高度。外界环境条件为温度 35℃，湿度 23 g/（kg·air），风速 0.3 m/s。通过数值模拟得到的风速场如图 6-16 所示。可以看到棚内可以形成比较强的风速场，在通风出口风速可以达到 1 m/s 以上。

图 6-17（图版 53）显示的是在遮阳帘卷起一定高度后，距墓顶 1 cm 处的空气温度场。可以发现，在计算范围内，幕帘卷得越高，对大棚内降温越有利。最高温度可以下降 1℃左右，同时整个平面的平均温度也更低。

图 6-18 显示的是在不同遮阳帘卷起高度下大棚内的平均相对湿度。当卷起高度为 0，即不采用对流散热时，由于墓顶木材会散发水分，但大棚为密闭空间，所以相对湿度会达到饱和。当采用对流通风散热时，湿度会受外界影响。若遮阳帘卷起高度较低，对流散热效果有限，会造成棚内相对湿度下降。当遮阳帘卷起高度不断升

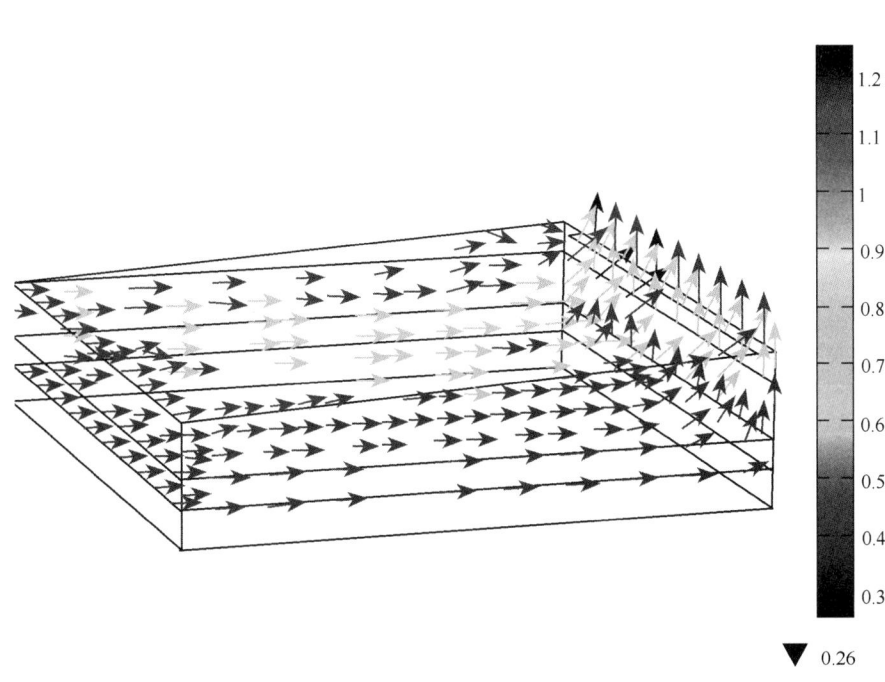

图 6-16 对流条件下的大棚内风速场

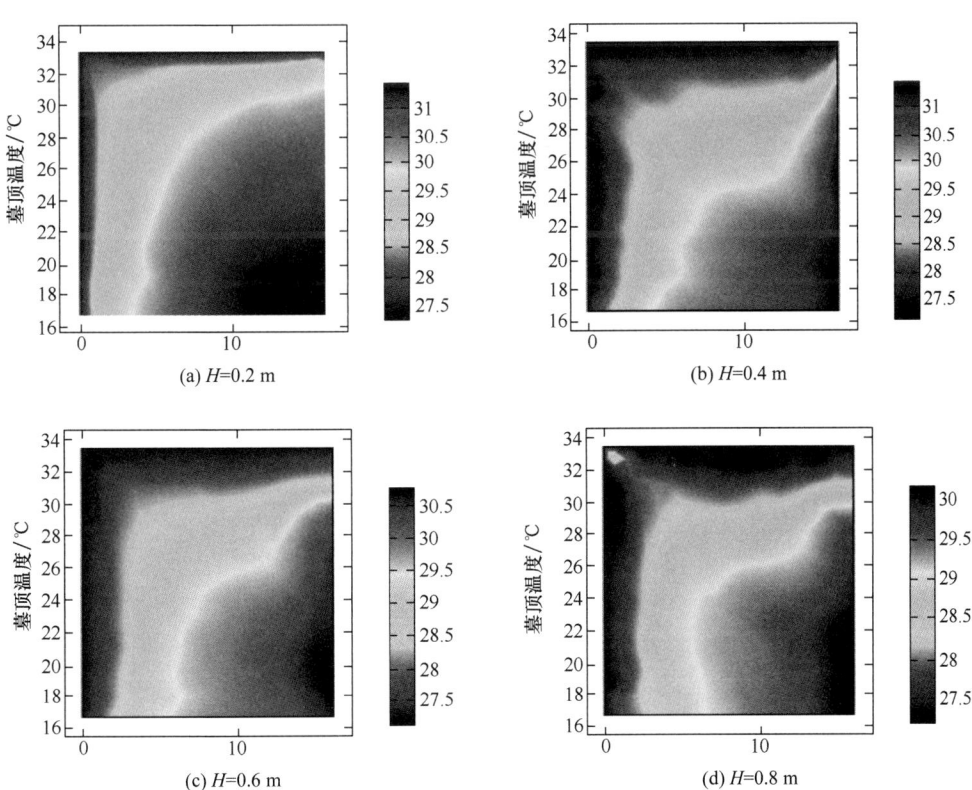

图 6-17 墓顶温度分布

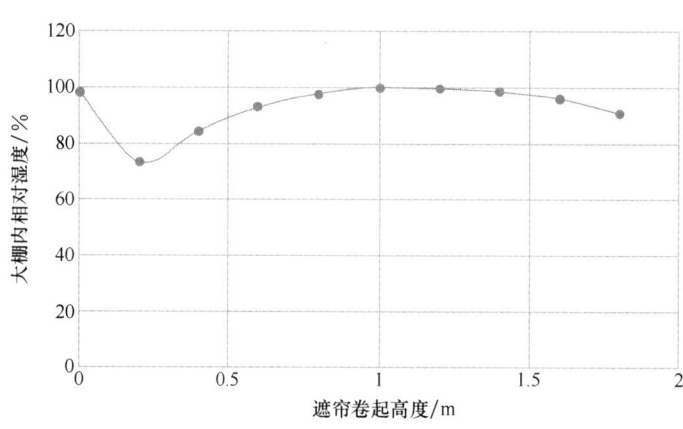

图 6-18　大棚内平均相对湿度

高,对流散热效果逐步加强,使得棚内相对湿度逐步升高。但随着进风的增多,棚外相对湿度较低的空气对棚内湿度的影响不断加大,可能又造成棚内相对湿度的下降。由模拟结果来看,将遮阳帘卷起 1 m 左右是最合适的,即可降低大棚内的温度,也有助于防止墓顶木材干裂。

第 7 章 定陶汉墓木材监测

7.1 监测目的

自 2010 年定陶汉墓出土发掘后,由于原始密封环境被打破,原有朽木迅速受到自然环境波动的影响,进一步遭受不同形式的腐蚀损害。2012 年,中国文化遗产研究院作为技术总牵头单位,承担以"黄肠题凑"为核心的定陶汉墓保护工程。2014 年 5 月,"山东定陶王墓地(王陵)M2 汉墓保护工程方案"获得国家文物局批准后,拟在三年内建成文物保护设施,因此黄肠题凑保护小组在这一期间开展了汉墓木材动态监测工作。监测工作主要是动态跟踪在定陶汉墓保护工程进行的三年时间内,墓室主体含盐量、酸碱性等木材性质的变化。

(1)在地上地下设施施工建设期间,同时开展黄肠题凑的内部与外部喷淋补水工作,并对木材中的大量盐分进行溶解性析出,跟踪监测木材含盐量及酸碱度的变化。

(2)监测木材结构的裂隙变化,包括监测木材端头及横梁与题凑墙之间出现的裂隙扩张或收缩变化。

(3)喷淋系统出产纯水的水质监测。

本章节将重点介绍 2015~2016 年的动态监测结果,2017 年正处于监测过程中,不纳入讨论范围。

7.2 监测对象

7.2.1 喷淋终端水

第一次取样：2015 年 3 月 12 日，2 个点采样，即编号为 1、2 的样品。1 号取样位置为现场工地淋浴室水龙头（井水），2 号取样位置为前室喷淋终端。

第二次取样：2015 年 4 月 1 日，2 个采样点，即编号为 1、2 的样品，皆为喷淋终端水。

第三次取样：2015 年 9 月 23 日，1 个采样点，为喷淋终端水（表 7-1）。

表 7-1 喷淋终端水采样基本信息

编号 1：现场工地淋浴室水龙头	编号 2：前室喷淋终端
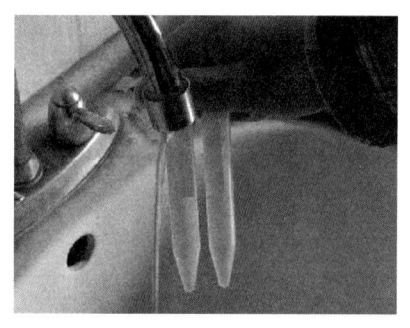	

7.2.2 墙体木材

项目组随机选取墓室内 13 处糟朽严重的木材监测点，并且每隔 2 个月现场取样，实验室内检测木材的化学性质变化，从而动态监测木材的饱水状态及脱盐效果（图 7-1、表 7-2）。

1. 2015 年度

第一次取样：2014 年 11 月 26 日，6 个点采样，即编号为 1～6 的样品。取样位置分布：大室、小室、中室各取一点，回廊题凑取两点、回廊横梁取一点。已喷淋 10 天。

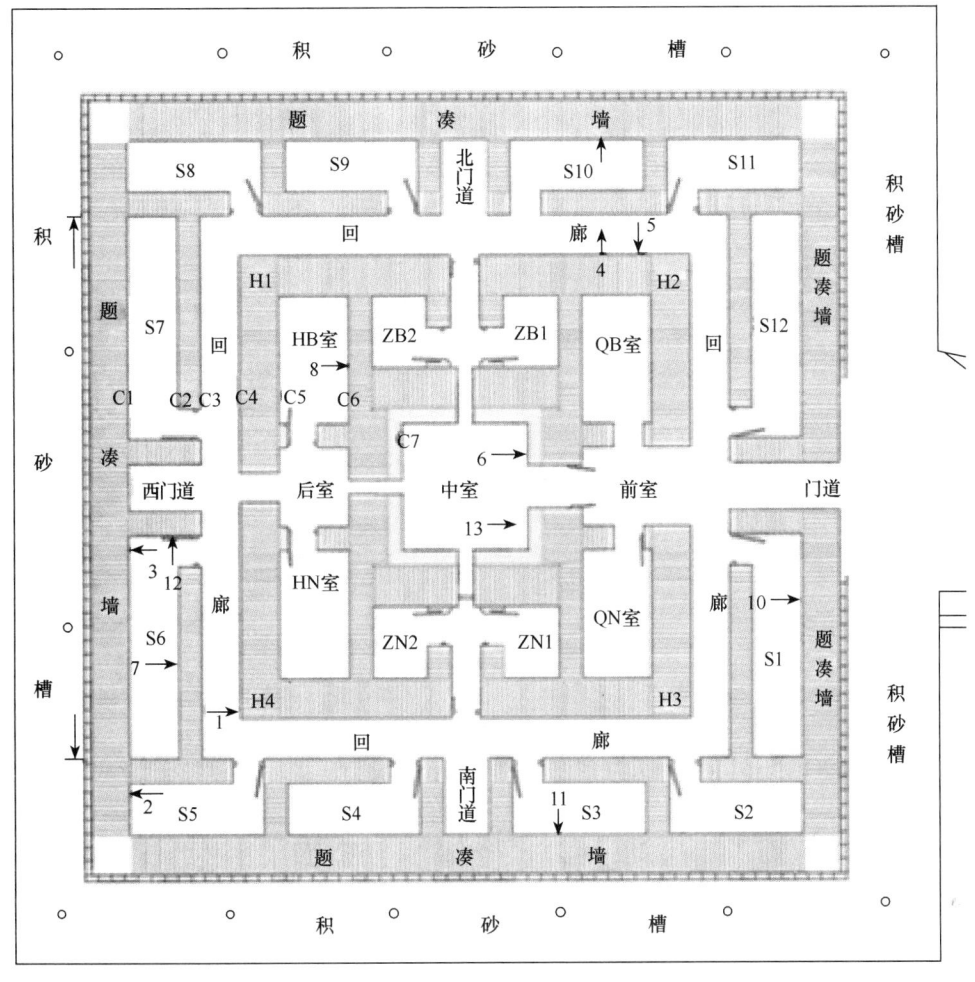

图 7-1 木材采样监测点分布图(箭头处为取样地点)

表 7-2 木材采样监测点基本信息

编号	位置分布(层数-回廊/室)	取样照片	样品照片
1	C4-H4 内回廊题凑		
2	C1-S5 小室题凑		

续表

编号	位置分布（层数-回廊/室）	取样照片	样品照片
3	C1-S6 大室题凑		
4	C4-H2 内 回廊题凑		
5	C4-H2 横 回廊横梁		
6	C7-M 中室题凑		
7	C2-S6 （从下到上第四根题凑木） 题凑墙		

续表

编号	位置分布（层数-回廊/室）	取样照片	样品照片
8	C6-HB （从上到下第四根题凑木） 题凑墙		
9	C1-S10 （从下到上第四根题凑木） 题凑墙		
10	C1-S1 （从上到下第四根题凑木） 题凑墙		
11	C1-S3 （从上到下第四根题凑木） 题凑墙		

续表

编号	位置分布（层数-回廊/室）	取样照片	样品照片
12	C3-S6 门 门板		
13	M-D 垫木		

第二次取样：2015 年 1 月 21 日，增加采样点 7 处，即编号为 7～13（图 7-1）。其中编号 1、3、6、7、8 分别为从外到内四层题凑墙（共四层）上的取样点。编号 2、3、9、10、11 的样品均为最外层题凑墙木材，均已喷淋 67 天。

第三次取样：2015 年 4 月 1 日，原指定的 13 个取样点，已喷淋 137 天。

第四次取样：2015 年 5 月 20 日，已喷淋 186 天（约 6 个月）。

第五次取样：2015 年 7 月 27 日，已喷淋 254 天（8.5 个月）。

第六次取样：2015 年 9 月 23 日，已喷淋 312 天（10.4 个月）。

2. 2016 年度

第一次取样：2016 年 1 月 29 日，已喷淋 440 天（14.6 个月）。

第二次取样：2016 年 4 月 18 日，已喷淋 489 天（16.3 个月）。

第三次取样：2016 年 6 月 24 日，已喷淋 557 天（18.6 个月）。

第四次取样：2016 年 9 月 2 日，已喷淋 627 天（20.9 个月）。

第五次取样：2016 年 11 月 3 日，已喷淋 689 天（23.0 个月）。

第六次取样：2016 年 12 月 27 日，已喷淋 689 天（25.0 个月）。

7.2.3　结构裂隙

选择墓室内部的木材裂隙 7 处，进行动态监测，编号为 1～7，见图 7-2、表 7-3。

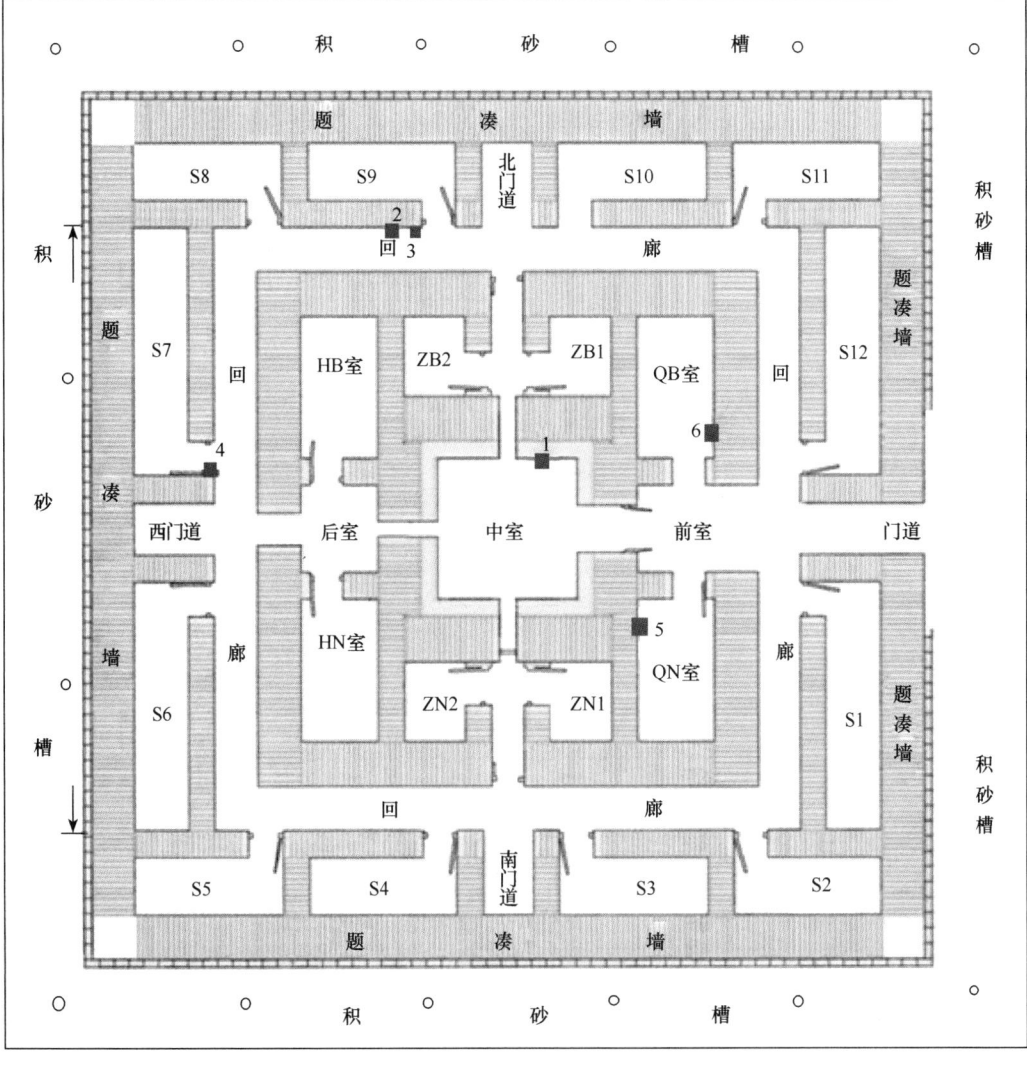

图 7-2 裂隙监测点分布图（深色方块为监测点位置）

表 7-3 裂隙监测点基本信息

编号	取样位置	游标卡尺测量数值 /mm	裂隙照片
1	中室（北墙东侧）-c7 横梁与顶板之间	8.10	

续表

编号	取样位置	游标卡尺测量数值 /mm	裂隙照片
2	S9-c3 题凑木之间	11.92	
3	S9-c3 横梁与横梁之间	38.60	
4	S7-M 门框	5.54	
5	QN-c5 横梁	3.98	
6	QB-c5 题凑木之间	6.92（w） 37.86（h）	
7	从上至下第三层题凑木，从右至左第五块	4.21	

7.3 监测方法

7.3.1 喷淋系统终端水质

为了确定地下水源经过喷淋系统中的纯水过滤处理后是否适用于维持木材饱水状态和脱盐的需要，并且评价纯水系统的净水效率，跟踪监测水源和终端水的电导率和 pH。

电导率仪：梅德勒 S 型。

水样 pH：上海雷磁 PHS-3C 精密型 pH 计。

7.3.2 木材材质

针对施工期间的题凑木材，确定监测点，开展形貌拍照、含水率、糟朽深度、表面硬度、木材腐蚀阻力值（针测仪）等信息记录。动态跟踪监测指标有木材 pH、含水率、电导率值、含盐量等。

测试方法：按国家标准 GB/T 1931—2009 木材含水率测定方法、GB/T 1932—2009 木材干缩性测定方法、GB/T 6043—2009 木材 pH 测定方法进行测定。

pH 计：上海雷磁 PHS-3C 精密型 pH 计。

电导率仪：瑞士 METTLER-TOLEDO 公司的 SG3 型。

离子色谱分析仪：美国 Dionex 公司 DX-600 型离子色谱仪，包括 ED50 电导检出器、GP50 梯度泵、LC20 色谱箱、CSRS-ULTRA 阳离子自动再生抑制器，配有色谱软件工作站。

样品的前期制备主要分为现场取样和实验室制样两个阶段。

1. 现场取样流程

（1）将离心管编号（1~13），称重，记录原始离心管质量。

（2）进入墓室取适量样品 2~3 g。

（3）将取出样品称重（带离心管），记录数据。

（4）扣除离心管质量，计算样品湿重。

2. 实验室操作流程

（1）用自来水、五洁粉将 50 mL 小烧杯清洗干净，之后用超纯水润洗 3 遍。

（2）将小烧杯晾干，并称量质量。

（3）将样品放入烧杯中。

（4）将样品放入烘箱中，调节烘烤温度为105℃，烘烤8小时，直至木材绝干。

（5）取出样品，放入干燥器皿中，晾1~2小时，至常温后称重，计算出样品绝干质量。

（6）结合样品湿重和干重计算出样品含水率。

$$W=(G_s-G_{go})/G_{go}\times 100\%$$

式中，W 为木材绝对含水率；G_s 为湿木材重量；G_{go} 为绝干材重量。

（7）将烘干后的样品研磨成粉末状。将研磨后的样品置于烘箱中，设置烘烤温度为105℃，烘烤2小时，放入干燥器皿中晾凉。

（8）将10 mL容量瓶洗净，并用超纯水润洗三遍后，晾干。

（9）称取0.1 g样品，倒入容量瓶中，加入10 mL超纯水，振荡6次（每次振荡5 min，静置50 min）。后静置72小时。

（10）先用胶头滴提取上清液，注入离心管中，再用离心机进行离心。将离心后的液体用注射器提取，再用22 μm的滤膜过滤。

（11）过滤后的样品提取2 mL，先用校正过的电导率仪测样品电导率，再用校正后的pH计测量样品pH。

（12）剩余液样（6~8 mL）用于离子色谱的测量。

7.3.3 木材裂隙

木材裂隙分为两种情况：其一是原有黄肠题凑建筑结构中木材之间的原始缝隙；其二是由于环境波动变化造成木材新生裂隙的动态变化。跟踪监测裂隙形貌、裂隙长度及宽度测量记录，并对比评估。主要采用游标卡尺测量。

7.4 监测结果

7.4.1 喷淋终端水质监测结果

可以看出喷淋系统采用的地下水源经过纯水处理系统后，水质由电导率值1107 μS/cm提升为实验室三级用水的标准，符合喷淋系统木材脱盐的要求（表7-4）。

表 7-4 水样结果

编号	取样位置	取样日期	电导率值/(μS/cm)	pH
1	淋浴室水龙头（地下井水）	2015.3.12	1107	7.65
2	喷淋终端	2015.3.2	1.44	6.76
		2015.4.1	1.43	6.42
		2015.09.23	1.60	6.13
		2016.04.18	1.48	6.83
		2016.09.02	2.34	6.90

7.4.2 木材监测结果

1. 木材监测指标结果

木材监测指标结果见图 7-3、表 7-5。

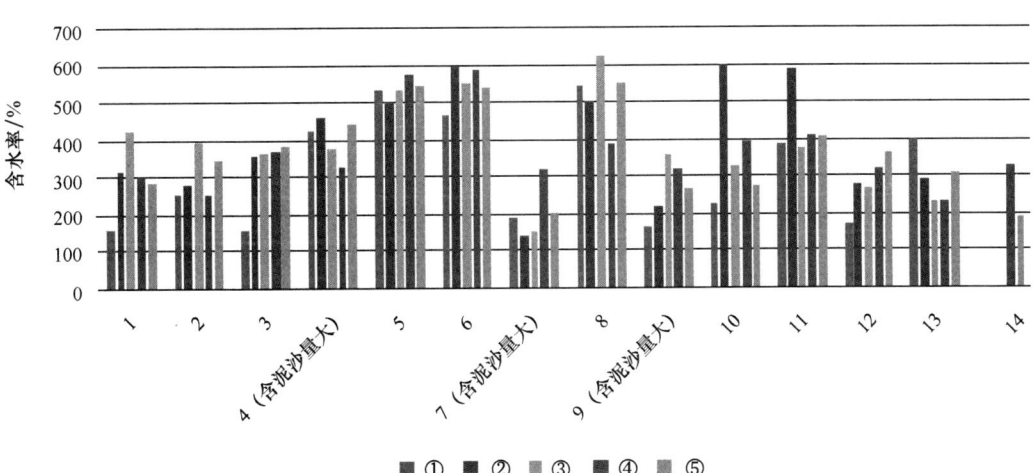

图 7-3 监测点木材含水率对比柱形图

（① 为第一次取样，样品 1～6 取样日期为 2014 年 11 月 26 日；样品 7～13 取样日期为 2015 年 1 月 21 日；② 为第二次取样，样品取样日期均为 2015 年 4 月 1 日；③ 为第三次取样，取样日期为 2015 年 5 月 20 日；④ 为第四次取样，取样日期为 2015 年 7 月 27 日；⑤ 为第五次取样，取样日期为 2015 年 9 月 23 日）

2. 监测点木材含盐量

新鲜柏木含盐量：Cl^-：0.19 mg/L，NO_3^-：0.29 mg/L，SO_4^{2-}：1.02 mg/L，Na^+：0.4 mg/L，K^+：0.82 mg/L，Mg^{2+}：2.03 mg/L，Ca^{2+}：7.33 mg/L[1]。

2014 年 11 月 26 日～2016 年 12 月 27 日的监测点木材含盐量数据结果较多，具

---

[1] 山东定陶王墓地（王陵）M2 汉墓黄肠题凑临时性保护与前期研究方案，2014 年．

表 7-5 监测点木材的化学性质

监测点编号	1	2	3	4	5	6	7	8	9	10	11	12	13
取样位置	H4 回廊题凑	S5 小室题凑	S6 小室题凑	H2内回廊题凑	H2 回廊横梁	M 中室题凑	S6 题凑	HB（从侧室题凑）	S10 题凑墙	S1 题凑墙	S3 题凑墙	S6 门板	D 中室垫木
槽朽深度/mm	33.80	27.37	33.80	19.87	5.84	11.26	21.39	15.35	9.93	69.27	45.73	11.06	4.32
取样批次 含水率/%													
2015-1	159	255	161	427	538	468	189	547	166	224	394	172	404
2015-2	317	281	360	460	507	594	139	508	219	600	589	281	292
2015-3	424	397	364	378	533	554	152	626	362	331	376	269	233
2015-4	304	254	372	327	575	589	322	390	325	395	414	321	234
2015-5	290	347	387	444	550	541	202	554	268	273	406	368	313
2015-6	322	481	352	435	510	467	347	668	254	547	534	307	373
2016-1	203	352	371	554	619	418	237	539	295	564	552	351	289
2016-2	305	432	360	477	624	647	195	601	276	572	480	306	441
2016-3	461	465	426	455	711	524	277	542	418	563	468	292	633
2016-4	318	485	513	523	620	784	304	695	296	530	312	327	689
2016-5	418	463	312	487	573	539	353	744	409	445	303	271	310
2016-6	380	286	285	504	396	543	277	710	306	469	465	254	410
电导率值/(μS/cm)													
2015-1	68	80	80	74	104	73	95	缺	85	44	76	/	/
2015-2	60	81	105	86	89	109	83	73	127	44	63	43	95
2015-3	77	158	118	111	107	92	105	193	222	61	91	56	103
2015-4	91	123	159	105	101	118	134	96	128	83	79	70	151
2015-5	62	122	128	139	90	111	87	93	91	47	54	32	96

续表

监测点编号	1	2	3	4	5	6	7	8	9	10	11	12	13
取样位置	H4 回廊题凑	S5 小室题凑	S6 小室题凑	H2内 回廊题凑	H2 回廊横梁	M 中室题凑	S6 题凑	HB（从侧室题凑）	S10 题凑墙	S1 题凑墙	S3 题凑墙	S6 门板	D 中室垫木
电导率值 /(μS/cm)													
2015-6	64	117	103	92	11	73	84	104	120	88	55	29	92
2016-1	216	93	113	105	96	47	89	83	98	72	36	34	89
2016-2	101	110	128	107	133	/	61	118	119	112	71	36	111
2016-3	106	114	141	106	108	109	/	106	165	107	83	48	105
2016-4	87	114	126	123	83	52	67	107	134	63	43	22	82
2016-5	111	132	122	108	111	74	85	132	115	91	47	35	74
2016-6	136	108	156	179	123	66	73	133	107	103	88	51	79
pH													
2015-1	6.56	6.48	6.31	6.07	6.32	6.39	6.43	/	6.31	6.07	6.56	/	/
2015-2	6.78	6.41	6.61	6.87	6.62	6.87	7.13	7.02	6.98	6.53	6.98	7.00	6.94
2015-3	5.99	5.94	6.66	6.72	6.72	6.80	6.39	6.64	7.00	7.03	5.29	6.25	6.71
2015-4	5.70	5.41	5.74	6.38	5.88	5.98	6.07	6.07	6.21	6.35	6.35	6.41	6.12
2015-5	6.40	6.29	6.73	5.47	5.97	6.47	6.91	7.04	6.92	7.03	6.86	6.99	6.79
2015-6	6.40	6.70	6.58	6.36	6.06	5.72	6.74	7.07	7.20	7.29	7.26	5.93	6.59
2016-1	7.11	6.42	6.82	6.35	6.45	6.51	7.25	6.95	6.96	6.85	6.58	6.72	6.37
2016-2	6.76	6.98	7.18	7.28	7.31	/	7.24	7.24	7.33	7.3	7.06	6.95	7.14
2016-3	6.04	6.8	6.72	6.87	/	6.02	/	6.78	6.14	6.96	7.04	7.04	6.87
2016-4	6.7	6.81	6.9	6.93	7.07	7.01	7.02	7.03	6.79	7.23	7.27	6.96	6.73
2016-5	/	5.94	6.14	6.29	6.15	6.40	/	6.53	6.75	6.62	6.77	6.85	6.56
2016-6	6.34	5.34	6.40	6.74	5.90	6.58	6.57	6.98	6.61	6.55	6.38	5.77	6.58

注：表格中"/"表示样品量不足以检出待测指标标值

体参见附表"定陶汉墓黄肠题凑监测点木材含盐量数据表"。

7.4.3 裂隙监测结果

裂隙监测结果见表 7-6。

表 7-6 木材裂隙监测结果

编号	裂隙值 /mm						
	2015.01.21	2015.04.01	2015.05.20	2015.09.23	2015.11.27	2016.11.03	2017.03.02
1	8.1	15.88	16.09	15.86	14.7~15.49	17.05	16.61
2	11.92~4.66	5.42	11.85	11.74~4.85	11.85~4.57	125.65	12.12
3	38.6~28.51	45.94	38.46	38.60~28.31	38.55~28.27	38.18	38.13
4	5.54	5.23	5.85	5.54~4.58	5.83~5.79	倾斜 4.79 垂直 6.22	倾斜 5.69 垂直 6.71
5	3.98	4.32	5.51	4.62	6.17~5.93	5.31	7.11
6	6.92	7.05	7.86	5.85	6.52~7.08	w10.34 h36.41	w12.48 h42.78
7	/	4.21	16.09				

7.5 数据分析

7.5.1 喷淋阶段监测点木材含盐量对比

图 7-4~图 7-17 展示了 13 处监测点。继 2014 年 10 月喷淋系统调试运行后，2015 年前五个批次的取样木材盐分变化情况。通过对监测点的木材含盐量进行测量，得出木材中主要离子 Mg^{2+}、Cl^-、SO_4^{2-}、Ca^{2+} 含量存在先上升、再下降的情况。造成这种现象的原因是夏季墓室顶部轨道喷淋行车开始运行，导致墓室顶部的喷淋水量大增，盐离子随着水分迁移，转移到墓室内部。随着喷淋工作的进行，木材含盐量已经逐渐下降。这也可以从侧面反映出喷淋系统的脱盐效果是非常显著的。

7.5.2 喷淋前后盐分对比分析

根据图 7-18 显示，木材持续喷淋 3 个月后，富含的主要阴阳离子 Cl^-、SO_4^{2-}、

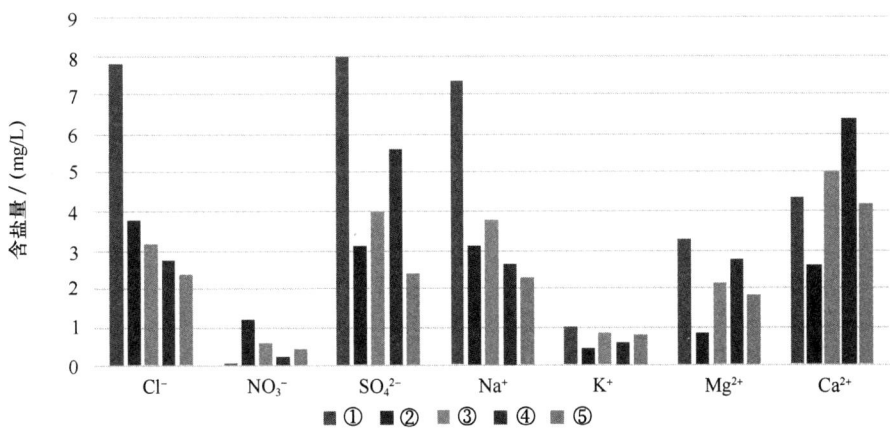

图 7-4 监测点 1 盐分变化图

(① 为第一次取样,样品 1~6 取样日期为 2014 年 11 月 26 日;样品 7~13 取样日期为 2015 年 1 月 21 日;② 为第二次取样,样品取样日期均为 2015 年 4 月 1 日;③ 为第三次取样,取样日期为 2015 年 5 月 20 日;④ 为第四次取样,取样日期为 2015 年 7 月 27 日;⑤ 为第五次取样,取样日期为 2015 年 9 月 23 日)

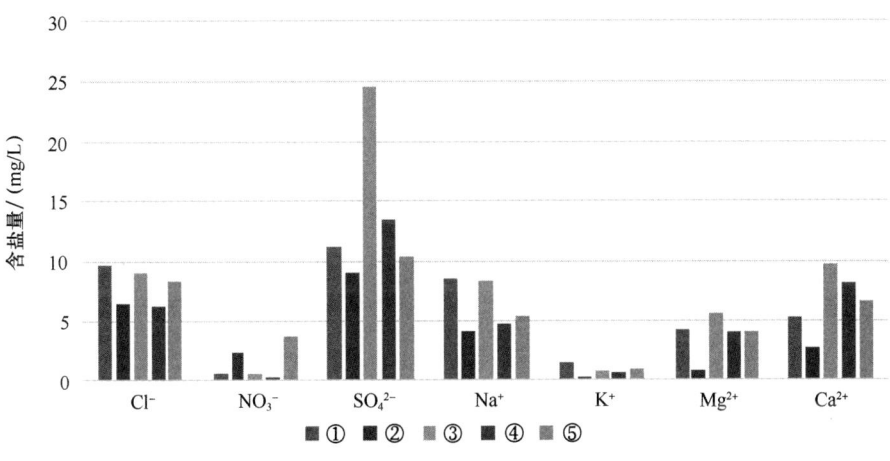

图 7-5 监测点 2 盐分变化图

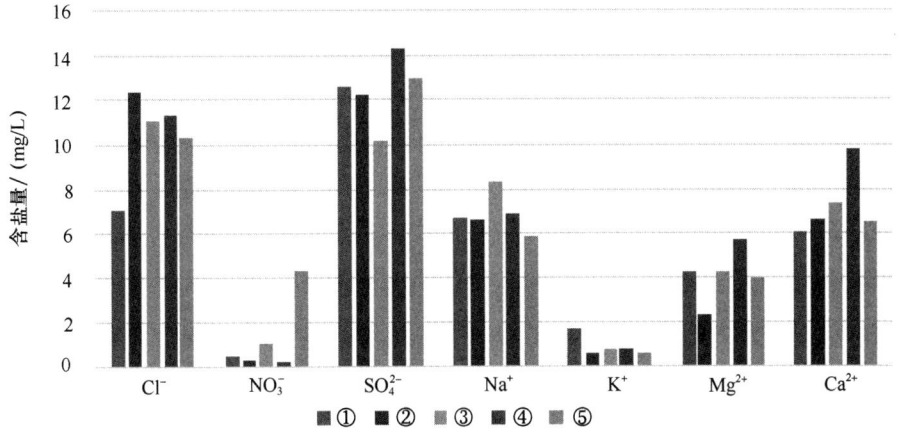

图 7-6 监测点 3 盐分变化图

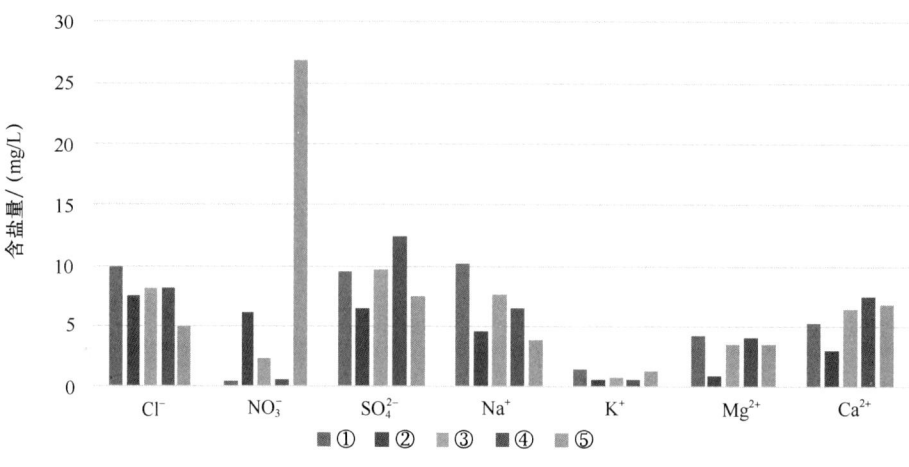

图 7-7　监测点 4 盐分变化图

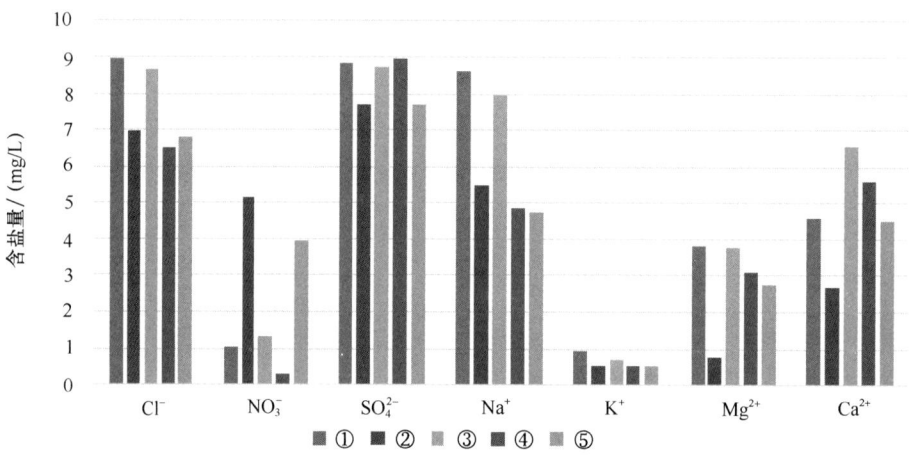

图 7-8　监测点 5 盐分变化图

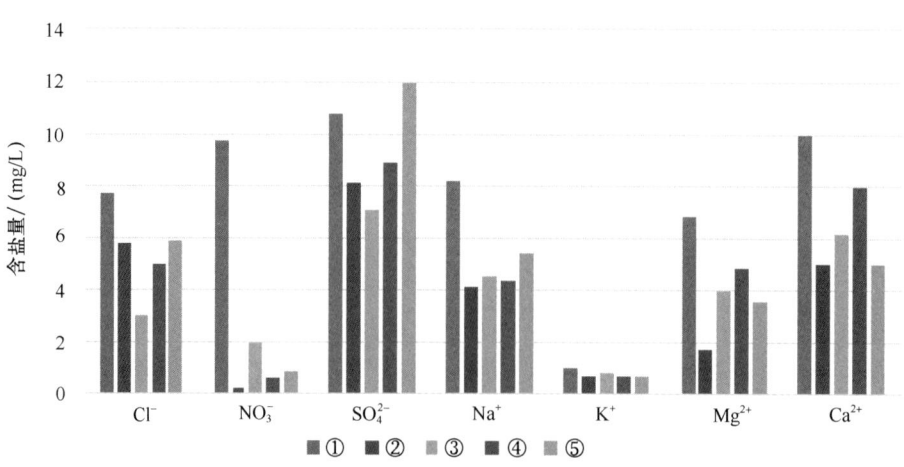

图 7-9　监测点 6 盐分变化图

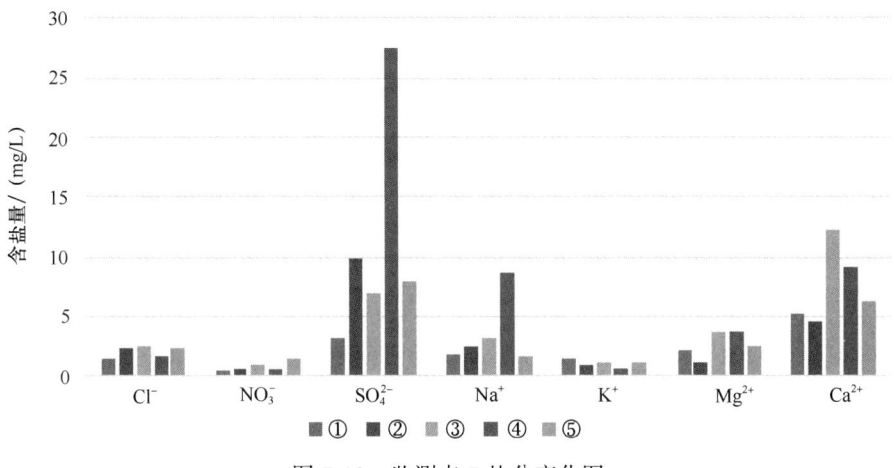

图 7-10　监测点 7 盐分变化图

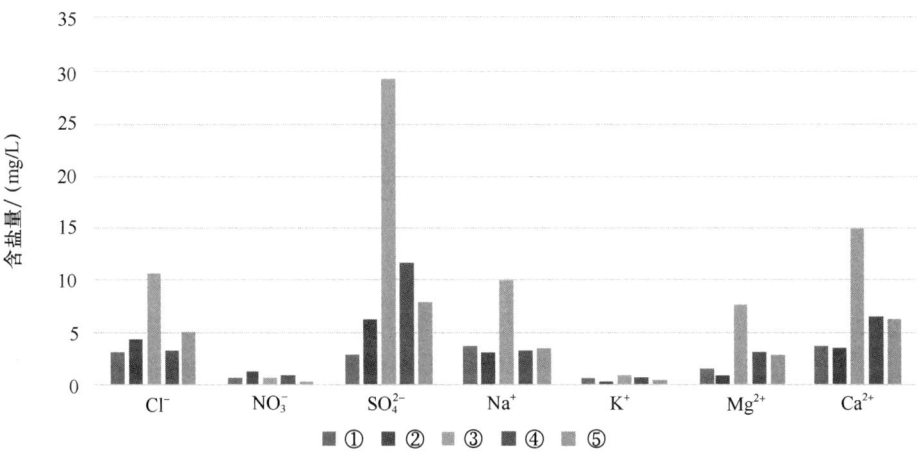

图 7-11　监测点 8 盐分变化图

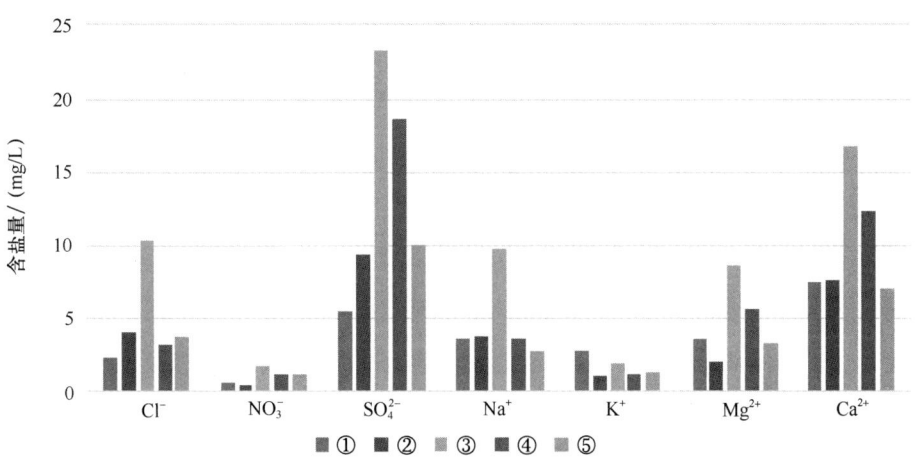

图 7-12　监测点 9 盐分变化图

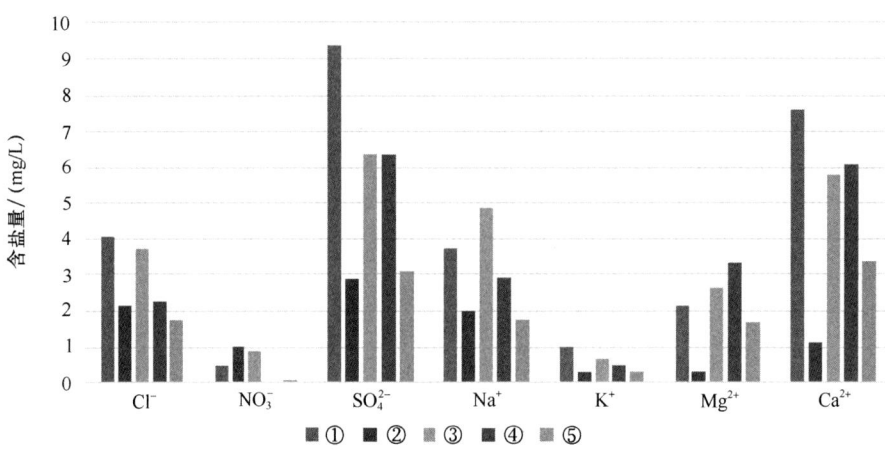

图 7-13　监测点 10 盐分变化图

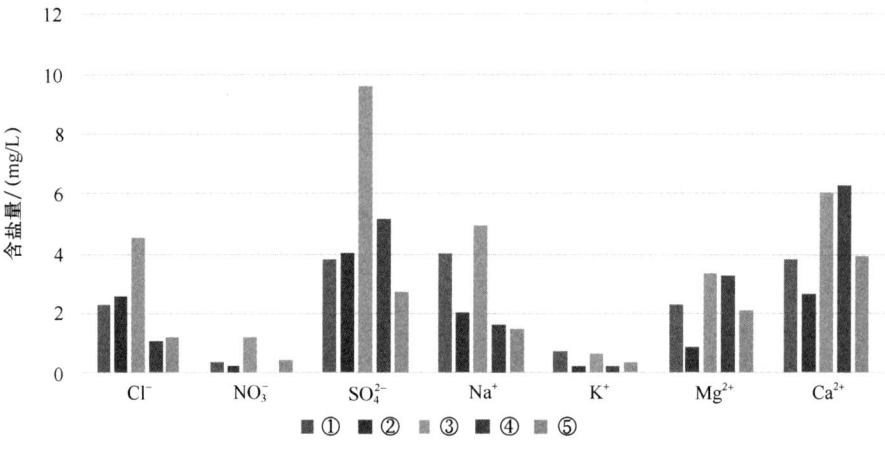

图 7-14　监测点 11 盐分变化图

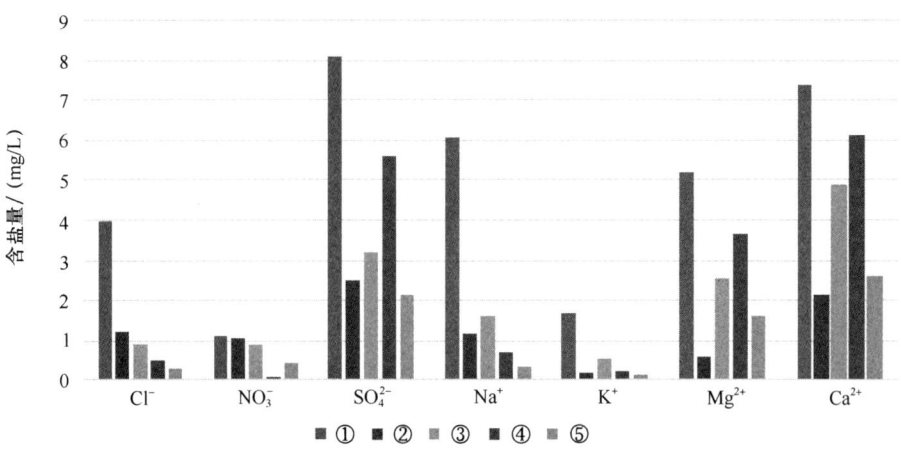

图 7-15　监测点 12 盐分变化图

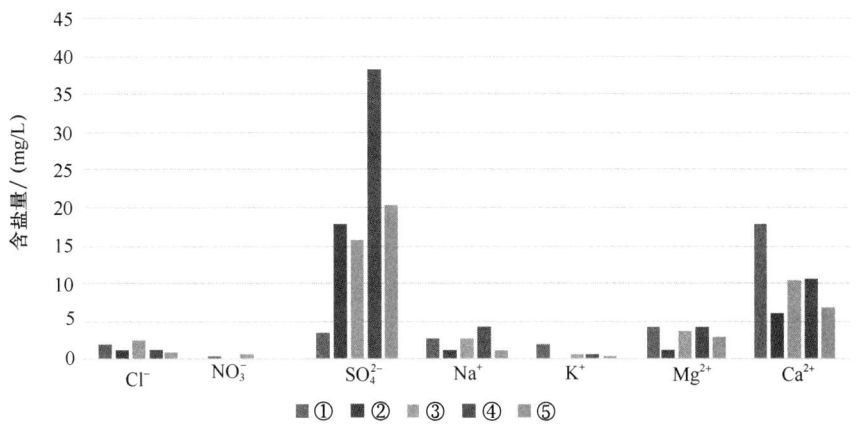

图 7-16 监测点 13 盐分变化图

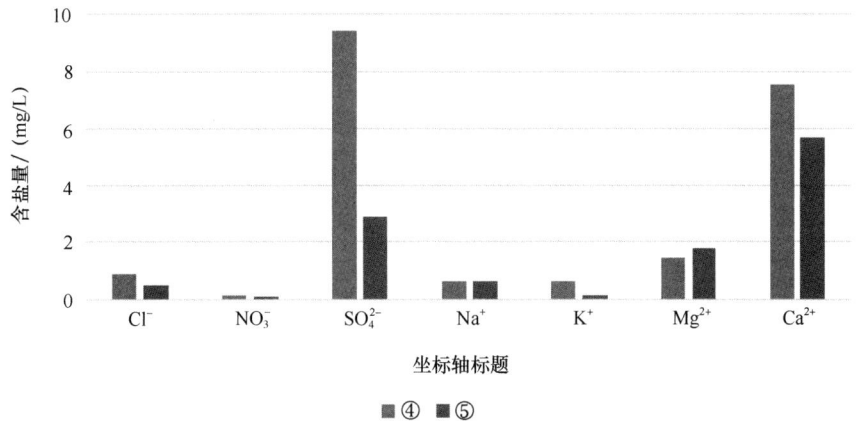

图 7-17 监测点 14 盐分变化图

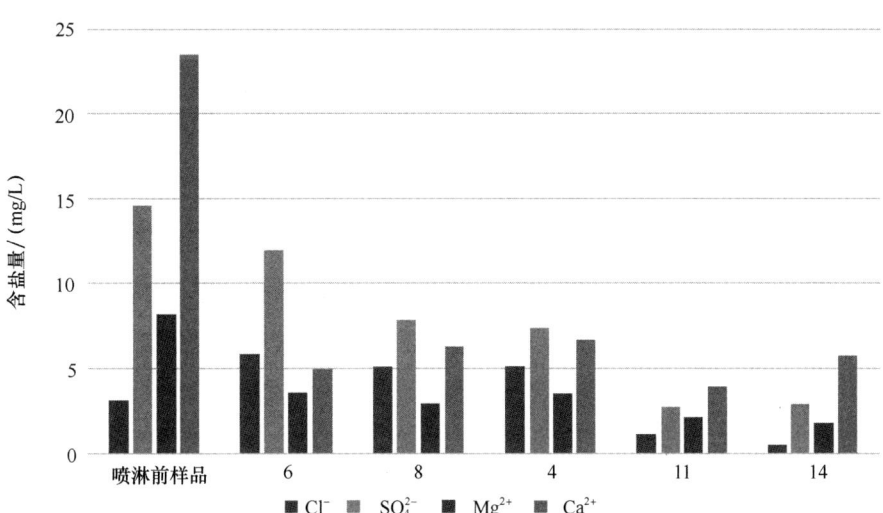

图 7-18 喷淋前量与喷淋后（第六次取样）木材含盐量对比
（喷淋前样品为 2013 年所取样品，样品 6、8、4、11、14 分别为 2015 年 9 月中室、后室、回廊、外层题凑墙、顶部枋木所取样品）

Mg^{2+}、Ca^{2+}均得到不同程度的下降。但在2015年5月，墓室外顶部轨道行车开始往复喷淋作业，墓室顶部木材盐分随着顶部喷淋水逐渐渗入墓室墙壁木材，导致墙体木材的盐离子浓度在喷淋初期降低之后，又逐步上升，出现小幅度波动。继续喷淋后，11月的取样监测结果显示木材盐分得到大幅度的降低。因此，显示出木材喷淋系统不仅可以维持饱水的稳定状态，而且脱盐的效果也非常明显。脱盐处理后的木材为后续的保护处理提供了更佳的准备状态。

7.5.3 与新鲜柏木含盐量对比

图7-19表明，2015年年初各个监测点含盐量远高于新鲜柏木值。图7-20显示的是，经过两年的喷淋处理，至2016年12月，13个监测点样品的含盐量与新鲜柏木对比情况。监测点4、8和9的木材Ca^{2+}浓度高于新鲜柏木，其他各点的Ca^{2+}浓度与新鲜柏木已经基本一致。但Mg^{2+}、K^+、Na^+、Cl^-、SO_4^{2-}和NO_3^-盐离子浓度仍远高于新鲜柏木。因此，直至2016年年底脱盐处理仍然需要继续进行。

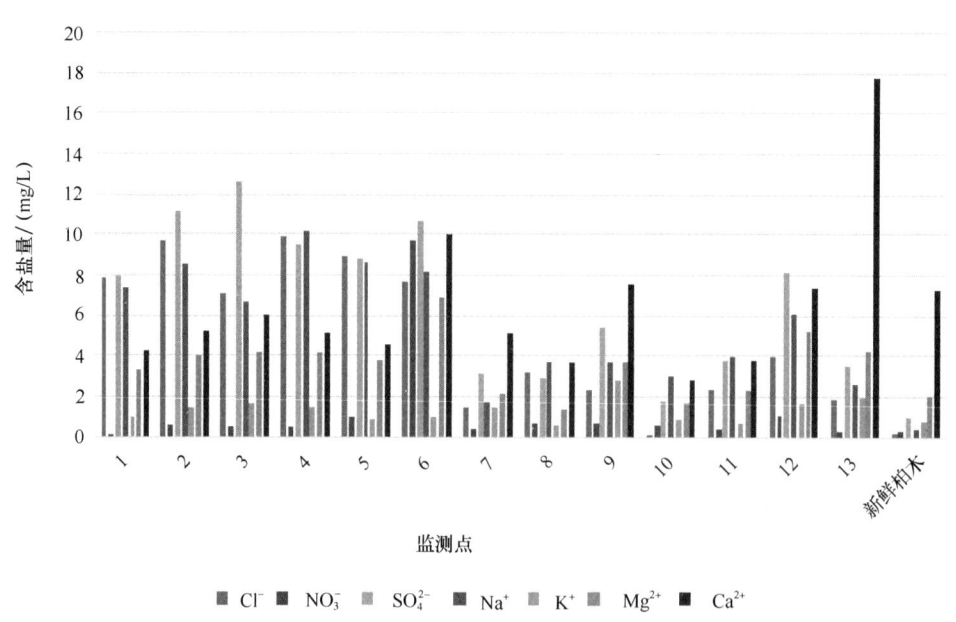

图7-19 2015年1月取样样品含盐量与新鲜木材对比

7.5.4 喷淋前后pH对比分析

定陶汉墓墓室内黄肠题凑木材的取样均为腐蚀糟朽最为严重区域，原始状态的

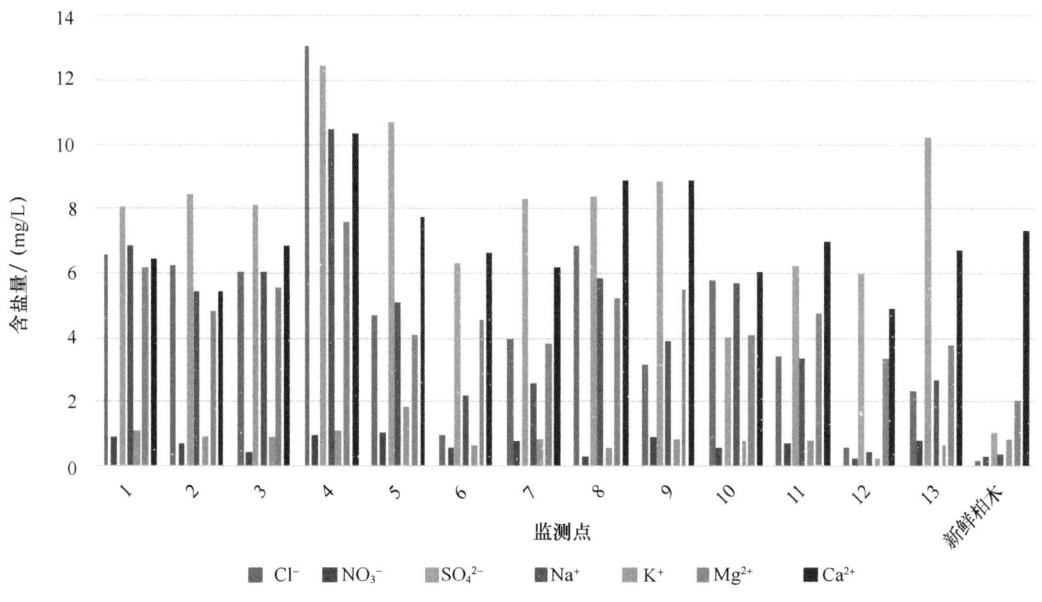

图 7-20　2016 年 12 月取样样品含盐量与新鲜木材对比

pH 较低，酸化严重。这种趋势是因为木材本身的酸性物质，另外，受微生物迅速滋生影响，木材酸化迅速。过分酸化会导致木材纤维素和半纤维素的快速水解。喷淋前的 pH 高达 4.23，经过近一年喷淋之后，不仅腐蚀木材中盐分大量溶出，木材酸化情况也获得缓解（图 7-21），除回廊木材酸性偏高，其余 12 个监测点木材的含盐量均为中性。因此，喷淋系统的长期工作可缓解木材酸化的趋势，有效抑制木材组织腐蚀进程的快速发展。

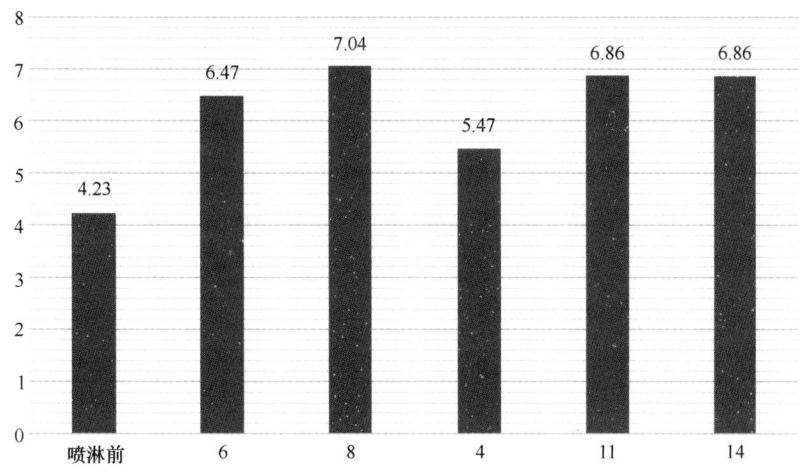

图 7-21　喷淋前木材 pH 与喷淋后（第六次取样）木材 pH 对比
（喷淋前样品为 2013 年所取样品，样品 6、8、4、11、14 分别为 2015 年 9 月中室、后室、回廊、外层题凑墙、顶部枋木所取样品）

7.6 结论

喷淋系统自 2014 年 11 月安装到位,进入运行状态。木材达到了饱水保湿的稳定状态,监测点 1 的木材的含水率由 159% 上升到 322%。木材酸碱度由喷淋前的 pH 4.23 逐渐升高至中性,说明喷淋不仅给木材提供了充盈水分,而且降低了木材的酸化程度,并进一步降低木材纤维素和半纤维素的水解速度。此外,持续喷淋也为木材表面营造了密封的水膜层,一定程度上破坏了微生物滋生环境,抑制了微生物滋生速度。

到 2016 年年底,通过对 13 个监测点木材含盐量的监测可知,由于持续不断地进行喷淋,13 个监测点的含水率都不同程度地升高,其中监测点 1 的木材的含水率由 159% 上升至 418%。各监测点的 pH 都趋于 7,由喷淋之前的 4.23 升至 6.5~7.2,表明木材酸性已经降低,趋于中性。

通过对监测点的木材含盐量的测量,得出木材中主要离子 Mg^{2+}、Cl^-、SO_4^{2-}、Ca^{2+} 含量存在先上升、再下降的情况。造成这种现象的原因很可能是因为夏季墓室顶部轨道行车喷淋,以及后续安装的墓室外顶部滴灌系统的工作,导致墓室顶部的喷淋水量大增,盐离子随着水分迁移,转移到墓室内部。随着喷淋工作的进行,木材含盐量已经逐渐下降。但与新鲜柏木的含盐量相比,木材的 Ca^{2+} 与新鲜木材较为接近,但其他盐离子如 Mg^{2+}、Cl^-、SO_4^{2-} 仍然高出 2~5 倍。因此持续的喷淋脱盐保护处理仍是一项长期性任务。

对木材缝隙的持续监测跟踪,结果显示喷淋开展后的两年内,木材的饱水情况良好,缝隙尺寸没有出现明显变化,只是木材较为糟软,容易产生测量误差。我们将逐渐改进测量方式,减小误差。

第 8 章　黄肠题凑木材脱水保护研究

本书第 2 章"保存现状调查与评估"通过分析水、可溶盐、微生物、环境等因素，认为定陶汉墓黄肠题凑具有体量大、结构复杂、腐朽不均匀、易受环境影响和高度动态变化等特点。定陶汉墓腐朽的根本原因是水的存在和流动直接或间接导致木材的结构组织破坏，从而加速古老木材的破损速度。鉴于题凑墙体已出现糟朽加剧、干燥开裂的情况，因此开展补水、治水、控水措施是定陶汉墓黄肠题凑保护最为紧迫和最核心的问题。

本章即介绍为控水措施进行的模拟实验和经验积累，为实施后期科学"控水"过程提供指导借鉴。

8.1　实验目的

根据原址保护工程的需要，我们要研究出保证黄肠题凑木材大小尺寸维持长久稳定，并保持其质感及色调的最佳保护方案。我们以山东定陶汉墓出土的黄肠题凑墙体木材为实验样本，通过实验研究解决两个相对独立的问题：第一，筛选出适用于定陶黄肠题凑木材腐蚀情况的加固材料和加固工艺。第二，在材料工艺筛选成果基础上，对木材样块进行适宜的脱水干燥处理。通过对比自然干燥、单纯温湿度控制及预加固处理后温湿度控制条件下三种饱水木材的脱水方式，从而研究出适用于大型木构筑物环境控制脱水方法与工艺。这将为我们后期现场实际保护方法提供重要参考依据。8.3 节和 8.4 节将重点介绍这两个阶段实验室模拟实验的过程及对比结果。

实验技术路线如图 8-1 所示。

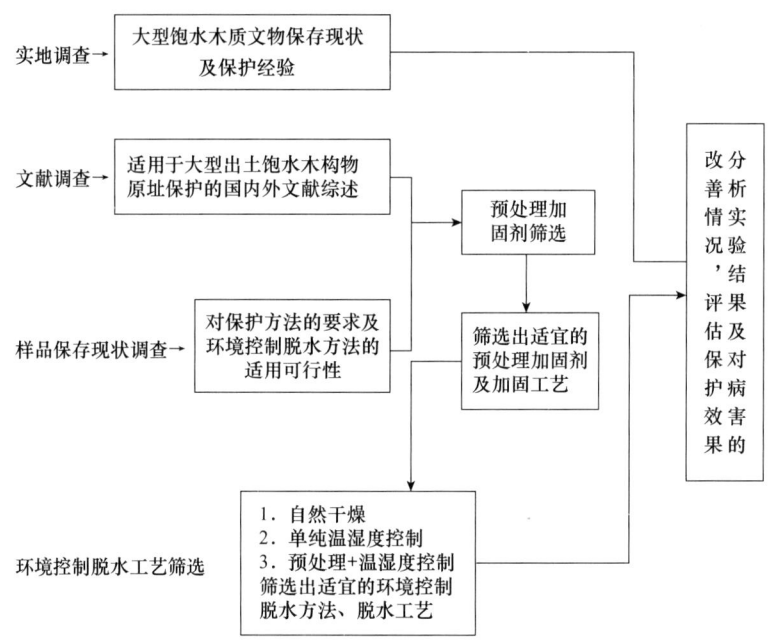

图 8-1　实验技术路线

8.2　黄肠题凑木材腐蚀特征

8.2.1　样品前期准备

实验样品来自山东定陶汉墓黄肠题凑墓室中遗留下的一批用于砌筑墙体的题凑木条，长 1.15 m，初步估计可能为建墓者遗留下的多余木料。这为后续研究提供了很珍贵的实验样本。实验挑选了榫卯已经脱开，但表面未见文字的题凑木条作为实验样品。样品挑选后，使用饱水脱脂棉覆盖缠绕，再用黑色塑料薄膜包裹密封后尽快运至实验室，存放于避光处，用于后续各项实验。

8.2.2　分析过程

单一指标并不能全面反映饱水木质文物的保存现状，实验分别以木材物理性质、力学强度、微观形貌及化学成分作为考量指标，并与现代柏木各项指标比较，考量山东定陶王墓地出土黄肠题凑的保存现状，为保护方案的研究提供基础。

需要说明的是，实际上，黄肠题凑墙面木材的腐蚀程度较试验样块更为严重，但是我们无法从墙体直接抽提木材,只能采用散落在 S-1 墓室的零碎题凑木条开展实验。因此,实验过程及结果仅仅为整体保护提供一定借鉴和经验积累。

实验样品为墓室中取回的一根题凑木,样品分为两部分:一部分为使用生长锥沿题凑木材横向钻取的两根直径 5 mm、长 40 mm 的木材样品,每隔 4 mm 切割,分别用于测量不同深度木材的含水率,一根用于观察不同深度木材微观形貌及检测化学性质,以考量木材由外至内的腐朽变化情况;另一部分题凑木用于木材物理性质、力学性能测试。本书第 2 章 2.2 节详细阐述了定陶汉墓黄肠题凑木样块物理、化学性质分析结果,并且对木材保存状况进行评估,在此不再复述。本章节继续针对木材腐蚀状态,以及木材脱水方法的要求进行深入讨论。

8.2.3 木材腐蚀特点讨论

根据第 2 章表 2-7 和表 2-8 的结果,定陶汉墓木材的气干密度 0.626 g/cm³ 甚至略高于现代柏木[1]的密度 0.600 g/cm³。气干后的题凑木与现代柏木相比,其木材主要受力方向——横纹全部抗压(径向)仅下降 0.20%,而横纹全部抗压(弦向)增加 0.83%。样块木材体积收缩率大于新鲜柏木,且存在明显的干缩差异,也增加了其脱水干燥过程中出现木材开裂等的风险;而其干材各向抗剪强度相比新鲜柏木降低近 20%,加之题凑木叠压放置,一旦在干燥过程中出现裂隙,木材极有可能沿裂缝方向出现断裂的风险。

上述数据均表明,定陶汉墓木材具备仅用环境温湿度控制的方式,干燥后"黄肠题凑"能够维持其原有的力学稳定性。但干燥过程中应注意控制木材干缩,尽量避免裂缝大量出现。

Hoffmann[2]依据木材含水率对古代饱水木材腐朽程度的分类,其含水率低于 180% 应为轻微腐朽。Christensen[3]研究表明,饱水木质文物的腐朽从外向内逐渐发生,当其含水率低于 185% 时,腐朽只发生在木材浅表面。用于实验的定陶汉墓木材样块,其含水率实验结果表明,样块平均含水率为 117.9%。但是木材表面 0~8 mm 处含水率最高超过 180%,8~12 mm 处含水率逐渐降低,12 mm 之后含水率趋于稳定,为 124%~136%。表明木材腐朽程度由外至内存在较大差异,腐朽最严重的区域主要集中在木材表面 0~8 mm 区域。

根据表 2-3 微观形貌观察,0~8 mm 处构成木材细胞主要的填充物半纤维素、纤维素都已全部或部分水解,木材细胞破碎严重,可见大量空洞,细胞壁形貌发生了变化,木材细胞力学强度已大大降低。如果仅采用木材脱水方式,该层木材细胞可能会出现坍塌,木材存在开裂、起皮、脱落的风险。这一点在后续的 B 组(未处理样块的环境控制脱水)实验过程中得到验证。虽然恒温恒湿的实验条件已将木材脱水速率由自然干燥条件下降低了 2/3，但实验样品还是在相对湿度为 95% 的条件下木材表面就已出现裂隙。因此，重度腐蚀区域的木材组织有必要先加固，再进行环境控制脱水干燥。

8.3　PEG 加固技术模拟实验

聚乙二醇（Polyethylene Glycol，PEG）使用历史已经有 60 余年了。在第 3 章文献综述中，已经介绍在国外主要采用 PEG 加固预处理而后进行温湿度控制的方法；而在国内还存在使用正丁醇和亚麻仁油混合物或 PEG 加固预处理后再结合冷冻干燥法、乙二醛加固脱水法，以及 PEG+尿素+二甲基脲复合液加固脱水法等技术。PEG 材料因具有安全性和环境友好性，适合原址使用，在国内外应用最为广泛。其与温湿度控制法结合起来，能够很好地适用于木材含水率高于 180% 的饱水木质文物，因此国外出土古沉船均使用此类方法。

由于汉墓黄肠题凑墙体木材纵向长达 115 cm，主体的木材性质完好，仅仅是端头出现深度 1~50 mm 不同程度的腐蚀，因此主要针对端头腐蚀层进行保护加固。我们结合原址保护要求，考虑到 PEG 温和友好的特点和应用技术的成熟性，因此选择使用 PEG 加固更适用于定陶汉墓的实际情况。

聚乙二醇是环氧乙烷（Ethylene Oxide）的复合物。依据其聚合度不同，材料产品多样，有液态、糊状至固态等不同种类。小分子量 PEG 渗透性好，应用于轻度降解的木材的加固最稳定，但处理后的木材吸湿性强；大分子量 PEG 较稳定，且具有较好的抗吸湿性，应用于高度降解的木材加固效果较好，但在轻度降解的木材区域渗透性差。Hoffmanm 认为，可以通过 PEG 两步法来改善这一问题。具体的方法是：第一步使用小分子量 PEG 浸泡木材，当达到理想渗透量后，进行第二步；第二步使用大分子量 PEG 浸泡木材，第二步 PEG 的起始浓度应和第一步最终浓度相同，达到理想渗透量后加固结束。

因此，本实验分为两部分：

（1）PEG 加固剂的筛选实验；

（2）两步法 PEG 加固工艺筛选实验。

8.3.1　PEG 加固剂初步筛选实验

1. 实验目的

初步了解不同分子量的 PEG 应用于定陶汉墓黄肠题凑渗透加固的效果对比，以及对加固过程中出现的问题，提出改进方法。筛选出适用于定陶黄肠题凑柏木渗透加固的 PEG 类型。

2. 样品与材料

从整根题凑木拆下并锯解样块，长度约 10 cm，共 5 个样块，清洗表面附着泥土后分别用于后续实验。

根据已有研究及市面易于购买的情况，初步选定在 PEG400、PEG800、PEG2000、PEG4000 四种分子量中筛选。PEG400 渗透加固样块为两个，分别记为 PEG400 与 PEG400＋，已备用于后续其他对比实验；其余分子量 PEG 渗透样块均为 1 个，分别记为 PEG800、PEG2000、PEG4000。

3. 实验步骤

1）样品的渗透加固

拍摄记录样品每面保存情况、测量样品尺寸。

将实验样品分别浸泡于 4000 mL、5% 不同分子量 PEG 溶液中，置于室内避光处，每周取出样品，使用棉布吸干表面溶液后称重。

当样品质量趋于恒定时，将样品取出，浸泡溶液更换为浓度为 25%PEG 溶液后再次将样品放入浸泡，每周取出样品使用棉布吸干表面溶液称量其质量。

当样品质量再次趋于恒定时，将样品取出，将浸泡溶液更换为浓度为 45%PEG 溶液再次将样品放入浸泡，每周取出样品使用棉布吸干表面溶液称量其质量。

当样品质量变化缓慢时可将称量样品重量时间改为每月 1 次。

2）渗透深度及填充效果的评估

渗透加固实验结束后，使用生长锥在每个样块钻取 4 cm 样品条，使用刀片将样品每隔 5 mm 切割为小块，将取得不同深度的小样品块用于红外光谱测试及扫描电子显微镜观察 PEG 渗透情况，以了解 PEG 材料渗透深度及在木材细胞中的填充情况。

3）渗透加固后的干燥

拍摄样品保存情况后将渗透加固好的样块置于室内避光处自然干燥，每周称量样品质量 1 次，待其质量恒定后，拍摄样品各面保存情况。

4）干燥后样品的吸湿性

拍摄样品保存情况；称量样品质量；使用色度仪记录样品颜色，每个样品每面采集三个点。将样品放于玻璃盘中，玻璃盘底部铺有已记录质量的滤纸。再置于 15℃、相对湿度 95% 的恒温恒湿箱中，同时在恒温恒湿箱中放置未放样品的铺有滤纸的玻璃盘 3 个以作对比，1 个月后取出。

拍摄样品保存情况；称量样品质量；使用色度仪记录样品颜色，每个样品每面采集三个点；称量每个样品盘中的滤纸的质量。

对比样品质量变化、颜色变化、空白滤纸与木材样品下滤纸质量，评价不同分子量 PEG 渗透加固后样品的吸湿性。

8.3.2 两步法 PEG 加固剂筛选实验

1）实验目的

比较 4 种不同配比 PEG 两步法渗透加固实验渗透速率、填充效果，以及处理后木材色泽的改变、木材吸湿性。筛选出适用于定陶汉墓黄肠题凑原址保护的 PEG 两步法。

2）样品与材料

将题凑木切割 3.5 cm³ 的样块，每个样块有 1 面为暴露于埋藏环境中腐朽较严重的原始面，其余 5 面为切割面。样块共 5 组，分别计做 A 组、B 组、C 组、D 组和 X 组，每组 3 个平行样品，共计 15 个样品。

X 组为空白样品，A 组、B 组、C 组、D 组分别采用不同的 PEG 水溶液逐步渗透加固步骤，鉴于在 PEG 初步筛选实验中发现仅 PEG400 在实验样品木材细胞中具有一定的渗透率，PEG800 的效果不佳。因此本实验采用小分子量 PEG200 和 PEG400 作为初步渗透材料，每组实验材料分别为：

A 组：10%PEG200→25%PEG200→25%PEG2000→40%PEG2000

B 组：10%PEG200→25%PEG200→25%PEG4000→40%PEG4000

C 组：10%PEG400→25%PEG400→25%PEG2000→40%PEG2000

D 组：10%PEG400→25%PEG400→25%PEG4000→40%PEG4000

3）实验步骤

将 5 组样品浸泡于超纯水中，每周换水一次，浸泡 60 天后，脱除木材中的盐分后取出用棉布吸干。

称量记录样品质量，测量记录样品尺寸，拍摄样品每面保存现状。

将 X 组样品重新浸泡于超纯水中。

A 组、B 组、C 组、D 组分别浸泡于 500 mL 的 10%PEG200、10%PEG200、10%PEG400、10%PEG400 水溶液中，40℃水浴加热。50 天后取出样品棉布吸干，称量记录样品质量。

A 组、B 组、C 组、D 组再次分别浸泡于 500 mL 的 25%PEG200、25%PEG200、25%PEG400、25%PEG400 水溶液中，40℃水浴加热。50 天后取出样品棉布吸干，称量记录样品质量。

A 组、B 组、C 组、D 组再次分别浸泡于 500 mL 的 25%PEG2000、25%PEG4000、25%PEG2000、25%PEG4000 水溶液中，40℃水浴加热。50 天后取出样品棉布吸干，称量记录样品质量。

A 组、B 组、C 组、D 组再次分别浸泡于 500 mL 的 40%PEG2000、40%PEG4000、40%PEG2000、40%PEG4000 水溶液中，40℃水浴加热。50 天后取出。

将 A 组、B 组、C 组、D 组和 X 组样品均用棉布吸干，称量记录样品质量、测量记录样品尺寸、拍摄样品每面保存现状。放于室内避光处自然干燥，至样品质量恒定后测量记录样品尺寸、拍摄样品每面保存现状。

将 A 组、B 组、C 组、D 组和 X 组样品放于玻璃盘中，玻璃盘底部铺有已记录质量的滤纸。再置于 15℃、相对湿度 95% 的恒温恒湿箱中，30 天后取出。拍摄样品保存情况、称量样品质量、称量每个样品盘中的滤纸的质量。对比样品质量变化、颜色变化、木材样品下滤纸形貌和质量，评价不同分子量 PEG 渗透加固后样品的稳定性。

重新将 A 组、B 组、C 组、D 组样品放置于室内避光处自然干燥后，称量记录样品质量、测量记录样品尺寸、拍摄样品每面保存现状，再次评估 PEG 填充效果。

8.3.3　实验结果与讨论

1. PEG 加固剂初步筛选实验

1）样品重量的变化

使用浓度为 5% 的 PEG 水溶液浸泡为期 100 天的第一阶段实验后，样品质量均略有增加，PEG400 浸泡样品质量增幅最大，增加 1.3%，其次依次为 PEG2000、PEG800 浸泡样品，质量分别增加 1.2%、1.3%，PEG4000 增幅最小，仅增加 0.5%。

实验第二阶段，将浸泡溶液浓度升至 25% 后，样品质量开始缓慢下降，至浸泡 510 天后，PEG4000 浸泡样品质量降幅最大为 7.5%，其次依次为 PEG2000、PEG800，分别为 3.3%、0.9%，PEG400 浸泡样品质量降幅最小仅为 0.2%。

从样品质量变化幅度来看（图 8-2），经过 610 天的 PEG 浸泡，所有样品质量变化幅度均较小，表明使用所有样品 PEG 渗透率可能并不好。

从各样品质量变化的差异来看，PEG4000 和 PEG2000 质量均下降，分别下降 7.1% 和 2.1%，PEG4000 质量下降更为明显；PEG800 和 PEG400 浸泡样品质量略有增加，但增加量均较小，分别增加 0.2% 和 1.1%，PEG400 浸泡样品质量增加更为明显。由于大分子量 PEG 渗透性更差，当饱水木材浸泡其中时，由于木材细胞内外溶液浓度差，造成细胞内水分向外扩散，而外部 PEG 又未扩散入木材细胞，造成木材失水质量变轻。而小分子量 PEG 渗透性较好，因此浸泡样品质量略有增加。

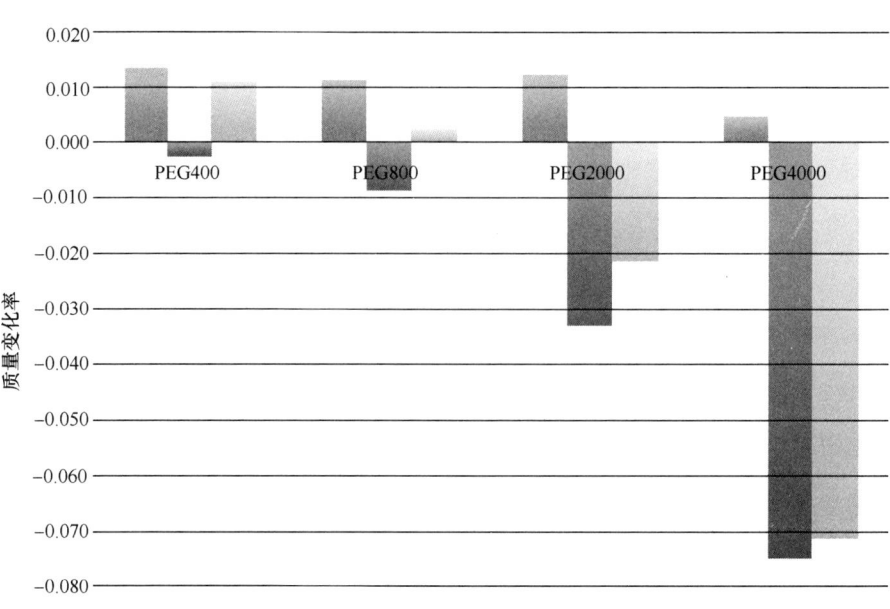

图 8-2　浸泡过程中样品质量变化率

2）红外光谱实验结果

将未浸泡过 PEG 的定陶汉墓出土木材空白样品与红外光谱谱图（图 8-3～图 8-6）对比后发现，相较新鲜柏木，PEG400、PEG800、PEG2000、PEG4000 浸泡后的样品木材表面 5 mm 深度处样品红外光谱谱图在 1100 cm^{-1} 处峰均显著增强，1100 cm^{-1} 处为醇类 C—OH 伸缩振动，无论是小分子量还是大分子量 PEG 的红外光谱谱图（图 8-7）在此处

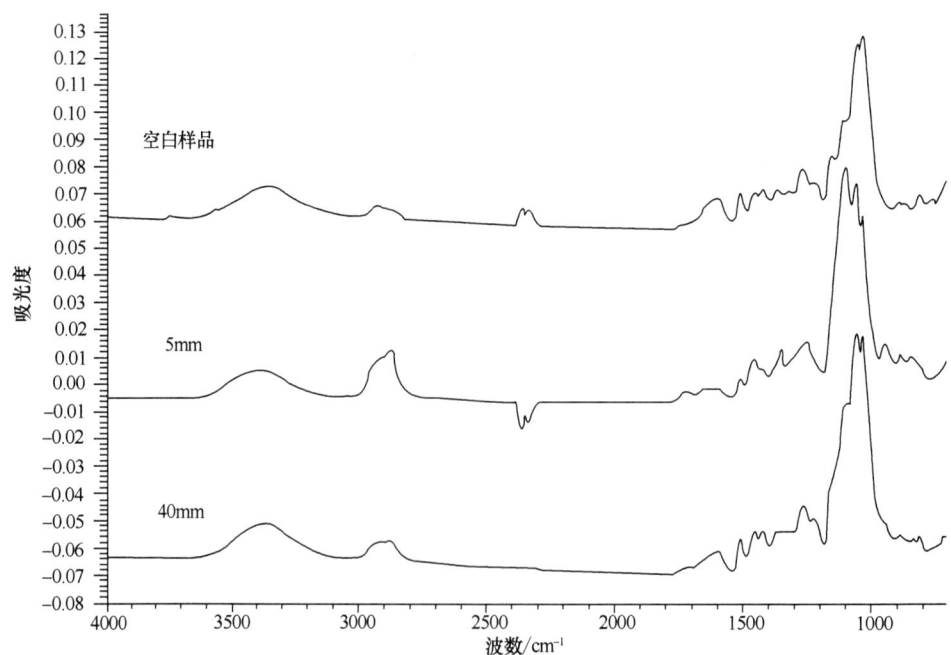

图 8-3　PEG400 浸泡样品红外光谱检测结果

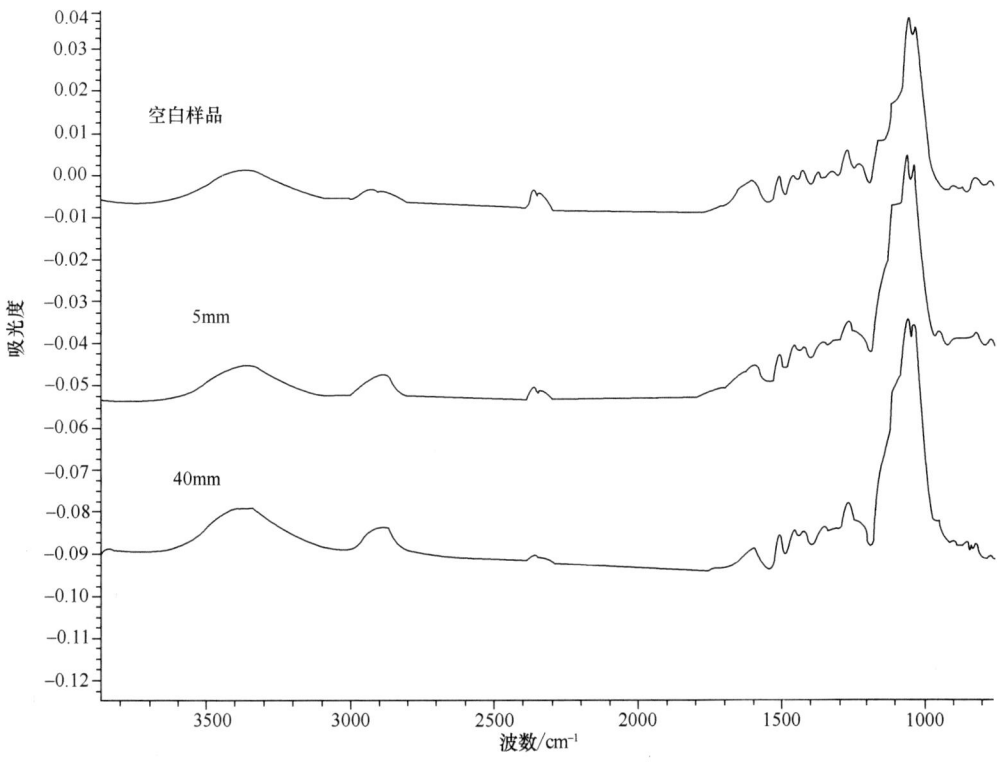

图 8-4　PEG800 浸泡样品红外光谱检测结果

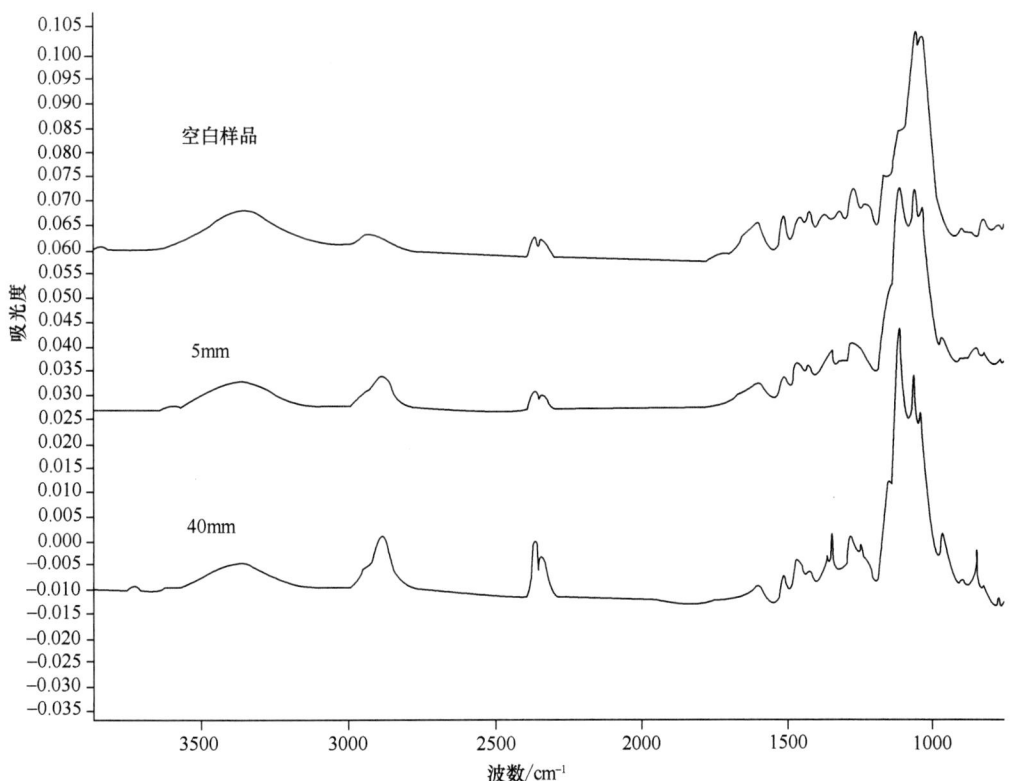

图 8-5　PEG2000 浸泡样品红外光谱检测结果

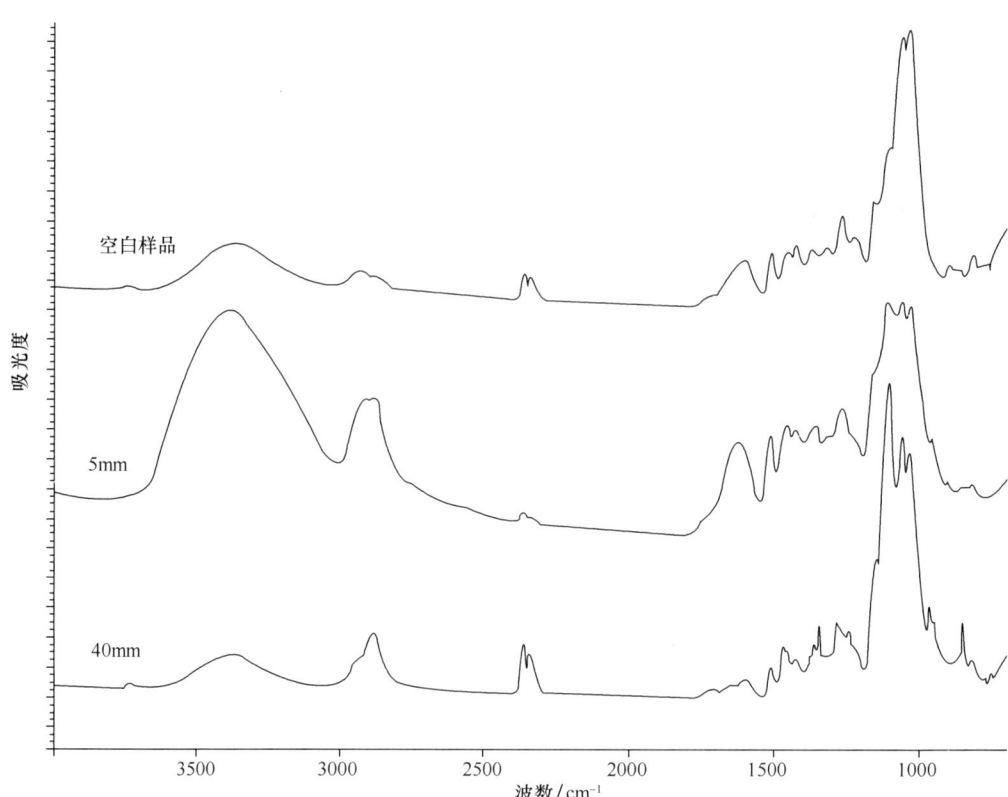

图 8-6　PEG4000 浸泡样品红外光谱检测结果

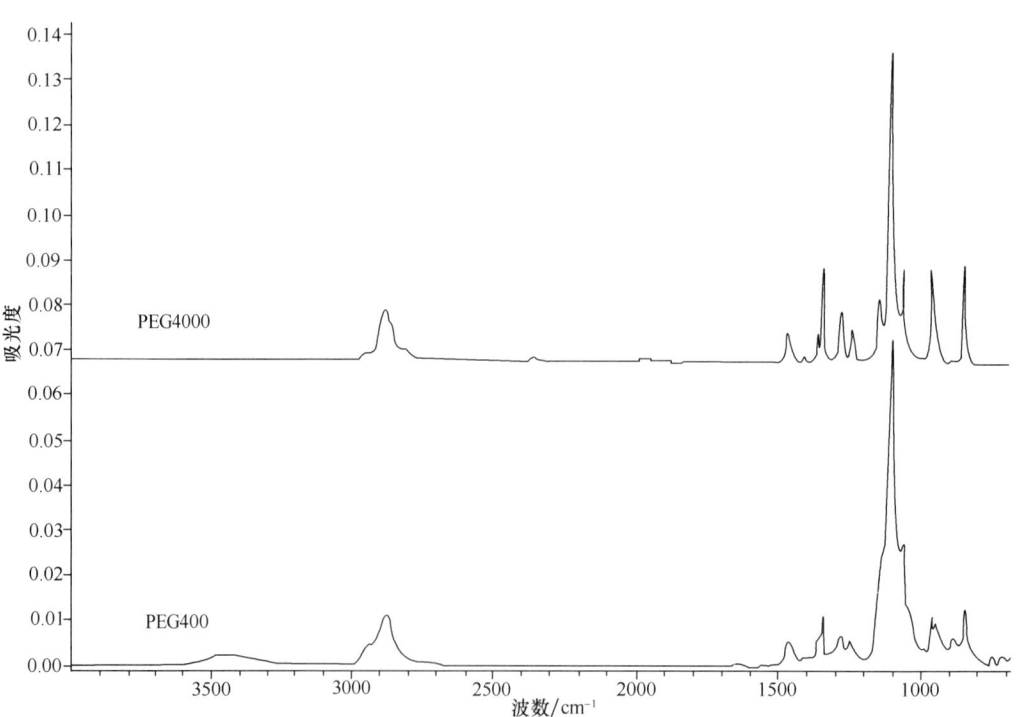

图 8-7　PEG400 及 PEG4000 的红外光谱谱图

附近都有较强吸收，表明样品木材表面 5 mm 深度 PEG 已渗透；而木材表面 40 mm 深度处样品红外光谱谱图则显示，PEG2000、PEG4000 浸泡后的样品在 1100 cm^{-1} 处峰均显著增强，PEG400、PEG800 浸泡后的样品此处峰强增加不明显，表明 PEG400、PEG800 可能并未渗透至此深度。

3）扫描电子显微镜

实验结果显示（图 8-8），未使用 PEG 浸泡的木材细胞收缩变形严重，大量管胞明显剥离。使用 PEG400 浸泡过的木材细胞壁上附着有胶状物，较未浸泡的木材细胞充盈圆润，可能因为 PEG 对木材细胞具有润胀作用；而 PEG800 和 PEG2000 浸泡过样品细胞形貌与空白样品木材细胞形貌较为接近，未见细胞壁上有胶状物，木材细胞也未如 PEG400 浸泡样品细胞圆润，但与未使用 PEG 浸泡过的木材细胞相比，细胞

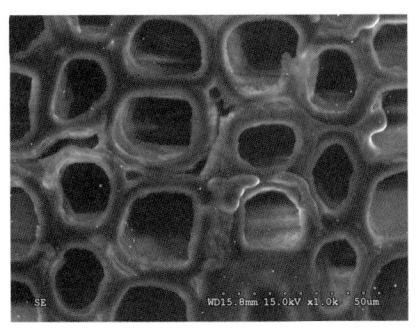

(a) PEG400 浸泡样品

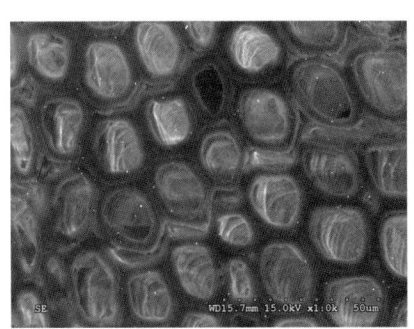

(b) PEG800 浸泡样品

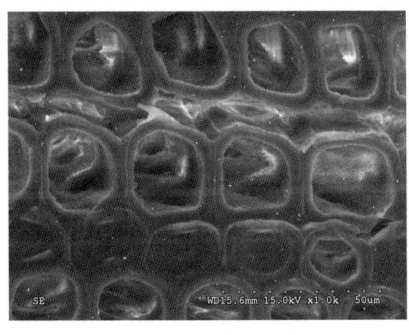

(c) PEG2000 浸泡样品

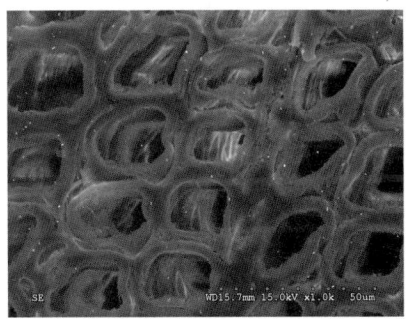

(d) PEG4000 浸泡样品

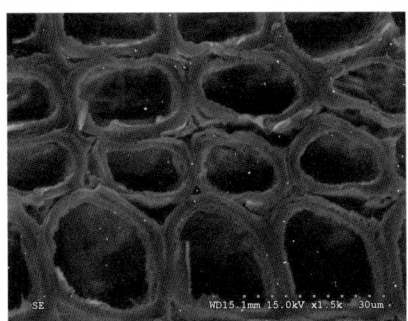

(e) 空白样品

图 8-8　浸泡 610 天后样品表层 5mm 木材细胞形貌的差异

腔整齐收缩不明显，管胞剥离处较少；使用 PEG4000 浸泡过的木材细胞变形收缩严重，与未使用 PEG 浸泡过的木材细胞变形程度接近，但管胞剥离现象略有改善。

4）小结

通过以上初步的 PEG 筛选实验可以看出，实验采用的定陶汉墓"黄肠题凑"木材由于腐朽并不十分严重，当 PEG 分子量大于 800 时，试剂无法有效深入木材，处理后的木材依旧发生较明显的收缩。相较而言 PEG400 不仅能够有效渗入木材，而且能对充盈木材细胞起到较好的支撑作用。但小分子量 PEG 存在吸湿性强的问题，已有研究表明需采用大分子量 PEG 替换小分子量 PEG 的方法，以改善处理后样品吸湿性问题，因此，在后续进一步实验中，应采用分子量不大于 400 的 PEG 作为初步渗透材料。

2. PEG 两步法加固剂筛选实验

1）PEG 渗透加固效率

从样品质量变化情况来看（图 8-9），PEG 渗透实验阶段：A、B、C、D 组样品在初期 50 天即低浓度小分子量 PEG 渗透阶段，样品质量均显著增加，PEG400 渗透样品质量增加率更为显著，应与 PEG400 密度较大有关；50～100 天时，PEG400 渗透样品质量增加率略大于 PEG200 渗透样品，但并不显著，可能是随着 PEG 浓度的提高，PEG400 由于分子量较大渗透能力较 PEG200 小造成的；100～150 天时，A 组样品质量下降明显，B、C、D 组样品质量继续增加，可能与 PEG200 密度较小，在上两阶段中样品质量增加量不高有关，由于第三阶段 PEG2000 浓度较高并未很好渗透使得木材中的水分向外迁移从而

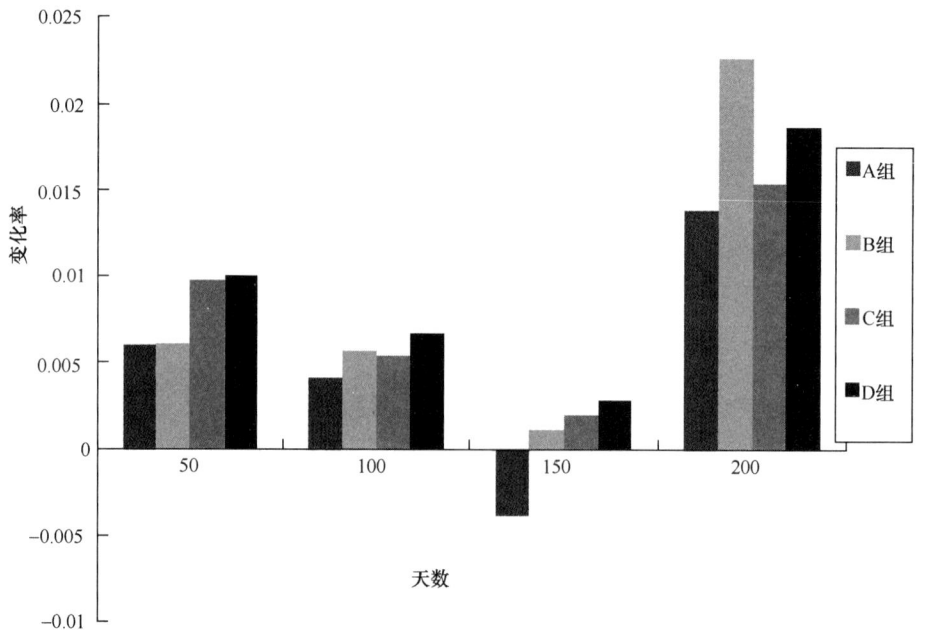

图 8-9　PEG 两步法渗透阶段样品随时间变化的质量变化率对比

导致样品质量减轻；150~200天时，四组样品的质量继续增加，以B组样品质量增加率最为显著。PEG渗透阶段，B组样品PEG渗透加固效率最高，D组次之。

2）尺寸变化

经过PEG渗透加固后，样品在室温条件下自然干燥78天后，各组样品质量均趋于稳定，对比空白干燥样品及经渗透干燥样品尺寸（图8-10）后发现：空白样品体积收缩明显，A、B、C组样品体积略有增加，D组样品之一体积略有增加，另两件略有收缩。从各组样品的平行性来看，C组样品平行性较好，A、B、D每组样品内部变化较大平行性较差。从改善饱水木材干燥过程中木材收缩问题的角度来看，C组方法相较更为有效，且实验结果较为稳定，A组次之，其次为B组，D组最差。通常小分子量PEG能够很好地充盈木材细胞，对细胞壁能够产生润胀的作用，A、C两组样品体积增大可能与实验最后一步使用的PEG2000分子量较B、D两组较小有关，但可能带来如吸湿性较强等弊端。

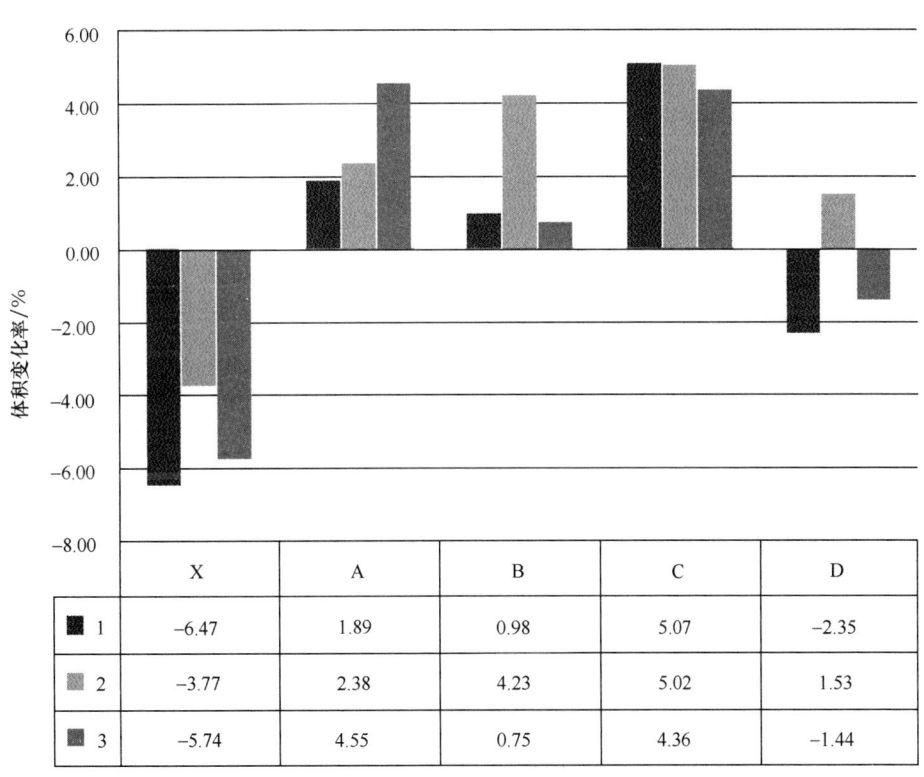

图8-10 PEG渗透干燥前后样品体积变化率（1、2、3为每组平行样块编号）

3）外观变化

将各组依次经PEG渗透、高湿条件下老化、自然干燥后，PEG渗透样品与空白样品颜色对比（图8-11；图版54）后发现：A、C组样品色泽略有加深，B、D组样品色泽略有变浅。

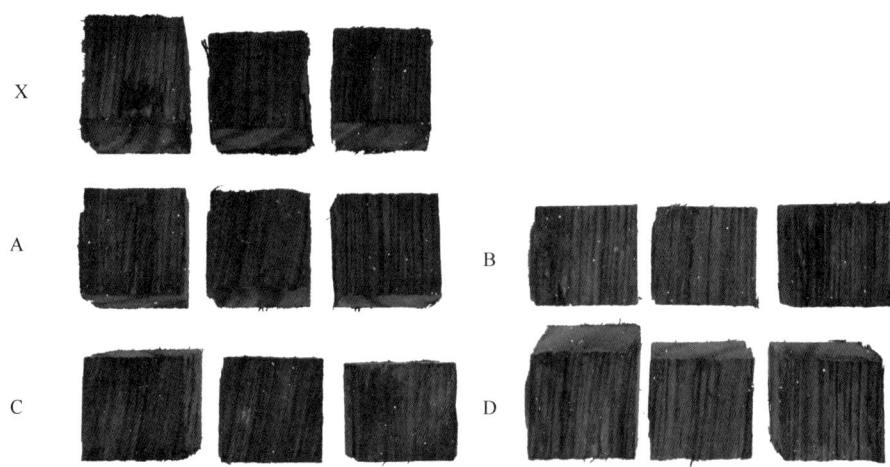

图 8-11　经过 PEG 渗透、高湿老化再自然干燥后的样品形貌

4）样品稳定性

空白干燥样品及 PEG 渗透后自然干燥的样品经过 30 天温度 15℃相对湿度 85%的高湿条件的老化，样品都表现出明显的吸湿性。图 8-12（图版 55）为将样品从恒温恒湿箱中刚刚取出时的状态，木材颜色加深，下方垫的滤纸形貌也发生改变。

图 8-12　高湿条件下样品老化 30 天

从图 8-13（图版 56）中可以明显看出，4 组颜色均深于空白 X 组颜色，A、C 组颜色较 B、D 组更深。样品老化前后质量变化情况（图 8-14）与其色泽变化具有一致性，空白样品及 PEG 渗透后样品老化后质量均增加，4 组质量增加率均高于空白 X 组，A、C 组质量增加率高于 B、D 组。相较而言 D 组颜色加深较浅，质量增加率

图 8-13 老化 30 天后 PEG 渗透样品与空白样品形貌差异

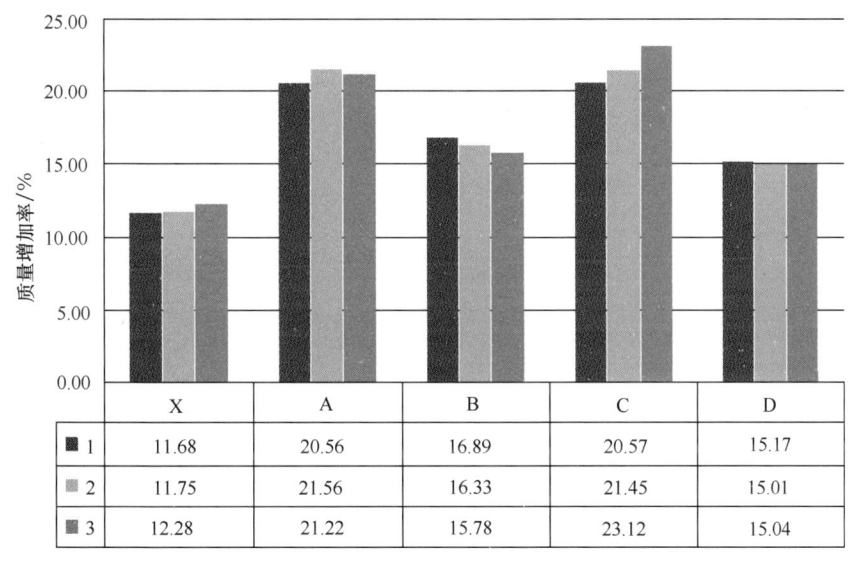

图 8-14 老化后木材样品质量增加率（1、2、3 为每组平行样块编号）

最低，表明该组样品吸湿性最低。

各组样品下方所垫滤纸形貌（图 8-15）在样品老化前后也呈现出较大差异：X 空白组滤纸颜色无明显变化仍为白色，A、C 组滤纸均有两件明显呈棕黄色，B 组滤纸略有发黄，D 组滤纸有较小区域可见不显著发黄。使用 PEG 渗透加固过的木质文物木材在高湿条件下吸湿后常会出现 PEG 析出的现象。滤纸表面的黄色应为析出的 PEG，因此从滤纸颜色变化情况来看，B 组和 D 组析出 PEG 应低于 A、C 组，D 组 PEG 析出量最少，所以滤纸颜色变化不显著。各组样品下方滤纸质量增加率（图 8-16）表明：B、D 组析出 PEG 少于 A、C 组，D 组 PEG 析出量最少所以质量增加率最低。因此，该实验表明，四组样

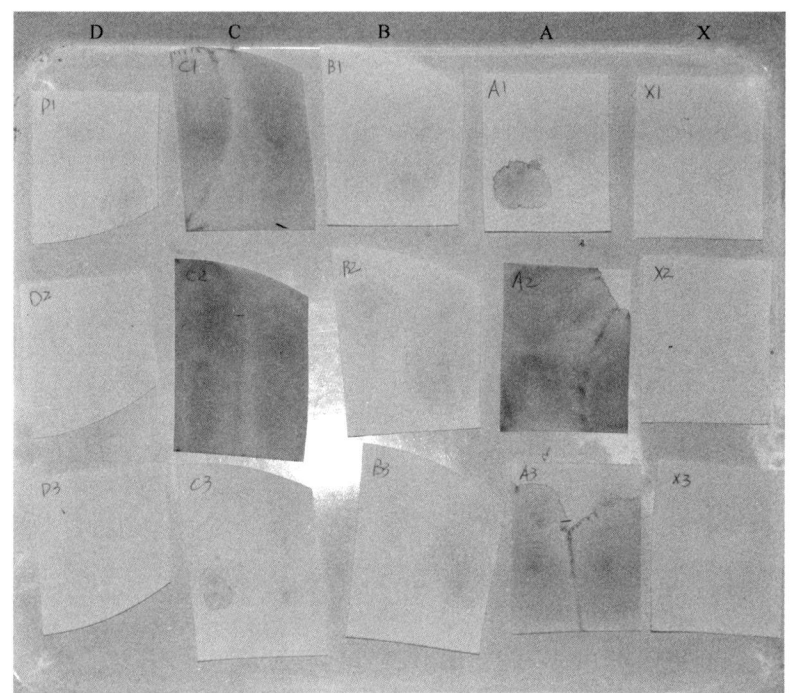

图 8-15　样品下方滤纸形貌

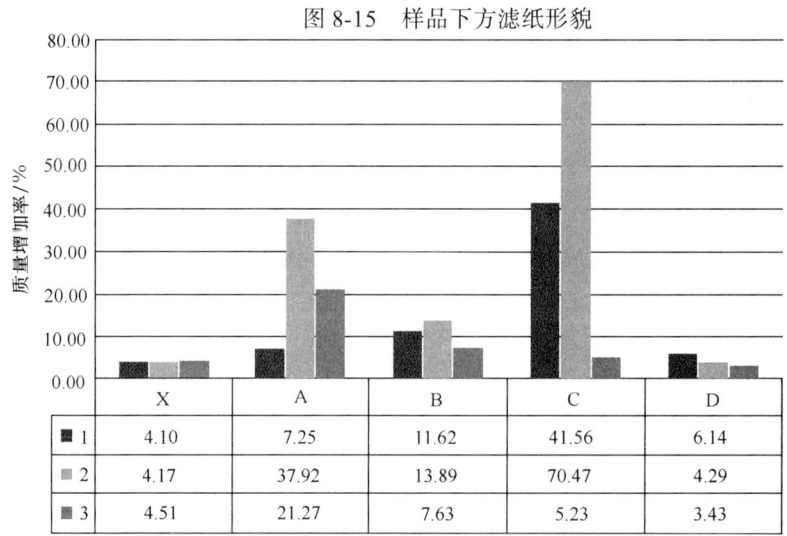

图 8-16　老化后样品下方所垫滤纸质量增加情况

品中 D 组配方处理后的木材样品吸湿性最低，PEG 析出率最低，稳定性更高。

综合以上实验结果，D 组渗透加固方法虽对于木材干燥过程中收缩问题的改善并非最好，但这一问题可以通过在木材干燥过程中降低控制保存环境湿度变化速率来解决。

但该方法渗透效率较高，处理后的木材颜色变化较小，在高湿环境下处理后的木材相对稳定，不会出现明显的 PEG 析出问题，且处理后的木材吸湿性也较低。本书后续的研究方向是力图通过控制文物保存环境温湿度的方法实现木材缓慢脱水，木材脱水初期会长期处于高湿环境中,因此 D 组渗透预处理方法具有现场应用的可能。

3. PEG 加固预处理的可行性及工艺讨论

从定陶汉墓木材保存现状对脱水方法的要求可以看到,使用加固剂预处理的方法主要为解决木材干燥过程中可能会出现的开裂问题。从单分子量 PEG 渗透实验结果来看,各分子量 PEG 都能一定程度渗透到木材细胞内,表明该材料作为环境控制脱水前的预处理加固剂是可行的。但是,实验结果表明,PEG 在其木材细胞中的渗透效率极低,即使是分子量较小的 PEG400 其渗透效率也较低,经过 600 天的浸泡样品仅增重 1.1%。造成 PEG 渗透效率较低的原因有两方面:

首先与木材本身的保存现状有关。从木材细胞微观形貌检测结果来看,腐朽对其木材细胞形貌并未造成显著改变,仅木材表面 0~8 mm 深度的木材细胞壁 S2 层及细胞壁纹孔由于腐朽造成结构破坏而形成孔洞,而 8 mm 深度之后木材细胞壁相对完整,这使得 PEG 渗透通道相对缺乏,并不能很好地渗入木材内部。

其次 PEG 材料本身的性质对其渗透效率有一定影响。小分子量 PEG 在样品表面填充效果较好可能会阻塞 PEG 向木材深处渗透的通道,而大分子量 PEG 虽然能够达到一定的渗透深度,但由于分子量较大填充效果差。在 PEG 筛选试验中,由于渗透第二阶段直接将 PEG 浓度从 5% 提升至 25%。如果需要满足一定的渗透深度,并未对木材细胞起到较好的支撑作用,即使是样品最表面 0~5 mm 深度木材细胞不仅未见填充的 PEG 材料,细胞还出现明显收缩变形。

由此可见,对于大型饱水木质文物而言,由于其木材本身腐朽程度不高及 PEG 材料本身的特点,如果单独使用一种分子量的 PEG 作为预处理加固材料难度较大,必须通过两步甚至多步的方法逐渐提高 PEG 材料的分子量及浓度,才能保证其在木材细胞中的填充效果及渗透深度,以实现加固目标。本研究通过实验筛选出 10%PEG400→25%PEG400→25%PEG4000→40%PEG4000 多步渗透加固的方法,渗透效率较高,能够改善木材干燥过程中的收缩问题,对木材外观改变也较小,且处理后的样品在高湿环境中具有较高的稳定性。

8.4 环境控制木材脱水模拟实验

在缺乏可借鉴研究案例的情况下,全面的模拟实验是充分了解文物样品在不同保存环境中、采取不同保护方法后会发生何种变化的最直接的方式,才可有效地评价保护效果,改进保护方法,制定出适宜的保护指标、细化保护工艺。因此本实验希望借助对比自然干燥、单纯温湿度控制及预处理后温湿度控制条件下样品脱水情况进而对环境控制指标与参数进行细化，实验由以下三组平行实验组成。

A 组：室内环境条件下，未加固样品自然干燥实验；

B 组：环境控制条件下，未加固样品脱水实验；

C 组：环境控制条件下，利用加固剂筛选实验结果，采用 PEG 两步法加固样品开展脱水实验。

8.4.1 实验目的

（1）实验测算样品开裂临界含水率；

（2）估算出样品干燥过程与每一湿度变化梯度达成平衡所需时间；

（3）监测保存环境相对湿度达 55% 时的木材含水率，以及木材含水率达 12%（木材脱水终点）时，保存环境温湿度指标的控制范围；

（4）评价 PEG 渗透加固结合环境控制脱水方法效果。

8.4.2 样品制备

将 2 根题凑木分别从中部切割，所得 3 块木材分别记为 A、B、C，其中 A、B、C 再分别切断题凑榫卯将每块木材自然分为 3 块，共制得 A 组（A1、A2、A3）、B 组（B1、B2、B3）和 C 组（C1、C2、C3）共计 9 个实验样块。测量记录每个样块初始重量、尺寸，拍照记录样块各面形貌。A1 和 B1 直接用于后续实验；A 组中 A2、A3 及 B 组的 B2、B3 样块使用保鲜膜将径面包裹用于后续实验；C 组（C1、C2、C3）样品使用 PEG 渗透加固，根据前期实验结果确定两步法最适宜黄肠题凑腐蚀木材（表 8-1）。四个环节中每一个环节的浸泡周期为 50 天，处理周期共计 200 天。为了加速 PEG 的渗透，全程采用浸泡液 50℃加热条件，从而完成样品的预加固处理过程，为后续进行的环境梯度控制下的脱水阶段和跟踪监测做好准备。

表 8-1　C 组样品加固处理过程与条件

步骤	处理方法	浸泡周期/天	条件
1	10% 的 PEG400 水溶液	50	50℃加热浸泡
2	25% 的 PEG400 水溶液	50	50℃加热浸泡
3	25% 的 PEG4000 水溶液	50	50℃加热浸泡
4	40% 的 PEG4000 水溶液	50	50℃加热浸泡

8.4.3 实验内容与步骤

1. 木材干燥

1）未加固样块室内环境自然干燥实验（A组）

3件实验样块A1、A2、A3由一根题凑木拆解后制得，样块横断面一端为切割面，保存状态较好（记为甲端面），另一端为题凑木原始端面，腐朽较为严重（记为乙端面）。纸巾吸干样品表面水分后记录原始质量、形貌及尺寸。因题凑墙为叠置方式建造，仅木材端面暴露于空气中，实际干燥过程中仅有端面为水分挥发面。为模拟题凑墙体木材脱水过程，A2、A3使用保鲜膜包裹径面，仅露出端面，A1作为对比不做密封处理（图8-17）。

3样块分别置于托盘中，放于室内避光处（图8-18）待其自然干燥脱水。实验初期每日监测所有样品质量，并拍摄所有样品横断面及A1一个径面照片，每周测量样品各面尺寸；待样品质量下降速度趋缓后，各监测项目均改为每周一次。

图8-17 A组样品制备情况

图8-18 样品干燥方式

2）未加固样块环境控制干燥实验（B组）

3件实验样块B1、B2、B3由一根题凑木拆解后制得，样品横断面一端为切割面保存状态较好（记为甲端面），另一端为题凑木原始端面腐朽较为严重（记为乙端面）。纸巾吸干样品表面水分后记录样品原始质量、形貌及尺寸。与A组原因相同为模拟题凑木脱水过程，B2、B3使用保鲜膜包裹径面仅露出端面，B1作为对比不做处理（图8-19）。分别置于托盘放置于恒温恒湿箱中缓慢干燥（图8-20），干燥条件为：温度15℃，起始湿度设为95%，待木材缓慢干燥至重量恒定后湿度降至90%继续缓慢干燥，并以5%梯度逐渐将湿度降至50%。重量每日早晚各监测一次，外貌描述每日一次，拍照每日一次，尺寸每周监测一次，含水率后期换算；在每个温湿度条件下样品重量达到恒定时所有监测内容增加一次；当样品外貌发生改变出现开裂时所有监测内容增加一次。

图 8-19　B 组样品制备情况

图 8-20　B 组样品恒温箱内干燥

3）PEG 加固样块环境控制条件下干燥实验（C 组）

将 C 组样块放置于恒温恒湿箱中缓慢干燥，干燥条件为：温度 15℃，起始湿度设为 100%，待木材缓慢干燥至重量恒定后湿度降至 95% 继续缓慢干燥，如此以 5% 梯度逐渐将湿度降至 50%。干燥过程中样品重量每日早晚各监测一次，外貌描述每日一次，拍照每日一次，尺寸每周监测一次，含水率后期换算；在每个温湿度条件下样品重量达到恒定时所有监测内容增加一次；当样品外貌发生改变出现开裂时所有监测内容增加一次。

2. 绝干实验

将上步实验后 A、B 组样品分别置于干燥箱中，温度设为 103℃烘干 6 小时后，每隔 2 小时称重并记录，质量恒重时即为木材绝干质量。称重时，应先将样品放于放有干燥硅胶的干燥皿中，待样品降于室温后再测量。

3. 实验结果计算

1）样品绝对含水率（$W_{ab}\%$）

以 A 组样品实验结果换算，公式为 $W_{ab}\% = \dfrac{G_a - G_b}{G_b} \times 100\%$。$G_a$ 为木材起始重量，

G_b 为木材绝干质量。

2)开裂临界点的木材含水率（$W_c\%$）

以 B 组样品实验结果换算，公式为 $W_c\% = \dfrac{G_a}{G_c} \times \dfrac{W_{ab}\%}{W_{ab}\% + 1} \times 100\%$。$G_c$ 为木材开始开裂时的重量。

3)各个湿度阶段木材含水率（$W_d\%$）

以 B 组样品实验结果换算，公式为 $W_d\% = \dfrac{G_a}{G_d} \times \dfrac{W_{ab}\%}{W_{ab}\% + 1} \times 100\%$。$G_d$ 为各温湿度条件下木材重量。

4)木材各向收缩率

木材各向收缩率 $= \dfrac{l_a - l_b}{l_a} \times 100\%$。$l_a$ 为木材各向起始尺寸，l_b 为木材各向干燥时尺寸。

4. 数据分析

（1）未处理样品的自然环境与控制环境下样品脱水效果对比，包括：样品干燥过程达到平衡所需时间及含水率的变化、木材收缩率、形貌变化、木材开裂临界点含水率的变化。

（2）环境控制下，PEG 加固后样品与未加固样品脱水效果对比，包括：每个湿度（温度）变化梯度样品干燥过程达到平衡所需时间及含水率的变化、木材收缩率、形貌变化。

（3）环境控制下，PEG 加固后每个湿度（温度）变化梯度样品干燥过程达到平衡所需时间含水率的变化、木材收缩率、形貌变化。

8.4.4　实验结果与讨论

1. 室内自然干燥未加固样品（A 组）

1)木材含水率

经过 518 天自然干燥（保存环境温湿度条件见图 8-21）A 组样品质量趋于恒定，再经过 105℃条件下烘干 27 天（样品 A2 干燥后木材颜色变浅发现表面书写文字，因此并未再烘干），计算得出：起始时 A1 绝对含水率为 134.9%，A3 绝对含水率为 130.4%；在室温条件下干燥平衡时 A1 绝对含水率为 10.82%，A3 绝对含水率 23.83%。A3 由于木材径面包裹有保鲜膜水分蒸发面较少，达到平衡时含水率高于

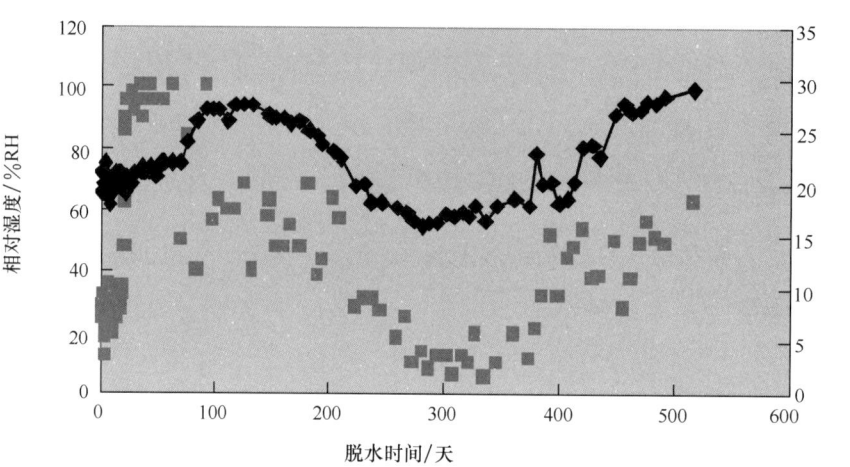

图 8-21　A 组（室内自然干燥）样块保存环境温湿度变化情况

各面均暴露在环境中的 A1，该结果对于今后现场工作具有重要的参考价值，由于山东定陶汉墓黄肠题凑建筑结构特殊的叠压方式决定其木材在干燥过程中仅有较小的蒸发面暴露于环境中，因此，考古现场木材干燥终点含水率可能会高于实验室所测得的数值。

2）质量变化

经过 518 天室内自然条件避光干燥（图 8-22），3 件样块质量均显著减少，约脱水 460 天后样品质量开始上下波动，显示其在室温条件下已接近平衡到达脱水终点。从样品质量变化曲线显示，在最初 30 天质量下降最快；对各曲线（图 8-23）拟合计算其趋势线斜率后发现，样品质量在 90 天之后变化趋缓，该阶段 A2、A3 质量变化趋势线斜率分别为 16.5、15.0 较为接近，A1 质量变化趋势线斜率为 23.8，分别为 A2、A3 质量变化趋势线斜率的 1.44 倍及 1.58 倍。表明 A1 质量减少速率较 A2、A3 大，脱水速度最快，这应与 A2、A3 径面包裹保鲜膜导致木材水分挥发面减少有关。计算各样品暴露于空气中的面积并与其脱水速率对比后发现，虽然 A1 水分挥发面积分别为 A2、A3 的 10.79 倍和 10.56 倍，但其水分挥发速率仅为 A2、A3 的 1.44 倍及 1.58 倍。木材细胞中的水分主要依靠毛细管张力差及水蒸气浓度差的作用沿着木材细胞腔、纹孔、纹孔膜上的小孔，以及为毛细管由内向外移动并挥发，尤其自由水主要通过大毛细管系统包括细胞腔和纹孔向外迁移。细胞腔通道是水分在木材中移动的最主要通道，A2、A3 虽然径面被包裹，但细胞中含量最高的自由水仍可沿着细胞腔管道向外迁移从暴露于空气中的端面挥发。A 组目前实验结果表明，在自然条件下，当木材因径面未暴露于空气中水分挥发面积减小

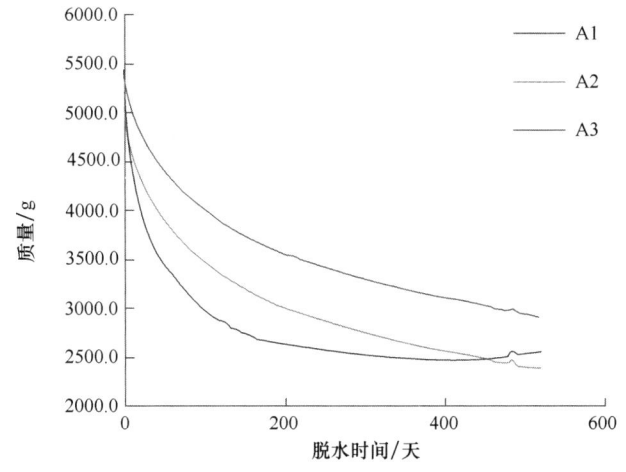

图 8-22　A 组（室内自然干燥）样品脱水 518 天质量变化曲线

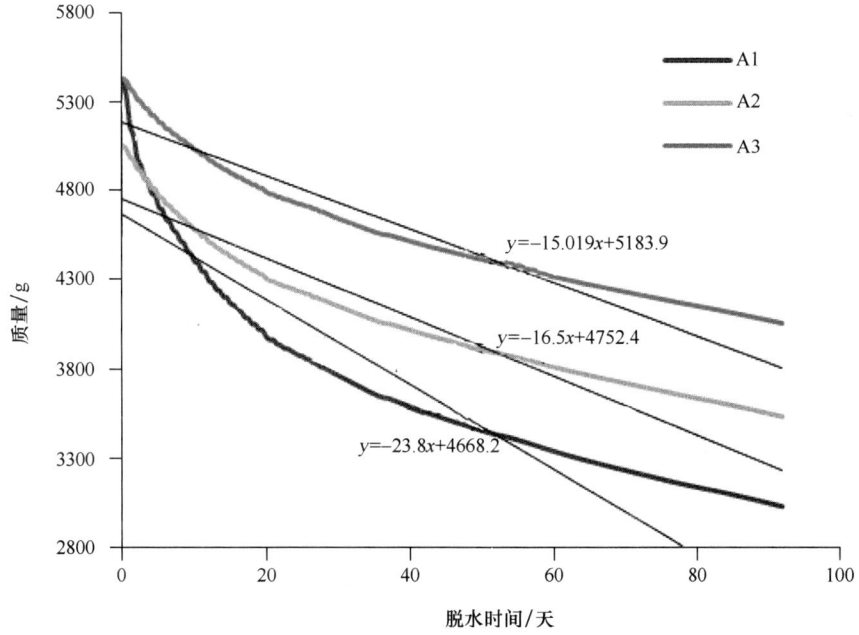

图 8-23　A 组（室内自然干燥）样品最初 90 天质量变化曲线

时，木材脱水速率降低，但降低速率与所减少的挥发面积并不成倍数关系。对于黄肠题凑而言，虽然其最主要木构题凑墙采用叠压的方式，仅木材端面暴露于空气中，造成其水分挥发面急剧减小，由于沿细胞管腔为水分挥发的最主要通道，因此其叠压形式对脱水速率影响并不太大。但在自然脱水至 260 天左右 A1 样品质量下降趋势明显小于 A2、A3，说明在脱水进行至后半程时，挥发面积对于脱水速率的影响趋于显著。

3）外观变化

样品脱水 2 天外观开始发生变化，形貌变化描述见表 8-2，照片记录详见图版

88。从样品形貌变化来看，在木材脱水初期差别不大，均在最初一周内即出现木材开裂现象；脱水 30 天，可明显观察出样品形貌变化差异，A1 表面裂隙比 A2、A3 多且宽，A2、A3 表面盐析更多；这种差异在脱水 90 天后明显，但其差异仅局限于裂隙数量、宽度稍有不同，与 3 件样品脱水速率差异基本一致，即虽有差异但并不巨大。90 天后，样品形貌无显著变化。

表 8-2　A 组样品脱水过程中形貌变化

脱水时间/天	形貌变化		
	A1	A2	A3
0	原始形貌	原始形貌	原始形貌
1	无明显变化	无明显变化	无明显变化
2	径面及两端面边沿开始出现裂纹，出现木屑脱落现象	甲面端面边沿开始出现裂纹，出现木屑脱落现象	甲面端面边沿开始出现裂纹出现木屑脱落现象
4	变化不显著	乙面端面开始出现裂纹	变化不显著
5	变化不显著	变化不显著	乙面端面开始出现裂纹
7	端面出现少量盐析	端面出现少量盐析	端面出现少量盐析
30	各面可见大量裂纹	端面裂纹相对较少	端面裂纹相对较少
60	端面可见贯穿性裂纹	变化不显著	变化不显著
90	裂纹增宽	裂纹较 A1 少，乙端面盐析明显	裂纹较 A1 少，乙端面盐析明显

各样品最初出现裂隙的时间不同，这首先与木材本身含水率、保存现状有关，其次三件样品仅 A1 全部面为蒸发面，从干燥过程中样品质量的变化情况可知，A1 水分挥发速率高于 A2、A3。A1 在脱水第 2 天木材表面出现开裂，换算此时其绝对含水率为 116.4%，A3 在脱水第 5 天木材表面出现开裂，换算此时其绝对含水率为 114.8%。该结果表明，由于样品蒸发面积的不同导致其脱水速率存在差异，导致木材开裂出现的时间节点不同，但该时间节点木材含水率均接近 115%。

4）尺寸变化

木材脱水 312 天后，测量其各向尺寸并与脱水前对比计算其各向收缩率（表 8-3）后发现，样品各向均不同程度收缩，且弦向收缩率均大于径向收缩率。其中 A1 弦向较长边收缩率及径向收缩率较 A2、A3 大，但短边尤其腐朽严重的一端 A1 收缩率较小，而各样品体积收缩率较接近。相同脱水时间节点，A2、A3 弦向收缩率较 A1 有所降低，但并非全部监测部位都如此，在木材腐朽严重的一端则呈现出收缩率增高的现象；A2、A3 径向收缩率较 A1 有所降低，而体积收缩率无规律，可见木材水分挥发面积的减少所造成的木材脱水速率的降低对木材收缩率影响并不大。脱水从312天到518天到达终点时,各样品收缩程度增加。

表 8-3　A 组样品木材各向收缩率

脱水时间/天	样品号	弦向收缩率				径向收缩率	体积收缩率
		甲端面		乙端面			
		长边	短边	长边	短边		
312	A1	1.94%	1.56%	1.71%	2.41%	0.08%	3.85%
	A2	0.58%	2.31%	0.97%	4.29%	0.06%	4.06%
	A3	0.81%	0.79%	0.64%	5.33%	0.02%	3.79%
518	A1	4.04%	3.25%	3.36%	2.93%	0.08%	7.50%
	A2	2.96%	4.42%	1.42%	6.11%	−0.01%	7.49%
	A3	1.87%	2.94%	2.10%	7.18%	0.33%	5.21%

根据表8-4显示,A1和A3的饱水含水率非常接近,高于130%。这个反映出木材腐蚀程度不是很高。未包裹密封膜的A1比包裹的A3失水速度要快速一倍。在316天时候,A1已经达到气干材的含水率,但518天时,A3的含水率仍然有24.8%,说明仍需要更长久的时间才能达到气干材12%的含水率。

表 8-4　A 组木材随时间变化的含水率值

序号	天数	A1 含水率/%	A3 含水率/%
1	起始(饱水状态)	136.2	132.2
2	30(木材开裂)	64.9	99
3	62	44.8	83.9
4	92	32.4	73.5
5	316	9.6	40.0
6	518	11.4	24.8

A1在30天时发生开裂,说明此木材特点是在含水率为65%左右达到临界纤维饱和点。自由水挥发殆尽,结合水将继续挥发。

2. 未加固样品环境控制干燥实验(B组)

1)质量变化

从样品质量变化情况来看(图8-24),经过520天脱水,保存环境相对湿度从95%降至60%,由于设备故障,第482天起温度由15℃调至20℃(图8-25),3件样品质量均显著减少,B1减少49.7%、B2减少35.0%、B3减少42.7%。

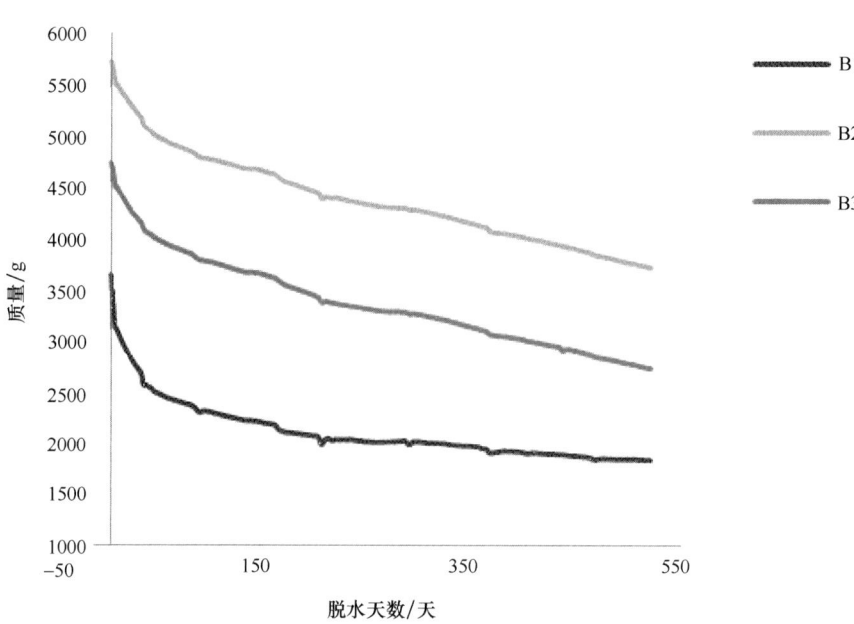

图 8-24　B 组（恒温恒湿空白干燥）样品脱水 520 天后质量变化曲线

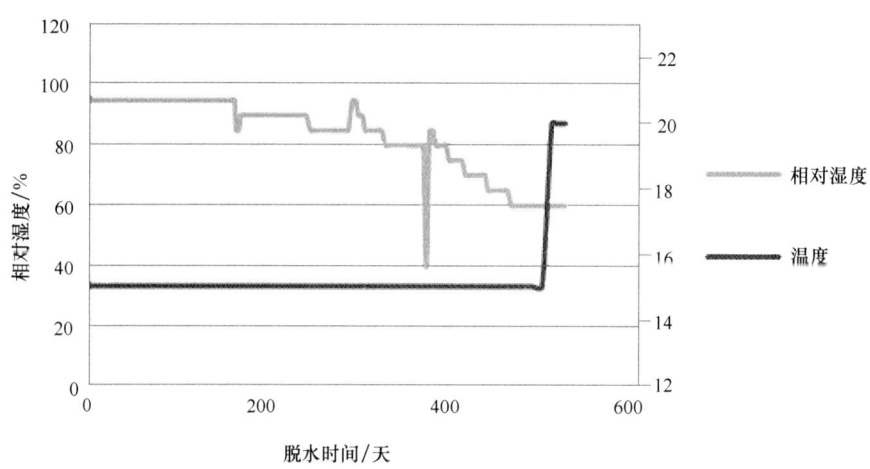

图 8-25　B 组保存环境温湿度变化情况

与 A 组相比，在最初 90 天，B 组样品质量变化趋势线斜率为 10.1～12.5（图 8-26），显著小于 A 组质量变化趋势线斜率，表明该条件下木材干燥过程趋于平缓，干燥速率显著降低；三件样品质量变化趋势线斜率趋于一致，未采用保鲜膜包裹径面的样品 B1 质量变化趋势线斜率是 B2、B3 的 1.23 倍和 1.22 倍。而 A 组样品，未采用保鲜膜包裹的样品 A1 由于在自然环境中，质量变化趋势线斜率分别为 A2、A3 质量变化趋势线斜率的 1.44 倍及 1.58 倍，远大于其他两个样品。A1 质量变化趋势线斜率是 B1 的 1.9 倍，这表明，恒温恒湿的干燥条件对样品干燥速率有较好的控制作用，即使样品蒸发面积

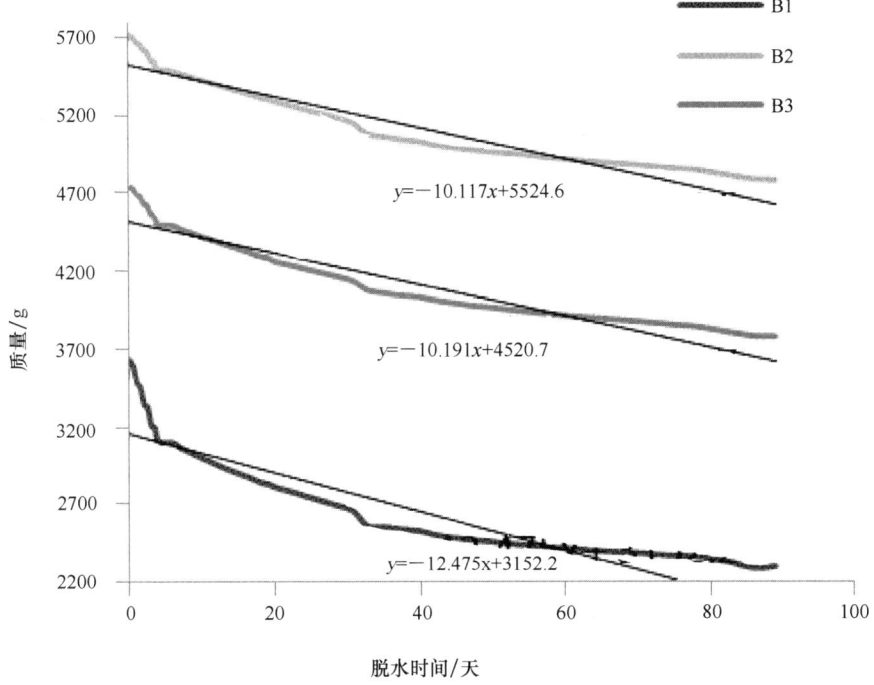

图 8-26　B 组（恒温恒湿空白干燥）样品最初 90 天质量变化曲线

较大也可有效地控制干燥过程，使其趋于平缓，从而降低木材由于干燥趋势过快所产生应力造成木材开裂的风险。

而从样品每日质量减少量即每日失水量情况（图 8-27～图 8-29）来看，三件样品在实验最初四天日质量减少量最大，之后日质量减少量逐渐减少，于 80 日左右质量减少量趋于平稳，日质量减少量不足 1 g。三件样品每日质量减少量存在一定差异，B1 在实验最初 80 日，质量减少量大于 B2、B3，应该是由于样品表面未包裹保鲜膜，实验初期水分挥发面积较大快速失水造成；而在 80 日后质量减少量少于 B2、B3，可能是由于在实验初期 B1 木材中大部分的自由水已挥发，而 B2、B3 木材中还未挥发的自由水较多，所以实验后期反而日质量减少量高于 B1。整个脱水过程中，每次当将保存环境湿度按照实验计划下降一个梯度时，样品每日失水量大幅增加，至 4 日后样品每日失水量基本趋于平稳，而且在每个梯度区间，三件样品虽每日质量减少量变化趋势一致但存在差异，当保存环境湿度大幅降低时，B1 的每日失水量大于 B2、B3，趋于平稳后 B1 每日失水量小于 B2、B3。此外，三件样品每日质量减少量多次出现跳跃式变化，为所使用的恒温恒湿箱出现故障所致，失水量在仪器故障期间大幅增加，而在维修好后由于保存环境湿度上升还会出现样品吸水增重现象（表 8-5）。

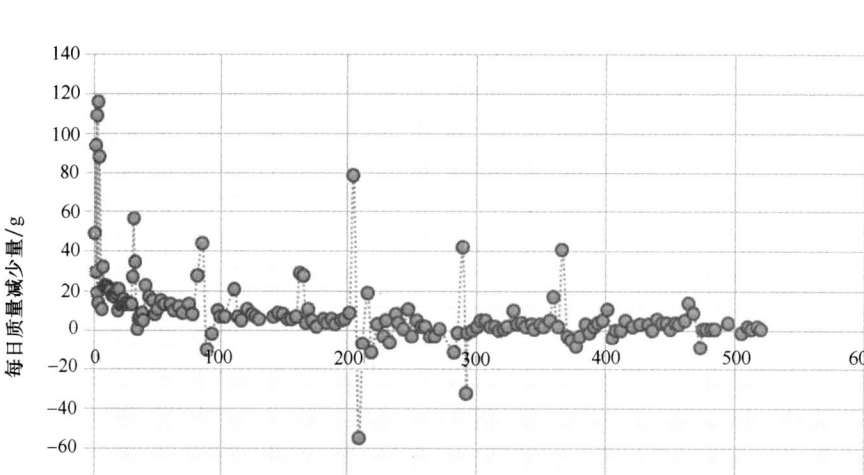

图 8-27　B1 每日失水量

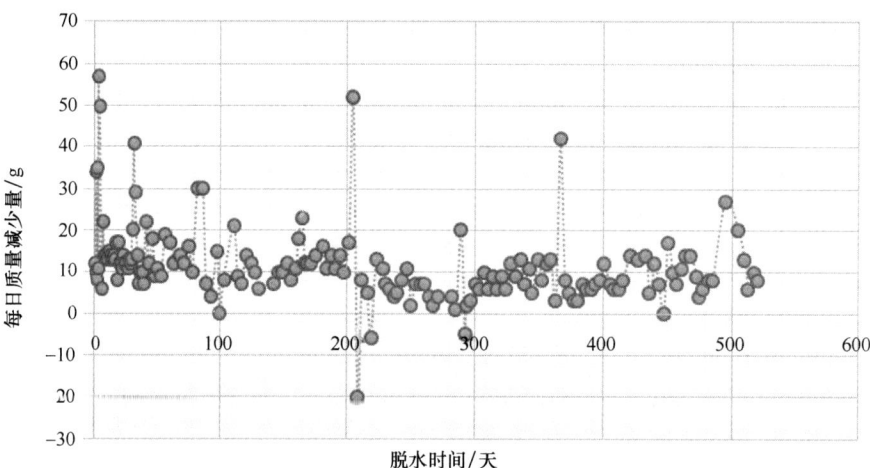

图 8-28　B2 每日失水量

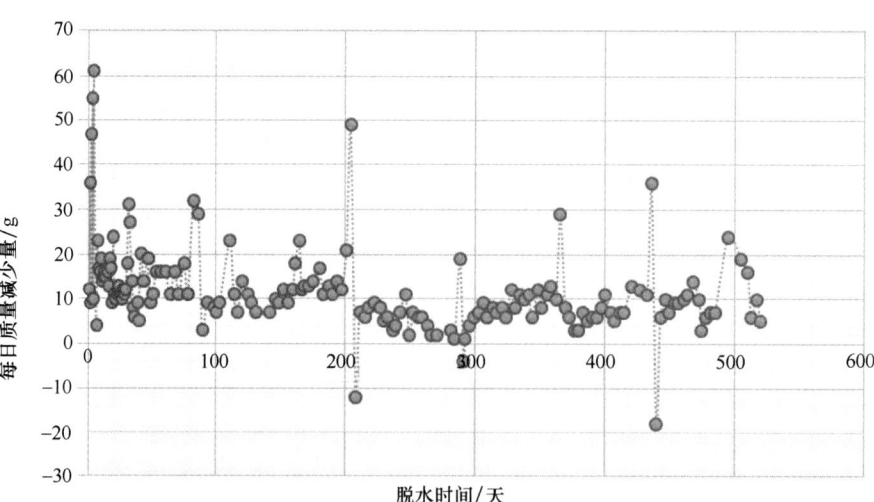

图 8-29　B3 每日失水量

表 8-5　B 组随环境湿度梯度下降的木材含水率值

阶段	天数	B1		B3	
		重量/kg	含水率/%	重量/kg	含水率/%
饱水状态	—	1595.2	127.31	1861.1	154.47
木材开裂	30	2674	67.63	4147	122.83
饱水～95%（与湿度95%平衡）	160	2168	35.91	3603	93.60
95%～90%	83	2013	26.19	3311	77.91
90%～85%	81	1985	24.44	3190	71.40
85%～80%	68	1907	19.55	3011	61.79
80%～75%	20	1891	18.54	2967	59.42
75%～70%	24	1878	17.73	2888	55.18
70%～65%	25	1851	16.04	2855	53.40
65%～60%	59	1824	14.34	2717	45.99
天数共计	520	—	—	—	—
体积收缩率	—	6.22%		5.70%	

表 8-5 显示，B 组木材放置于恒温恒湿箱内温度 15℃保持不变，相对湿度由 95% 变成 60% 下降过程中，木材重量和含水率的变化。需要说明的是，由于在 520 天恒温恒湿环境干燥脱水后，B2 发现"墨书痕迹"，因此，作为重要文物保留下来，未参与后续的绝干处理和相关数据分析。

环境控制实验带来的木材脱水过程的认识如下：

（1）样块与环境达到平衡的理解：实验之前的认识是，在温度恒定条件下，与环境某一节点湿度达到平衡时，木材的重量也会保持稳定。实际上，木材失水是一个持续的过程，木材样块在最初阶段由饱水状态至与 95% 湿度环境刚刚达成平衡用了大约 35 天，由最初的 170 g/d 减到 1.5 g/d，即每日失重比例由 4.7% 减为 0.05%；温度为 90%～95%，在第 35～160 天的过程中，仍然以每天微量的失水而继续发生，属于"相对平衡"阶段。因此，没有理想状态下的均对平衡点，木材在微小波动的环境中仍会不断失水。但是，控制失水速度可以通过控制环境指标的方式达到。

（2）在 B 组脱水实验过程中，不断摸索尝试。在最初保存环境湿度为 95% 这一阶段，我们跟踪了 160 天（5 个多月时间），最终确定木材的平衡状态。后期多次尝试后发现下调湿度梯度，以 5% 作为下调梯度更为稳妥。

（3）梯度内时长对比：表 8-5 可以看出，经过环境控制，包裹木材比非包裹木材的含水率下降幅度缓慢。在木材由饱水到与95%的环境达成平衡的初期阶段，时间较长大约为160天。在后期湿度由80%下降至60%阶段，木材与每一个梯度达成平衡的时间逐渐变短，平均25天即可与湿度达到平衡状态。

（4）梯度内失水量对比：在脱水初期，木材与95%达成平衡，B1的含水率由127.3%降至35.91%，B3由154.47%降至93.6%。这说明，即使含水木材与95%如此高湿环境达成平衡，其失水量及失水速度也是各阶段中最大的。因此，木材在从饱水状态至与高湿环境95%平衡的这一过程也是最为重要、变化最明显的阶段。

（5）木材与设置环境相对湿度60%达成平衡时，裸露材B1的含水率达14.34%，基本接近气干材12%的含水率水平。但是纵身包裹密封膜B3的含水率仍为45.99%。B1在30天左右发生开裂现象，含水率为67.63%。这与A1木材含水率为65%时开裂结果非常相近。反映出此木材特点是纤维饱和点位于65%~70%。低于此界限，木材的自由水挥发完全，细胞组织中的结合水开始挥发，导致细胞坍塌变形出现。

（6）保存环境的稳定性对于脱水速率、脱水效果影响至关重要。

2）外观变化

样品在520天的实验期，形貌变化描述见表8-6，形貌变化照片详见图版89。B1、B2最先开始出现裂纹，均在最初一周内即出现木材开裂现象，脱水30天，B3才出现轻微的裂纹，脱水40天后样品开裂程度基本不变；样品均在脱水第10天出现明显的盐析现象；脱水40天样品开始出现霉菌生长的现象。恒温恒湿设备多次出现故障，导致湿度陡然降低，木材多次急速脱水出现开裂，如205天可见各样品开裂极为严重，但设备维修好后木材吸水开裂现象又能得到缓解，所以最终在脱水520天时木材开裂情况相对较轻。

表8-6 B组样品脱水过程中形貌变化

脱水时间/天	形貌变化		
	B1	B2	B3
0	原始形貌	原始形貌	原始形貌
3	无明显变化	无明显变化	无明显变化
4	乙端面开始出现裂纹	乙端面开始出现裂纹	无明显变化
10	乙端面出现盐析现象	乙端面出现盐析现象	乙端面出现盐析现象
20	变化不显著	变化不显著	无明显变化
30	端面裂纹略有增加	端面裂纹略有增加	乙端面可见细微裂纹

续表

脱水时间/天	形貌变化		
	B1	B2	B3
40	端面出现霉菌，裂纹呈放射线增加	端面出现霉菌，乙端面裂纹呈放射线增加	端面出现霉菌，乙端面裂纹略有增加
80	裂纹略有增加	裂纹略有增加	变化不显著
120	裂纹增加量不显著，霉菌大量生长	裂纹增加量不显著，霉菌大量生长	裂纹增加量不显著，霉菌大量生长
160	变化不显著	变化不显著	变化不显著
190	变化不显著	变化不显著	变化不显著
205	各面大面积开裂	端面大面积开裂	端面大面积开裂
520	端面有裂纹	端面有裂纹	端面有裂纹

3）尺寸变化

木材脱水 160 天后，测量其各向尺寸并与脱水前对比计算其各向收缩率（表 8-7）后发现，样品均不同程度收缩，但 B1、B2、B3 间未见任何规律性。

表 8-7 B 组样品木材各向收缩率

脱水时间/天	样品号	弦向收缩率/%				径向收缩率/%	体积收缩率/%（梯形体）
		甲端面		乙端面			
		长边	短边	长边	短边		
160	B1	0.48	0.44	0.55	0.91	0.02	1.16
	B2	0.07	0.13	−0.04	0.47	0.00	0.32
	B3	3.32	3.63	0.44	0.46	0.49	3.62
520	B1	2.55	3.11	3.47	3.62	0.07	6.22
	B2	0.81	1.24	0.64	1.59	0.01	2.14
	B3	4.99	2.97	1.39	2.27	0.51	5.70

3. PEG 加固 & 环境控制干燥实验（C 组）

1）质量变化

C 组是经过 PEG 两步法加固渗透后，经过 405 天恒温恒湿箱内相对湿度由 95% 逐级降低为 60%，三条木材样块达到较为稳定的重量。通过与 B 组对比可以看出，C 组的失水速度非常缓慢（图 8-30）。C1 由于没有包裹密封膜，并且腐蚀程度更高，所以相对较快。与 B 组失水率 49.7%、35.0% 和 42.7% 相比，C 组的 3 件样品质量变化较少，C1 至 C3 失水率分别为 37.82%、12.09% 和 20.85%。

与 B 组（无加固环境控制干燥）趋势线斜率 10.1～12.5 相比，在最初 90 天中，C 组样品质量变化趋势非常平缓（图 8-31）。由于 C1 完全裸露，C2 和 C3 纵身采用密封膜包裹，仅露出两个端头的挥发面，因此 C1 的质量变化趋势线斜率为 5.7，C2 和 C3 仅为 0.83 和 1.41，无包裹样块 C1 是 C2、C3 两个包裹样块的 6.86 倍和 4.04 倍。与 B 组相比，B 组的无包裹是包裹样块斜率的 1.23 倍。同样是包裹样块，未处理样品的趋势线斜率是 PEG 处理样块的 9 倍。这表明被包裹之后，并且端面两侧用 PEG 填充封护，配合恒温恒湿条件，样品 C2 和 C3 失水干燥速率极大的降低，失水速度得到有效的控制。从而显著降低木材由于干燥过快造成木材开裂的风险（表 8-8、图 8-32）。

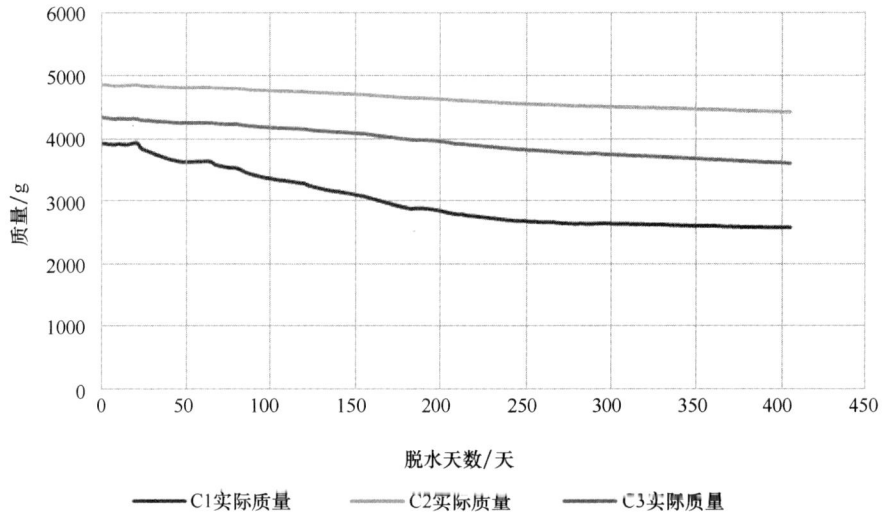

图 8-30　C 组（加固＋环境控制干燥）样品脱水 405 天质量变化曲线

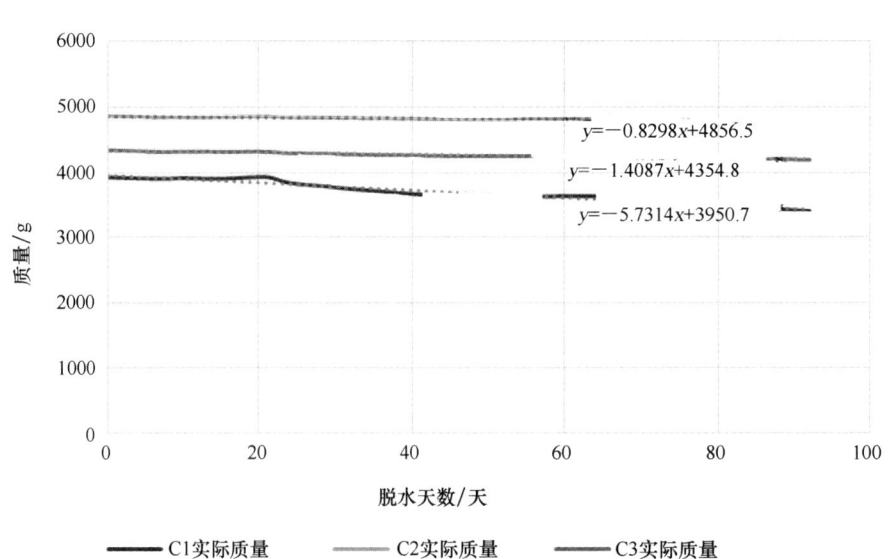

图 8-31　C 组（加固＋环境控制干燥）样品脱水 90 天质量变化曲线

表 8-8　C 组随环境湿度梯度下降阶段性变化

阶段	天数	C1 重量 /kg	C2 重量 /kg	C3 重量 /kg
PEG 处理后	—	3919	4864.5	4337.4
饱水～95%（与湿度 95% 平衡）	21	3923.3	4854	4310
95%～90% 平衡	60	3516	4796	4221
90%～85%	39	3276	4742	4145
出现小裂隙	62	2880	4641	3976
85%～80%	69	2884	4639	3971
80%～75%	46	2644	4504	3741
75%～70%	35	2623	4480	3698
70%～65%	32	2600	4453	3655
65%～60%	41	2578	4417	3599
共计天数	405			

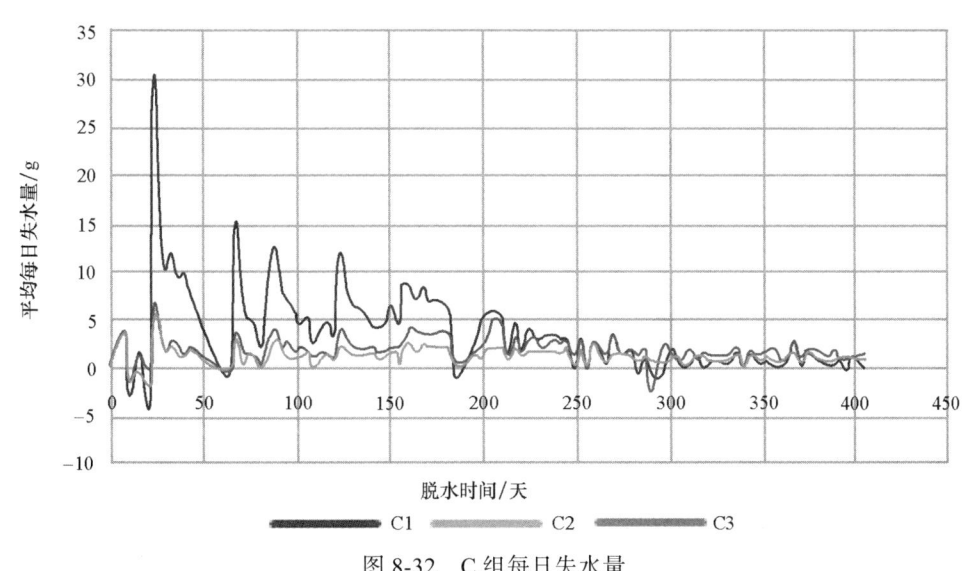

图 8-32　C 组每日失水量

环境控制实验带来的 PEG 处理木材脱水过程的认识如下：

（1）通过数据分析可以看出，C 组在各个相对湿度阶段，与环境相平衡的周期缩短。1～2 个月时间就可以和环境设置相对湿度达成平衡状态。时间上与 B 组 520 天相比也大大缩短脱水周期。

（2）由于 C1 没有包裹密封膜，在前 180 日中，平均每日失水量明显高于纵身被包裹的 C2 和 C3。后期逐渐保持相对一致。说明在相对湿度 95% 梯度降低为 80% 这一过程中，使用 PEG 处理的样块，失水速度相对较快。而后期则以 1 克 / 天的速度保持缓慢失水。

2）外观变化

形貌变化的描述详见表 8-9，形貌变化照片详见图版 90。在干燥 2 个月后，相对湿度 85%～80%，开始出现极其微小裂隙，形貌基本保持完好。因此在后期大批量木材脱水过程中，应该注意缓慢控制这一期间的相对湿度的下降速度。

表 8-9　C 组样品脱水过程中形貌变化

脱水时间 / 天	形貌变化		
	C1	C2	C3
0	原始形貌	原始形貌	原始形貌
9	变化不显著	变化不显著	变化不显著
22	变化不显著	变化不显著	变化不显著
35	变化不显著	变化不显著	变化不显著
80	变化不显著	变化不显著	因环境变化颜色变浅
209	甲端面出现一条裂缝	变化不显著	变化不显著
254	变化不显著	变化不显著	变化不显著
317	变化不显著	变化不显著	变化不显著
469	变化不显著	变化不显著	变化不显著
504	变化不显著	变化不显著	变化不显著

3）尺寸变化

木材脱水 405 天后，测量其各向尺寸并与脱水前对比计算其各向收缩率（表 8-10）后发现，样品仅有微小的收缩，体积收缩率分别为 2.89%、1.62% 和 3.43%。与 B 组收缩率 6.22%、2.14% 和 5.7% 相比，明显降低。

表 8-10　C 组样品木材各向收缩率

脱水时间 / 天	样品号	弦向收缩率 /%				径向收缩率 /%	体积收缩率 /%
		甲端面		乙端面			
		长边	短边	长边	短边		
405	C1	1.20	1.47	1.21	5.31	0.26	2.89
	C2	1.03	2.79	0.46	0.83	0.10	1.62
	C3	1.62	1.08	0.49	1.49	0.77	3.43

经过模拟对比试验，由于 PEG 处理样块 C 组的失水速度是 B 组未处理样块的 1/9，对环境的依赖性较小。即使干燥环境暂时波动，其造成的影响也相对较小。因此，在实际的现场大规模脱水干燥之前，对重度腐蚀木材进行填充加固处理，对低

度腐蚀木材进行封护处理，可以有效降低木材失水率，并降低对保存环境的依赖程度，抵御各种环境变化的突发情况。

4. 环境控制木材脱水可能出现的问题及对策

对比 A、B、C 组实验结果后发现，通过控制保存环境温湿度的方法能够有效地降低木材脱水速率，并使其脱水进程趋于平缓。但实验过程中暴露出控制保存环境温湿度脱水干燥的方法仍然存在如下问题：

1）木材开裂问题无法彻底解决

B 组初步实验结果表明，三件样品中两件在脱水进行 10 天即出现轻微裂纹，一件在脱水 40 天时出现轻微裂纹，实验进行至 160 天，一件样品端面已开裂较为严重。而目前 B 组干燥条件为相对湿度 90%，随着之后湿度的降低样品的开裂程度很有可能还会加重。可见，仅通过控制环境的方法无法彻底解决木材开裂的问题，这一结果也表明在此之前有必要对样品进行加固预处理。

2）样品出现盐析现象

虽然通过控制保存环境温湿度的方法能够有效地降低木材脱水速率但并不能阻止这一过程中盐分在木材表面析出。因此，无论是采取何种保护方法，均需在脱盐后进行。

3）霉菌生长问题

B 组在脱水进行过程中，由于恒温恒湿箱内设有循环通风，未见木材微生物生长。至 40 天时，由于恒温恒湿箱设备故障一周，三件样品端面均开始出现白色丝状霉菌菌丝，而且随着脱水时间的增长霉菌生长更为明显。经分子生物学检测，主要是由青霉菌和曲霉组成（表 8-11）。样品长期处于高湿环境中，霉菌的防止和抑制问题需要另外立题进行研究讨论。

表 8-11 样品 3 真核生物检测结果汇总

总克隆数	属	备注	克隆数	比例 / %
32	*Penicillium*	青霉属	19	59.38
	Aspergillus	曲霉属	12	37.50
	Phialophora	瓶霉属	1	3.13

4）恒温恒湿监测及控制设备的稳定性

B 组和 C 组实验的恒温恒湿箱腔室不足 2 m³，但加湿设备及控温设备尚且多次出现故障，可见环境控制难度较高，将其应用于大型木构物对仪器稳定性有较高要求；此外，长期处于高湿环境中，温湿度监测设备已出现锈蚀停工情况，进而影响温湿度控制效果，因此对温湿度监测设备要求也较高。

在实验过程中多次出现的样品质量突变，脱水速率突然增高，表明仅靠控制温湿度的方法控制木材脱水，出现风险的可能性仍较大。因此通过样品预处理并结合环境控制方式开展木材的脱水保护是更为安全可靠的方法。

8.5 结论

（1）实验表明，山东定陶汉墓黄肠题凑木材的自然干燥方式仍然存在诸多不足之处。首先自然干燥周期比较漫长，57 cm×13 cm×6.6 cm 长的木条尚且需要 517 天才完全与自然环境达到平衡，说明在环境较为波动的状态下，木材中水分挥发也是缓慢的过程。自然干燥法造成木材径向和弦向严重开裂和干缩率变化。实际黄肠题凑墙体相比实验用的木样块腐蚀更严重且不均匀。木材的大幅度的开裂、变形极有可能引发整体结构的不稳定。因此，自然干燥并不是理想的汉墓黄肠题凑保护方式。

（2）定陶汉墓黄肠题凑的保存现状表明其具有应用环境控制脱水的条件，脱水后木材能够维持其力学稳定性；但由于木材腐朽由外至内逐渐发生，木材表面 0~8 mm 处腐朽严重，腐朽呈现出显著的不均匀性。B组的模拟实验中，即使在90%相对湿度条件下，木材也开始出现开裂现象。因此，环境控制脱水前需要使用加固剂对端头糟朽木进行预处理，从而控制形貌的相对稳定；木材干燥过程中应尽量避免木材出现开裂情况，以免由于木材强度的降低，造成木构件扭曲、榫卯结构断裂、整体木结构形变等危害。

（3）与自然干燥方式相比，环境控制技术能够有效地降低饱水木质文物干燥过程中脱水速率，并使得脱水趋势趋于平缓；由于木材本身的不均匀的腐朽特点及差异干缩，单纯使用环境控制技术进行大型饱水木质文物的脱水，虽对木材开裂有一定抑制作用，但效果并不十分显著。木材纤维饱和点为65%~70%，远高于新鲜木材平均含水率30%的纤维饱和点。

此外，环境控制技术并不能解决木材干燥过程中的盐析问题，这需要已经安装到位的"自动控制喷淋系统"经过长期的淋洗溶解大部分木材中的可溶盐。木材干燥过程中会出现霉菌生长问题，需要在后续实验中予以解决；环境控制技术对恒温恒湿控制设备及检测设备有较高要求。因此，单独使用该技术具有一定风险，有必要在环境控制脱水前，对脱水木材进行加固处理和水分置换。

（4）C组实验证明了通过PEG两步法预处理木材配合环境控制的脱水方式，不仅对黄肠题凑腐蚀层进行加固，并且有效控制水分的挥发速度。C组木材收缩率是三种脱水形式中变化最小的，能够达到比较理想的保护效果。该方法可应用于定陶汉墓黄肠题凑木材的脱水保护实际工作。

饱水木材保护是一项长期的研究工作，为了保持木材的形貌发生最小限度地变化,从微观角度,需要使木纤维中的自由水以非常缓慢的速度蒸发释放,同时要保证木材的结合水的一定存在。这一特点使得木材脱水保护是一项漫长而精细的工作。并且木材保护具有非常独特性,其他遗址地出土饱水木质文物由于木材属性、埋藏环境、腐蚀程度各异,其保护经验往往不适用于此处。此外,很多实验研究工作可以为现场保护提供重要参考借鉴,但是现场保护研究是更为重要的步骤,以补充室内研究的不足。后续工作仍然需要以研究结果为基础,继续在现场实验研究中探索找出更加适宜更为符合汉墓特点的保护技术。

参 考 文 献

[1] 中国林业科学院木材工业研究所. 中国主要树种的木材物理力学性质. 北京:中国林业出版社, 1982, 6-7.

[2] Hoffmanm P. On the stabilization of waterlogged oak wood with PEG. Molecular size versus degree of degradation. In: Proceedings of the 2nd ICOM Waterlogged Wood Working Group Conference, Grenoble, 1985, 95-115.

[3] Christensen B B. The Conservation of Waterlogged Wood in the National Museum of Denmark. Denmark: Nationalmuseet, 1970.

第 9 章 黄肠题凑墨书的发现与信息提取

9.1 引言

文字文物是古人对重要历史活动、事件的记载，它是一种古老和具有丰富内涵的艺术方式。文字不仅是人类社会生活的一面镜子，而且记录着汉民族实践的历史尤其是认知的历史，凝聚着汉民族先人复杂的心智劳动、独特的思维方式和文化心理。因此，出土文物中附载的文字是文物重要的组成部分，具有很高的历史价值、艺术价值及学术价值，是研究我国文化历史的珍贵资料，对于古文化的研究具有重大的传承意义。出土文字不仅补充修正了古文献记载，并且对今人研究古代历史文化具有最直接最重要的参考价值。

中国文化遗产研究院自 2014 年承担定陶汉墓保护项目，黄肠题凑项目组在试验研究木材过程中，陆续发现题凑木材层层叠压的内表面遗留有珍贵的墨书文字约 60 个。有些文字刚一发现，非常清晰鲜明。但有些文字由于表面受树脂、淤泥、盐霜的覆盖，文字模糊难辨。基于诸多模糊文字的发现，我们采用了高光谱分析技术提取墨书信息。高光谱成像技术可以同时对目标进行几百个波段的精细成像，结合光谱分析方法，可以在更深层次、更直观、更清晰地无损提取文字信息。本研究利用自主集成研发的短波红外地面成像光谱系统，获取黄肠题凑柏木表面高空间分辨率、高光谱分辨率的短波红外（1000～2500 nm）成像光谱数据，对柏木表面墨书文字信息进行了有效提取，并且发现在题凑结构中紧密对贴的柏木间墨书会发生浸润现象。

本章节将介绍利用光谱分析技术提取墨书文字的辨识原理及应用效果。第 10 章将阐述保护墨书黄肠题凑的实验研究工作。

9.2 定陶黄肠题凑墨书发现过程

"黄肠题凑"葬制是西汉时期盛行的帝、后和同制的诸侯王、后使用的一套葬制,必须用黄心柏木枋构成,否则便不成其制,因此是西汉最高等级的葬制之一。

定陶汉墓发现的比较特殊的文物是封护墓室的顶部及周边青砖,这些砖都是草拌泥质,绝大多数砖上都有朱书、墨书、刻划文字,以及符号、模印纹等,文字内容绝大部分是人名,另有少量"山阳昌邑东炀里"、"平昌里"、"八十二数"等地名及数字。据初步统计,砖上涉及的人名姓氏达 30 余种。

汉墓内部小室集中了一批散落的黄肠题凑构件,每组黄肠木是由三条 1.15 m 长的枋木以两处榫卯连接组合而成。2014 年 7 月 1 日,定陶汉墓黄肠题凑保护小组需要把成组的黄肠题凑木从卯榫处分开,用于木材保护试验。笔者提取过程中偶然发现三层一组的枋木条的内侧对贴面上书写墨书的文字。特别是发现了"建始四年四月癸丑……长乐省匠由……"等,这些文字不仅记录了确切的时间,并且记录"长乐省"这一官方机构名称。墨书中出现"长乐省"这一名称,为研究西汉内外官职的设置提供了线索和依据。此外,大部分黄肠题凑枋木上的墨书文字还记录了这些枋木的尺寸、重量,这对研究汉代度量单位也提供了重要的实物证据(图 9-1、图 9-2;图版 57、图版 58)。这是定陶汉墓自 2010 年考古发掘以来首次发现确切的时间记述。

图 9-3 为定陶汉墓中对黄肠题凑木块拍摄的局部照片,左右两图分别为题凑结构中一条题凑木较宽的两面(左为 A 面,右为 B 面)。从照片中可以看到非常模糊的墨书文字,但是难以辨识文字内容(图版 59)。

由于木材已遭受约 2000 年的腐蚀,有些题凑枋木表面变色发黑严重,并且被残留污染物及盐霜覆盖,凭肉眼难以清晰辨认字迹(图 9-3)。但由于碳分子的稳定性,利用点光谱探测方法,可以得到其光谱信息。通过与碳标准矿物光谱信息进行对比匹配,根据其典型吸收位置可以判定其为墨书,但是除此之外并不能确定其文字内容,给考古研究工作带来了极大的困难。

光谱分析技术基于其方法简单易行、快捷、无损等优点,已在很多方面获得应用,特别是在文物检测方面。高光谱成像技术可以将成像技术与光谱分析技术结合,在对目标的空间特征成像的同时,对每个空间像元经过色散形成几十个乃至几百个窄波段以进行连续的光谱覆盖。短波红外是指 1~2.5 μm 波长的红外波段。所有物体在反射环境中普遍存在短波红外辐射,并且不同材质在不同的短波红外波段其反

图 9-1　发现有"建始四年"字样的墨书文字

图 9-2　发现的墨书文字清晰可读

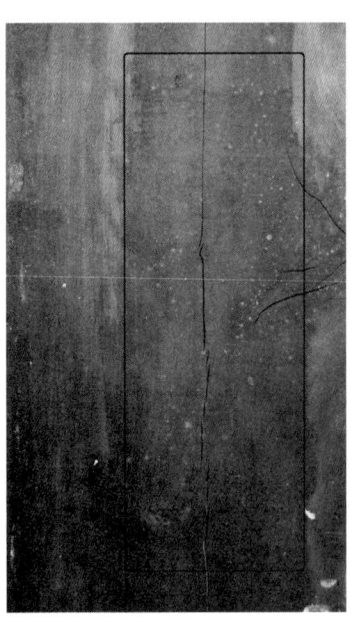

(a)　　　　　　　　　　　　(b)

图 9-3　定陶汉墓中对黄肠题凑木块拍摄的局部照片

[(a) 为 A 面，(b) 为 B 面]

射特征不同。根据这一特点，可以为文物线描与颜料的区分提供直接有效的技术手段。本书利用短波红外地面成像光谱系统，以定陶汉墓黄肠题凑墨书为例，对古文字进行短波红外成像光谱扫描成像，获取1000～2500 nm的短波红外数据，并对数据进行处理，提取了黄肠题凑叠压木条内侧重要的文字信息，并且针对题凑表面文字，进一步探究墨书浸润现象的发生过程，文字的辨识与解读将提供确切时间线索，为整个定陶汉墓的墓主身份、制作年代、墓葬营造等考古研究提供重要的实物证据。

9.3 短波红外成像光谱的应用

9.3.1 高光谱成像技术概述

光谱分析技术基于其方法简单易行、快捷、无损等优点，已在很多方面得到了应用，特别是文物检测方面[1]。成像光谱学（imaging spectroscopy）是在20世纪80年代开始建立的，在传统光谱学的基础之上，将传统的光谱学和成像技术结合起来，在电磁波的紫外、可见光、近红外和中红外区域，获取许多非常窄且光谱连续的图像数据的技术[2]，这种技术设计出的新型遥感仪器，叫成像光谱仪（imaging spectrometer）。成像光谱技术可以将成像技术与光谱分析技术结合，在对目标的空间特征成像的同时，对每个空间像元经过色散形成几十个乃至几百个窄波段以进行连续的光谱覆盖。将成像光谱技术应用于遥感，对于一个给定的观察区域中的像素，足以从这些探测的数据中获取所对应地物的精细光谱特性，通过分析处理，实现对地物的鉴别及其环境的分析。成像光谱数据具有通道数量多、光谱分辨率高的显著特点，又称作高光谱成像技术。

高光谱成像技术的基础是波谱学，早在20世纪初波谱学就被用于识别分子和原子的结构。由于物质是由分子、原子构成的，组成物质的分子、原子的种类及其排列方式决定了该物质区别于其他物质的本质特征。当电磁波入射到物质表面时，物质内部的电子跃迁，原子、分子的振动、转动等作用使物质在特定的波长形成特有的吸收和反射特征，能够通过物质的反射（或吸收）光谱反映出物质的组成成分与结构的差异，然而这些吸收和反射特征在传统的多光谱遥感数据上很难清楚地体现。

成像光谱仪是集探测器技术、精密光学机械、微弱信号探测、计算机技术、信息处理技术等为一体的综合技术，每个单项技术的发展都会推进成像光谱技术的提高。其中比较关键的技术有以下几项：①光学系统技术；②分光技术；③焦平面探测器技术；④光谱与辐射定标技术；⑤图像非均匀性校正技术；⑥高速数据处理技术等。

高光谱技术的特点主要表现在：

（1）波段多且宽度窄能够使得高光谱遥感探测到别的宽波段无法探测到的物体。

（2）光谱响应范围更广和光谱分辨率高使得它能够更加精细的发现被探测物体的微小特征。

（3）它可以同时提供空间域和光谱域信息也就是"谱像合一"。

（4）数据量大和信息丰富。由于高光谱数据的波段多，其数据量大且信息丰富，但相邻波段间的相关性高使得信息冗余度也随之增加。

（5）高光谱技术的信息提取模型多样且分析灵活，常用的3种类型的模型有：图像、光谱和特征模型。

9.3.2 短波红外成像光谱数据获取

短波红外是指在 1～2.5 μm 的红外波段。利用其所有物体在反射环境中普遍存在的短波红外辐射，并且不同材质在不同的短波红外波段其反射特征不同的特点，可以为文物保护应用提供直接有效的技术手段。本书所利用的测量仪器即为短波红外地面成像光谱系统。图 9-4 为短波红外成像光谱仪系统实物图和原理图，右侧原理图所示光谱仪内部由左到右依次为：摆扫镜、红外成像镜头、光谱分光器件、碲镉汞红外探测器[3]。摆扫镜通过步进电机带动，通过镜面的来回摆扫实现对视场内样品的光谱成像；红外成像镜头为短波红外范围物镜，与分光器、探测器的光谱范围相匹配；分光器件为短波红外棱镜-光栅-棱镜型（PGP）分光器，光谱范围 1000～2500 nm，狭缝宽度为 30 μm，相应的光谱分辨率为 8～12 nm；由于短波红外成像对温度变化非常敏感，所以面阵探测器采用了四级半导体制冷方式对探测器光敏面进行制冷，可以达到比环境温度低约 80℃ 的低温。该系统获取的短波红外高

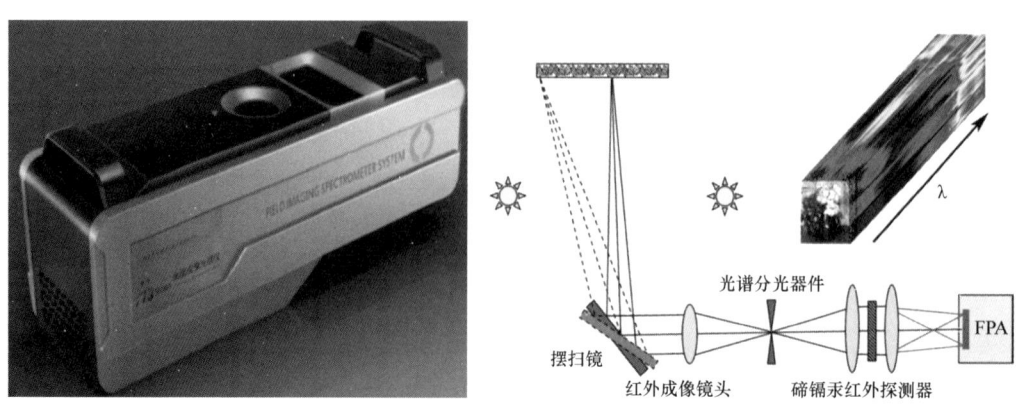

图 9-4　短波红外成像光谱仪系统实物和原理图

光谱数据具有"图谱合一"的特性，通过地面测量，既可获取测量对象的高分辨率图像又能获得图像上每个像元的光谱曲线，既提高了地面成像光谱测量的工作效率，又为目标的结构光谱分析、光谱分解和纯像元提取工作提供丰富的信息数据，完成对黄肠题凑的扫描成像[4]。

数据获取过程中是将黄肠题凑木块平放在实验台上，使用卤素灯作为光源，短波红外成像光谱仪固定在三脚架上，使机身平行于木块。样品的漫反射光信号通过前置摆扫镜的反射进入到物镜，通过物镜的收集并聚焦到 PGP 分光器件前端的狭缝处，狭缝阻挡了地物样品扫描线以外的光信号，并与分光器件和探测器一起最终决定了系统的光谱分辨率。通过狭缝后的光线被 PGP 分光计内的透镜准直后入射到棱镜光栅棱镜分光器件上，经过色散分光后不同波长的光线分布到不同的物理位置。经过 PGP 分光器件内聚焦透镜的汇聚，成像到 CCD 面阵探测器光敏面上，平行于狭缝的方向探测地物样品空间维信息，垂直狭缝的方向探测地物样品光谱维信息。面阵探测器获取的光谱数据最终传递到笔记本计算机进行处理、显示和存储。实验过程中采用自主开发的数据采集程序进行光谱数据采集，并使用标准漫反射板作为基准计算反射率。

9.3.3　信息提取方法

高光谱成像数据分析方法主要有两个主要方向：第一个方向是基于光谱空间的分析方法，其基本原理是化学分析领域常用的光谱分析技术；第二个方向是基于特征空间分析技术，该方向的基本思想是把组成光谱曲线的各光谱波段组成高维空间中的一个矢量，进而用空间统计分析的方法分析不同地物在特征空间中的分布规律。每个分析方法里面都包括了很多种具体的分析技术[5, 6]。

本书的信息提取方法采用连续最大角凸锥方法，是一种基于光谱空间的分析方法。连续最大角凸锥（sequential maximum angle convex cone，SMACC）方法是基于凸锥模型用以表示向量数据，该算法通过寻找数据集的端元向量，并且将这些端元向量确定为端元。端元向量是不能利用数据中其他的向量正的线性组合表示出来的，而非端元向量则可以由端元向量用正的线性组合表示。该方法是基于凸锥模型（也称为残余最小化）借助约束条件识别图像端元波谱。采用极点来确定凸锥，并以此定义第一个端元波谱；然后，在现有锥体中应用一个具有约束条件的斜投影生成下一个端元波谱；继续增加锥体生成新的端元波谱。重复这个过程直至生成的凸锥中包括了已有的终端单元（满足一定的容差），或者直至满足了指定的端元波谱类别个数。通俗的解释，SMACC 方法首先找到图像中最亮的像元，然后找到和最亮的像元差别最大的像元；继续再找到与前两种像素差别最大的像素。重复该方法直至 SMACC 找到一个在前面查找像素过程已经找到的像素，或者端元波谱数量已经满足[7]。

从数学上来说，SMACC 对于每个像素光谱（端元）使用以下凸锥扩展，定义为

$$H(C, i) = \sum_{k}^{N} R(c, k) A(k, j)$$

式中，i 为像素索引；j 和 k 为从 1 到最大端元 N 的索引；R 为包括端元光谱的矩阵，行表示独立像元；c 为波段索引；A 为包括每个像素中端元 j 对端元 k 的丰度矩阵。

SMACC 方法可从图像中提取端元波谱及丰度图像（Abundance Image）。它提供了更快、更自动化的方法来获取端元波谱，特别当高光谱数据各通道间具有高相关性时，该方法具有明显的优势。

9.3.4 墨书信息提取

图 9-5 是从短浅红外成像光谱数据中提取的木料与墨书各自的光谱曲线，纵坐标为反射率、横坐标为波段，波段范围 1000～2500 nm，图中上面曲线是木料的光谱曲线，木料在 1400 nm、1900 nm、2300 nm 分别有小的吸收谷，对应着木料的不同组成成分的光谱特征。与木料光谱不同的是，墨书的反射率的值在各个波段上的值都很低，而且波动不大，都在 10% 左右，如图 9-5 下方曲线所示，因此在 1000～2500 nm 的各波段图像上都会呈现黑色。一般墨书都是利用炭黑等材料绘制，炭黑在各短波红外的各波段都有着较强的吸收，而木料等则是在各波段有着较强的反射，因此相对于炭黑的强吸收，木料在各波段影像上表现为浅色调，两者就有了较大的反差，有利于炭黑部分的提取。这也是短波红外数据提取墨书信息的物理基础[8,9]。

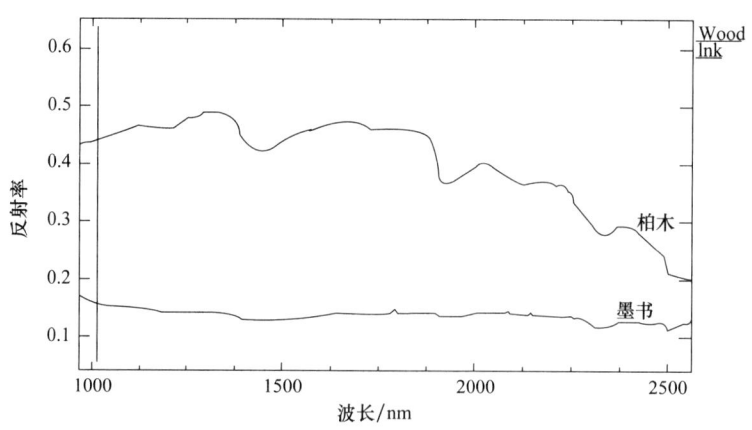

图 9-5　木料与墨书颜料的 1000～2500 波段范围内的反射率光谱曲线图
其中上边曲线为柏木的光谱曲线，下边为墨书的光谱曲线图，利用两条曲线的区别，从而识别柏木上的墨书信息

黄肠题凑墨书信息提取结果从左到右依次为普通相机拍摄的柏木表面图像（图 9-6；图版 60），字迹非常模糊难辨；1196 nm 影像（图 9-7；图版 61）为随机选

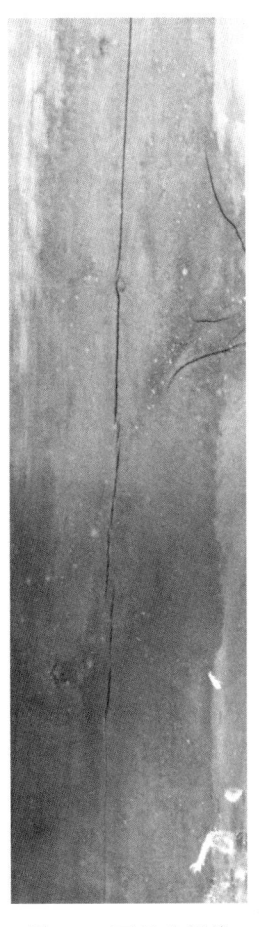 

图 9-6 可见光图像　　图 9-7 短波红外光谱图像

取的单波段短波红外影像，SMACC 图像为短波红外影像经过 SMACC 算法处理的图像（图 9-8；图版 62），文字信息清晰可辨；图 9-9 为对 SMACC 图像的墨书文件进行蓝颜色的着色结果（图版 63）。

从普通相机拍摄图像可以看出，由于年代久远，木材侵蚀、污染物覆盖等原因，柏木表面发黑，文字信息非常模糊，难以辨识。经短波红外系统扫描成像后的高光谱影像，是由短波红外信号对柏木表面进行成像，由于木材和炭黑的反射率不同，单个波段的短波红外成像光谱数据可以将木料与墨书进行一定程度的区分，识别出部分文字信息[10]。但目视效果不是很好，特别是木料的下方，影像比较模糊。为了清晰识别文字信息，利用光谱分析技术对图像进行处理。利用 SMACC 算法提取的文字信息结果，较单个波段图像更加清晰，容易辨别。利用密度分割的方法，可以对图像进一步处理（图 9-8），将颜色较深的墨书附着不同的颜色，以利于文字识别[11]，如图 9-9 所示。

由于考古现场拆解了多块黄肠题凑木条，选择了另一块木材样品，并使用 SMACC 方法提取墨书信息，如图 9-10～图 9-12 所示（图版 64～图版 66）。SMACC 算法提取的

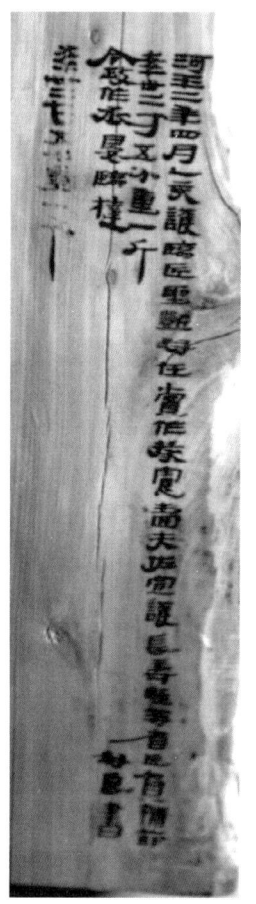 

图 9-8　SMACC 算法处理图像　　图 9-9　文字着色处理图像

 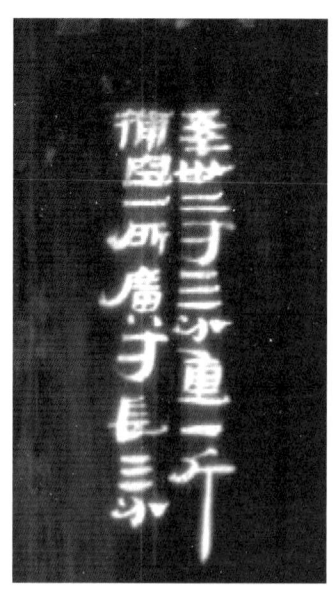 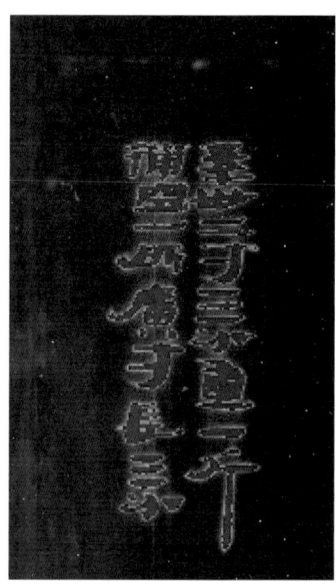

图 9-10　可见光图像　　图 9-11　SMACC 算法处理图像　　图 9-12　文字着色处理图像

文字结果很好地还原了文字信息，木料上的 18 个汉字在 SMACC 信息提取图像中清楚地显现。利用密度分割法将像素较低的区域标记为蓝色。可以看出利用短波红外高光谱成像数据，结合高光谱信息提取方法，可以有效进行木质表面墨书信息的提取。

信息提取后的墨书字迹均完整可读，历经 2000 余年的地下水浸泡腐蚀作用，文字保存相当完好，墨色颜料没有明显脱落的迹象。墨迹颜料与木基底结合紧密，无洇墨扩散现象。这也表明，汉代古人在枋木上记录信息的墨书工艺相当高超，这些为墨书的原料、胶料使用及其制作工艺研究提供了重要的参考信息。

9.3.5 墨书信息解译

通过短波红外地面成像光谱系统的信息提取及清晰化呈现黄肠题凑叠压木条内侧文字，考古学者可以初步辨认出"河平二年四月己亥护临匠……长寿畦游省匠贺補节……奴良书……令政作丞晏临达"字样，初步反映了定陶汉墓黄肠题凑的制作年代、工匠名称、管理机构、墓葬营造等十分重要珍贵的考古信息。"河平二年"属西汉后期汉成帝的年号，时间为公元前 27 年，这很可能表明该题凑木条的制作时间。另有一样块留墨书"……补空一所广寸长三分……"，见图 9-11。柏木上的文字则为对贴面柏木文字的镜像，文字内容一致，很可能记录了题凑尺寸规格和制作工艺信息。辨识文字仍需要考古学者通过进一步严谨系统的考证研究，诠释文字蕴含的历史、考古信息，将会另文撰述。定陶汉墓发掘以来，这是首次利用新型科技手段对模糊字迹进行辨认工作，这一方法也可供其他墨书文物的识别及古代壁画绘画工艺等的信息提取借鉴参考。

9.3.6 镜向文字现象

利用短波红外地面成像光谱对多个题凑木条进行成像并进行信息提取，发现不少木条上面有些字迹清晰，有些字迹模糊，如图 9-13（a）木条最左侧一列有着非常模糊的文字，木条左侧三列也是如此［图 9-13（b）］。更为有趣的是，我们对比图 9-13（a）木条与图 9-13（b）木条，发现图 9-13（a）木条模糊部分与图 9-13（b）木条清晰部分以镜像对称方式呈现，其文字完全吻合，这说明这两面原本是两条题凑枋木的对贴面。对另两块木条进行提取，也发现了类似现象，如图 9-13（c）、（d）所示（图版 67）。

出现这种现象，一种情况很可能是，由于制作工期紧迫，工匠在书写题凑木条的重要制作信息后，未待墨迹干透就直接将三条尺寸相同的枋木垒叠，并以方形榫

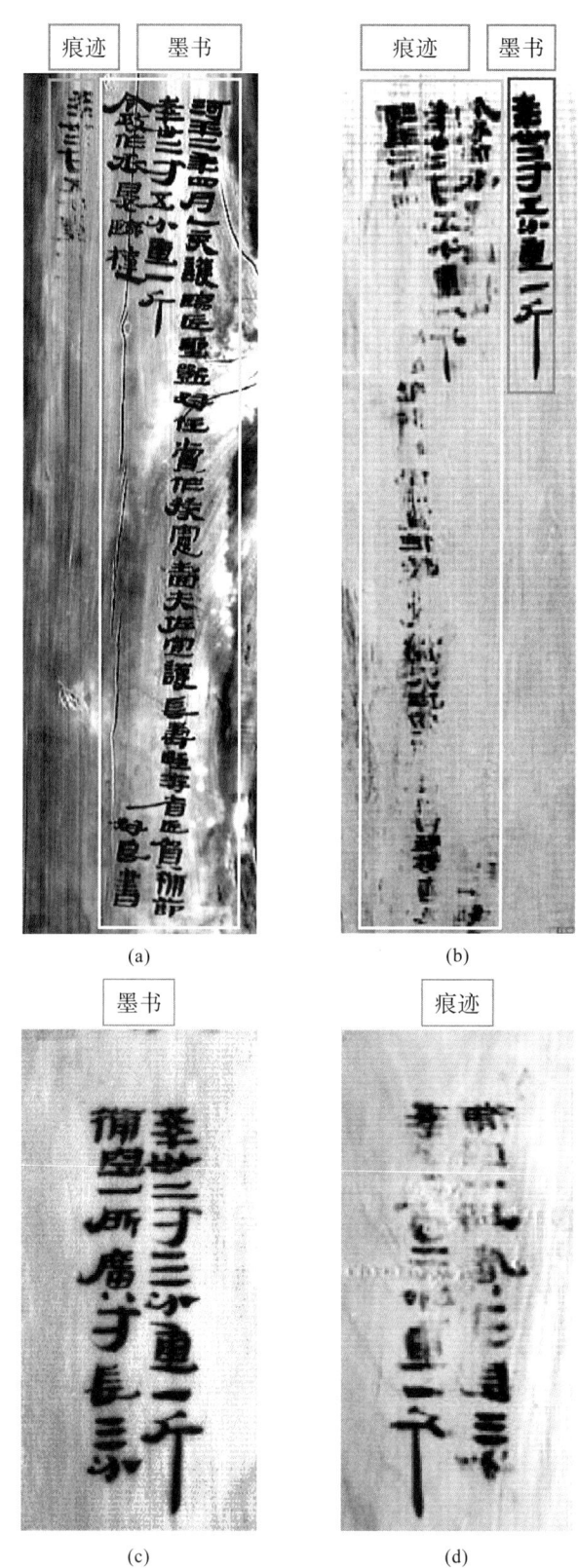

图 9-13　两组短波红外高光谱成像数据提取镜像文字信息对比
（一面为原始墨书文字，另一对贴面附着镜像文字痕迹）

卯结构固定。另一种更加可能的情况是两块紧密贴合的枋木条之间发生了浸润现象。浸润现象是指当液体与固体接触时，液体的附着层沿固体表面延伸的现象。当接触角为锐角时，液体润湿固体，若接触面为零时，液体将展延到全部固体表面上。因为题凑结构要求柏木去皮，保证了接触面平滑，两块柏木紧密贴合，而两块柏木间微小的缝隙由于油墨，以及水分子填充，形成水膜，水膜附着在柏木接触面上，由于柏木平躺放置，水膜延伸到柏木的整个接触面，达到形成浸润现象的条件。由于分子间作用力的吸引，导致一侧柏木上的文字信息，扩展到了对贴的柏木上，从而形成了镜像文字。同时也反映了书写文字与枋木榫卯组合的过程很可能是同时的。在墨迹尚未完全干透时，三条枋木就以榫卯结构严密地贴合，成为黄肠题凑的基本构件，以至于对贴面渗入了相应的墨迹。

9.4 结论

本书利用短波红外地面成像光谱系统，以定陶汉墓黄肠题凑墨书为例，对模糊古文字进行短波红外成像光谱扫描成像，获取 1000～2500 nm 的短波红外数据，并对数据进行处理，提取了黄肠题凑叠压木条内侧重要的文字信息，并且针对题凑表面文字，进一步探究墨书浸润现象的发生过程。文字的辨识与解读将提供确切的时间线索，为整个定陶汉墓的墓主身份、制作年代、墓葬营造等考古研究提供重要的实物证据。短波红外成像光谱系统可以在文物数字化存档、文物诊断、文物修复等方面发挥重要作用，有力地推动了文物数字化工作。

参考文献

[1] Zhang L, Sun X, Wu T, et al. An analysis of shadow effects on spectral vegetation indexes using a ground-based imaging spectrometer. Geoscience and Remote Sensing Letters, IEEE, 2015, 12 (11): 2188-2192.

[2] Shaban A. Determination of concrete properties using hyperspectral imaging technology: A review. Science Journal of Physics, 2013 (3): 1-11.

[3] Wu T, et al. Polarized spectral measurement and analysis of Sedum spectabile Boreau using a field imaging spectrometer system. Selected Topics in Applied Earth Observations and Remote Sensing, IEEE Journal of, 2013, 6(2): 724-730.

[4] Wu T, et al. Light weight airborne imaging spectrometer remote sensing system for mineral

exploration in China. In: SPIE Sensing Technology ＋ Applications. International Society for Optics and Photonics. 2014, 910406: 1-8.

［5］ Baronti S, et al. Multispectral imaging system for the mapping of pigments in works of art by use of principal-component analysis. Applied optics, 1998, 37(8): 1299-1309.

［6］ Jolliffe I. Principal component analysis. Wiley Online Library. 2002.

［7］ Gruninger J, Ratkowski AJ, Hoke. ML. The sequential maximum angle convex cone (SMACC) endmember model. Algorithms and Technologies for Multispectral, Hyperspectral, and Ultraspectral Imagery X, 2004, 1-14.

［8］ Okubo T, et al. Drying dissipative structures of Chinese black ink on a cover glass and in a dish. Colloid and Polymer Science, 2004，283(1): 1-9.

［9］ Huang S-W, Way D-L, Shih Z-C. Physical-based Model of Ink Diffusion in Chinese Ink Paintings. Journal of WSCG. 2003, 1-8.

［10］ Tsai D-Y, Lee Y, Matsu yama E. Information entropy measure for evaluation of image quality. Journal of digital imaging, 2008, 21(3): 338-347.

［11］ Knight A, Tindall D, Wilson B. A multitemporal multiple density slice method for wetland mapping across the state of Queensland, Australia. International Journal of Remote Sensing, 2009, 30(13): 3365-3392.

第 10 章　饱水墨书黄肠题凑木材保护研究

10.1　引言

山东定陶汉墓黄肠题凑的枋木上陆续发现墨书文字："建始四年四月癸丑……长乐省匠由……"等。这些文字不仅记录了确切的时间，并且记录"长乐省"这一官方机构名称。这一名称的出现，为研究西汉内外官职的设置提供了线索和依据。此外，大部分墨书文字还记录了这些枋木的尺寸、重量，这对研究汉代度量单位也提供了重要的实物证据。文字内容涵盖纪年、营造机构、规格尺寸、工匠名等信息，具有重要的文物价值，并为后续考古、历史研究提供了珍贵资料。因此，如何保护这些带有墨书文字的黄肠题凑是一项十分重要的研究课题。

因墨书黄肠题凑上的重要文字信息，今后将作为重要文物在博物馆内陈列展示，这就要求出土时饱水的黄肠题凑经过保护处理后，墨书依旧能够清晰辨读。所以，在对墨书黄肠题凑进行加固脱水处理时应特别谨慎，避免破坏或影响墨书文字的附着状态和可辨读性。

首先，在选择化学试剂进行脱水加固时，要尽量避免对墨书文字的破坏，以及对辨读文字的干扰，如试剂对墨书造成遮蔽而导致墨书的流失，试剂使木材颜色加深而造成的对文字辨读的干扰等；其次，尽量减小木材表面开裂、收缩、变形的现象。一旦木材表面出现这些现象，基本不能复原，而表面开裂会造成文字信息受损，失去其重要的史料价值。所以对墨书黄肠题凑木质脱水加固方案的选择应该慎之又慎，具有保护饱水木质和墨书文字的双重要求。本章节主要阐述针对定陶墨书黄肠题凑的保护研究。

10.2 文献综述

10.2.1 饱水竹简木牍保护研究

国内对墨书木质文物保护的研究鲜有，但对于出土饱水竹简的研究颇多。然而很大一部分都关注于竹简木牍的载体——竹木的脱水加固和脱色两方面。竹简的脱水加固方法与普通木质文物基本一致，不多赘言。竹简脱色主要是因为竹简上多有墨书字迹，而出土的竹简颜色变深，常常造成文字信息无法解读。

张金萍、奚三彩[1]研究证明，影响竹简变色的主要原因是竹简中的二价铁离子氧化变成三价铁离子，三价铁离子与竹材中的酚类衍生物反应生成深色化合物，导致竹简颜色变深。许多发色基团在光和氧的作用下也会导致竹简变色，不过它们不会引起竹简变色过深，但金属离子尤其是铁离子的存在会加速这种变色甚至发黑。用草酸处理的样品经过一段时间后之所以会出现返色的现象，是由于草酸与铁离子反应生成草酸铁，该反应强于酚羟基与铁离子的结合力，因此草酸可以起到脱色作用。方北松、刘姗姗[2]对长沙走马楼三国吴简做脱色处理，采用连二亚硫酸钠作为脱色主试剂，达到了脱色的要求。

从文献可看出，竹简脱色主要是用草酸和二亚硫酸钠作脱色剂脱掉竹简中的铁离子。

10.2.2 汉代用墨研究

山东定陶王墓地（王陵）M2汉墓出土黄肠题凑上发现的墨书历经两千多年，打开之初，犹如新写，墨质细腻，在平整的木材径面上观察，稍有凸出木材表面的现象。由于出土发现的黄肠题凑上的墨书文字信息异常珍贵且稀少，无法用于墨质的进一步检测。所以，文献查阅成为了解汉代用墨情况的途径。

1989年，钱存训[3]在《中国墨的起源和发展》中指出，中国墨的使用可追溯至新石器时代，但墨的制作工艺，在东汉以前并无专门文献记载。《齐民要术》中记载东汉韦诞的制墨配方所制为松烟墨。

2009年，徐智川[4]也提出松烟墨为中国早期用墨，并且韦诞所制松烟墨，烟细致清纯，胶重。通过对比古今松烟墨的制作工艺和制作原料发现，因为制作工艺的改变，制作原料的减少和退化，现代所制松烟墨质量远不如古代。

上海福泉山西汉墓群中发现砚台残留的墨迹[5]，经过红外光谱分析，确认所出西汉用墨中有木炭的存在，将这个结论与中国墨的发展史相结合，进一步增加了汉代用墨为松烟墨的可能性。

从文献查阅可知，汉代用墨较大可能为松烟墨，但是，从制作工艺、制作原料来讲，汉代用墨应该比现代市面上我们见到的松烟墨更精细。因此，定陶黄肠题凑的墨书原材料很可能是采用松烟墨。因此，实验室模拟实验时，选择了精细的现代松烟墨用做实验用墨的原料。

10.2.3 墨书保护评价研究

近现代以来，我国出土的墨书饱水漆木器、竹简等并不少见。但是，关注的重点主要围绕脱水加固，关于墨书保护的研究有较多空白。在墨书脱色这一方面，纸质档案保存保护的研究比较多，也比较成熟。所以，本书参考纸质档案关于墨迹评价常用的色差法。

曾漳龙[6]通过色差测量实验，并采用定量与定性相结合的方法分析档案字迹材料的色差值变化，从而反映出档案字迹材料的耐久性。欧秀花[7]通过对不同加固方法加固过的纸质档案的耐折度、色差变化，字迹材料的耐干热老化、耐酸碱的分析，找出加固材料对纸质耐久性的影响。

CIE1976 $L^*a^*b^*$ 色空间（CIE LAB 色空间），是 1976 年由国际照明学会（CIE）推荐的均匀色空间。图 10-1 是该空间三维直角坐标系，是目前最广泛使用的测色系统。L^* 表示颜色的明度，a^* 正值表示偏红，负值表示偏绿；b^* 正值表示偏黄，负值表示偏蓝。以明度 L^* 和色度坐标 a^*、b^* 来表示颜色在色空间中的位置，10° 表示观察视角为 10°，D65 表示包含紫外线成分的日光，相关色温 6504 K。当一种颜色发生改变后，其坐标也随之改变，前后形成了色差 ΔE，

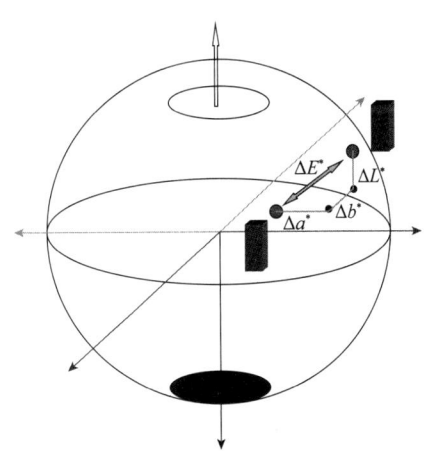

图 10-1 CIE LAB 色空间示意图[8]

ΔE 表示色空间中两点的空间直线距离。色差的计算公式为

$$\Delta E = \sqrt{(L_1-L_2)(L_1-L_2)+(a_1-a_2)(a_1-a_2)+(b_1-b_2)(b_1-b_2)}$$

表 10-1 色差的应用范例[8]

色差 ΔE	人眼的感觉	色差 ΔE	人眼的感觉
小于 0.1	不可分辨	0.8～1.5	常用控制的测查范围
0.1～0.2	专家可分辨	1.5～3.0	分开看似乎是相同的颜色
0.2～0.4	一般人可分辨	大于 3.0	明显色差
0.4～0.8	严格控制的色差范围	大于 12	不同颜色名称

10.3 研究目的

黄肠题凑墨书文字内容为后续考古、历史研究提供了珍贵资料，具有重要的历史价值、社会价值，并且它将作为重要文物在博物馆内陈列展示，所以对墨书黄肠题凑进行脱水处理，并保证墨书能够清晰辨读是十分必要的。

纵观相关文献，在已有的研究成果中，有很多竹木漆器脱水方法，但是，并无专门介绍表面附有墨书的木质文物的脱水加固方法。这些已知脱水方法在脱水过程中会对墨书木质文物造成什么样的影响，并不能通过查阅文献得知。

因此，针对定陶工墓地（工陵）M2 出土的墨书黄肠题凑，通过实验室的模拟实验，筛选出一种既能使木材成功脱水，又能保证木质文物上的墨书文字受到最小干预的脱水加固方法，是本章研究的重要目标。其研究的结果可用于定陶王墓地（王陵）M2 出土的墨书黄肠题凑的保护，对黄肠题凑整体的保护研究起到推进作用，具有重要的意义。

10.4 模拟实验技术路线

研究内容主要包括实验室模拟饱水木质脱水加固实验，以及评价脱水加固实验对木材及墨迹的影响两部分，按以下技术路线进行实验研究（图 10-2）。

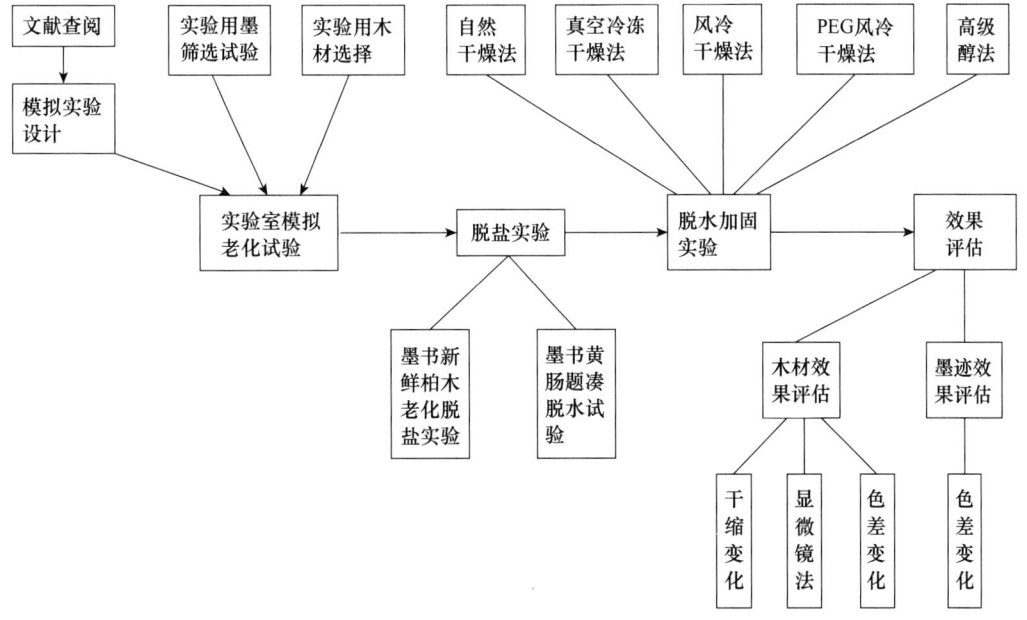

图 10-2 模拟实验技术路线示意图

10.5 模拟实验

10.5.1 样品制备

1. 实验木材的选择

实验采用两种木样块：一种为新鲜柏木，购自木材市场；另一种为汉墓黄肠题凑切割样块。

定陶汉墓墨书黄肠题凑当年是在新鲜的黄心柏木的径面上书写墨书文字，然后，垒砌成黄肠题凑木椁，埋入地下两千余年，经历地下水的长期浸泡，寒暑交替。欲模拟墨书黄肠题凑老化的过程，所以我们选择用新鲜黄心柏木做老化实验用木，用于加固脱水实验的备用样块。此外，汉墓黄肠题凑切割后的样块，是真实的考古木材，能客观反映出墨书黄肠题凑的保存状态，所以选择这两类木材作为实验样块是非常有意义的（图 10-3）。

2. 实验用墨的筛选实验

山东定陶王墓地（王陵）M2 汉墓出土墨书历经近两千年，打开之初，犹如新写。因此，此模拟实验的目的是筛选出质量好、接近汉代松烟墨的用墨原料，见表 10-2。

(a) 新鲜柏木原木

(b) 新鲜柏木样块

(c) 黄肠题凑样块

图 10-3　模拟实验用木

表 10-2　实验用墨筛选对象列表

墨锭 1		墨锭 3	
墨锭 2		松墨液	

1）显微镜观察

墨锭1（图10-4；图版68）为徽墨绩溪胡开文苍珮室墨块墨锭，超细松烟墨。通过显微镜对比可以明显看出，其颗粒较墨锭2（图10-5；图版69）和墨锭3（图10-6；图版70）更为细腻均匀，可作为实验用墨的首选。

图10-4　墨锭1显微照片（×10）

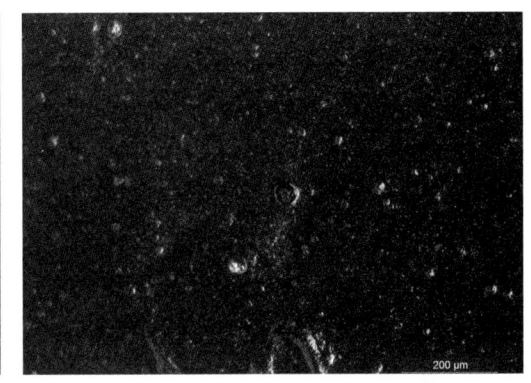

图10-5　墨锭2显微照片（×10）

图10-6　墨锭3显微照片（×10）

表10-3　实验材料列表

实验材料	材料来源
木片样品	定陶王墓地（王陵）M2汉墓出土"黄肠题凑"木料；北方地区新鲜黄心柏木木料
墨锭	徽墨苍珮室墨块墨锭，超细松烟墨
松墨液	日本墨运堂，松烟墨

2）耐水性试验

A. 实验目的

在黄肠题凑边角料木片样品上用墨书写符号后，放于水中浸泡，观察墨书是否脱色，从中筛选出耐水性较好的实验用墨。实验材料见表10-3。实验设备为电热恒温水浴锅，电压220 V，功率300 W，北京国华医疗器械厂。

B. 实验过程

（1）选取5 cm×2 cm×0.5 cm的长方形木片，用不同材料在木片样品（M9-1、M9-2为新鲜柏木木片，其他为黄肠题凑木片）上用墨书写符号。

（2）样品自然晾干2天后，放入烘箱35℃低温烘烤6小时，保证墨汁中水分彻底挥发。

（3）分别将6个样片的下半部分放入纯水中常温浸泡；将另外6个样片放入加纯水的烧杯中，再将烧杯放入水浴锅中50℃加热。

（4）72 小时后取出，晾干，拍照。

实验对比效果见表 10-4。从肉眼观察可以看出，水浴加热的样品与未加热的样品相比，并没有太大差别，所以水温并不影响墨的耐水性；墨中加入明胶并不能提高墨的牢固性，反而会起相反作用，使墨迹更易溶解于水；用纯松墨液书写，因为浓度过高，干燥后墨迹出现眩光。无论新鲜柏木或者题凑木，采用墨液兑水为 1:1 的比例，耐水性最好，并且不会出现眩光。根据对比结果，选择徽墨绩溪胡开文苍珮室墨锭以水研墨和日本墨运堂水墨画松墨液配水（1:1）这两种制墨方式。

表 10-4 墨的筛选实验结果

样品名称	书写用墨	书写材质	实验条件	实验效果
M1-1	墨锭＋水	题凑样品	放入纯水中	无明显脱色
M1-2		题凑样品	放入纯水中，加温 50℃	无明显脱色
M2-1	墨锭＋10% 明胶水溶液	题凑样品	放入纯水中	有脱色
M2-2		题凑样品	放入纯水中，加温 50℃	有脱色
M3-1	墨锭＋20% 明胶水溶液	题凑样品	放入纯水中	严重脱色
M3-2		题凑样品	放入纯水中，加温 50℃	严重脱色
M5-1	松墨液——原液	题凑样品	放入纯水中	眩光
M5-2		题凑样品	放入纯水中，加温 50℃	眩光
M8-1	松墨液:纯水＝1:1	题凑样品	放入纯水中	无明显脱色
M9-1		新鲜柏木样品	放入纯水中	无明显脱色
M9-2		新鲜柏木样品	放入纯水中，加温 50℃	无明显脱色

3）傅里叶变换红外光谱分析

实验目的：通过傅里叶变换红外光谱分析墨的成分，筛选出与记载的汉代用墨成分相近的墨。

A. 实验材料

墨锭来源：徽墨绩溪胡开文苍珮室墨块墨锭——超细松烟墨。

松墨液来源：日本墨运堂松墨液。

B. 样品制备

刮取墨锭粉末，研磨成细粉末，放入烘箱，设置温度 105℃，烘至绝干；将墨汁放入干净的蒸发器皿里，放入烘箱烘至绝干，研磨成细粉末，再次烘干备用。明胶研磨成细粉末，放入烘箱，烘至绝干，备用。

C. 红外光谱测试

Nicolet670 红外光谱仪（FT-IR），采用 KBr 压片法。

根据襄樊菜越三国墓出土的古墨的红外光谱分析[9]，波数范围在 2000～2500 cm^{-1} 有明显特征峰，与两种实验用墨的 2358 cm^{-1} 处震动峰相对应。与明胶匹配可知，明胶 1393 cm^{-1} 波数处有明显振动峰，两种实验用墨皆在此处有明显振动峰（图 10-7）。可见，两种实验用墨的胶结物皆为明胶。因此，从数据分析来看，试验用墨的成分与文献记载的汉代用墨较接近，可以用于模拟实验。

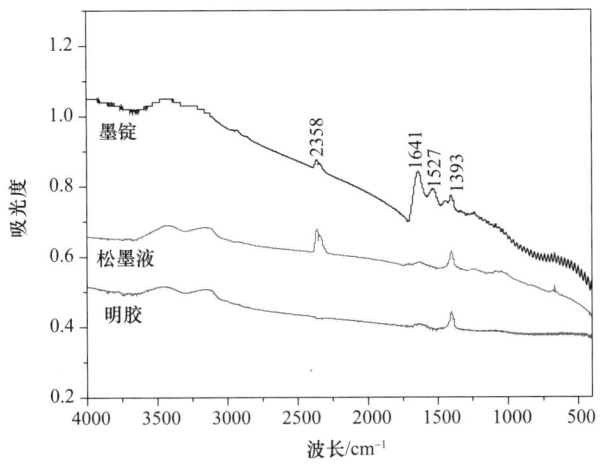

图 10-7　墨锭、松墨液、明胶红外光谱图

3. 墨书样品制备

1）新鲜柏木组

截取新鲜柏木 2 cm×2 cm×5 cm，共 21 个样块，分七组，每组三块。用水配松墨液 1∶1 的墨汁书写在新鲜柏木样块。模拟墨书标记样块，在径面中央，墨迹采用卡片法标记（图 10-8）用于色差测量。保留 G 组为原始状态样块，选取其他六组做老化试验。分别记录样品重量、尺寸，并测量新鲜柏木样块墨迹及木材色度值。

2）黄肠题凑组

截取干燥黄肠题凑木 2 cm×2 cm×5 cm，21 块，分七组，每组三块。

模拟墨书标记样块，在径面中央，墨迹采用卡片法标记（图 10-9）。保留 G 组为

A 组

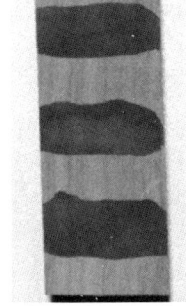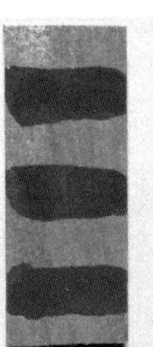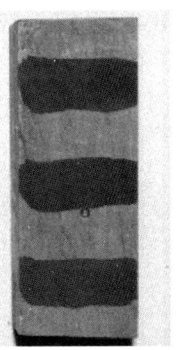

A' 组

图 10-8　原始墨书新鲜柏木组样品　　　图 10-9　原始墨书黄肠题凑组样品

原始状态样块，选取其他六组备用做脱盐试验。分别记录重量、尺寸。测量柏木样块墨迹及木材色度。

10.5.2 老化实验

以现有定陶墓室积水盐分含量为基础，将模拟实验老化溶液的盐分浓度调高一倍，调配出老化试验所用盐溶液。将墨书新鲜柏木样品放入盐溶液中，再将盛有盐溶液和样品的烧杯放入水浴锅中，加热50℃进行老化，老化时间30天。

1. 实验方法

以离子色谱法测定墓室积水的含盐量值为依据，将盐分浓度升高一倍，调配出老化实验所用盐溶液。由于离子色谱不能测出HCO_3^-，但是根据定陶汉墓水质分析结果[10]，HCO_3^-含量比重很大，在494.26～766.41 mg/L。所以，调配的盐溶液中也加入了768 mg/L的HCO_3^-。调配3 L老化盐溶液，测得盐溶液电导率为4.51 ms/cm，pH为7.85，符合定陶汉墓地下水的水质情况（表10-5）。

表10-5 老化盐溶液与墓室积水盐分含量对比表

离子含量	Cl^-/ (mg/L)	NO_3^-/ (mg/L)	SO_4^{2-}/ (mg/L)	Na^+/ (mg/L)	K^+/ (mg/L)	Mg^{2+}/ (mg/L)	Ca^{2+}/ (mg/L)	HCO_3^-/ (mg/L)	pH
墓室积水	403.36	7.29	242.58	184.54	4.89	110.57	136.32	—	7.62
老化盐溶液	806.72	14.58	485.16	369.08	9.78	221.14	272.64	768	7.85

将样品放入盛有300 mL盐溶液烧杯中，再将烧杯放入50℃水浴锅加热，每星期换一次盐溶液，老化时间持续30天。

2. 老化效果

老化后新鲜柏木组样品见图10-10。

样品老化后烧杯内的絮状沉淀和样品表面析出拍照（图10-11、图10-12）。

3. 分析讨论

样品老化后，烧杯内残留有絮状物，样品表面也出现了析出物。提取老化后烧杯内絮状物和样品老化后析出物，烘干至粉末，进行红外光谱测试，分析老化降解成分（图10-13）。

根据查阅文献[11]可知，天然琥珀在3448 cm^{-1}、2930 cm^{-1}、2870 cm^{-1}、1742 cm^{-1}、

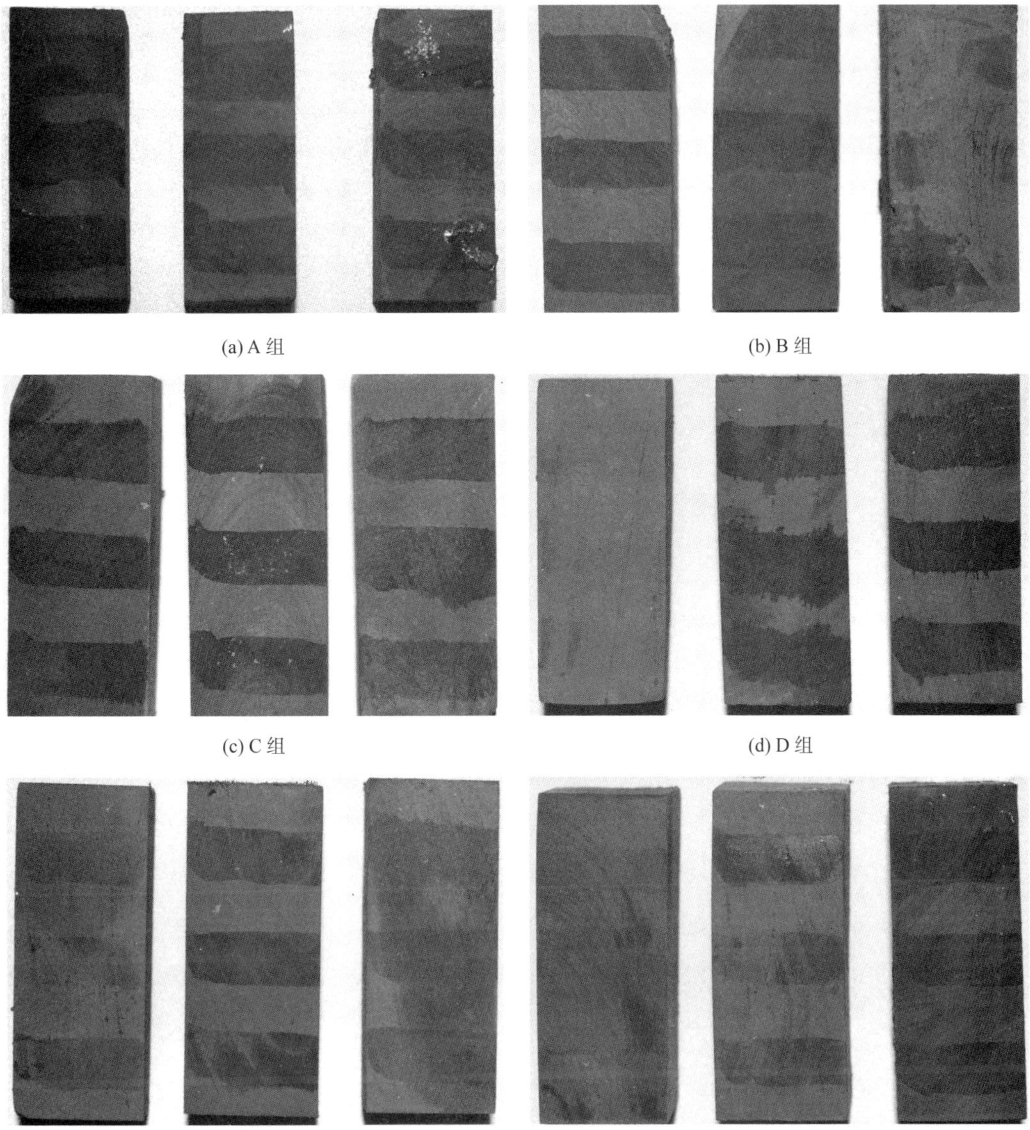

(a) A 组

(b) B 组

(c) C 组

(d) D 组

(e) E 组

(f) F 组

图 10-10 老化后新鲜柏木组样品

图 10-11 老化后烧杯内絮状沉淀

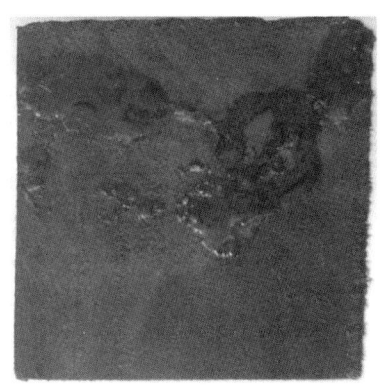

图 10-12 老化后新鲜柏木样品析出

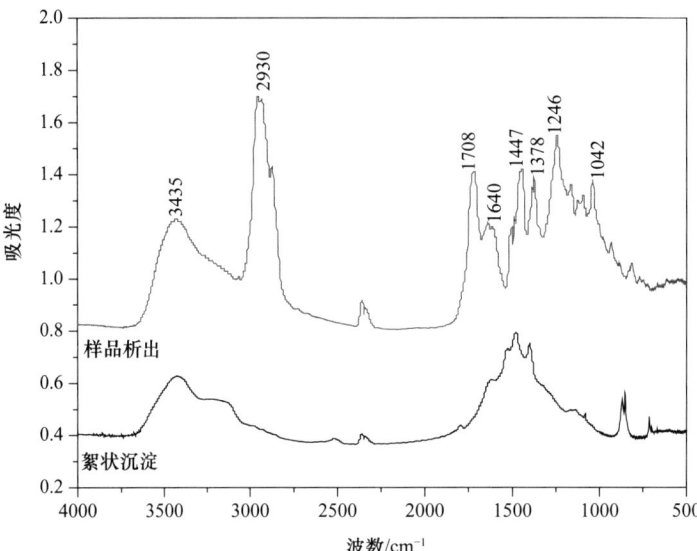

图 10-13　絮状沉淀物和样品析出物质红外光谱图

1447 cm^{-1}、1378 cm^{-1}、1154 cm^{-1}、1015 cm^{-1}、887 cm^{-1} 波数处有明显振动峰，柯巴树脂在 3436 cm^{-1}、3079 cm^{-1}、2928 cm^{-1}、2864 cm^{-1}、1700 cm^{-1}、1647 cm^{-1}、1446 cm^{-1}、1386 cm^{-1}、1268 cm^{-1}、1176 cm^{-1}、1039 cm^{-1}、887 cm^{-1}、700 cm^{-1}、637 cm^{-1} 波数处有明显振动峰，松香在 3435 cm^{-1}、2955 cm^{-1}、2867 cm^{-1}、1708 cm^{-1}、1464 cm^{-1}、1385 cm^{-1}、1166 cm^{-1}、1041 cm^{-1} 波数处有明显振动峰。老化沉淀物在 3435 cm^{-1}、1470 cm^{-1}、1395 cm^{-1}、1268 cm^{-1}、870 cm^{-1} 波数处有明显振动峰，老化析出物在 3435 cm^{-1}、2930 cm^{-1}、1708 cm^{-1}、1640 cm^{-1}、1447 cm^{-1}、1378 cm^{-1}、1246 cm^{-1}、1042 cm^{-1} 波数处有明显振动峰。老化沉淀物和老化析出物红外光谱振动峰基本被包含在天然琥珀、柯巴树脂、松香的红外光谱振动峰中，它们同属于天然树脂类物质，与定陶汉墓"黄肠题凑"墙面的流淌状物质红外光谱[10]对比，特征峰基本重合，所以应为柏木树脂。

通过对比分析老化前后样品的尺寸、重量，可得出老化后样品的膨胀率（表 10-6）。木材湿胀率计算公式[12]为

$$S（T、R）=\frac{L_a-L_b}{L_b}\times100\%$$

式中，$S（T、R）$ 为木材弦向或径向的湿胀率；L_a 为木材老化后弦向或径向尺寸；L_b 为木材老化前弦向或径向尺寸。

表 10-6　老化后样品的膨胀率　　　　　　　　　　（单位：%）

编号	弦向湿胀率	径向湿胀率	纵向湿胀率	体积湿胀率	增重率
A1	2.128	1.258	0.952	4.397	37.132
A2	2.270	0.987	0.586	3.885	42.819
A3	1.818	−1.01	1.375	2.176	23.620

续表

编号	弦向湿胀率	径向湿胀率	纵向湿胀率	体积湿胀率	增重率
B1	1.767	1.959	0.929	4.724	32.468
B2	2.772	3.465	1.022	7.419	31.350
B3	3.244	3.305	1.160	7.893	26.082
C1	2.769	1.884	0.742	5.482	37.160
C2	3.237	2.847	0.789	7.014	39.784
C3	2.296	2.467	1.593	6.489	39.357
D1	2.326	2.772	0.732	5.932	35.060
D2	3.021	5.974	0.888	10.145	38.024
D3	2.001	2.714	0.873	5.684	37.763
E1	2.645	2.890	0.583	6.227	39.533
E2	2.929	1.405	0.742	5.150	37.807
E3	2.501	2.530	0.926	6.068	31.624
F1	2.676	2.330	0.748	5.854	33.094
F2	3.238	1.753	1.161	6.267	34.559
F3	1.213	2.833	1.497	5.639	28.858

将老化后样品 E1 放入烘箱中，经过 96 小时，105℃的高温绝干处理，得到 E1 绝干后重量，将 E1 老化前重量、老化后重量、绝干重量做前后的对比分析，可得出老化前、后绝对含水率。

绝对含水率计算公式[13]为

$$W = (M_1 - M_0)/M_0 \times 100 \, (\%)$$

式中，M_1 为湿材重量；M_0 为绝干材重量。

4. 小结

通过肉眼观察可以看出，老化后木材颜色明显变深；经过傅里叶红外光谱检测分析，可以得出，老化实验后新鲜木材析出的树脂，与定陶汉墓黄肠题凑墙体析出物一致；通过测量和计算木材的尺寸、重量和含水率可以看出（表10-7），老化后的样品含水率增加，细胞腔被水分填充，具有膨胀性，可作为后续脱盐、脱水加固实验的样品。

表 10-7　老化样品含水率对比变化表　　　　（单位：%）

编号	老化前含水率	老化后含水率
E1	15.51	61.14

10.5.3 脱盐实验

脱盐实验有两组样品，即墨书新鲜柏木老化样品和墨书黄肠题凑样品，这两组样品都是为后续脱水加固保护所准备的。

实验目的。将老化后的墨汁书写新鲜柏木样块和墨锭书写黄肠题凑样块做平行的脱盐处理，为下一步脱水加固实验做准备。

实验方法。采用去离子水浸渍法脱除可溶盐。用电导率仪每日检测、换水，直至水中盐分低于 10 μs/cm，达到低盐状态，结束脱盐。

1. 墨书黄肠题凑样块脱盐处理

在查阅文献时，并未看到有关脱盐终点的具体说法。按照实验室用超纯水技术指标标准（GB6682—2008），可以分为以下三类：实验室三级水标准，电导率 5 μs/cm；二级水标准，电导率≤1 μs/cm；一级水标准，电导率≤0.1 μs/cm。定陶现场所取水样电导率为 1140 μs/cm。所以当浸泡液中离子含量低于 10 μs/cm 时，盐分含量实际值已经非常低，可认为已经到达木材样品的脱盐终点。

2. 老化后墨书新鲜柏木样块脱盐处理

将老化后的墨书新鲜柏木样块分组放入盛有 300 mL 的去离子水的烧杯中，用电导率仪对去离子水浸泡液进行检测，每天检测、换水，记录数据，直至水中盐分达到平衡。

通过图 10-15 的脱盐实验实测终点平均电导率变化曲线可以看出，在频繁更换去离子水浸泡液的情况下，样品脱盐速度很快，一周后，将更换去离子水的频率改为

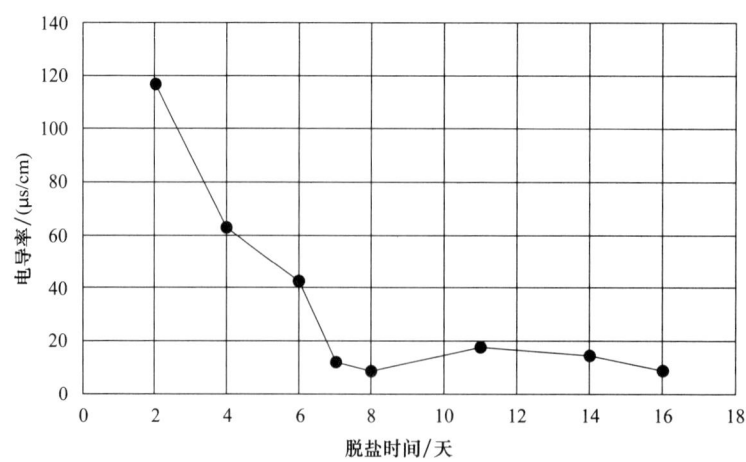

图 10-14 黄肠题凑组脱盐实验实测终点平均电导率变化曲线图

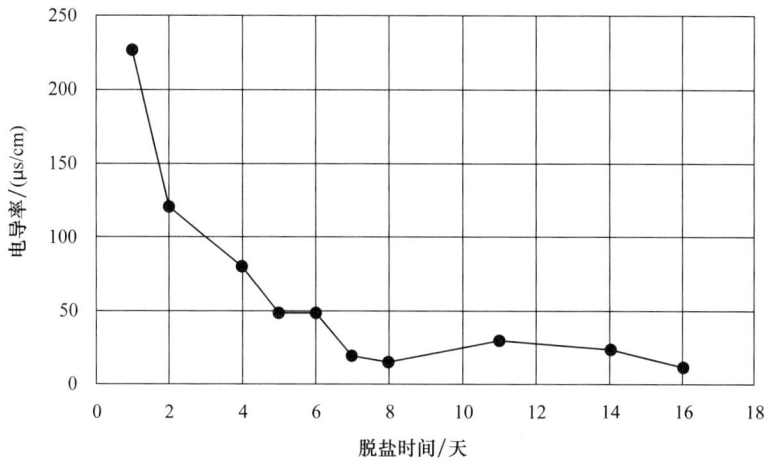

图 10-15　老化后新鲜柏木组脱盐实验实测终点平均电导率变化曲线图

2~3 天一次，脱盐实验实测终点平均电导率有所上升，但是很快就降低至 10 μs/cm 以下。两周后，脱盐实验结束。

3. 小结

通过脱盐实验结果可知，经过频繁更换去离子水浸渍液，水中盐分在两周时间内基本达到低盐分的状态，墨书黄肠题凑组样品和墨书新鲜柏木组样品都达到了去除可溶盐的目的，可以进行后续的脱水实验。

10.5.4　脱水加固实验

1. 加固剂筛选实验

通过文献查阅结果，并结合定陶墨书黄肠题凑木质自身特点，拟从自然干燥法、真空冷冻干燥法、风冷干燥法、PEG-风冷干燥法、高级醇法、PEG＋尿素＋二甲基脲复合溶液法这 6 种脱水加固方法做模拟脱水加固实验，从中评价筛选出最适宜保护黄肠题凑木材及其墨书的方法。前 3 种方式未使用加固药剂，后 3 种方式使用了不同的加固剂。下面首先对 3 种加固药剂进行筛选。

1）实验目的

评价木材脱水加固剂是否对墨书产生脱色、遮蔽、褪色等不利影响，剔除效果较差的脱水加固剂，保留影响较小的保护试剂进入下一轮木样块加固实验。

2）实验材料来源

木片来源：定陶王墓地出土黄肠题凑木料。

PEG1540：化学纯，上海浦东高南化工厂生产。

PEG4000：实验试剂，北京化工厂生产。

脲素：分析纯，北京益利精细化学品有限公司生产。

二甲基脲：含量98%，上海晶纯生化科技股份有限公司生产。

无水乙醇：分析纯，北京益利精细化学品有限公司生产。

3）实验过程

（1）选取 5 cm×2 cm×0.5 cm 的长方形木片，在木片上用墨书写符号，1组为墨锭书写，2组为松墨液书写。

（2）在样品自然晾干2天后，放入烘箱35℃低温烘烤6小时，保证墨汁中水分彻底挥发，在样品继续晾干5天后，对样品墨迹进行原始色度的测量。

（3）将墨锭和松墨液书写样片各一片放入15%的PEG1540溶液和PEG复合水溶液（7%尿素＋21%二甲基脲＋10%PEG4000），45℃水浴加热10天。两种样片放入无水乙醇中组成第三组，密封浸泡10天后取出。

（4）将样品从溶液中取出，晾干，拍照，再次测量墨迹色度。

4）分析讨论

（1）实验后，如表10-8所示，从肉眼观察可知，第二组样品皆被白色的物质所覆盖。

表 10-8 加固剂筛选实验前后样品对比表

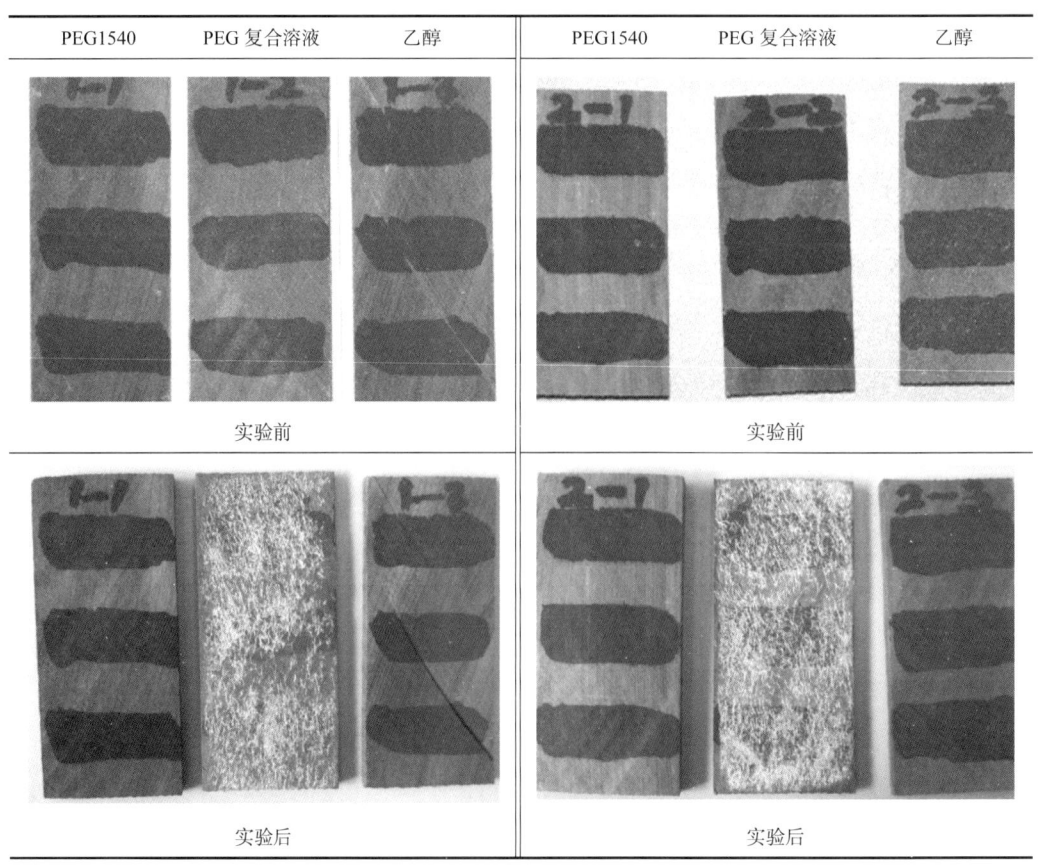

通过对比样品实验前后的照片和显微镜观察，图 10-16 可看 PEG 复合溶液样品表面覆盖大量白色的针状结晶，应为过量的尿素从木材中析出形成（图版 71）。从这一现象可以得知，由于 PEG 复合溶液分子量较大，适用于跨湖桥木船这类腐蚀程度较高的出土木材[14]。而黄肠题凑木样片的组织结构较好，复合溶剂并不能全部进入木材内部进行填充，因而会析出尿素在木材外部，遮蔽木材表面墨迹信息。

(a) ×5

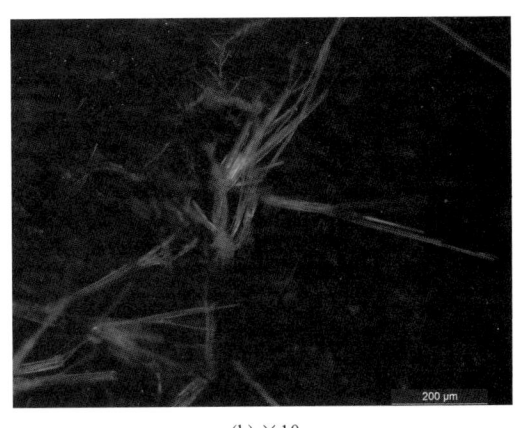
(b) ×10

图 10-16　复合溶液浸泡样品表面覆盖物显微照片

（2）通过色差对比试验，计算出第一组 PEG1540 浸泡样品和第三组无水乙醇浸泡样品的色差。

通过实验前后的色差对比得出表 10-9，用 15% 的 PEG1540 溶液浸泡的样品，平均色差是 1.46，在常用的色差控制范围内；用无水乙醇浸泡的样品，平均色差是 0.48，在严格的色差控制范围内。

表 10-9　样品与溶液平均色差结果

编号	浸泡溶液	每组样品平均色差	每种溶液平均色差
1-1	15%PEG1540	2.47	1.46
2-1		0.45	
1-3	无水乙醇	0.57	0.48
2-3		0.37	

5）小结

通过肉眼观察和显微观察，经过色差对比得出，PEG＋尿素＋二甲基脲复合溶液法不用于定陶黄肠题凑的保护，所以应予以排除；15%PEG1540 水溶液和无水乙醇实验前后的色差值均低于 3.0 的肉眼分辨色差范围，可在后续实验中采用。

2. 自然干燥法实验

1)实验目的

将样品放在常温下晾干,观察变化,与其他实验方法做对比。

2)样品制备

将老化、脱盐后的新鲜柏木样品F组和脱盐后的黄肠题凑样品F'组从去离子水中取出备用,测量备用样品尺寸、重量,并拍照。

3)实验设备

河塔牌干湿球湿度计。

4)实验过程

将样品直接暴露在室内空气中晾干,记录室内温湿度变化和样品的重量变化。干燥后测量样品尺寸、重量,拍照,自然干燥后测量样品色度。

5)分析讨论

(1)自然干燥法处理样品重量变化

自然干燥法处理的目的是,将样品暴露在室内空气中自然阴干,观察记录样品变化,为其他处理方法做对比。北方秋冬天气干燥,室内有暖气,所以室内温度比较稳定,大概保持在20℃左右,但是空气相对湿度很低,在11%～32%。样品脱水期间,对样品所处环境进行了温湿度记录,观察结果如图10-17、图10-18所示。

根据图10-17、图10-18可以看到,自然干燥法处理饱水木质文物,基本在一周时间就能使样品重量达到稳定状态,继续观测样品一个月,发现样品重量还会有小幅度的减轻,但是,这应该是跟空气中的湿度降低有关系,在脱水时间达到33～38天时,空气湿度上升,所以样品平均重量上升。可以从这个质量变化的曲线看出,木质文物对空气湿度是非常敏感的,在木质文物保护中应该非常重视湿度变化。

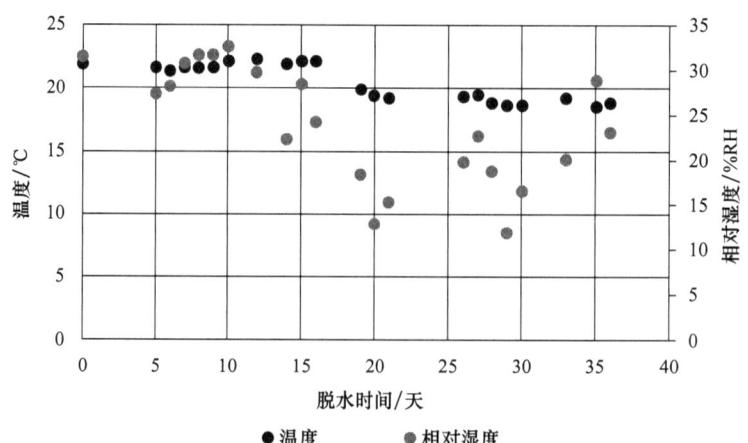

图10-17 自然干燥组脱水期间室内温、湿度变化图

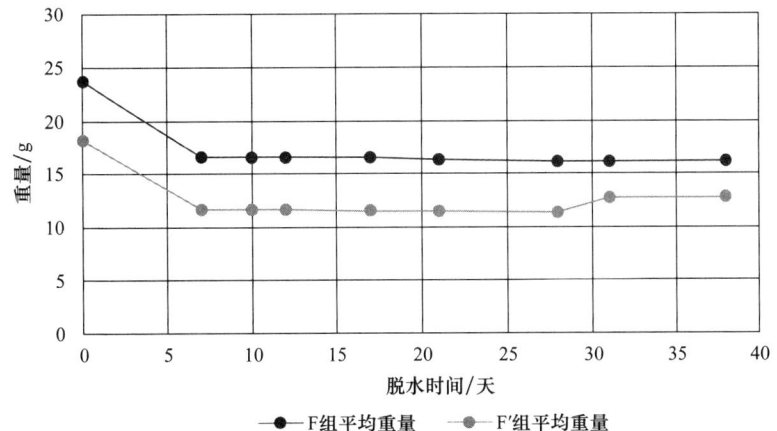

图 10-18 自然干燥组样品平均重量变化图（F 为新鲜木，F′ 为题凑木）

（2）自然干燥样品的干缩率

木材的尺寸变化主要是随着木材中水分的变化而变化，木材在干燥的过程中，细胞腔内的自由水首先排出，然后细胞壁内的结合水开始蒸发，细胞壁的水分减少，细胞壁变薄，细胞之间相互靠紧，引起木材的体积变小，木材产生干缩。木材是各向异性材料，径向、弦向和纵向的干缩不同。木射线是木材最为脆弱的部分，弦向收缩会导致木射线最先开裂，造成木材端面开裂，而弦向收缩和径向收缩的加剧会导致木材径面开裂。样品干缩率越大，样品端面木射线开裂就越多，裂缝就越大。根据木材脱水前后的变化，可利用公式计算出干缩率[15]：

$$S(T、R)=\frac{L_a-L_b}{L_b}\times 100\%$$

式中，$S(T、R)$ 为木材弦向或径向的干缩率；L_a 为木材脱水前弦向或径向尺寸；L_b 为木材脱水后弦向或径向尺寸。

从表 10-10 可以看出，新鲜柏木组样品弦向平均干缩率为 3.42%，纵向平均干缩率为 1.39%，径向平均干缩率为 2.97%，黄肠题凑组样品弦向平均干缩率为 3.47%，纵向平均干缩率为 0.49%，径向平均干缩率为 2.34%。样品干缩率较大，对样品的尺寸有较大影响。

表 10-10 自然干燥样品的干缩率

编号	实验前尺寸 /cm			实验后尺寸 /cm			纵向收缩 /%	径向收缩 /%	弦向收缩 /%	体积收缩 /%
	长	宽	高	长	宽	高				
F1	49.85	19.85	20.07	49.45	19.12	19.54	0.81	2.71	3.82	7.5
F2	49.5	21.01	20.24	49.01	20.22	19.64	1	3.05	3.91	8.16
F3	50.16	20.19	19.6	49	19.69	19	2.37	3.16	2.54	8.28
F 组平均值	49.84	20.35	19.97	49.15	19.68	19.39	1.39	2.97	3.42	7.98

续表

编号	实验前尺寸/cm			实验后尺寸/cm			纵向收缩/%	径向收缩/%	弦向收缩/%	体积收缩/%
	长	宽	高	长	宽	高				
F'1	50.09	19.81	20.12	49.68	19.22	19.69	0.83	2.18	3.07	6.19
F'2	49.86	19.75	20.09	49.54	19.27	19.67	0.65	2.14	2.49	5.36
F'3	49.88	20.06	19.83	49.89	19.13	19.31	−0.02	2.69	4.86	7.67
F'组平均值	49.94	19.87	20.01	49.70	19.21	19.56	0.49	2.34	3.47	6.41

以肉眼观察可知，新鲜柏木组裂隙条数共有 2 条，黄肠题凑组裂隙条数共有 12 条。从显微照片及标尺的换算可以得出，新鲜柏木组的最大裂隙是 0.14 mm，黄肠题凑组的最大裂隙是 0.14 mm，见表 10-11。

表 10-11 自然干燥样品端面裂隙对照表

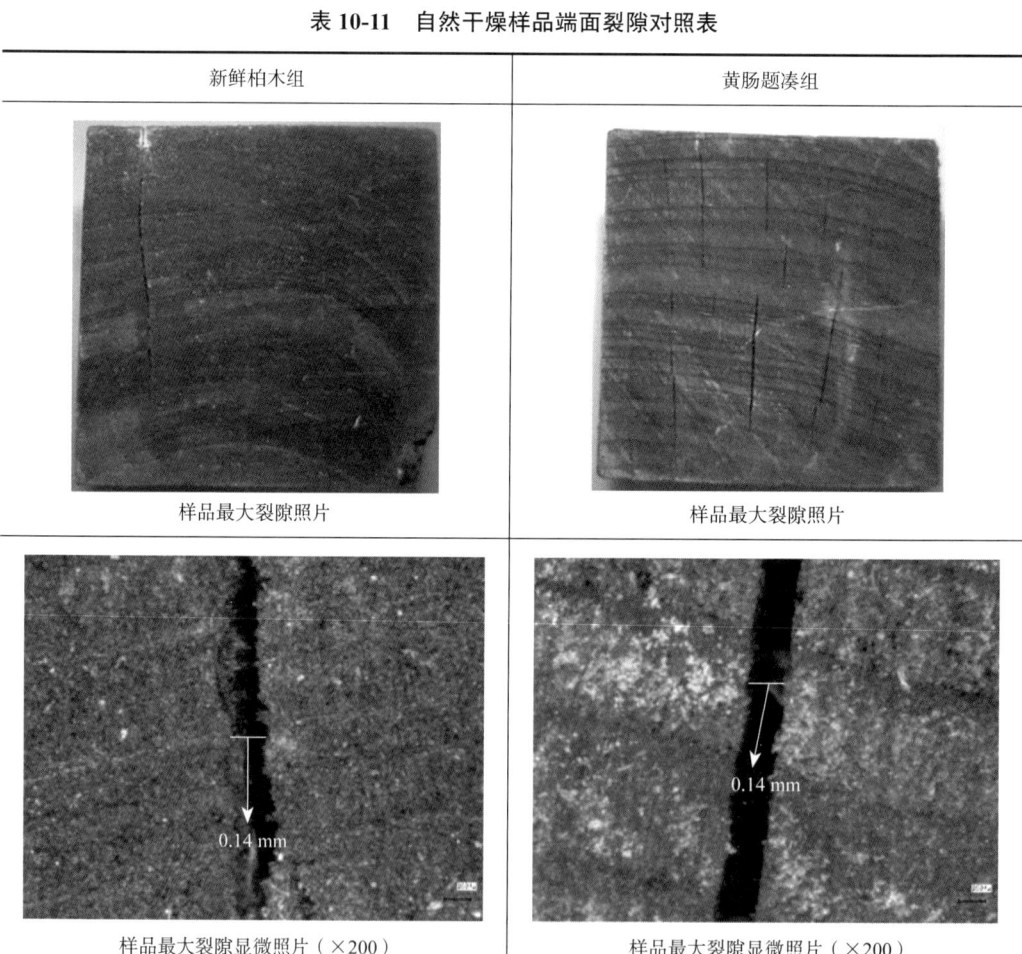

（3）墨迹区域与木材区域处理前后的色差对比（表 10-12）。

表 10-12 自然干燥前后样品对比表

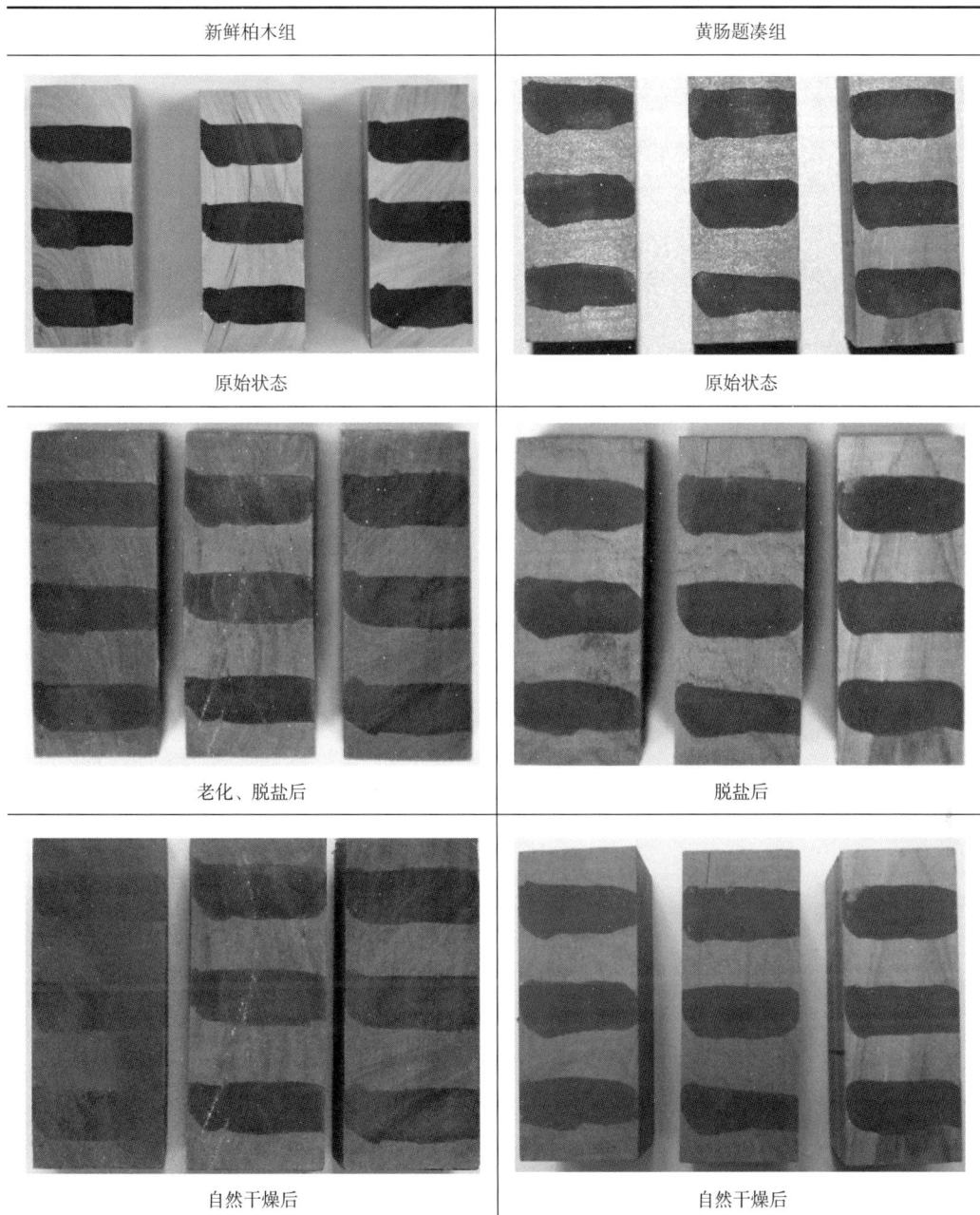

新鲜柏木组	黄肠题凑组
原始状态	原始状态
老化、脱盐后	脱盐后
自然干燥后	自然干燥后

因为新鲜柏木组样品从原始样品开始，经历了老化、脱盐实验，没有其他干扰因素。所以，自然干燥法处理的新鲜柏木组，其色差值代表了老化、脱盐阶段给木材和墨迹带来的影响。其他保护方法可以扣除这一色差值，所得结果为脱水加固所产生的颜色影响，见表 10-13。

表 10-13　自然干燥后与原始样块墨迹色差与木材色差对比

样品编号	墨迹平均色差（ΔE）	木材平均色差（ΔE）
F 组	5.63	38.41
F′ 组	1.41	1.20

同理，黄肠题凑组是原始样品经过脱盐，所以，自然干燥组的色差代表了脱盐过程给木材和墨迹带来的色差影响。其他保护方法可以扣除这一色差值，所得结果为脱水加固所产生的颜色影响。

6）小结

自然干燥组由于处于北方秋冬季节干燥的室内环境中，所以失水速度很快，样品在一周左右就达到稳定状态。通过肉眼观察和色差对比可以得出，自然干燥法对样品墨迹和木材的颜色影响较小。从样品干缩率来看，自然干燥的样品弦向、径向、体积干缩率平均数值较大。端面有开裂现象，最大裂隙为 0.14 mm，裂隙条数一共 14 条，是开裂现象最多的一组。

图 10-19　冷冻干燥设备

3. 真空冷冻干燥法实验

1）实验目的

使用真空冷冻干燥技术对试验样品进行冷冻干燥，观察样品脱水干燥后木材和墨书的脱水效果及其特点。

2）样品制备

将老化、脱盐后新鲜柏木样品 B 组和脱盐后黄肠题凑样品 B′ 组从去离子水中取出备用，测量备用样品尺寸、重量，拍照。

3）实验设备

冰箱：海尔家用冰箱 BCD-208 A；

冷冻干燥机：北京博医康实验仪器有限公司（图 10-19）。

4）实验过程

（1）将样品放入冰箱冷冻室，低温 $-20℃$，冷冻 4 天，将样块内水分充分冻成冰晶。然后，将冷冻后的样品放入冷冻干燥机内，进行低温、抽真空的冷冻干燥，温度保持在 $-55℃$，真空抽到 350 Pa 左右，冷冻干燥 48 小时后取出。

（2）测量真空冷冻干燥后样品尺寸、称重，拍照。

（3）测量真空冷冻干燥后样品色度。

5）分析讨论

A. 真空冷冻干燥法处理样品重量变化

根据图 10-20 可以看到，真空冷冻干燥法处理饱水木质文物用时很短，基本在 48 小时内就能使样品达到脱水状态，从真空冷冻装置取出之后，样品重量很稳定，没有明显变化。

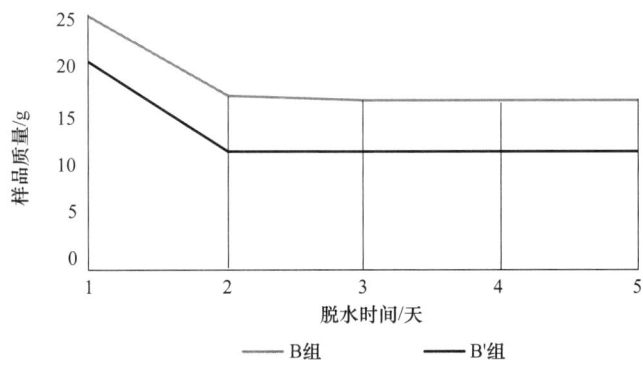

图 10-20　真空冷冻干燥组样品平均重量变化图

从表 10-14 可以看出，真空冷冻干燥新鲜柏木组样品弦向平均干缩率为 3.41%，纵向平均干缩率为 1.18%，径向平均干缩率为 5.97%，真空冷冻干燥黄肠题凑组样品弦向平均干缩率为 4.19%，纵向平均干缩率为 0.73%，径向平均干缩率为 3.58%。

表 10-14　真空冷冻干燥样品的干缩率　　　　　　　　　　（单位：%）

编号	纵向干缩率	弦向干缩率	径向干缩率	体积干缩率
B 组平均值	1.18	3.41	5.97	10.89
B' 组平均值	0.73	4.19	3.58	8.72

如表 10-15 所示，从显微照片可以看出，新鲜柏木组的最大裂隙是 0.14 mm，黄肠题凑组的最大裂隙是 0.2 mm。

表 10-15　真空冷冻干燥样品端面裂隙对照表

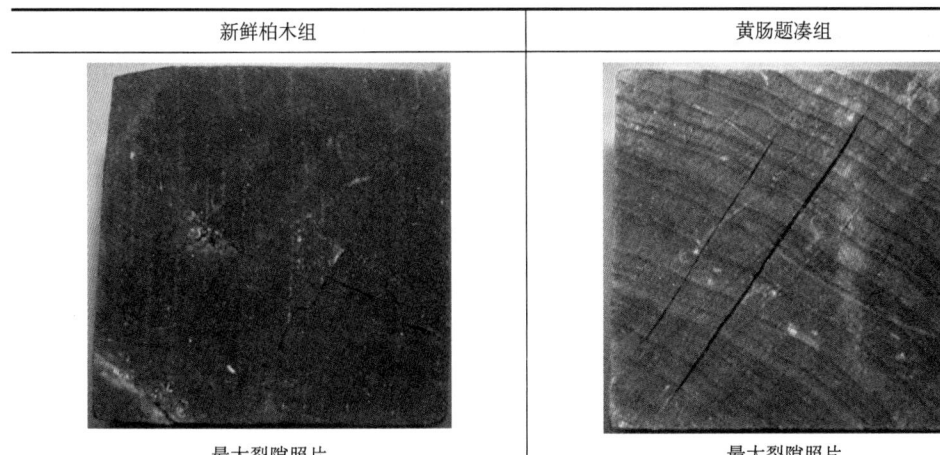

新鲜柏木组	黄肠题凑组
最大裂隙照片	最大裂隙照片

新鲜柏木组	黄肠题凑组
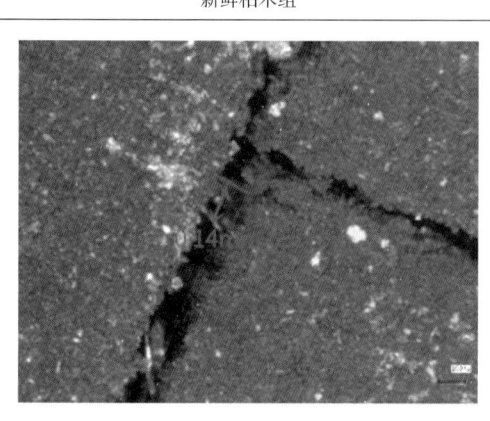	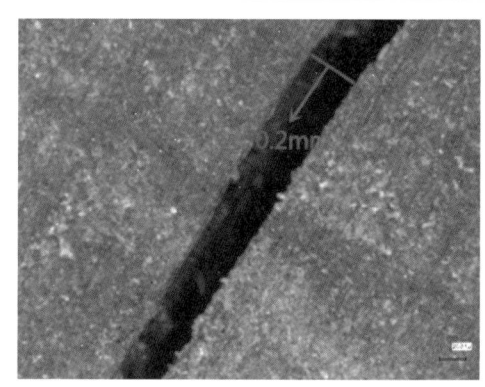
最大裂隙显微照片（×200）	最大裂隙显微照片（×200）

从黄肠题凑组样品的色差对比结果（表 10-16）可以看出，经过真空冷冻干燥后，黄肠题凑组样品墨迹色差变化为 2.57，色差变化不大；木材的颜色由深变浅（表 10-17），墨迹与木材的对比色差变大，使得字迹在木材上更好辨认，这对于墨书黄肠题凑的保护是一个有利的影响。

表 10-16　真空冷冻干燥处理后样品与原始样品的墨迹色差与木材色差对比表

样品编号	墨迹平均色差（ΔE）	木材平均色差（ΔE）
B 组（新鲜柏木）	6.61	33.08
B' 组（题凑木）	2.57	4.25

表 10-17　真空冷冻干燥样品变化对比表

新鲜柏木组	黄肠题凑组

原始状态	原始状态

续表

新鲜柏木组	黄肠题凑组
 老化、脱盐后	老化、脱盐后
 真空冷冻干燥后	 真空冷冻干燥后

新鲜柏木组自然干燥样品木材的色差是 38.41，新鲜柏木组真空冷冻干燥样品木材的色差是 33.08，色差值明显要小于自然干燥组；新鲜柏木组自然干燥样品墨书的色差是 5.63，新鲜柏木组真空冷冻干燥样品木材的色差是 6.61，色差值略大于自然干燥组。

B. 样品外观变化

通过肉眼观察，很明显可以看出，新鲜柏木样品表面有一定面积的红色覆盖物和点状的白色覆盖物（图 10-21；图版 72）。结合实验前后样品照片可知，红色覆盖物为样品老化所形成，白色覆盖物是真空冷冻干燥后出现的。通过显微观察发现，红色覆盖物呈细小颗粒状覆盖在样品表面，白色覆盖物又自样品内部出现，被红色覆盖物包在下面（图 10-22；图版 73），只有大量的白色覆盖物出现时，才会突破红色覆盖物，暴露在样品外部。结合前面的分析可以看出，二者都是样品内部的析出物，但是红色覆盖物析出时间较早，为样品老化时析出；白色覆盖物应为真空冷冻干燥时，随着样品内部的水分析出样品表面。

 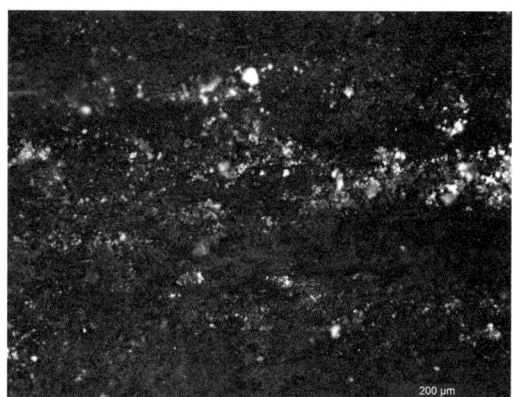

图 10-21　黄肠题凑组红色覆盖物显微照片　　图 10-22　黄肠题凑组表面白色覆盖物显微照片

分别刮取新鲜柏木组表面红色覆盖物和白色覆盖物，研磨成细粉末，放入烘箱，设置温度 105℃，烘至绝干，采用 KBr 压片法，通过 Nicolet670 红外光谱仪（FT-IR），进行红外光谱测试（图 10-23）。

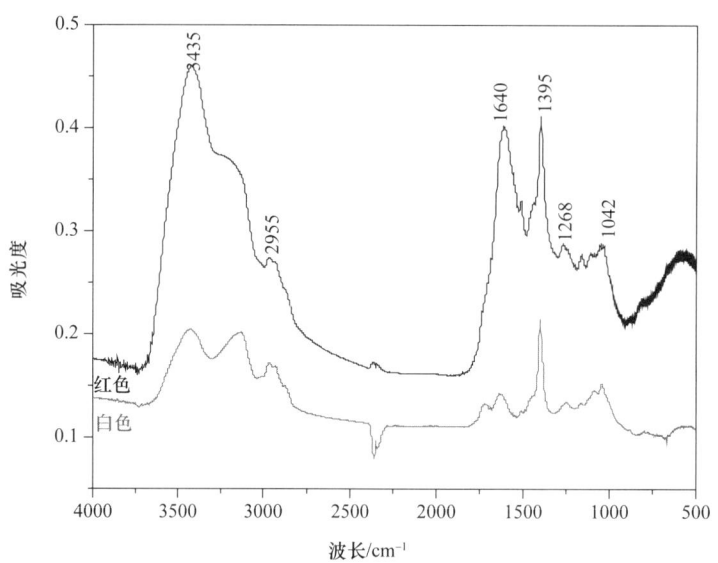

图 10-23　B 组表面红色、白色覆盖物红外光谱图

根据查阅文献[16]可知，天然琥珀在 3448 cm^{-1}、2930 cm^{-1}、2870 cm^{-1}、1742 cm^{-1}、1447 cm^{-1}、1378 cm^{-1}、1154 cm^{-1}、1015 cm^{-1}、887 cm^{-1} 波数处有明显振动峰，柯巴树脂在 3436 cm^{-1}、3079 cm^{-1}、2928 cm^{-1}、2864 cm^{-1}、1700 cm^{-1}、1647 cm^{-1}、1446 cm^{-1}、1386 cm^{-1}、1268 cm^{-1}、1176 cm^{-1}、1039 cm^{-1}、887 cm^{-1}、700 cm^{-1}、637 cm^{-1} 波数处有明显振动峰，松香在 3435 cm^{-1}、2955 cm^{-1}、2867 cm^{-1}、1708 cm^{-1}、1464 cm^{-1}、1385 cm^{-1}、1166 cm^{-1}、1041 cm^{-1} 波数处有明显振动峰。根据图 10-23 所示，新鲜柏木组表面红色覆盖物在 3435 cm^{-1}、2955 cm^{-1}、1640 cm^{-1}、1395 cm^{-1}、1268 cm^{-1}、

1042 cm^{-1} 波数处有明显振动峰，B 组表面白色析出物在 3435 cm^{-1}、3129 cm^{-1}、2955 cm^{-1}、1640 cm^{-1}、1395 cm^{-1}、1268 cm^{-1}、1042 cm^{-1} 波数处有明显振动峰。新鲜柏木组表面红白两种覆盖物红外光谱振动峰基本被包含在天然琥珀、柯巴树脂、松香的红外光谱振动峰中，应该与它们属于同种物质，结合新鲜柏木组情况，这种覆盖物应为样品内部树脂在真空冷冻干燥过程中被带出，为柏木的天然树脂。

C. 真空冷冻干燥法特点小结

真空冷冻干燥法处理饱水木质文物，样品失水速度特别快，样品重量急剧下降，这对设备的专业性和参数设置的精准性都有很高的要求。由于设备的局限性，真空冷冻干燥法处理的样品结果并不十分理想。

通过肉眼观察和色差计算可以看出，真空冷冻干燥法处理墨书木质文物，对墨迹造成的色差影响很小，并且，经过真空冷冻干燥后木材的颜色变浅，墨迹与木材之间反差更大，容易分辨木材上的墨书文字。

从样品干缩率来看，真空冷冻干燥法是样品干缩率最大的一种方法。样品端面有开裂现象，最大裂隙为 0.2 mm，裂隙条数一共 12 条，是开裂现象较多的一组。

从样品外观来看，真空冷冻干燥后新鲜柏木样品表面有点状的白色覆盖物，经检测为树脂析出。真空冷冻干燥时，样品内部水分快速蒸发，将样品内部的一些树脂带出，造成了这一现象。这可能会遮盖墨书黄肠题凑表面的墨书，对墨书黄肠题凑造成不利影响。

总体而言，真空冷冻干燥法在脱水过程中不会造成墨迹的脱落，木材颜色基本不变。但未经过预处理直接使用真空冷冻干燥会造成饱水木质文物开裂严重，不适合用做墨书木质文物脱水保护的方法。

4. 风冷干燥法实验

1）实验目的

使用风冷干燥技术对试验样品进行冷冻干燥，观察样品脱水干燥后木材和墨书的脱水效果及其特点。

2）样品制备

将老化、脱盐后新鲜柏木样品 C 组和脱盐后黄肠题凑样品 C' 组从去离子水中取出备用，测量备用样品尺寸、重量，拍照。

3）实验设备

智能型文物冷冻干燥柜（图 10-24）：是为满足含水文物在低温冷风条件下存储并进行脱水干燥处理而设计的保存柜。它的基本原理是采用低温冷冻除湿并霜化排出水分的方式将含水文物进行冷冻干燥。保存柜采取蒸气压缩循环制冷原理，通

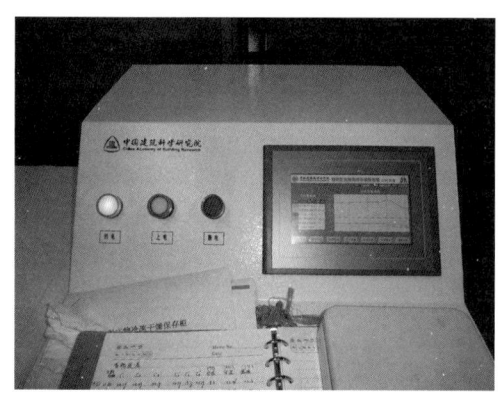

过提供低露点干燥空气,使木质文物中的水分冻结,强制循环空气,维持并与所处环境的蒸汽压差,促使文物中的水分升华,同时捕捉升华出的水蒸气,令其在别处凝结,从而实现脱除木质文物中水分的目的[17]。设计单位为北京大学考古文博学院和中国建筑科学研究院建筑环境与节能研究院环境测控技术研究中心。

图 10-24　风冷干燥设备

4) 实验过程

(1) 直接将样品放入文物冷冻干燥柜中,在 -10℃ 的低温环境下,依情况,每 1~2 天取出样品称重,重量在 40 天内达到恒定,拿出样品,观察样品尺寸、重量、色差和形貌变化。

(2) 40 天后将样品取出,测量样品尺寸、重量、色度、拍照。

5) 分析讨论

A. 风冷干燥法处理样品重量变化

根据图 10-25 可以看到,风冷干燥法处理饱水木质文物用时较长,基本在 40 天使样品达到重量稳定状态,继续观测样品从风冷装置取出之后一周的状态,发现样品重量还会有小幅度的减轻,可能与样品并未完全脱水有关。但是,可以从这个质量变化的曲线看出,风冷干燥的特点比较温和,样品重量一直都是呈缓慢下降的趋势,无剧烈变化,这对保持木质文物外形尺寸,减小木质文物在干燥过程中产生的裂隙是有利的。

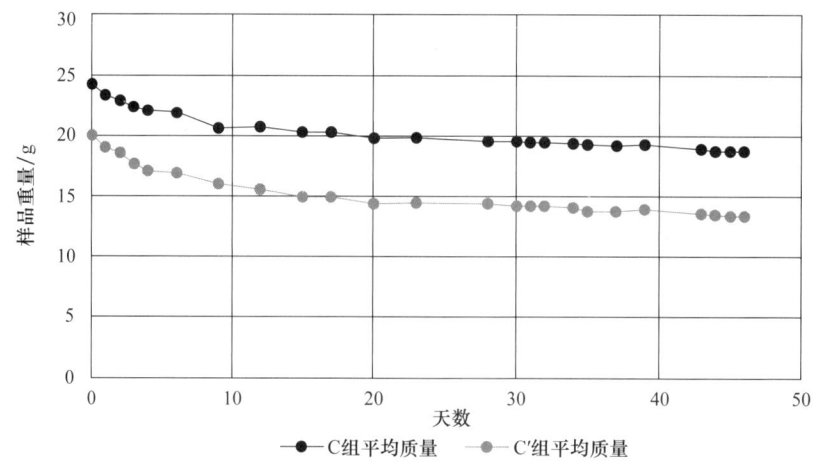

图 10-25　风冷干燥组样品平均重量变化图

B. 风冷干燥样品的干缩率

从表 10-18 可以看出，风冷干燥后，样品干缩率很小，基本保持样品原来尺寸。

风冷干燥后，新鲜柏木组无裂隙产生。黄肠题凑组裂隙条数共有 4 条。从显微照片及标尺的换算可以得出，黄肠题凑组的最大裂隙是 0.04 mm，见图 10-26、图 10-27。

 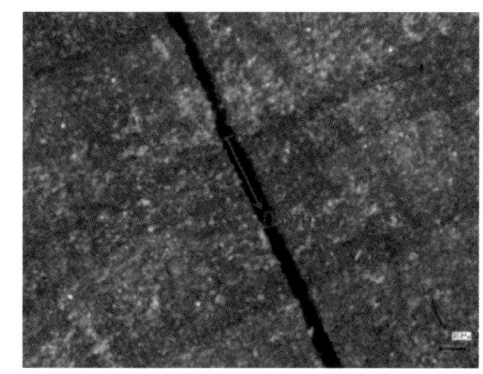

图 10-26　黄肠题凑端面最大裂隙照片　　图 10-27　黄肠题凑端面最大裂隙显微照片（×200）

表 10-18　风冷干燥样品的干缩率　　　　　　　　　　　　　　（单位：%）

编号	纵向干缩率	弦向干缩率	径向干缩率	体积干缩率
C 组平均值	0.1	0.55	0.32	0.97
C′ 组平均值	0.29	0.53	0.76	1.59

C. 墨迹区域与木材区域处理前后的色差对比

通过前后对比的照片（表 10-19）可以看出，在风冷干燥前，黄肠题凑组样品墨迹就有所脱落，所以造成黄肠题凑组墨迹脱落的原因不是风冷干燥实验，而是在此之前的脱盐实验；从色差来看，黄肠题凑组的木材平均色差很小，在 2 天以内，可以看出风冷干燥对木材本身的颜色影响不大。

表 10-19　风冷干燥样品变化表

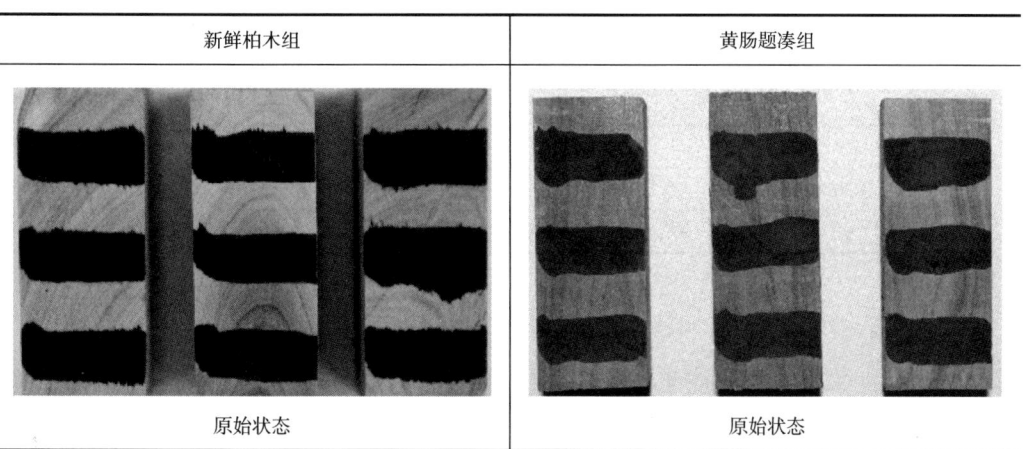

新鲜柏木组	黄肠题凑组
原始状态	原始状态

续表

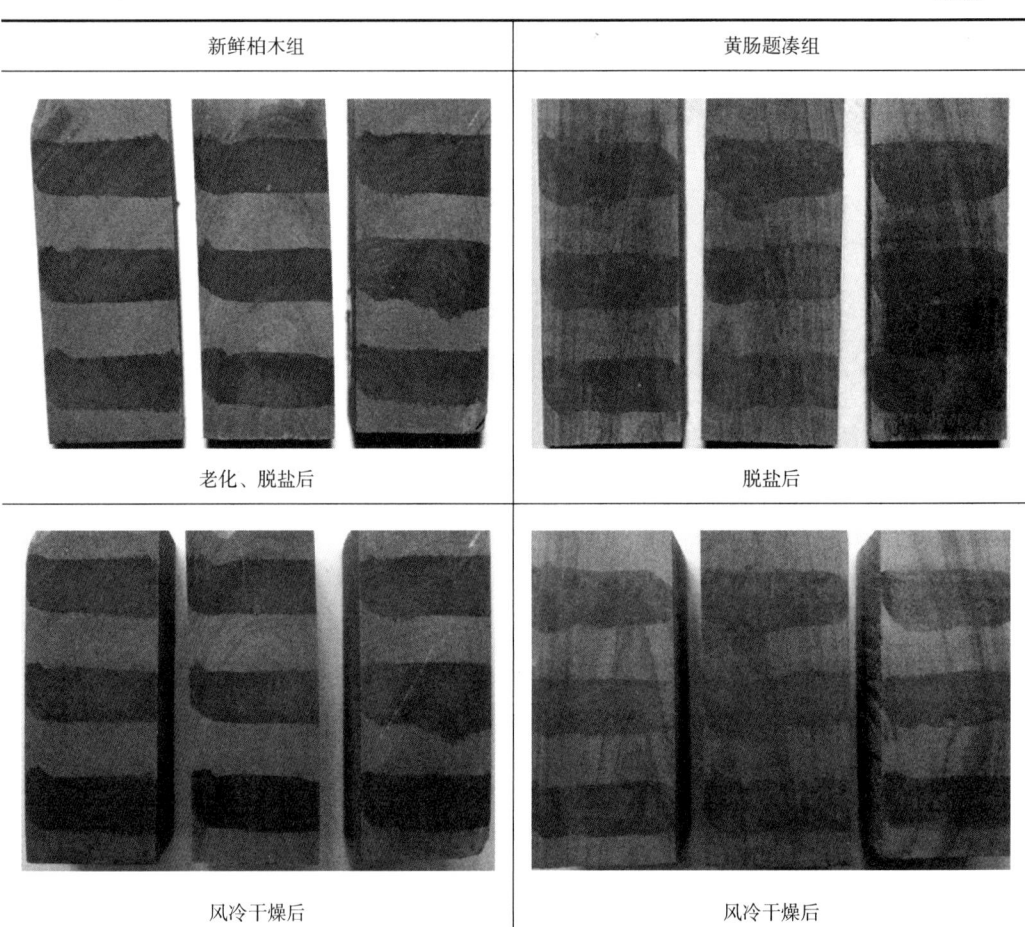

6）风冷干燥法特点小结

风冷干燥法处理饱水木质文物，样品失水速度缓慢，样品重量无剧烈变化，这对保持木质文物外形尺寸，减小木质文物在干燥过程中产生的裂隙是有利的。通过肉眼观察和色差计算可以看出，风冷干燥法处理墨书木质文物，对墨迹和木材造成的色差影响很小（表10-20）。

表 10-20　风冷干燥后样品与原始样品的墨迹色差与木材色差

样品编号	墨迹平均色差	木材平均色差
C 组（新鲜柏木）	6.82	33.09
C′组（题凑木）	9.25	1.43

从样品干缩率来看，C 组样品弦向、径向、体积干缩率，是样品干缩率较小的一组。从样品形貌来看，风冷干燥样品，仅有一个样块端面有开裂现象，最大裂隙为 0.04 mm，裂隙一共有 4 条，是开裂现象较少的一组。

总的来说，风冷干燥法在脱水过程中不会造成墨迹的脱落，能使饱水木质文物成功脱水并保持木材尺寸基本不变，端面基本不开裂，木材颜色基本不变，比较适合用于墨书木质文物脱水保护的方法。

5. PEG-风冷干燥法实验

1）实验目的

使用 PEG-风冷干燥法对试验样品进行脱水处理，观察样品脱水干燥后木材和墨书的效果及其特点。

2）实验方法

先用分子量 1540 的 PEG 置换出样品中的大部分水分，再进行风冷干燥的脱水处理，以达到木质文物脱水干燥的目的。

3）实验设备

恒温水浴锅：电压 220 V，功率 300 W，北京国华医疗器械厂。

智能型文物冷冻干燥柜：生产单位为中国建筑科学研究院建筑环境与节能研究院环境测控技术研究中心。

4）实验过程

（1）对样品进行称重、测量尺寸、拍照。

（2）根据相关参考文献，浸泡液的起始浓度选用 20% 的 PEG1540 水溶液进行浸泡。浓度每两星期提高 10%[18]，浓度为 20%、30% 和 40% 时，恒温水槽温度设定为 40℃，当浓度为 50% 时，恒温水槽温度升到 50℃[19]。每次换浸泡液都称重，观察样品重量变化。

（3）风冷干燥。

直接将样品放入文物冷冻干燥柜中，在 -10℃ 的低温下，冷冻脱水，70 天后拿出样品，放入冰箱冷藏室内让样品慢慢回温，直到样品重量稳定，温度上升至室温为止。持续观察记录样品尺寸、重量、色差、形貌变化。

5）分析讨论

A．PEG-风冷干燥法处理样品重量变化

根据图 10-28 可以看出：

（1）前 60 天是 A 组样品的 PEG 浸泡阶段，重量逐步上升，这是由于样品中的水被密度大于水的 PEG1540 置换造成的；

（2）在 60～120 天的脱水时间内，样品从浸泡液中取出，处于 -10℃ 的低温风冷干燥状态，所以样品重量呈现持续下降趋势，这是样品中的水分被冷冻成冰之后直接升华造成的。期间虽然风冷干燥装置出现问题，但是，样品的重量依然呈现持续下降的状态；

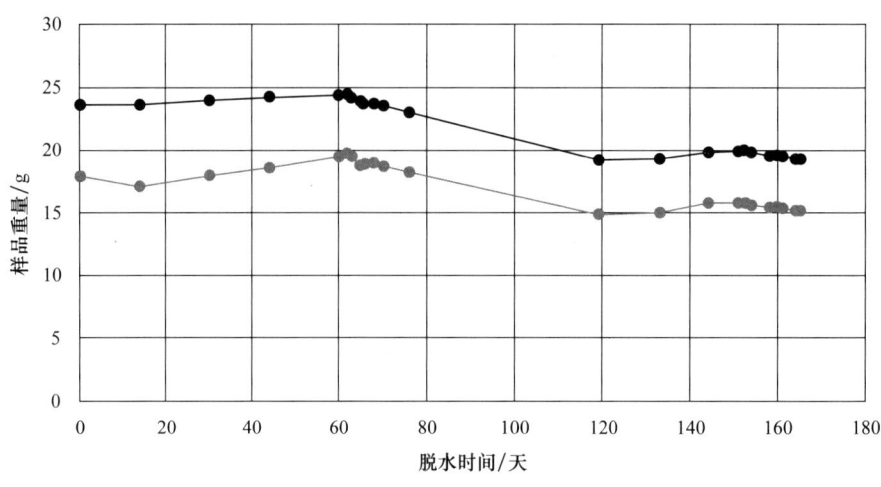

图 10-28　PEG-风冷干燥组样品平均重量变化趋势图

（3）在 120~151 天，样品又重新回到低温风冷干燥的状态，但是由于装置内部湿度较高，而此时样品内部又含有易吸水的 PEG1540，所以导致样品重量有所回升；

（4）151~160 天，将样品放入冰箱冷藏室（温度设置为 3℃）内逐步回温，待观察样品重量稳定，将样品放置在室温内，经观测，样品在室温内重量基本稳定，视为样品脱水结束。因为 PEG1540 密度大于水，且有一定吸水性，所以，PEG-风冷干燥组样品要重于原始样品。

B　干缩率变化

从表 10-21 可以看出，PEG-风冷干燥新鲜柏木组样品弦向平均干缩率为 1.7%，纵向平均干缩率为 -0.49%，径向平均干缩率为 -0.14%；PEG-风冷干燥黄肠题凑组样品弦向平均干缩率为 -2.61%，纵向平均干缩率为 -0.43%，径向平均干缩率 -1.93%。总体来看，PEG-风冷干燥组，因为样品内部填充了 PEG1540 的缘故，所以在样品脱水完成之后，样品的体积不降反升，这是样品细胞内部得到了 PEG 的支撑，并且 PEG1540 分子量大于水的原因。

表 10-21　PEG-风冷干燥样品干缩率　　　　　　　　　　（单位：%）

编号	纵向干缩率	弦向干缩率	径向干缩率	体积干缩率
A 组平均值	-0.49	-1.70	-0.14	-2.34
A' 组平均值	-0.42	-2.61	-1.93	-5.04

以肉眼观察可知，新鲜柏木组没有出现裂隙，黄肠题凑组裂隙有 3 条，最大裂隙是 0.09 mm（图 10-29、图 10-30）。显微镜下可以看出，端面有白色物质覆盖，这应是 PEG 干燥后在端面的残留。但是样品径面即墨书文字书写面无明显残留，影响较小。

图 10-29 黄肠题凑端面最大裂隙照片　　图 10-30 黄肠题凑最大裂隙显微照片（×200）

C. 墨迹区域与木材区域处理前后的色差对比

对比样品实验前后的照片可知，经过 PEG1540 水溶液含浸之后，新鲜柏木样品颜色明显变浅，这应该是 PEG 对木材颜色的作用，风冷干燥脱水后颜色更浅，这是样品脱水后，木材颜色自然变浅的结果；经过 PEG1540 水溶液含浸之后，黄肠题凑组样品颜色加深，脱水后颜色稍有变浅（表 10-22）。

表 10-22　PEG- 风冷干燥样品变化对比表

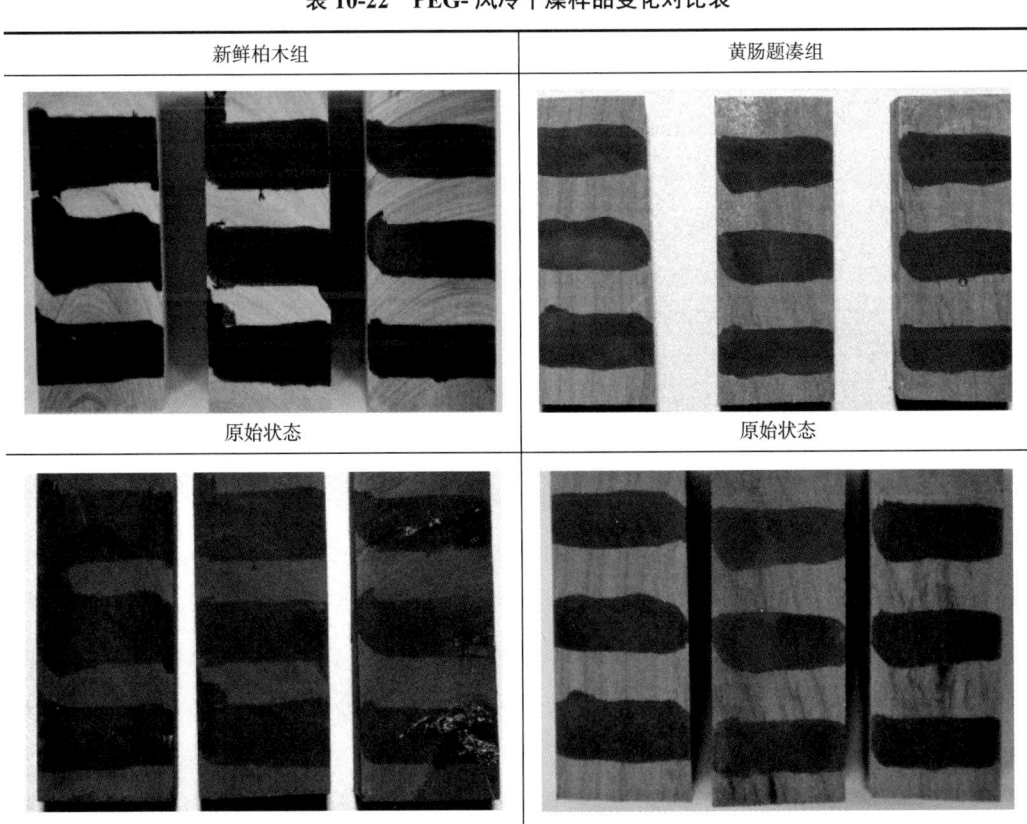

续表

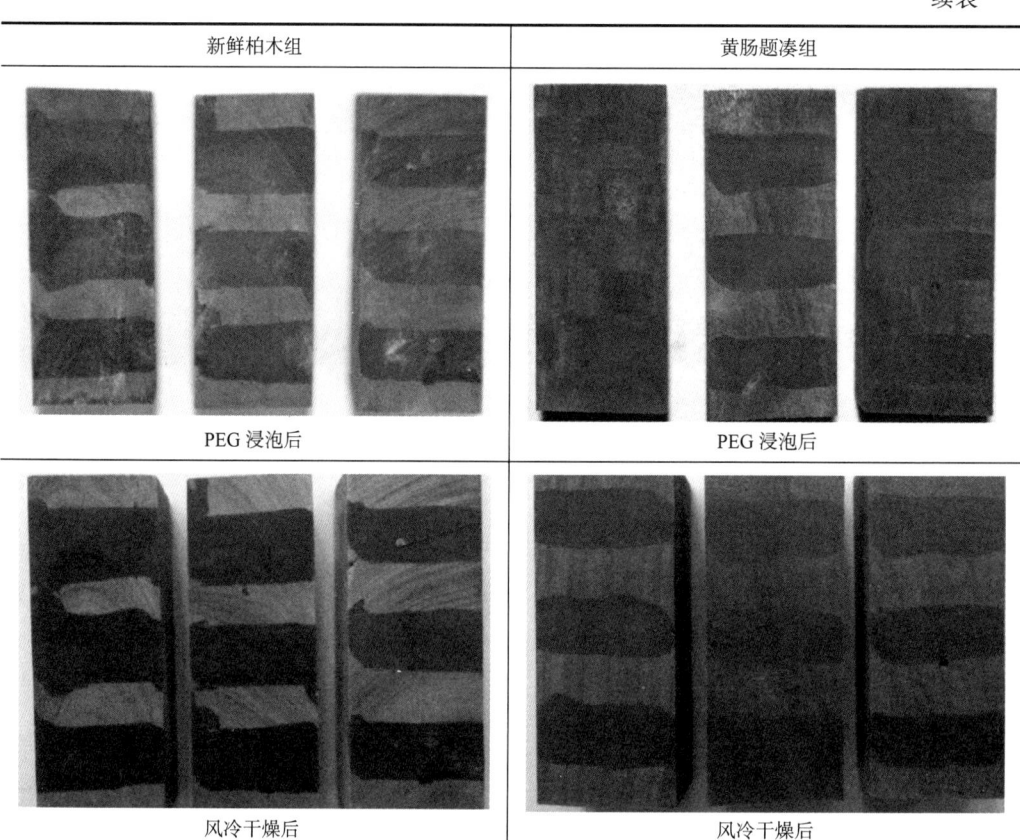

从样品色差来看（表10-23），黄肠题凑组的墨迹平均色差很小，但是木材平均色差高达9.5，可以看出PEG对木材的颜色有加深作用。

表10-23 墨迹区域与木材区域处理前后的色差对比表

样品编号	墨迹平均色差	木材平均色差
A组（新鲜柏木）	2.64	20.8
A'组（题凑木）	2.3	9.5

6）PEG-风冷干燥法特点总结

PEG-风冷干燥法处理饱水木质文物，处理周期较长，脱水后样品重量有所加重，这是因为PEG的密度大于水的密度的缘故。通过肉眼观察和色差计算可以看出，PEG-风冷干燥法处理墨书木质文物，如果木质文物内含有铁离子等不可溶盐，会对木材颜色造成的影响较大，加深了木材的颜色，使得墨迹不易于辨读。从样品干缩率来看，处理后的样品弦向、径向、体积会有所膨胀，但平均数值较小，对于木材外形尺寸的保持方面较为成功。样品仅在端面产生3条细小裂隙，均在0.09 mm，是比较成功的脱水效果。

总的来说，PEG-风冷干燥法能使饱水木质文物成功脱水并保持木材尺寸基本不变，端面基本不开裂，但是，会造成黄肠题凑木材颜色的加深，所以并不适合做墨书黄肠题凑的脱水保护。

6. 高级醇法实验

1）实验目的

使用高级醇法对试验样品进行脱水处理，观察样品脱水干燥后木材和墨书的效果及其特点。

2）实验方法

将两组样品分别放在1200 mL的含浸箱中，再将含浸箱放入恒温槽内，用梯级浓度的乙醇水溶液置换样品内的水分，直至为纯乙醇。再用梯级浓度的十六醇乙醇溶液置换样品内的乙醇，使十六醇代替乙醇填充文物。

3）实验设备

电热恒温水浴锅：电压220 V，功率300 W，温度范围37~100℃，温度波动1℃，北京国华医疗器械厂。

4）实验过程

（1）对样品进行称重、测量尺寸、拍照。

（2）将两组样品分别放在1200 mL的含浸箱中，再将含浸箱放入恒温槽内，先用梯级浓度的乙醇水溶液置换样品内的水分，直至为纯乙醇。然后，将饱含乙醇的样块浸渍于样品体积6倍以上的十六醇乙醇混合溶液中，使内槽浸渍液温度逐渐上升至53℃±1℃，置换样品中的乙醇。

表 10-24　高级醇实验置换溶液梯度表

浸泡溶液	浓度	浸泡周期/天（温度）
乙醇水溶液	30%	4（常温）
乙醇水溶液	60%	4（常温）
无水乙醇	100%	12（每四天换一次乙醇）（常温）
十六醇乙醇溶液	30%	14（53℃加热）
十六醇乙醇溶液	50%	7（53℃加热）
十六醇乙醇溶液	70%	7（53℃加热）
十六醇乙醇溶液	90%	7（53℃加热）

（3）用热的乙醇清理样品表面的残余十六醇等，将饱含十六醇的样块置于通风柜中干燥。

（4）测量脱水后样品色度。

5）分析讨论

A. 高级醇脱水法处理样品重量变化

结合图 10-31 可以看到，高级醇脱水处理饱水木质文物基本用时两个月，在 57 天时取出样品，继续观测样品状态，发现样品重量还会有小幅度的减轻，可能与样品中残余乙醇的挥发有关，但是样品整体状态并无明显变化，说明脱水处理还是成功的。从这个样品重量变化的曲线可以看出，用高级醇脱水法进行脱水处理，样品重量变化较小，因为乙醇、十六醇的密度都比水的密度小（乙醇、十六醇密度约 0.8 g/cm³，水的密度为 1 g/cm³），所以，乙醇、十六醇置换出样品中的水时，样品重量会下降。但是，明显看出，样品在脱水 44~51 天有一个重量上升的趋势，这并不是样品重量真的上升了，而是在这一阶段，十六醇乙醇浸泡液的浓度已达到 50%~70%，十六醇在 53℃时为液体，但是低于这个温度则凝结为固体，样品换浸泡液、称重时，会有大量的十六醇遇低温凝结在样品表面，造成了附属重量，从而导致样品重量上升这样的假象。当实验结束，取出样品，拿热乙醇清洗样品表面之后，样品重量又有所回落。整体而言，高级醇脱水处理之后，样品重量减轻。

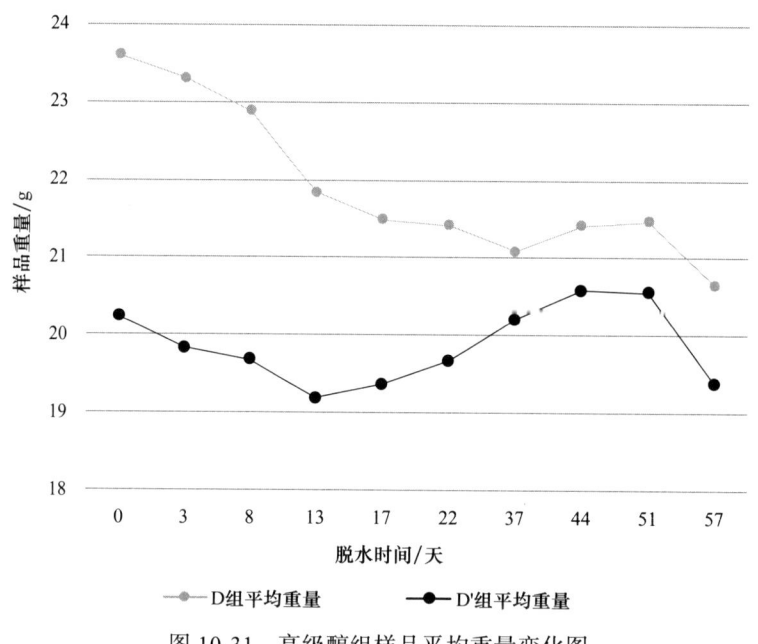

图 10-31 高级醇组样品平均重量变化图

B. 高级醇脱水处理样品的干缩率

从表 10-25 可以看出，两组样品收缩率不大，基本保持了样品的尺寸。

表 10-25 高级醇脱水处理后样品干缩率 （单位：%）

编号	纵向干缩率	弦向干缩率	径向干缩率	体积变化
D 组平均值	−0.02	1.567	1.58	3.16
D' 组平均值	0.54	0.31	−0.29	0.58

样品端面被白色的十六醇影响，尤其是裂缝处，白色痕迹明显，通过显微照片可以看出，裂缝两侧被白色的十六醇覆盖，这是因为样品经过十六醇处理后，表面会有十六醇的残余，样品的径面比较光滑，经过热乙醇的清洗，径面的十六醇被清洗干净，但是端面比较粗糙，不容易清洗，所以残留明显。新鲜柏木组样品干燥后并无裂隙产生，黄肠题凑组样品裂隙共有 20 条。从显微照片及标尺的换算可以得出，黄肠题凑组的最大裂隙是 0.07 mm（图 10-32、图 10-33）。

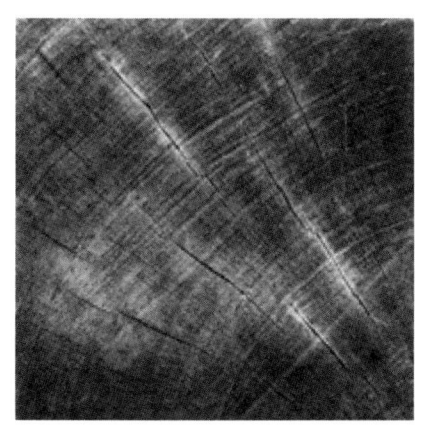 

图 10-32 黄肠题凑端面最大裂隙照片　　图 10-33 黄肠题凑端面最大裂隙显微照片（×200）

C. 墨迹区域与木材区域处理前后的色差对比

从照片前后对比（表 10-26）可以看出，新鲜柏木组样品，在实验前表面覆有红色树脂，但是，实验后，样品表面基本看不到红色树脂；黄肠题凑组的墨迹，在高级醇脱水实验样品制备前，就有所脱落，但是，实验后黄肠题凑组墨迹明显脱落得更为严重。所以，黄肠题凑组样品墨迹脱落的原因，应该是脱盐实验和高级醇脱水实验共同造成的。

表 10-26 高级醇处理前后样品变化表

新鲜柏木组	黄肠题凑组
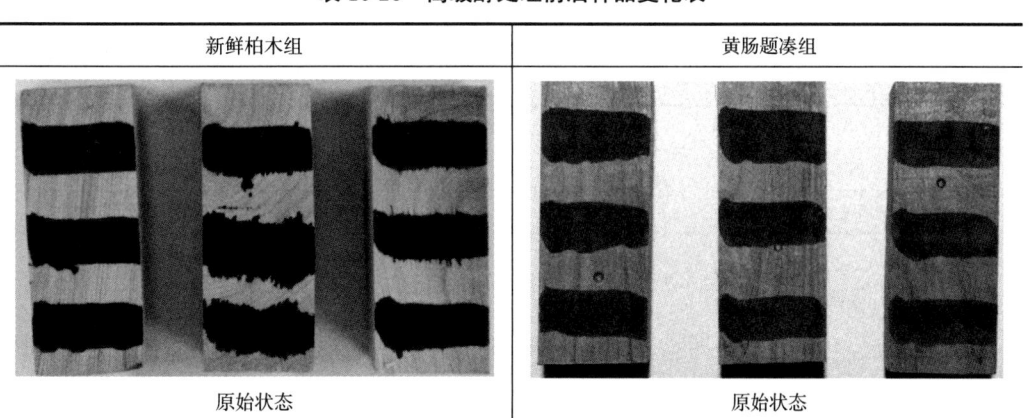	
原始状态	原始状态

续表

新鲜柏木组	黄肠题凑组
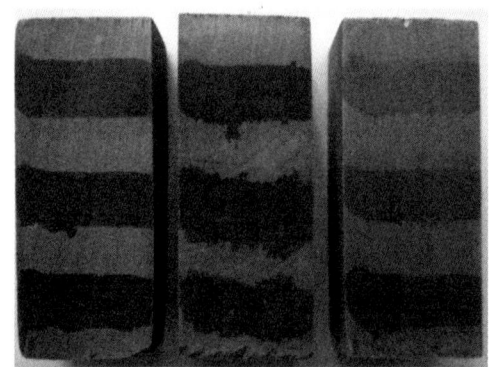	
老化、脱盐后	脱盐后
高级醇处理后	高级醇处理后

从样品色差来看（表10-27），黄肠题凑组的墨迹平均色差高达6.21，可以看出高级醇处理法造成了墨迹脱落。这可能是在高级醇乙醇溶液浸泡时导致表面墨书有溶解现象，还有一个原因就是在高级醇溶液浸泡后，为了处理样品表面残留十六醇，用热乙醇清洗样品表面时导致墨迹脱落，但是，这都是不可避免的，所以这个方法不适宜用作墨书黄肠题凑的保护。木材平均色差高达6.02，木材颜色变暗。

表10-27 高级醇脱水处理后与原始样块的墨迹色差与木材色差

样品编号	墨迹平均色差	木材平均色差
D组（新鲜柏木）	4.58	37.01
D′组（题凑木）	6.21	6.02

6）高级醇法特点总结

高级醇法处理饱水木质文物，处理周期较长，脱水后样品重量有所减轻，这是因为十六醇的密度（0.8176 g/cm^3，50.4℃）小于水的密度的缘故，但是样品重量又明显重于自然干燥样品，是因为十六醇填充进样品内部，对样品内部起到支撑作用。

通过肉眼观察和色差计算可以看出，高级醇脱水法处理造成了一定程度上墨迹的脱落；对木材颜色造成的影响较大，加深了木材的颜色，使得墨迹不易于辨读。从样品干缩率来看，高级醇脱水法处理后的样品弦向、径向、体积干缩率平均数值较小，对于木材外形尺寸的保持方面较为成功。

总的来说，高级醇法虽然能使饱水木质文物成功脱水并保持木材尺寸基本不变，但是，由于在操作过程中会直接接触墨书，造成墨迹的脱落，并且造成木材颜色的加深，所以并不适合保护墨书木质文物。

10.6 分析讨论

10.6.1 色差对比分析

色差是衡量墨书黄肠题凑模拟样品脱水实验的重要指标。墨迹的色差越大，代表墨迹脱色越多；木材的色差越大，代表样品处理后木材颜色的变化越大，这个变化可能是木材颜色变浅，也可能是变深，前者会使墨迹的颜色更突出，使得墨迹在木材上面更容易被辨认，后者则起到相反效果，木材颜色越深，越接近墨迹的黑色，使得墨迹在木材上越不容易被分辨出来。

从图10-34、表10-28可以看出，新鲜柏木组的墨迹平均色差值都稳定在7以下，其他几种方法与自然干燥组相比，墨迹变化程度相近，说明这几种脱水方法对新鲜柏木的墨迹影响都不大。对比黄肠题凑组墨迹有脱落的现象，推测可能是新鲜柏木树脂的析出对墨迹起到加固的作用。

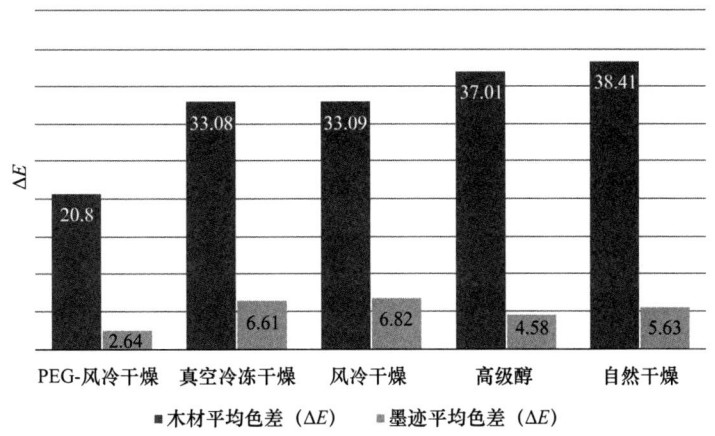

图10-34 新鲜柏木组样品脱水处理后与原始样品的平均色差对比图

表 10-28　脱水处理后样品与原始样品的平均色差对比表

编号	样品材质	木材平均色差	墨迹平均色差
PEG-风冷干燥	新鲜柏木	20.8	2.64
真空冷冻干燥	新鲜柏木	33.08	6.61
风冷干燥	新鲜柏木	33.09	6.82
高级醇	新鲜柏木	37.01	4.58
自然干燥	新鲜柏木	38.41	5.63
PEG-风冷干燥	黄肠题凑	9.51	2.3
真空冷冻干燥	黄肠题凑	4.25	2.57
风冷干燥	黄肠题凑	1.43	9.25
高级醇	黄肠题凑	6.02	6.21
自然干燥	黄肠题凑	1.2	1.41

新鲜柏木木材色差值为 20.8~38.4，这是由于新鲜柏木老化导致的木材颜色加深。但是，PEG-风冷干燥组样品，木材平均色差值明显低于其他四组，是由于 PEG 对新鲜柏木造成的影响较弱。

根据图 10-35，黄肠题凑组采用自然干燥法，木材色差值较小，说明脱盐过程对木材的颜色影响不大；风冷干燥组样品，色差值比自然干燥组仅仅高出 0.23，说明此法对木材颜色影响较小；真空冷冻干燥样品，色差值略大，但是从照片可以看出，样品的木材颜色是变浅而非加深；经过高级醇处理后的样品，色差值达到 6.02，与自然干燥组色差值相差 5 左右，木材颜色加深；PEG-风冷干燥组，经过 PEG 处理后，木材颜色加深，从平均色差值来看，色差接近于 10，是这几组中木材色差最大的一组。因此可以得出，风冷干燥和真空冷冻干燥处理样品，黄肠题凑木材颜色变化较小。

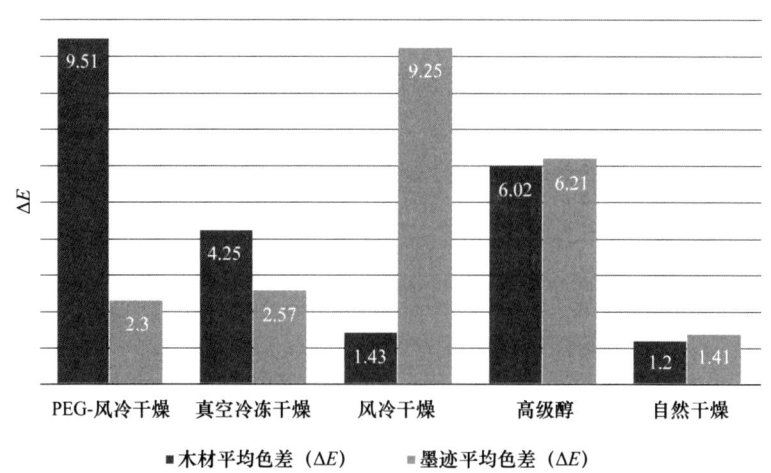

图 10-35　黄肠题凑组样品脱水处理后与原始样品的平均色差对比图

从墨迹平均色差值来看，自然干燥组色差最小，说明如果脱盐方法得当，在脱盐过程中不触碰墨迹，就不会对墨迹造成太大影响；PEG-风冷干燥组和真空冷冻组墨迹的色差值其次，这两种方法对墨迹的影响不大；高级醇组墨迹平均色差值在 6 以上，属于色差较大的一组，并且从照片对比可以看出，的确是样品在进行十六醇溶液浸泡时造成的墨迹脱落。在这个过程中，有两个原因可能造成这一现象，一个可能是在高级醇乙醇溶液浸泡时导致表面墨书有溶解现象；还有一个原因就是在高级醇溶液浸泡后，为了处理样品表面残留的十六醇，用热乙醇清洗样品表面时导致墨迹脱落，但是，这在用高级醇法处理时都是不可避免的，所以这个方法不适宜用作墨书黄肠题凑的保护；风冷干燥组样品，墨迹应为脱盐过程中部分脱落，参考处理前后照片，经过风冷干燥处理后的墨迹并未再次脱落。由此可以得出，处理墨书文物的时候应格外注意，尽量不直接接触墨迹区。

综合对比，真空冷冻和风冷干燥两种方法处理，木材载体和墨迹两方面的色差值变化相对较小，可以优先考虑这两种方法。

10.6.2 干缩率对比分析

木质文物脱水后的干缩率是检验木质脱水效果的重要指标，木材的干缩引起木材的体积变小。由于木材各向异性，纵向收缩率是最小的，收缩率最大的是弦向，其次是径向，木射线是木材最为脆弱的部分，弦向收缩会导致木射线最先开裂，造成木材端面开裂，而弦向收缩和径向收缩的加剧会导致木材径面开裂。定陶出土墨书黄肠题凑一般书写于木材径面，所以保证木材的干缩率，防止木材开裂是很重要的。

从表 10-29、图 10-36 来看，PEG-风冷干燥组呈现负值，这是因为 PEG1540 在置换出样品中的水分后起到了支撑细胞作用，使样品的体积较原始干燥的样品体积有所膨胀。真空冷冻干燥组、风冷干燥组、高级醇组、自然干燥组的干缩率呈现出基本一致的走向，这说明木材干缩率跟脱水加固方法的相关性很大。自然干燥组样品平均弦向收缩率和平均径向收缩率都很高，体积收缩率分别达到 7.98% 和 6.4%。但是，真空冷冻干燥的干缩率要明显高于自然干燥组，体积收缩率分别达到 10.89% 和 8.72%。

表 10-29　不同脱水处理方法样品干缩率对比分析表　　（单位：%）

样品脱水处理方法	样品材质	纵向干缩率	弦向干缩率	径向干缩率	体积干缩率
PEG-风冷干燥法	新鲜柏木	−0.49	−1.7	−0.14	−2.34
真空冷冻干燥法	新鲜柏木	1.18	3.41	5.97	10.89
风冷干燥法	新鲜柏木	0.1	0.55	0.32	0.97

续表

样品脱水处理方法	样品材质	纵向干缩率	弦向干缩率	径向干缩率	体积干缩率
高级醇法	新鲜柏木	0.36	0.72	0.64	1.72
自然干燥法	新鲜柏木	1.39	3.42	2.98	7.98
PEG-风冷干燥法	黄肠题凑	−0.43	−2.61	−1.93	−5.04
真空冷冻干燥法	黄肠题凑	0.73	4.19	3.58	8.72
风冷干燥法	黄肠题凑	0.29	0.54	0.76	1.59
高级醇法	黄肠题凑	0.17	1.15	0.63	1.95
自然干燥法	黄肠题凑	0.48	3.47	2.34	6.4

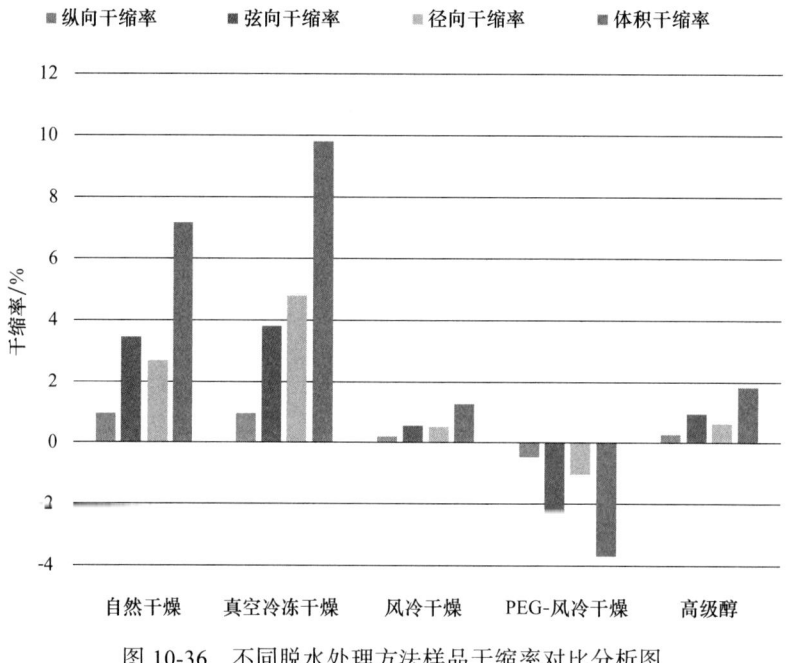

图 10-36　不同脱水处理方法样品干缩率对比分析图

高级醇脱水法的平均弦向干缩率和平均径向干缩率都在 1.2% 以下，体积干缩率分别是 1.72% 和 1.95%，比较成功地控制了木材在脱水过程中的收缩。风冷干燥法的平均弦向干缩率和平均径向干缩率都在 1% 以下，体积干缩率分别是 0.97% 和 1.59%，成功地控制了木材在脱水过程中的收缩，保持了样品尺寸基本不变。通过对比，高级醇法和风冷干燥法较好地保持了样品的尺寸。

从表 10-30 中可以看出，不同脱水实验后，样品端面产生裂隙条数最多的是自然干燥法，共 14 条裂隙，最大裂隙 0.14 mm；其次是真空冷冻干燥法和高级醇法处理的样品，皆为 12 条裂隙，最大裂隙分别为 0.2 mm、0.07 mm；风冷干燥法样品共产生 4 条裂隙，最大裂隙为 0.04 mm；PEG-风冷干燥法样品共产生 3 条裂隙，最大裂隙为 0.09 mm。

表 10-30　不同脱水处理方法样品表面裂隙对比分析表

实验方法	样品材质	裂隙条数	裂隙最大值 /mm
自然干燥法	新鲜柏木	2	0.14
	黄肠题凑	12（7大5小）	0.14
真空冷冻干燥法	新鲜柏木	7	0.14
	黄肠题凑	5	0.2
风冷干燥法	黄肠题凑	4	0.04
PEG-风冷干燥法	黄肠题凑	3	0.09
高级醇脱水		12（极细小）	0.07

通过对比分析，真空冷冻干燥法处理过的样品是干缩率最大的一组样品，产生的裂隙是最大的，干缩率大于自然干燥样品，在不进行预处理的情况下，这种方法基本不能适用于木质文物的脱水处理。风冷干燥法处理后的样品是干缩率变化最小的一组，各向干缩率基本都能保持在1%以下，端面产生的裂隙较少，且裂隙较小，成功地控制了木材在脱水过程中的收缩，是较适用的保护方法。

10.6.3　保护方法对比分析

1. 样品脱水时间的分析

从图 10-37、表 10-31 可以看出，真空冷冻干燥样品的脱水时间为 2 天，样品脱

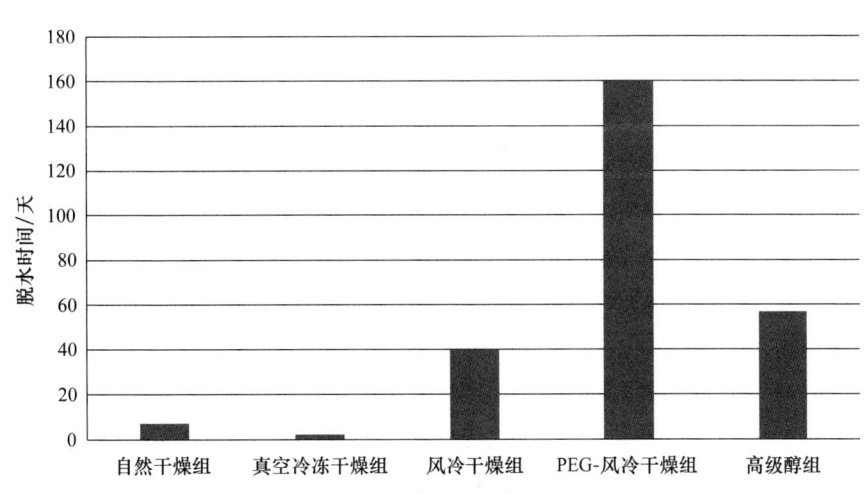

图 10-37　样品脱水时间分析图

表 10-31　样品脱水时间分析表

实验方法	自然干燥法	真空冷冻干燥法	风冷干燥法	PEG-风冷干燥法	高级醇法
脱水时间 / 天	7	2	40	160	57

水时间最短；自然干燥组是将样品在实验室内自然晾干，但是由于北方秋冬季节本身空气干燥，所以脱水速度很快，样品脱水时间为 7 天；风冷干燥样品脱水时间为 40 天；高级醇法脱水样品脱水时间为 57 天，脱水后样品质量稳定；PEG 风冷干燥样品的脱水时间为 160 天，是所有脱水方法中用时最长的一组，因为 PEG 浸泡就需要两个月时间，后又经过 100 天的风冷干燥，所以总计用时最长。

因此，从实验用时来看，真空冷冻干燥组用时太短，处理手法激烈，风险较大；PEG-风冷干燥和高级醇用时太长；风冷干燥用时适中，处理手法温和，可掌控性强，比较适用于墨书饱水木质文物的脱水保护。

2. 保护方法操作过程分析

真空冷冻干燥法是将样品放入冷冻干燥机内，进行低温、抽真空的冷冻干燥。样品失水速度特别快，样品重量急剧下降，脱水过程不容易掌控。

PEG-风冷干燥法和高级醇法都需要样品在溶液内长时间浸泡，并进行溶液浓度的梯度置换，成本较高，操作过程复杂，且容易在操作过程中伤害到表面墨书，特别是这种化学置换法最后都要清理表面残留溶液，不可避免会直接接触到表面墨书。

风冷干燥法比较温和，样品失水速度比较缓慢，处理时间相对较短，且过程中不直接接触到表面墨书，是比较适合墨书饱水木质文物的脱水保护方法。

但是，在选用风冷干燥法时，需要特别注意的是，此种方法采用的是恒温恒湿的通电装置，应该在使用时保持设备运转正常，尽量避免出现设备故障、通电故障等问题。在文物冷冻干燥柜中放入大量冰袋等，设备故障后可短时间内保持设备内部的温度，防止温度骤然升高导致的文物破坏；备有发电机等自主发电设备，防止断电造成的设备停止运转等都是有必要的。

10.6.4 小结

新鲜柏木样品模拟了汉墓墨书黄肠题凑老化的过程，因此，新鲜柏木墨迹的经历与保存状态与汉墓出土墨书相仿，保护处理前后墨迹的色度变化更具有参考价值。而黄肠题凑组样品采用出土木材，客观反映出墨书载体的保存状态，所以黄肠题凑组木材变化更具有参考价值。综合考虑新鲜柏木的墨迹和黄肠题凑的木材两方面，风冷干燥法和真空冷冻干燥的色差变化均比较小。

风冷干燥法处理木材干缩率最小，真空冷冻干燥法处理木材收缩最大，产生端面裂隙最大，因此，后者被排除。此外，从处理周期和操作方法来看，风冷干燥法比较柔和，易于控制，且不直接接触墨书，是比较安全、稳定、风险较小的脱水保护方法。

综合上述因素考量认为：在这几种评估的脱水保护方法中，风冷干燥法处理出土饱水墨书黄肠题凑是最为适宜、安全、便捷的方式。

10.7 结论

本章节是经过老化试验、脱盐实验，选择自然干燥法、真空冷冻干燥法、风冷干燥法、PEG-风冷干燥法、高级醇法进行脱水加固的模拟实验。然后，通过对墨迹和木材的评价，筛选出对定陶汉墓出土墨书黄肠题凑影响较小的脱水保护方法。

通过实验数据分析，总体看来，PEG-风冷干燥法造成黄肠题凑组木材颜色变深。真空冷冻干燥法，处理手法比较激烈，干缩率比较大，裂隙产生最多。高级醇脱水法处理后墨迹有所脱落，木材颜色黯淡，墨迹辨识不清，并不适合带有墨书的木质文物的脱水加固保护。风冷干燥法处理手法比较温和，干缩率较小，裂隙产生不多，木材颜色变化不大，墨迹辨识度较高，是比较成功的保护方法。

定陶王墓地（王陵）是目前我国已发掘的规模最大的黄肠题凑汉墓，黄肠题凑墨书文字具有重要的历史价值、科学价值、社会价值、艺术价值，并为后续考古、历史研究提供了珍贵资料。并且，墨书黄肠题凑将来可能用于博物馆陈列展览，因此，其文字内容和木载体双重保护是非常重要的。所以，这项模拟实验及研究对已经发现的定陶汉墓饱水墨书黄肠题凑的后续实际保护工作具有重要的参考价值和指导意义。

根据前期的文献调研，前人偏重于墨书载体的保护大于对墨书本身的保护研究。此研究更为深入的探讨、评估了各类脱水保护方法对墨书痕迹的影响，并兼顾载体的保护效果。

参 考 文 献

[1] 张金萍，奚三彩. 饱水竹简变色原因的研究. 文物保护与考古科学，2003，(04): 37-42+69.

[2] 方北松，刘姗姗，童华，等. 饱水竹简变色机理的初步研究. 见：中国文物保护技术协会第四次学术年会论文集. 中国文物保护技术协会. 2005, 7.

[3] 钱存训，高禖熹. 中国墨的起源和发展. 文献，1989，(02): 233-249.

［4］ 徐智川. "墨"的探究. 首都师范大学, 2009.

［5］ 王正书. 上海福泉山西汉墓群发掘. 考古, 1988,（08）: 694-717+770-771.

［6］ 曾漳龙. 从色差测量实验看档案复印件字迹的耐久性. 档案与建设, 2011,（04）: 16-21.

［7］ 欧秀花. 加固材料对纸质档案耐久性的影响研究. 档案学研究, 2014,（01）: 73-78.

［8］ 颜色基本理论. 柯尼卡美能达（中国）投资公司.

［9］ 黄凰, 秦颖, 刘江生. 襄樊菜越三国墓出土古墨测试分析. 考古学报, 2013,（03）: 426-429.

［10］ 成倩, 罗敏, 沈大娲, 等. 山东定陶王墓地（王陵）M2汉墓黄肠题凑墙体木材保存现状及腐蚀探析. 见: 华构重彩——纪念旧都文物整理委员会80周年文化遗产保护理念与技术国际研讨会文集. 中国文化遗产研究院, 2016, 231-242.

［11］ 饶之帆, 谢劼, 董鹛. 琥珀、柯巴树脂、松香的光谱学特征. 光谱实验室, 2013,（02）: 720-724.

［12］ GB/T 1934. 2—2009. 木材湿胀性测定方法.

［13］ GB/T 1934. 2—2009. 木材含水率测定方法.

［14］ 卢衡, 马丹, 靳海滨, 郑幼明, 刘东坡, 楼卫, 吴健, 郑伟军. 复配二甲基脲稳定跨湖桥独木舟效果评估. 见: 跨湖桥文化国际学术研讨会论文集. 跨湖桥遗址博物馆, 2016, 15-30.

［15］ 王军, 周纯洁, 孙福. 木材干缩量的计算方法. 吉林林业科技, 1997（4）: 51-53.

［16］ 饶之帆, 谢劼, 董鹛. 琥珀、柯巴树脂、松香的光谱学特征. 光谱实验室, 2013,（02）: 720-724.

［17］ 张琼. 饱水木质文物的风冷干燥脱水研究. 北京大学硕士学位论文. 2014, 5.

［18］ 佩·霍夫曼著. 马菁毓译. 饱水橡木木材的PEG脱水法对含有不同降解程度的木材设计实施PEG两步法. 文物科技研究（第二辑）, 2004, 13.

［19］ 姜进展. 木材在PEG法处理过程中收缩原因的研究. 文物保护与考古科学, 1995,（02）: 57-61.

第 11 章 木材阻力仪的应用

11.1 引言

木材的使用与人类文明的发展历史伴随始终,直至今日仍然是最易于被获取和利用的天然材料。木材所具有的许多优良特性,是现在人工合成材料所不易达到或者难以取代的。在历史中流传下来的木制建筑和生产、生活用品,以及考古发现的地下、水下木质文物,数量都十分可观。许多大型的木质文物,如建筑、墓室、沉船、桥梁、水利设备,是由复杂的木构件精巧地连接组合所构成的整体,体现着古人的高超智慧和技术经验。

木质文物属于有机质类文物,遇水火易毁,遇虫蚁易蠹。现在留存和考古发现的木质遗物,仅是古代木质制成品的极微小部分,只有通过它们才可以大概推断古人利用木材的实际情况和技术方法。地下出土的高等级墓葬"黄肠题凑"木椁室,是具有历史、艺术和科学方面突出价值的珍贵文物。作为大型木构件组合,对其进行有效的保护、维持原状一直是文物保护中的难题。"黄肠题凑"枋木堆垒方式特殊,存在相互叠压,凭肉眼仅能观察到枋木条一侧的端头表面。因常年处在复杂的地下水环境中,受到各种盐分的严重侵蚀,同时微生物滋生侵蚀木质纤维也引发多种病害。对于木材内部的情况却无从知晓,如建筑内部的结构、木材材质本身、木材病害信息等。

木材阻力仪是一种木材内部材质检测的专用仪器,在电动机的驱动下,将钻针匀速钻入木材内部,针头所受阻力值变化生成阻力曲线。结合木材学的知识,可判断木材的年轮、密度、裂隙、虫洞等内在情况。木材阻力仪所用钻针的孔洞直径约3 mm，属于微损检测技术，或称无损检测技术[1]。

在定陶汉墓原址保护过程中，"黄肠题凑"木构件不允许拆解后观察内部，所以需要借助无损检测技术了解其内部情况。本章节拟利用木材阻力仪对定陶汉墓出土饱水黄肠题凑的墙体、门框、顶板等部位木材进行探测，参考以往研究者对于阻力仪在木结构建筑应用方面的工作，对所得数据进行综合分析，来推断木材内部结构、木构件的基本尺寸、木材材质信息。期望利用木材阻力仪可以简单、快速地对木材的腐朽状况做出有效评价，从而帮助研究者更为深入地了解木质结构特点，并且为后续的汉墓"黄肠题凑"保护修复工作提供有价值的参考信息。

11.2 文献综述

11.2.1 饱水木质文物特点

饱水木质文物是指长期存在于海水、河水、地下水等环境中，出土（水）时内部充满水分的木质文物。与一般木质文物相比，饱水木质文物长期处于相对封闭的保存空间中，隔绝氧气，抑制了菌类的生长，降低了木材的腐蚀速率。但是，环境中所含有的酸、碱、盐等物质，仍会使木质文物降解。纤维素、半纤维素易被降解、破坏，而木质素通常保存完好，导致木材空隙增大、密度减小，外部环境中的水分不断渗入。通常情况下，出土木质文物含水率越高，则腐蚀程度越严重[2]。对饱水木质文物造成影响的因素有以下四种。

（1）微生物影响：由于菌类的侵入，木质素、纤维素遭到破坏，导致外观呈褐色。腐朽严重影响木质文物的物理性质，使抗压强度、抗弯强度、密度、硬度等都受到不同程度的降低，使文物木质本身质量减轻，吸水量增大[3]。

（2）盐分影响：饱水木质文物在埋藏中，环境中的可溶盐会不断渗入到木材组织中去，进而对木质文物的劣解起到催化作用。文物出土后，随着环境湿度的变化，可溶盐发生潮解、结晶，使木材发生体积变化，导致木质发生粉碎、崩裂等现象[4]。

（3）变色：在长期的埋藏过程中，饱水木质文物受到微生物影响，颜色加深。木质文物出土后，因受到氧化或金属离子的影响，颜色也会加深。

（4）易受环境影响：木材本身具有湿胀、干缩的性质，而出土饱水木质文物，其湿胀干缩的特点比普通木材更为明显。当腐朽较严重的木材干缩时，其体积变化会非常大。干缩以后，即使再使其处于饱水状态，也无法恢复到原来的体积。如果进行多次干缩、湿胀，则体积会逐渐缩小。

饱水木质文物一般比较脆弱，腐蚀分布通常并不均匀。表层腐蚀最严重，内部深入，腐蚀破坏逐渐减少。出土后随着环境的变化，干燥过程水分流失过快，造成内外应力分布不均，引起开裂或翘曲变形。

11.2.2　木材阻力仪技术

木材阻力仪是由德国 Rinntech 公司开发的一种木材内部材质检测仪器，主要由主机、机身两部分组成（图 11-1；表 11-1）。主机内有电池、存储空间和热敏打印机。机身内有探针，探针直径为 1.5 mm，利用阻力仪检测木质文物时，钻出直径约 3 mm 的孔洞，属于微损检测技术，或称无损检测技术。在电动机的驱动下，探针匀速钻入木材内部，同时顶端所受阻力值通过微机系统生成阻力曲线。研究者可以通过阻力曲线，同时结合木材学知识，判断木材的年轮、密度、裂隙、虫洞等情况。

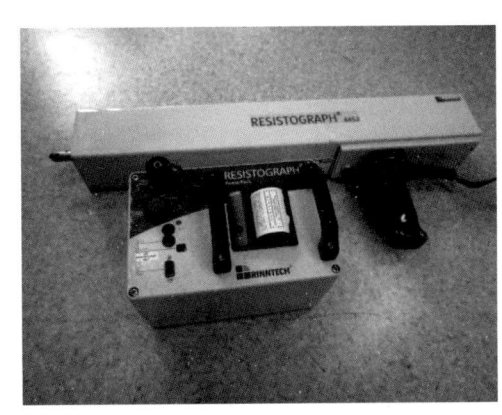

图 11-1　木材阻力仪

表 11-1　木材阻力仪参数

探测深度	44 cm	通信端口	USB
适用测量对象	树木和木材结构	软件	DECOM 专业版
分辨率	0.1 mm	探测管尺寸	9 cm×9 cm×65 cm
探测速度	最大 40 cm/min	探测管重量	4 kg
供电	12 V 172 Wh	微型探针头直径	约 3 mm
打印机	内置热敏打印机	微型探针轴直径	1.5 mm
存储容量	500 个数据		

11.2.3　国内外相关研究

在古建筑木质结构方面，利用木材阻力仪探测技术可以直观地评价木质文物的损坏情况，尤其是内部肉眼观察不到的部位。该探测技术既能在现场对木材进行检测，又不损害木质的外观及使用性能，是一项比较便捷的无损微损检测技术。

1993～1994 年，Frank Rinn 发表了根据阻力曲线判断木材内部腐朽状况的论述，并且介绍了如何利用阻力仪来判断虫洞与缝隙。Frank Rinn、F. H. Schweingruber 和

E. Schar 对不同树种的阻力曲线和 X 射线密度曲线进行了对比实验。实验发现,阻力仪可对树轮大于 0.5 mm 的树木进行树轮与树木生长规律的分析,要求钻针垂直于年轮方向探入。

1999 年,Laurence R. Costello 和 Stephen L. Quarles 对阻力仪和电动生长锥在腐朽勘测方面进行了比较,指出可利用电动生长锥测量腐朽程度,但是不同人员操作所得结论存在较大差异。他们还指出,不论哪种方法,测量人员是否熟悉所要测量的树种,对结论准确性影响非常关键。

2016 年,Sebastiano Imposa 和 Giuliana Mele[5]等利用阻力仪与声波层析相结合的方法对美国 Agata 教堂屋顶木材进行了测量,检测了木材的腐朽状况。通过结果分析,证明检测结果可靠,此研究信息为维修木质建筑、替换糟朽构件提供了一定的帮助。

此前,国外研究者多是将木材阻力仪应用在古代建筑方面。所测木材都属于气干材,而在出土饱水木质文物方面的应用,尚无相关案例可以参考。

关于木材阻力仪在国内木质文物构件方面应用的研究,笔者查到最早的文献是王立海 2011 年发表的《木材腐朽检测及防治的研究进展》[6]一文。王立海在该篇论文中介绍木材缺陷检测技术时提到几种便携式木材缺陷探测仪,其中包括木材阻力仪。但是,文中并没有应用木材阻力仪研究木质文物构件的实例。

在故宫、恭王府等大型古建筑群维修工程中,中国林业院木材研究所李华、石志敏[7]等利用阻力仪对立柱等木质构件的保存状况进行了大规模的探测,并于 2007 年完成了对故宫古建筑立柱等大型木质构件内部状况的勘察,如立柱包镶定位、大径级木构件内部材质判断、木构件空洞定位等。在古建筑木结构内部材质勘察方面,利用木材阻力仪对木构件一些常见的缺陷(腐朽、空洞等)能够进行较为准确的定性判断,突破了传统的目测、敲击等方法。

故宫武英殿维修时替换下来的局部腐朽的 5 根落叶松旧木构件,王晓欢、黄荣凤[8]等以此加工成 319 个试件,用目测法将试件划分为 4 个腐朽等级和未腐朽者,共 5 个等级,测定了试件的气干密度、抗弯强度和顺纹抗压强度,并对抗弯强度试件进行了阻力仪检测。应用统计学方法分析了阻力仪检测值与气干密度、抗弯强度和顺纹抗压强度之间的相关关系,用其中的 284 组数据建立了阻力仪检测值与木材物理力学性质间的线性回归分析模型,并用剩余的 35 个样本的检测值进行了模型验证。结果表明,随着腐朽程度的加深,木材密度、抗弯强度、顺纹抗压强度及阻力仪检测值均显著降低。5 个腐朽等级间差异显著,木材达到 3 级腐朽时,4 项指标分别降低至未腐朽材的 24%、42%、76% 和 71%。阻力仪检测值与气干密度、抗弯强度和顺纹抗压强度之间均在 0.01 水平表现为极显著的线性相关关系,其中与密度的相关关系最大。对建立的线性回归模型进行的模型验证结果表明,模型预测值与实测值具有高度的一致性，两者在 0.05 和 0.01 水平上差异均不显著。

李华、陈勇平[9]等利用木材阻力仪对故宫保和殿木材内部缺陷进行了探测。这是国内首次利用阻力仪和应力波结合判定古建筑木构件内部缺陷。该检测技术在传统的目测、敲击辨声和皮罗钉（Pilodyn）等方法的基础上，提高了木构件探测深度和精度，使古建筑木构件的无损检测技术达到一个新的高度，并据此形成了新的检测技术体系。研究者以保和殿承重柱构件为检测对象，利用阻力仪和应力波进行现场无损检测，根据阻力仪曲线的外形和应力波图像技术，推测大殿柱构件内部缺陷情况。研究结果表明，阻力仪检测技术可准确判定柱构件内部缺陷长度，应力波图像分析可直观显示柱构件内部缺陷轮廓，两者结合使用能较好地判断古建筑木构件内部缺陷。

孙燕良[10]利用阻力仪对圆明园正觉寺鼓楼落叶松旧材进行了密度测量。利用木材密度与阻力仪所受阻力的对应值，建立一元线性回归方程，并且得出结论：利用阻力仪所受阻力值对密度进行推算，具有一定的可行性，且效果比较理想。同时该研究者还对落叶松木材的弹性模量、抗压强度、抗弯强度进行了测量，并且结合阻力值进行了线性回归分析。此次分析得出的结论是：利用落叶松阻力值间接评估落叶松弹性模量具有一定的可操作性。但是，随着落叶松年代的增加，精度会有所下降；利用落叶松阻力值间接评估落叶松抗压强度具有较好的可操作性，可靠性较高；落叶松阻力值对落叶松抗弯强度只有一般性评估。在以上测试操作中，木材年轮方向、含水率、腐朽程度都会造成影响。

2015 年，周乾[11]等在综述前人的基础上，探讨了古建筑木结构安全现状评估的有效方法。现有的主要评估方法包括传统法、无损检测法（超声波、阻力仪、应力波、皮罗钉）、三维激光扫描方法、理论计算法、有限元分析法、现场环境测试法、模型试验法等。这些方法在一定程度上可反映结构的安全现状，但在应用上存在一定局限性。各个方法之间尚未建立必然的联系，单独运用时不能够全面地解决古建筑安全的评估问题。

自从木材阻力仪被引入国内并应用到木质文物保护方面，除了探测木质文物构件缺陷外，越来越多的功能被开发出来，使用的频率也越来越高，同时结合其他传统或现代的方法技术也使其探测精度更为精确。

11.2.4　木材腐朽程度等级量化评估

对于木材的腐朽程度，一般是通过测量含水率来表示。为了更加直观、方便地表示，有研究人员对木材的腐朽程度做出等级的划分，并进行量化分析。依据木材耐腐朽分级标准（GB/T 13942.2—92），将不同腐朽程度的木材划分为 5 个等级，0 级表示材质完好，肉眼下无腐朽症状；1 级表示表层有轻微腐朽；2 级为中度腐朽，腐蚀深度 2~5 mm，腐蚀面积达 1/3；3 级为严重腐朽，腐蚀深度 5~10 mm，面积达腐蚀 2/3；4 级为腐朽到损毁程度，能够轻易折断。

黄荣凤[8]等对故宫武英殿的木材进行实验，将皮罗钉分别从径向、弦向打入木材。通过测量皮罗钉进入木材的深度，对木材腐蚀程度进行划分。同时，利用阻力仪对替换下来的木质文物进行检测，分析阻力仪检测值的平均值、波峰平均值、波谷平均值与木材各项物理性质之间的关系；并对木材腐朽程度进行等级划分。作者通过对实验得出结论：0 级腐朽，阻力仪所受平均阻力值为 205.49 Resi；1 级腐朽，阻力仪所受平均阻力值为 184.45 Resi；2 级腐朽，阻力仪所受平均阻力值为 168.08 Resi；3 级腐朽，阻力仪所受平均阻力值为 146.49 Resi；4 级腐朽，阻力仪所受平均阻力值为 92.98 Resi。

通过文献可知，研究者在判断木材腐朽程度方面有很多种仪器和技术可以利用，尤其是木材阻力仪的应用越来越成熟。但是，在饱水木质文物方面，目前尚未见到相关应用研究。因此，笔者尝试通过阻力仪检测山东定陶汉墓黄肠题凑木构件，以所得数据为主要依据，进行综合分析，对墓室各物件内容腐朽状况进行评估，从而能够利用阻力仪简单、快捷地对饱水木质文物的腐朽状况做出科学评估。

11.2.5 定陶汉墓"黄肠题凑"

汉墓中黄肠题凑的主要材种为柏木、硬木松和楠木。墙体区域主要以柏木为主，柏木条尺寸规格统一标准，其纵向与地平面平行方向堆叠，横截面加工为 16 mm×7 mm 长方形。每根柏木的长度（纵向）即为墙体厚度——1150 mm[12,13]。枋木条的两个切向组成墙体表面，暴露于外。每三块柏木条中间以两条"木榫"串起，固定为一组，如图 11-2 所示（图版 75）。

定陶汉墓中"黄肠题凑"墙体木材整体保存情况较为完好，但是由于横切面向外露出，所以，一般都是端头腐朽较为严重，而内部则较为完好。

为了后续保护工作的顺利进行，需要对木材的病害种类、腐朽程度、内部状况等进行全面评估。由于"黄肠题凑"葬具规模宏大，木料间堆垒形式特殊，虽然表面病害信息可以通过直接观察或者取样分析获得，但对于木材内部的腐蚀状况却不得而知。经过两千年的地下埋藏，有的木材表面严重腐蚀。但是，其腐蚀深度却不能仅凭肉眼观察来知晓。有的木材表面完好无损，其内部或许已产生裂隙、虫洞，而无法从外表看出。"黄肠题凑"的墙壁厚度大约为 1150 mm，而其内部是否全部为

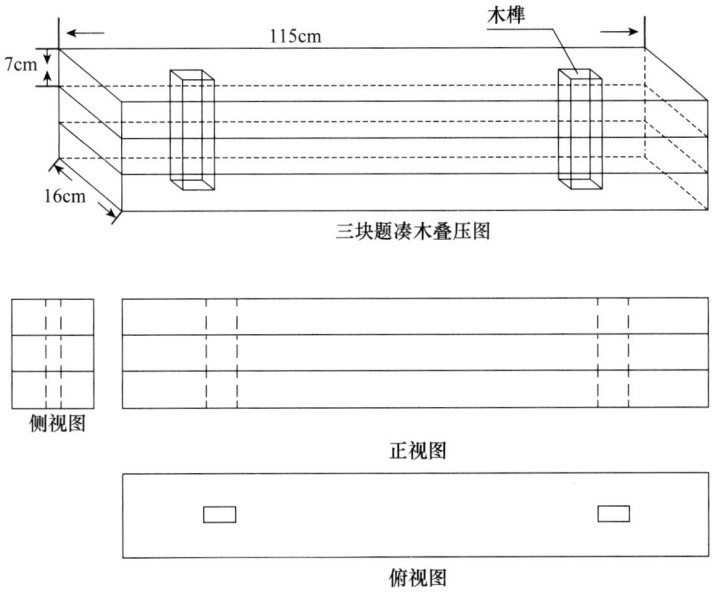

图 11-2 题凑枋木三视图

实体木墙？是否存在一些尚未探测出的空间？木材堆砌过程中一些内部隐蔽的榫卯结构如何？在保持完整性前提下，如何掌握这些潜在的考古与保护信息？若是通过拆解木结构的形式来观察木材内部，则会对"黄肠题凑"造成无可弥补的破坏。因此，我们选择使用木材阻力仪，既能够检测出木材内部信息，同时又几乎不破坏木材的外观、结构及力学性能。

此外，目前对于出土木质文物的现状调查和科学分析的研究，主要采取现场取样，并运回实验室，针对木材的保存情况、腐蚀梯度变化和腐蚀原因进行对比研究。但是这一方式存在如下缺陷：

（1）对于大型出土文物，取样的过程困难且破坏性大；

（2）后期实验室处理周期长、程序烦琐；

（3）取样的数量和体量有限，不能完全代表整个大型木结构文物的整体保存现状；

（4）目前科研人员接触到的文物区域仅限于裸露出的木结构表面，现有的科学分析方向也止步于此。

对于木材的内部腐蚀深度、腐蚀梯度变化、孔洞、缺陷、榫卯结构等无法得知。而这些信息对于后期的整体保护、加固、修复具有重要的指导作用。

研究者利用木材阻力仪检测大体量木质文物的病害，已取得一定的成果。但是，几乎所有针对古建筑展开的研究，其对象都是保存在露天环境中的气干木材。但是，探测饱水出土木结构，尚无先例。

本章以定陶汉墓饱水"黄肠题凑"为对象，进行出土饱水木结构的整体探测与保存现状的评估。笔者将借鉴以往研究者所用的方法，以具体实验为依据，分析实验结果，从而填补木材阻力仪在饱水木质文物应用方面的空白。

11.3 墓室保存状况评估

利用木材针测仪对定陶汉墓"黄肠题凑"墓室进行保存状况的评估之前，需要进入现场进行大量的探测工作（图11-3；图版74）。对墓室各个构件的探测需要保持较高的技术，否则容易发生断针、冒烟等故障，并且探测过程需要耗费大量体力。

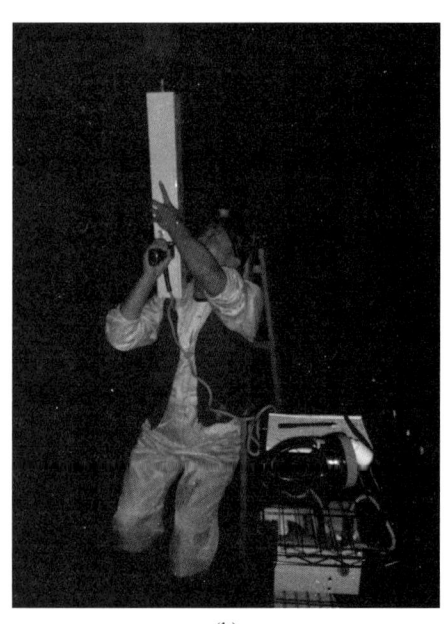

(a)　　　　　　　　　　　　　　(b)

图 11-3　汉墓现场的木材探测

"黄肠题凑"木材组成中有不同材种，由于各种构件的位置、承重作用不同，其腐蚀程度很不均匀。所以，将检测对象根据位置分为四类评估，分别是：顶板、门框、墙体、横梁。

11.3.1　顶板保存状况评估

定陶汉墓"黄肠题凑"顶板部分以肉眼观察保存状况良好，表面平整光滑，以手触摸能明显感觉到质地坚硬。有少量微生物滋生，总体呈黑色，有棕色附着物（如图11-4所示，图中两个白色标记为测试点）。根据第2章"前期调查"分析结果可知,"黄肠题凑"顶板木材为桢楠属木材[13]。此处将中室顶板、S4小室顶板、南回廊顶板作为研究对象,利用木材阻力仪进行检测,通过阻力仪所受阻力大小来判断木构件的腐朽情况,进而对整个墓室顶板的保存状况做出整体评估。

由于墓室空间有限,在利用阻力仪对"黄肠题凑"顶板进行检测时,将阻力仪钻针紧贴检测部位,检测者必须以

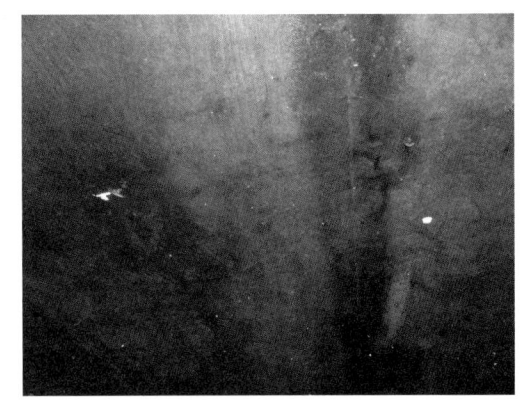

图 11-4 "黄肠题凑"顶板

肩膀为依托紧贴阻力仪尾部。进针深度 10 cm 即可,墓室顶板的各个测试点的位置如图 11-5 深黑色标记所示。

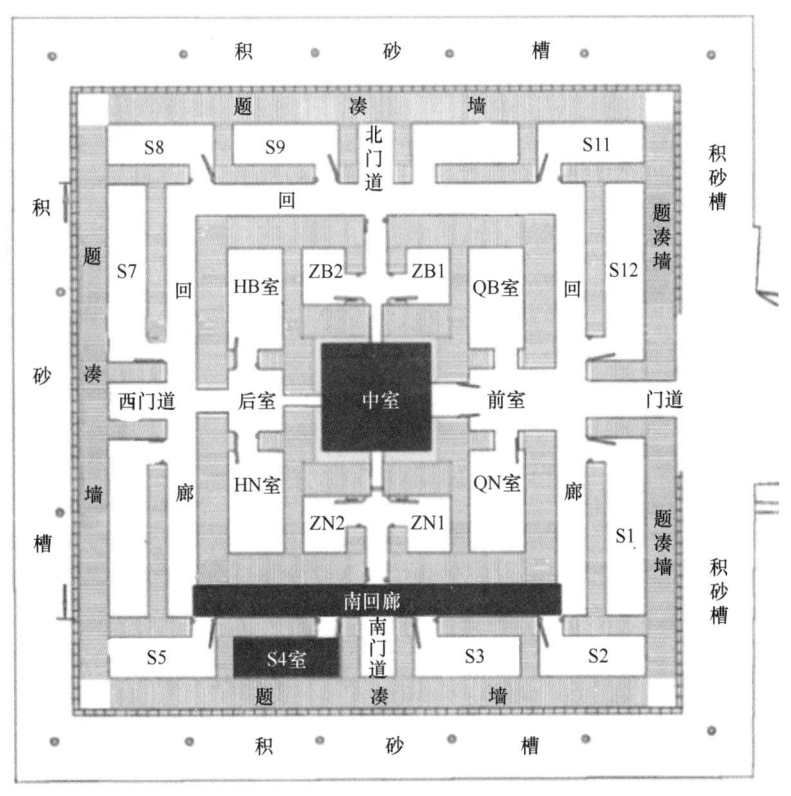

图 11-5 墓室顶板取样位置,以深黑色标记

横坐标为进针深度,纵坐标为阻力值,通过分析阻力曲线图,会发现 S4 顶板探测点 1 阻力曲线(图 11-6)从横坐标 0 开始迅速上升,在横坐标 2.5 mm 处达到 35 Resi,之后阻力值逐渐上升到相对稳定值,约为 80 Resi。探测点 2 阻力曲线(图 11-7)从横坐标 0 开始迅速上升,在横坐标 4.0 mm 处达到 41 Resi,之后阻力值逐渐上升到相对稳定值,约为 80 Resi。探测点 3 阻力曲线(图 11-8)从横坐标 0 开

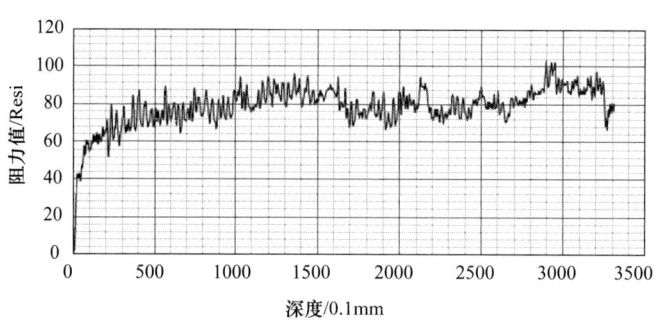

图 11-6 "黄肠题凑" S4 室顶板 1 阻力曲线

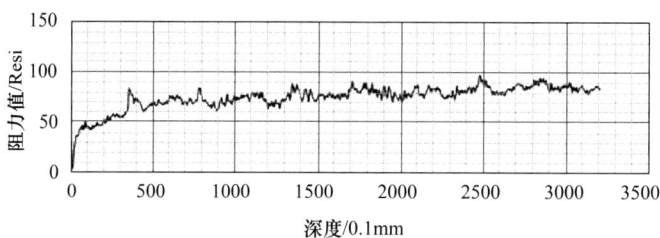

图 11-7 "黄肠题凑" S4 室顶板 2 阻力曲线

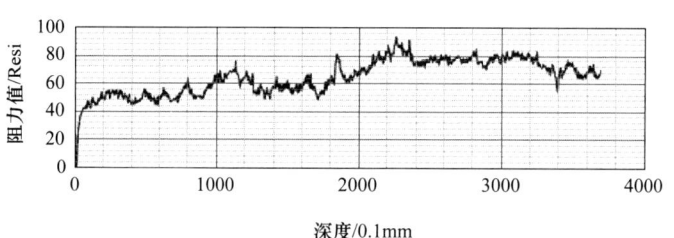

图 11-8 "黄肠题凑" S4 室顶板 3 阻力曲线

始迅速上升,在横坐标 3.8 mm 处达到 40 Resi,之后阻力值逐渐上升到相对稳定值,约为 70 Resi。

由此可知,"黄肠题凑" S4 室顶板探测样品的腐蚀深度较浅,不超过 5 mm。表层深度超过 5 mm 以后阻力值上升到一定的稳定值,为 70~80 Resi,阻力曲线相对平稳。

南回廊顶板探测点 1 阻力曲线(图 11-9)从横坐标 0 开始迅速上升,在横坐标 5.2 mm 处达到 46 Resi,之后阻力值逐渐上升到相对稳定值,约为 80 Resi。探测点 2 阻力曲线(图 11-10)从横坐标 0 开始迅速上升,在横坐标 5.4 mm 处达到 37 Resi,之后阻力值逐渐上升到相对稳定值,约为 60 Resi。探测点 3 阻力曲线(图 11-11)从横坐标 0 开始迅速上升,在横坐标 4.4 mm 处达到 41 Resi,之后阻力值逐渐上升到相对稳定值,约为 70 Resi。由此可知,"黄肠题凑"南回廊顶板探测样品的腐蚀深度较浅,大约在 5 mm 左右。表层深度超过 5 mm 以后阻力值上升到一定的稳定值,为 70~80 Resi,阻力曲线相对平稳。

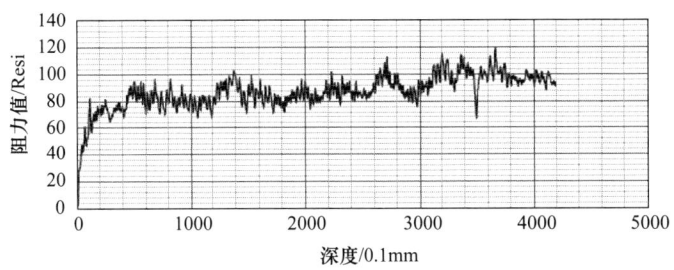

图 11-9 "黄肠题凑"南回廊顶板 1 阻力曲线

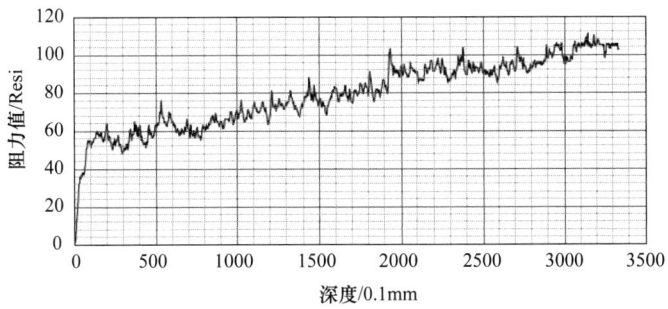

图 11-10 "黄肠题凑"南回廊顶板 2 阻力曲线

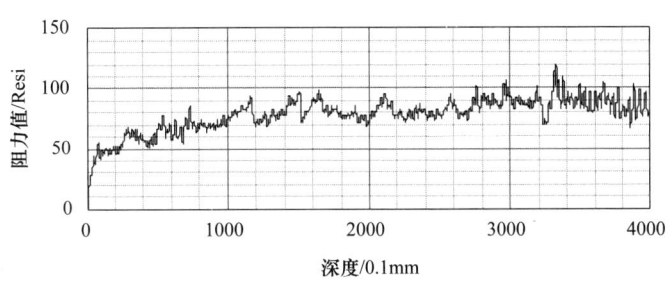

图 11-11 "黄肠题凑"南回廊顶板 3 阻力曲线

中室顶板探测点 1 阻力曲线（图 11-12）从横坐标 0 开始迅速上升，在横坐标 2.8 mm 处达到 28 Resi，之后阻力值逐渐上升到相对稳定值，约为 70 Resi。中室顶板探测点 2（图 11-13）阻力曲线从横坐标 0 开始迅速上升，在横坐标 2.8 mm 处达到 24 Resi，之后阻力值逐渐上升到相对稳定值，约为 70 Resi。由此可知，"黄肠题凑"南回廊顶板探测样品的腐蚀深度较浅，不超过 3 mm 左右。表层深度超过 3 mm 以后阻力值上升到一定的稳定值，为 70～80 Resi，阻力曲线相对平稳。

通过现场观察可以看到"黄肠题凑"整个墓室的顶板表面平整、光滑，没有受到明显的腐蚀，当用手触摸时能感受到木材质地坚硬，初步判断顶板部分保存状况良好。进而用木材阻力仪进行测试，所有测试点的阻力曲线从钻针进入木材开始到进针 5 mm 之间迅速上升，之后阻力值逐渐稳定在 60～80 Resi。表明"黄肠题凑"顶板部分腐蚀深度不超过 5 mm，保存状况较好。

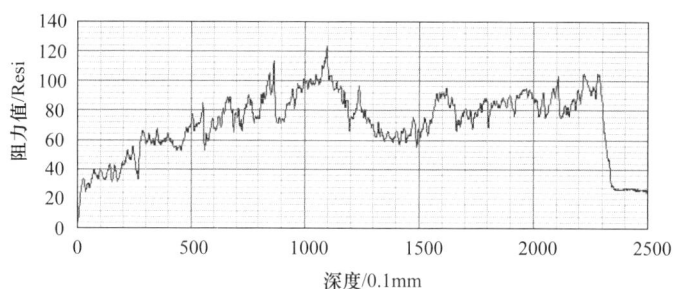

图 11-12 "黄肠题凑"中室顶板 1 阻力曲线

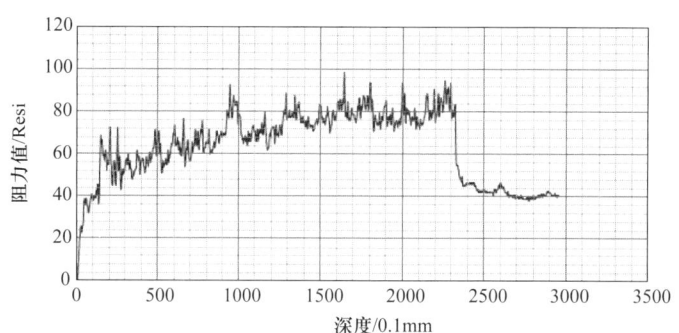

图 11-13 "黄肠题凑"中室顶板 2 阻力曲线

11.3.2 立柱保存状况评估

墓室中所有小室的室门两侧为立柱,裸露出木材的纵向。以肉眼观察,立柱表面严重出现凹凸不平,以手触摸可以感觉到木质非常松软,以手指轻轻摁压时会出现凹坑,并明显有水分溢出(图 11-14、图 11-15;图版 76),图中白色标记为针测点。

笔者以 S4 室门口西侧立柱、南回廊中门道西侧立柱、中室南门东西两侧立柱和

图 11-14 南回廊中门道西侧立柱

图 11-15 中室南门东、西立柱

中室西门南立柱 5 处立柱为研究对象，利用木材阻力仪在待测对象上标出白色标记，进行检测。通过分析阻力曲线来判断木材的腐蚀情况，进而推测所有立柱的腐蚀情况，并对墓室中所有立柱的保存状况做整体性的评估。墓室各立柱测试阻力曲线如图 11-16、图 11-17 所示。

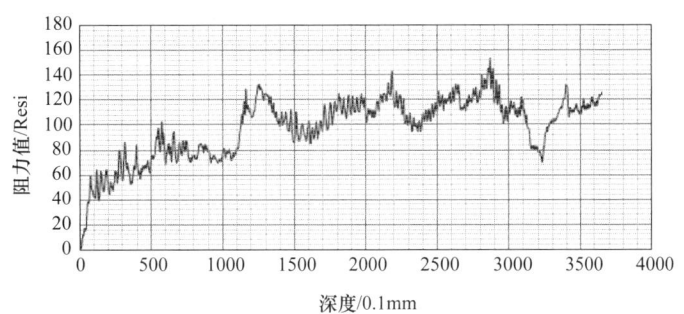

图 11-16　S4 室门口西侧立柱探点 1 阻力曲线

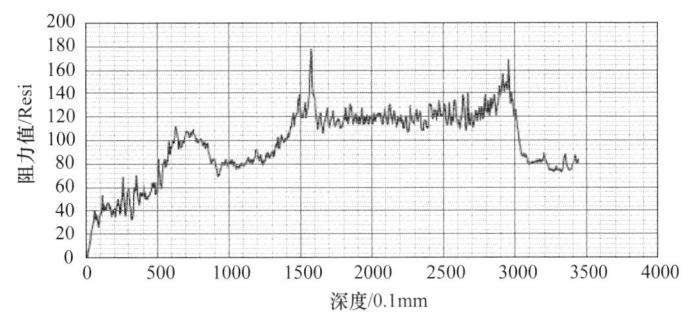

图 11-17　S4 室门口西侧立柱探点 2 阻力曲线

S4 室门口西侧立柱测试点 1（图 11-16）的阻力曲线在横坐标 0～105 mm 从 0 迅速上升到 60 Resi，然后阻力曲线呈缓慢上升趋势，约在横坐标达到 50 mm 的位置阻力值上升到 80 Resi 左右，并趋于稳定，直到横坐标达到 110 mm 处。随后阻力值又迅速上升，在 100～130 Resi 波动较大。根据图 11-17，S4 室门口西侧立柱测试点 2，阻力曲线在横坐标 0～95 mm 从 0 上升到 39 Resi，在横坐标 147 mm 处阻力值达到 48 Resi。之后纵坐标总体呈上升趋势，在横坐标 160 mm 处达到最大值 180 Resi。以后趋于稳定，阻力值约为 120 Resi。

通过这两个探测点的阻力曲线对比可以得出结论：S4 门口西侧立柱表面腐朽深度为 1～2 mm，且探测点 2 腐蚀深度要大于探测点 1。

通过观察中室门框的三条阻力曲线，三条曲线的纵坐标都是从 0 开始在横坐标 0～40 mm 的区间内迅速上升到 60～80 Resi，点 1（图 11-18）和点 3（图 11-20）的曲线纵坐标在横坐标 40～500 mm 逐渐上升，而点 2（图 11-19）的曲线则在 40～110 mm 逐渐上升。由此可以得出结论：中室三个门框由外而内约 4 mm 的部分受到

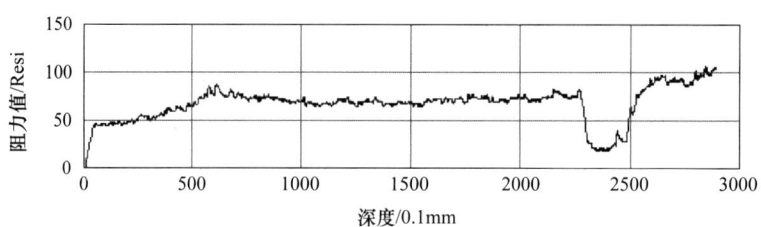

图 11-18　中室南门东立柱阻力曲线

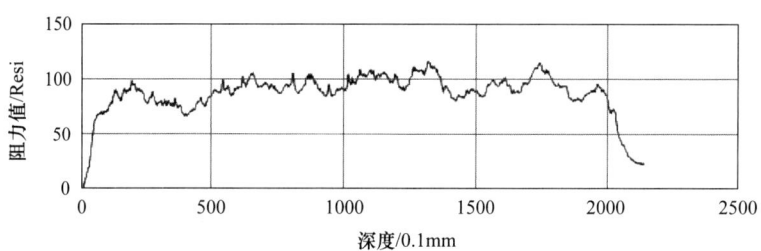

图 11-19　中室南门西立柱阻力曲线

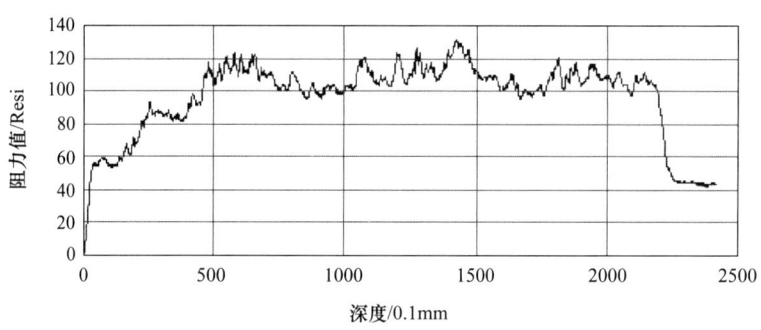

图 11-20　中室西门南立柱阻力曲线

严重腐蚀，4 mm 以内则受腐蚀较轻，中室南门东立柱和中室西门南立柱的腐蚀深度大于中室南门西立柱。

结合以上阻力仪所取得的数据和现场调查所得到的信息，可知所探测的立柱都是表面阻力值较小，受腐蚀严重，内部阻力值较大，受腐蚀较轻。阻力曲线呈三级阶梯状分布，表层腐蚀为 0~15 mm，阻力值范围 0~60 Resi；15~100 mm 阻力值从 60 Resi 缓慢增大至 120 Resi；100 mm 以后阻力值达到 120 Resi 上下并趋于稳定。

11.3.3　横梁保存状况评估

定陶汉墓"黄肠题凑"的横梁位于题凑墙和顶板之间的位置（图 11-21；图版 77），与地面水平位置放置，裸露面为木材纵向。笔者利用木材阻力仪对其进行探测，进而对其保存状况做出评估。此次测试选择的实验对象有 S4 室西、南横梁、南回廊北侧横梁、中室南横梁及 QN 小室东横梁，共计 5 处。各个测试点的阻力曲线如图 11-22 所示。

首先分析 S4 室西、南横梁上 3 个测试点，该处横梁表面粗糙，但是没有明显的腐败痕迹，触摸时能感觉到木质坚硬。西横梁阻力曲线（图 11-22）在 20 mm 内从 40 Resi 逐渐上升到 60 Resi，随后阻力值大部分曲线的纵坐标处于 60～100 mm。南横梁 1（图 11-23）的阻力曲线在 20 mm 内的区间迅速从 0 Resi 逐渐上升到 80 Resi，随后阻力值一直稳定在 60～80 Resi 之

图 11-21　横梁位于顶板和题凑墙之间

间，直到横坐标达到 1900 mm 时阻力值再次上升。南横梁 2（图 11-24）的阻力曲线的纵坐标在横坐标 100 mm 区间内一直稳定在 40 Resi 左右，在横坐标 1000～2100 mm 纵坐标稳定在 60～70 Resi，横坐标 210 mm 以后再次上升，呈阶梯状。由此可知，

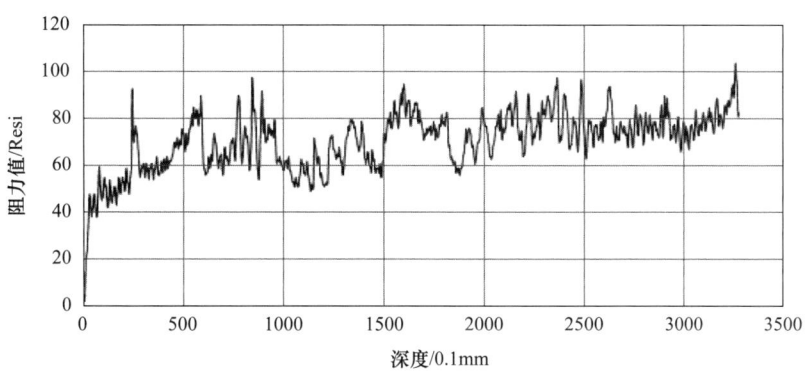

图 11-22　S4 室西横梁阻力曲线

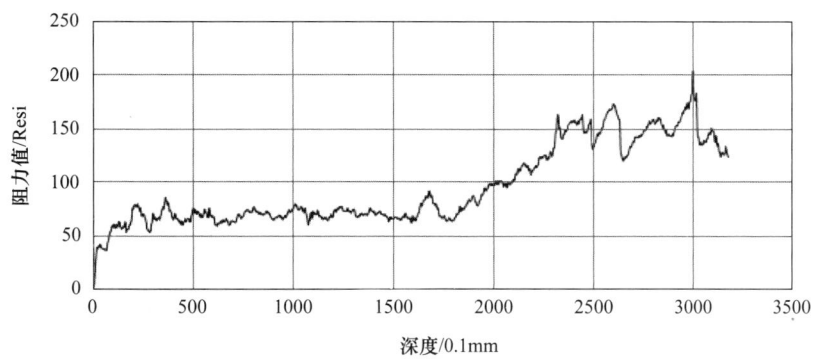

图 11-23　S4 室南横梁 1 阻力曲线

S4 室横梁表面腐蚀层较浅，腐蚀程度较轻，木质性质依然良好。

其次，分析南回廊北侧横梁两个测试点的阻力曲线图，测试点 1（图 11-25）和测试点 2（图 11-26）的阻力曲线都是从 0 开始上升，约在横坐标 7.5 mm 处阻力值

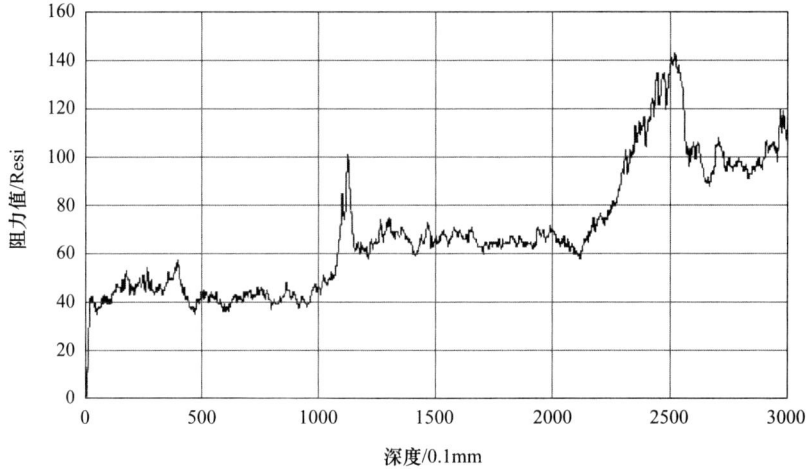

图 11-24　S4 室南横梁 2 阻力曲线

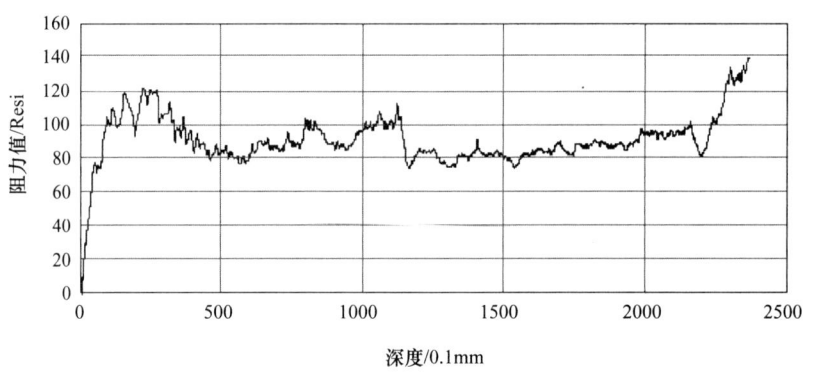

图 11-25　南回廊北侧横梁 1 阻力曲线

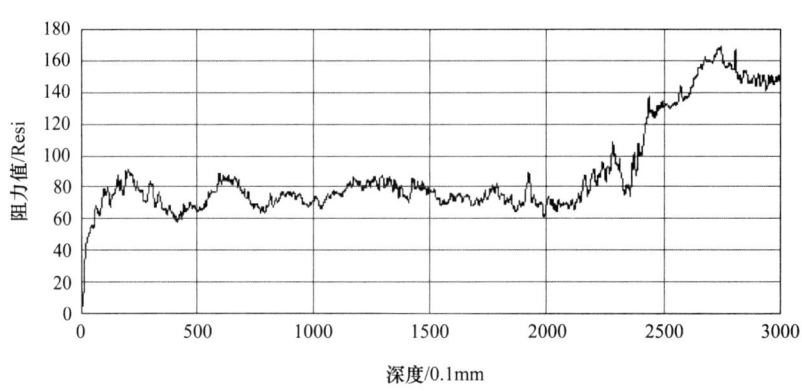

图 11-26　南回廊北侧横梁 2 阻力曲线

达到 60 Resi，随后在横坐标 75～2250 mm 保持稳定状态。所以，测试点 1 和测试点 2 两处的腐蚀深度相近，约为 7.5 mm。但这两条阻力曲线的阻力稳定值却相差很多，测试点 1 的阻力值最终稳定在 80～100 Resi，测试点 2 的阻力值最终稳定在 60～80 Resi。由此可知，即使同一构件的不同位置，其腐蚀程度也不尽相同。

中室南横梁两个测试点（图 11-27、图 11-28）的阻力曲线皆是在横坐标 0～70 mm 从 0 Resi 开始迅速上升到 60 Resi，之后在横坐标 70～1000 mm 的区间内阻力值稳定在 70～90 Resi。在横坐标 1000 mm 之后阻力值缓慢上升，但趋势相对稳定。在横坐标 2300 mm 处，阻力曲线迅速下降，表明已穿透横梁，即该横梁厚度为 230 mm。由此可知，中室南横梁的外表 7 mm 受到腐蚀较为严重，内部保存情况较好。

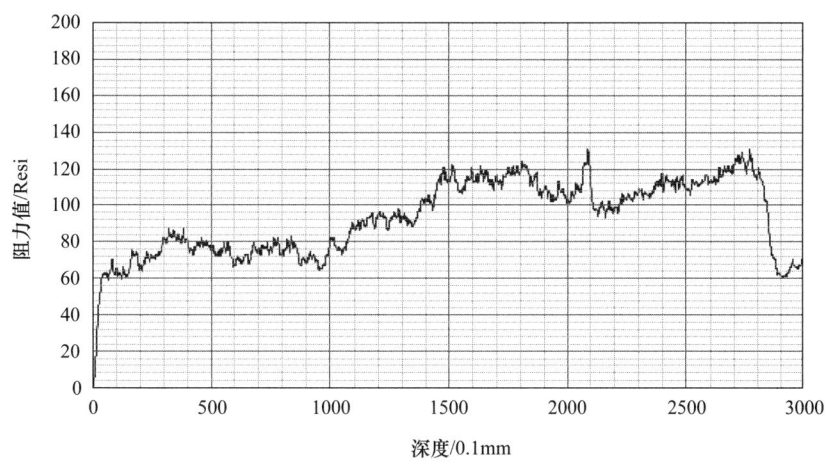

图 11-27 中室南横梁 1 阻力曲线

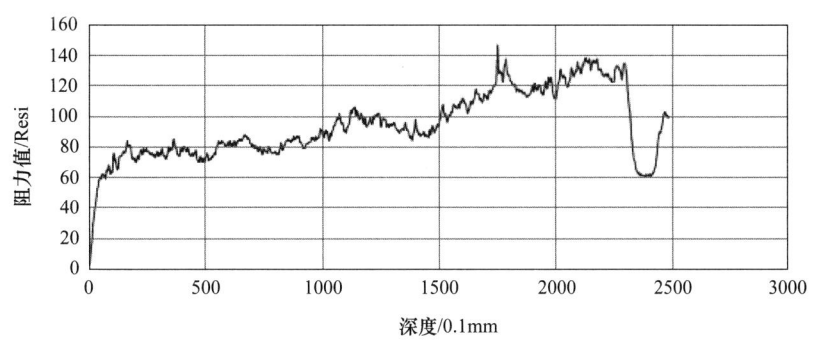

图 11-28 中室南横梁 2 阻力曲线

QN 小室东横梁测试点（图 11-29）的阻力曲线是在横坐标 0～130 mm 从 0 Resi 开始迅速上升到 60 Resi，之后在横坐标 130～2000 mm 的区间内阻力值稳定在 60～80 Resi。但在 900～1000 mm 和 1400～1500 mm 两个区间内阻力曲线有下凹的趋势，表明在木质结构内部这两个区间的深度内存在一定裂隙、虫洞等类型的病害，或者

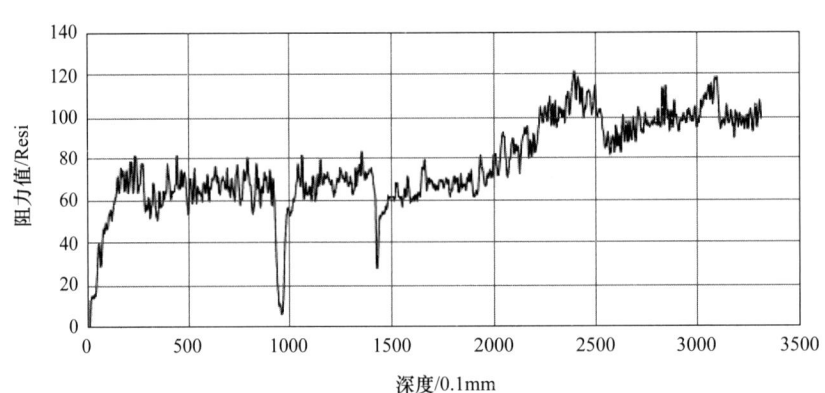

图 11-29　QN 小室东横梁

在此部位存在一个厚度约为 50 mm 的榫卯结构。

横梁木材裸露面为木材的纵向，表面颜色偏黑，手感质地比较坚硬。通过针测仪的数据分析，显示木材厚度大致为 230 mm，表层腐蚀深度约为 7 mm。数据显示，大部分横梁内部木材结构稳定，无明显裂缝、孔洞，腐蚀程度不严重。内部可能存在与墙体木材连接的榫卯结构。其他未检测横梁的保存状态也比较相似。

11.3.4　墙体保存状况评估

定陶汉墓"黄肠题凑"体量庞大，木质结构复杂，其中墙体是墓室内部主要暴露的部位，并且腐蚀程度不一。以 S4 室中所选 51 个点为研究对象，对不同腐蚀程度的点分别进行探测，进而对整个墓室墙体结构的保存状况做出科学评估。

定陶汉墓"黄肠题凑"墙体木材腐蚀不均，部分区域题凑木的表面仍然保存得非常完好，但也有许多题凑木的表面已经腐朽得非常严重。对 S4 室中所选 51 个点的腐蚀情况进行分类，将所有测试点分为四类。其中第一类为外观平整、质地坚硬、保存完好；第二类外观明显因遭受腐蚀而显露出树木纤维、质地松软；第三类腐蚀较深，由于早材流失，仅剩余晚材纤维素，树木年轮清晰可见；第四类枋木髓心处糟软，腐蚀较深。

第一类样品以 B10 为例，其阻力曲线图如图 11-30 所示。

B10 阻力曲线（图 11-30）在横坐标 0～18.2 mm 区间内，阻力值迅速上升到稳定值，约为 167 Resi。通过分析可知，表面完好类的题凑木的阻力值都是从钻针接触木质开始迅速上升到稳定值，为 120～165 Resi。可知该类型的题凑木腐蚀较轻，腐蚀深度小于 20 mm。

第二类样品以 B4 为例，其阻力曲线图如图 11-31 所示。

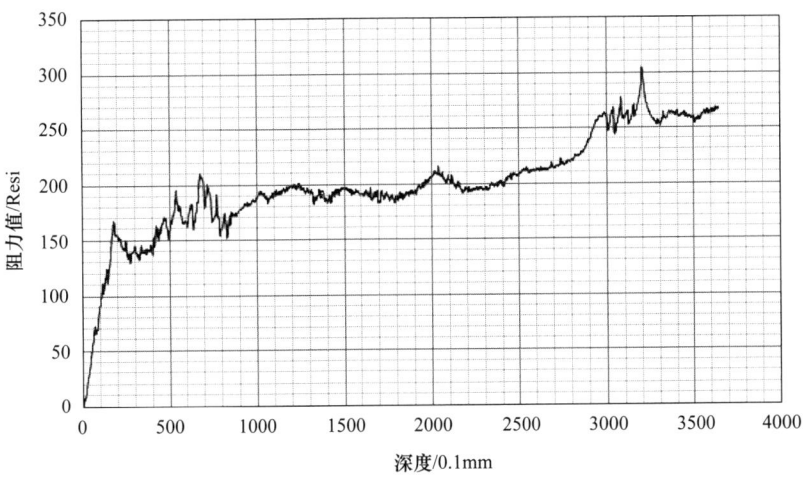

图 11-30　B10 阻力曲线图

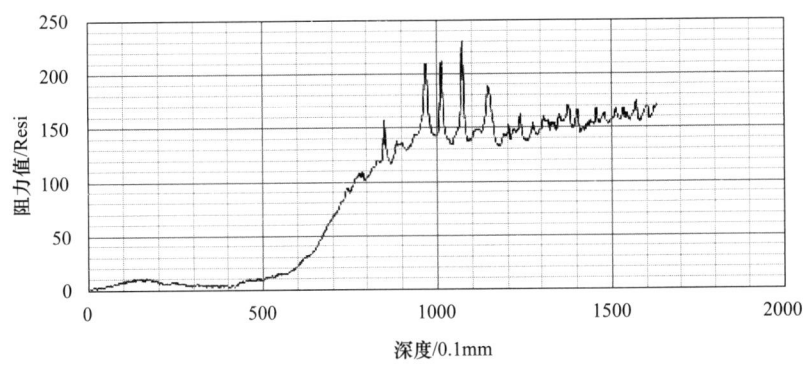

图 11-31　B4 阻力曲线图

B4 阻力曲线（图 11-31）从横坐标 0 处开始，阻力曲线缓慢上升，并在横坐标 85 mm 处阻力值达到稳定值，约为 150 Resi。通过分析可知，表面糟朽类的题凑木的阻力值都是从钻针接触木质开始缓慢上升到稳定值 150 Resi，且上升区间较大。可知该类型的题凑木腐蚀较严重，所探测的样品腐蚀深度大于 40 mm，甚至达到 80 mm。

第三类样品以 B9 为例，其阻力曲线图如图 11-32 所示。

分析 B9 阻力曲线（图 11-32）从横坐标 0 处开始，阻力曲线缓慢上升，并在横坐标 19 mm 处阻力值达到稳定值，约为 130 Resi。通过分析可知，表面暴露出木材年轮类的题凑木的阻力值都是从钻针接触木质开始迅速上升到稳定值，且上升区间较小。可知该类型的题凑木表面腐蚀虽然较严重，但是所探测的样品腐蚀深度小于 20 mm，有的甚至小于 10 mm。

第四类样品以 B3 为例，其阻力曲线图如图 11-33 所示。B3 阻力曲线（图 11-33）从横坐标 0 处开始，阻力曲线一直不稳定，时而大于 0，时而等于 0。在横坐标

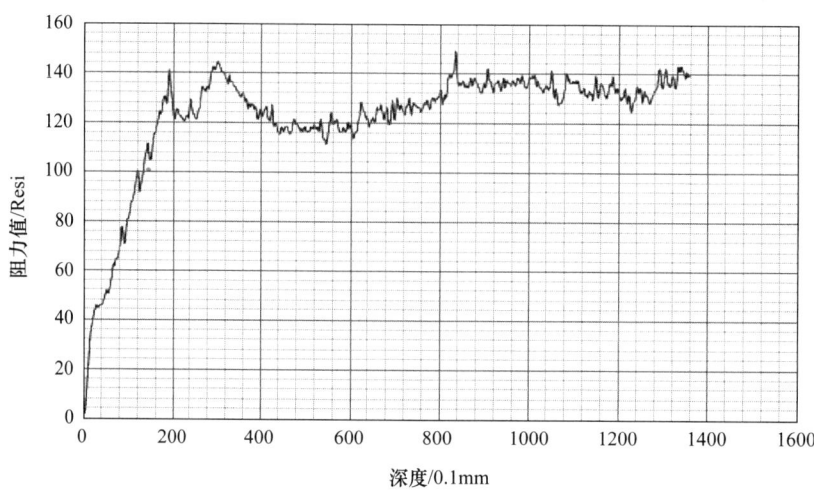

图 11-32　B9 阻力曲线图

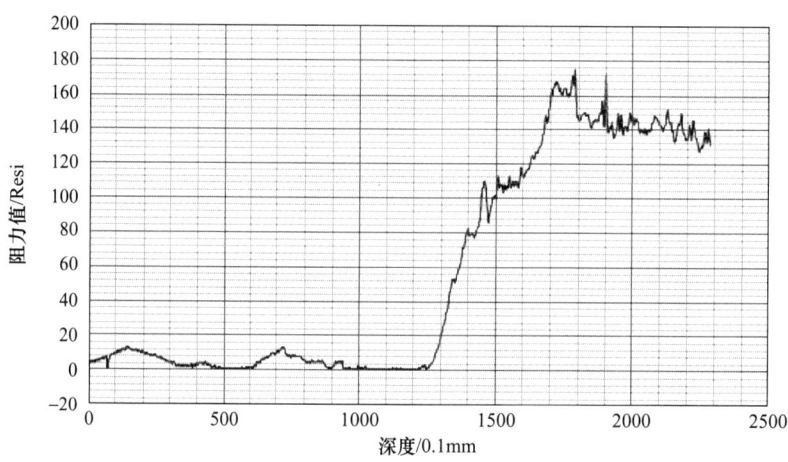

图 11-33　B3 阻力曲线图

127 mm 处阻力值迅速上升，在横坐标 16.9 mm 处达到稳定值，约为 150 Resi。根据图中所示，此处髓心糟朽深度约为 127 mm。

经过对所选探测点进行总结，其中部分样品的腐蚀深度较浅，在 20 mm 之内。一些探测点腐蚀深度较大，在 40 mm 以上。髓心糟朽的题凑木腐蚀深度较深，达到 120 mm 以上。

由此可以对该墓室中墙体木质结构做出评估，即墓室中大部分墙体木质结构保存状况良好，很多样品表面完好，木质结构完整。虽然有的枋木端头外观糟朽严重，腐蚀区域的腐蚀深度一般为 20～40 mm。但题凑枋木纵长为 1.15 m，且水平叠摞，纵向承受压力。因此其端头切面相对较浅的腐蚀对枋木整体的力学性能影响微小。

利用木材阻力仪对定陶汉墓"黄肠题凑"墓室顶板、立柱、横梁、墙体等各个结构分别进行测试，通过各阻力曲线分析其腐蚀深度、裂隙、虫洞等病害，并分别对各类结构的保存状况进行评估。总结各类结构的保存状况可获得定陶汉墓"黄肠题凑"整体保存状况的评估结果。由于来自外界不同因素的影响,以及木质本身经过千年的老化,墓室中各类饱水木质结构都遭受到不同程度的腐蚀,但大多数木质结构只是表层受到较为严重的腐蚀,程度较浅,内部木质组织结构保存较为完好,仍然能够起到承重作用,确实属于目前全国保存"最完好的黄肠题凑墓葬"。

11.4 木材阻力仪在饱水木结构研究中的应用

11.4.1 隐蔽部位木质结构尺寸的探测

1. 小室门板厚度探测

"黄肠题凑"结构复杂,木材相互叠压,榫卯结合,如果不对墙体进行拆解,很难掌握木结构单体的详细尺寸。面对此种情况,利用木材阻力仪则能够轻易完成。

首先选择对 S4 室门板进行实验,在该门板上选取两点,利用阻力仪进行检测。阻力曲线图见图 11-34、图 11-35。

如图 11-34 所示,通过观察探测点 1 处阻力曲线可知:在横坐标 0~50.8 mm,阻力值随深度变化波动,在横坐标 50.8 mm 以后,阻力值迅速下降,直至接近于 0 Resi。由此可以得出结论:该门板在探测点 1 处的厚度为 50.8 mm。

如图 11-35 所示,通过观察探测点 2 处阻力曲线可知:在横坐标 0~54.3 mm,阻力值随深度变化波动,在横坐标 54.3 mm 以后,阻力值迅速下降,直至接近于 0 Resi。由此可以得出结论:该门板在探测点 2 处的厚度为 54.3 mm。

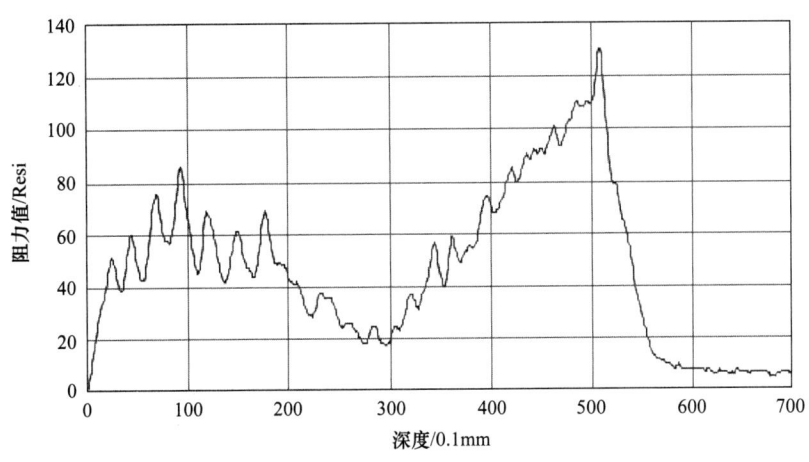

图 11-34 S4 门板 1 阻力曲线

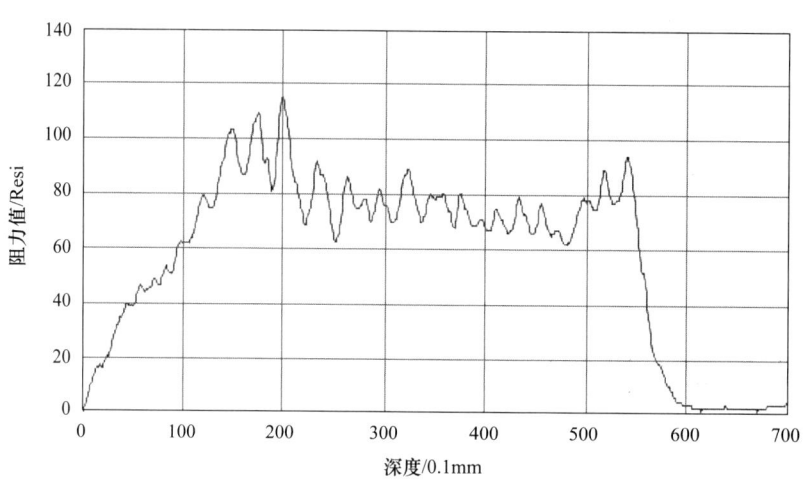

图 11-35　S4 门板 2 阻力曲线

笔者在工地现场用卷尺粗略测量了该门板厚度，约为 55 mm，通过以上实验可以测出该门板任意一点的精确厚度，且与现场测量的门板厚度 55 mm 的数据相吻合。

2. 立柱厚度探测

以 S4 室门西侧立柱为实验对象，利用木材阻力仪对其进行测试。该立柱卷尺测量裸露侧面厚度约为 300 mm，表面质地松软。阻力曲线图如图 11-36 所示。

通过观察图 11-36 的阻力曲线可知，该探测点处阻力值在横坐标 0～5 mm 从 0 Resi 迅速上升到 40 Resi。之后在横坐标 5～144.5 mm 阻力值逐渐上升，最终稳定在 120 Resi 左右。在横坐标 52.1～92.3 mm，阻力曲线呈凸起的趋势，笔者推测此处可能有"结疤"。在横坐标 299.8 mm 之后阻力值迅速下降，表明此时探针已经穿透样品。由此可知，从阻力值迅速增大的点到阻力值迅速减小的点之间的距离，即枋木的厚度为 299.8 mm。

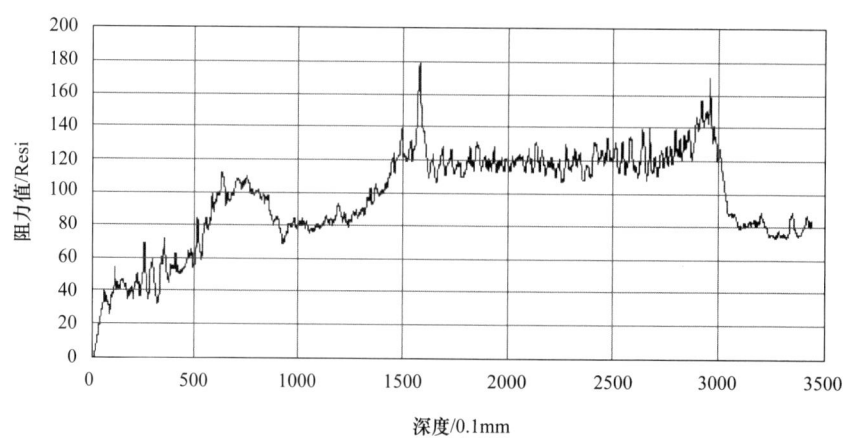

图 11-36　S4 室门西侧门框阻力曲线

以中室南门东、西立柱和中室西门南立柱为研究对象，利用木材阻力仪分别进行测试，阻力值曲线图如图 11-37 所示。

如图 11-37 所示，该探测点处阻力值在横坐标 0～3.7 mm 之间从 0 迅速上升到 43 Resi。之后在横坐标 4.3～55.8 mm 阻力值逐渐上升到 76 Resi，最终稳定在 70 Resi 左右。在横坐标 226.4 mm 之后阻力值迅速下降至 20 Resi 以下，表明此时探针已经穿透样品，该枋木的厚度为 226.4 mm。

如图 11-38 所示，该探测点处阻力值在横坐标 0～5.9 mm 从 0 迅速上升到 68 Resi。之后在横坐标 5.9～202.3 mm 阻力值波动较大，但大部分处于 80～110 Resi。在横坐标 202.3 mm 之后阻力值迅速下降，表明此时探针已经穿透样品，该枋木的厚度为 202.3 mm。

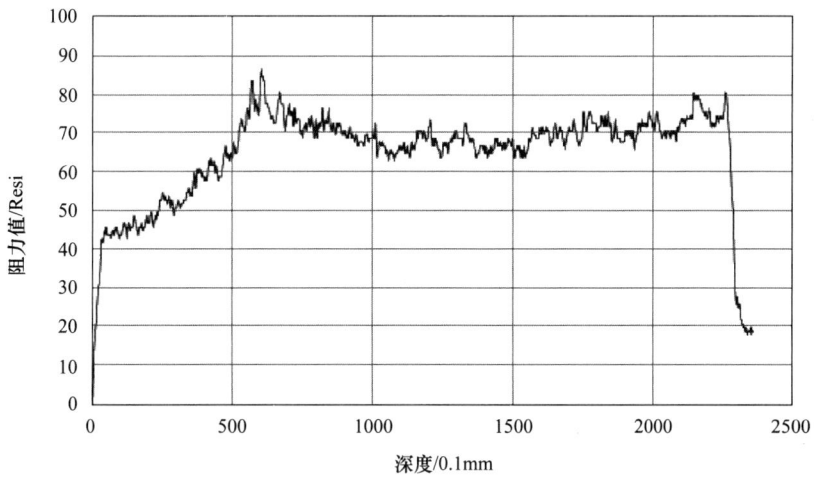

图 11-37 中室南门东立柱阻力曲线

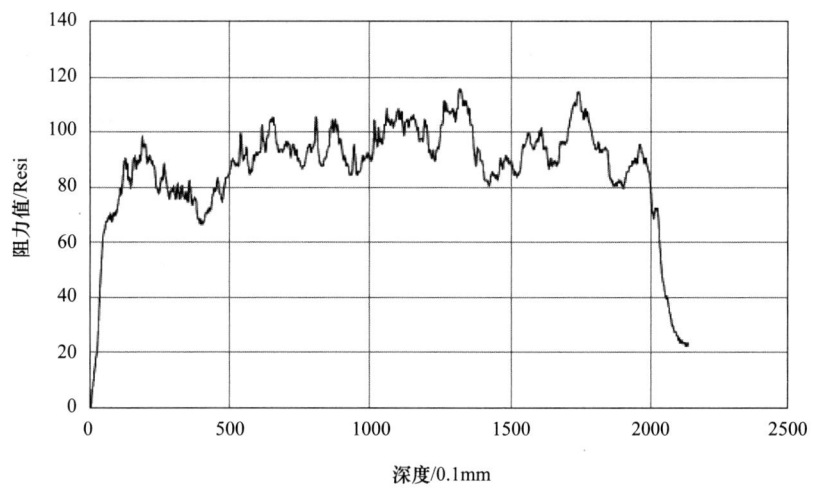

图 11-38 中室南门西立柱阻力曲线

如图 11-39 所示，该探测点处阻力值在横坐标 0～4.5 mm 从 0 迅速上升到 54 Resi。之后在横坐标 4.5～44.5 mm 阻力值逐渐上升到 95 Resi，最终稳定在 100～120 Resi。在横坐标 218.5 mm 之后阻力值迅速下降，表明此时探针已经穿透样品，该枋木的厚度为 218.5 mm。

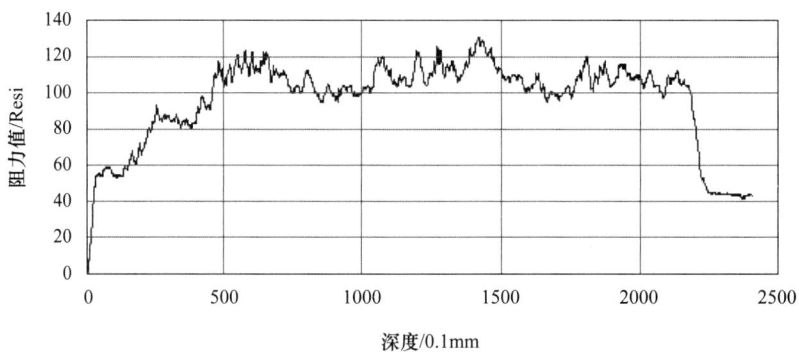

图 11-39　中室西门南立柱阻力曲线

通过以上实验证明，利用木材阻力仪对木质文物进行探测，可以准确测出木材的厚度。在对类似于"黄肠题凑"这种结构复杂、隐蔽部位较多的木构件在无须拆解的情况下，也可以进行准确测量。如此，既能准确测量出木质文物的尺寸，又不会对文物造成不必要的损害。

11.4.2　木构件的裂隙探测

木质文物本身非常脆弱，在保存的过程中容易受到外界各种因素的损害。有的病害深藏在文物内部，表面上似乎完好无损，其实内部已经千疮百孔。例如，木质文物在保存的过程中，经常会受到虫害，导致内部出现孔洞。有时由于外部环境湿度的原因，使木材内外含水率不同而导致应力不均，产生开裂，或者由于外部受力不均而产生开裂。仅仅观察木质文物表面，是无法知道其内部情况的，也就很难察觉到这一类的内部病害。如果是为了检查木质文物是否存在内部病害而将其全部劈开或者锯开，显然是不现实的。这时就需要一种既能检测出木质文物内部可能存在的病害，又不至于损害文物的工具。

笔者利用木材阻力仪对 QN 小室西壁突起的榫卯进行了实验。该榫卯从 QN 小室西壁突出来，南北向有一条明显裂隙，将阻力仪钻针由下向上钻出，其裂隙监测点如图 11-40 所示（图版 78），阻力值曲线图如图 11-41 所示。

如图 11-41 所示，该探测点阻力值在横坐标 0～7.6 mm 从 0 迅速上升到 92 Resi，在横坐标 133.3~150.2 mm，阻力值迅速下降到 31 Resi。在横坐标 277.8~289.4 mm，阻力值再次迅速下降，最小值为 56 Resi，在 289.4~294.4 mm，阻力值迅速上升到 93 Resi。随后阻力值略有波动，但总体稳定。分析阻力曲线可知：在距离样品表面深度为 133.3 mm 处存在裂隙，即该样品在横坐标 133.3~150.2 mm 存在一处宽度为 16.9 mm 的裂隙。在距离样品表面深度为 277.8 mm 处存在裂隙，在 277.8~289.4 mm 存在一处宽度为 11.6 mm 的裂隙。

图 11-40　QN 突起榫卯

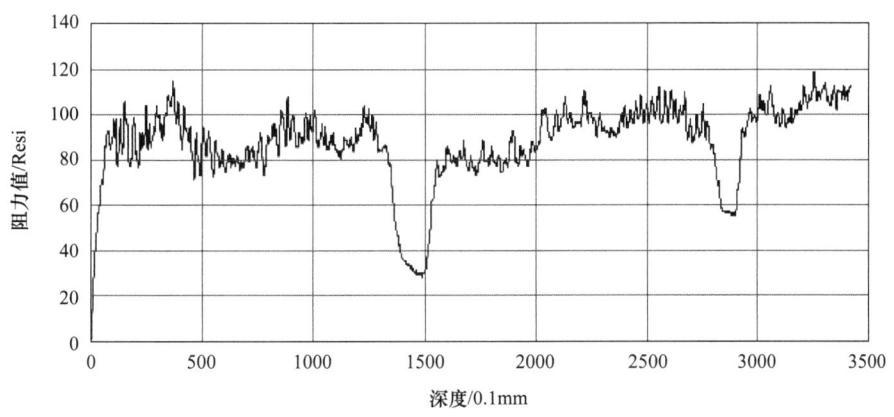

图 11-41　QN 突起榫卯阻力曲线

通过实验证明，利用木材阻力仪检测木质文物内部裂隙的方法是可行的。对于表面完好的木质文物，在不破坏其外观以及使用性能的情况下，利用木材阻力仪可以轻易检测出其内部是否存在裂隙，并完成对裂隙宽度的测量。同时，还能通过阻力值曲线图计算出裂隙到木质文物表面的距离，完成对裂隙的定位。

木材阻力仪在对木材进行检测时，可以根据阻力值的变化幅度，来判断木材的腐朽深度：将木材阻力仪钻针由外而内钻入木材，当阻力值较小时，为木材腐朽外部部分，当阻力值大幅度增大时，表明此时木材硬度较大，内部腐朽程度极低。并且，对承重部位进行维修时，在阻力值大幅度增大之处，还可以定为木材腐蚀严重与轻微的分界点，内部腐蚀轻微的结构还可以进行使用，只修补外部腐蚀严重的部位，以达到尽可能少干预的目的。

在"黄肠题凑"S4 室选取 50 个实验点，利用木材阻力仪进行测试，对其阻力曲线图进行分析，笔者在此处选取 6 个典型实验点进行比对，以验证木材阻力仪在检测木材腐朽深度方面的可行性。其中 D3、E1、E2 三个实验点的木材表面腐朽严重。

如图 11-42 所示，在横坐标 0～58.3 mm，阻力曲线从 0 Resi 缓缓上升到 112 Resi，随后阻力曲线虽有波动，但整体稳定在 100～120 Resi。由此推测，该样品腐朽深度为 58.3 mm。

如图 11-43 所示，在横坐标 0～54.6 mm，阻力曲线从 0 Resi 缓缓上升到 150 Resi，随后阻力曲线虽有波动，但整体稳定在 150～200 Resi。由此推测，该样品腐朽深度为 54.6 mm。

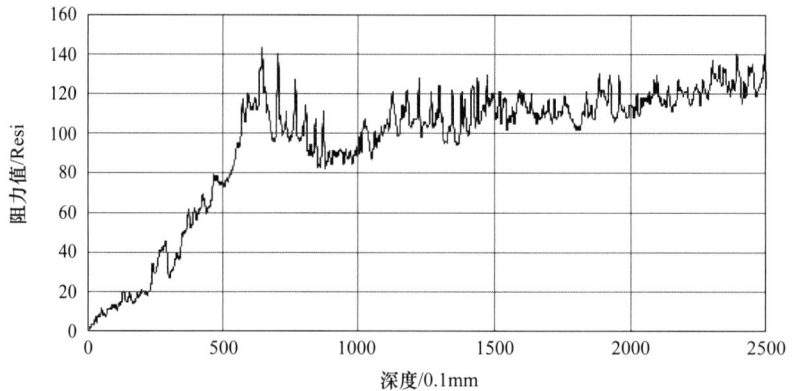

图 11-42　S4 室 D3 点阻力曲线

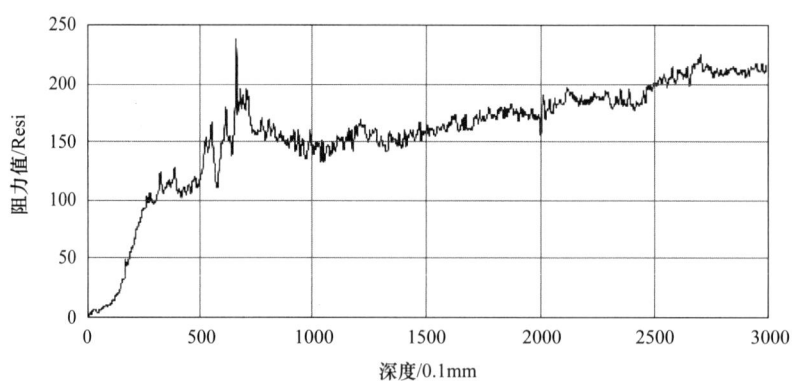

图 11-43　S4 室 E1 点阻力曲线

如图 11-44 所示，在横坐标 0～40.6 mm，阻力曲线从 0 Resi 缓缓上升到 147 Resi，随后阻力曲线整体呈稳定上升趋势，阻力值大于 150 Resi。由此推测，该样品腐朽深度为 40.6 mm。

通过分析以上各实验点的阻力曲线图，可以观察到，用木材阻力仪探测这三个点时，其阻力曲线图有一个共同的特点：阻力曲线缓慢上升的横坐标区间很长，阻力值曲线升高的幅度很慢。腐蚀较严重的样品遭受腐蚀深度都超过 40 mm。

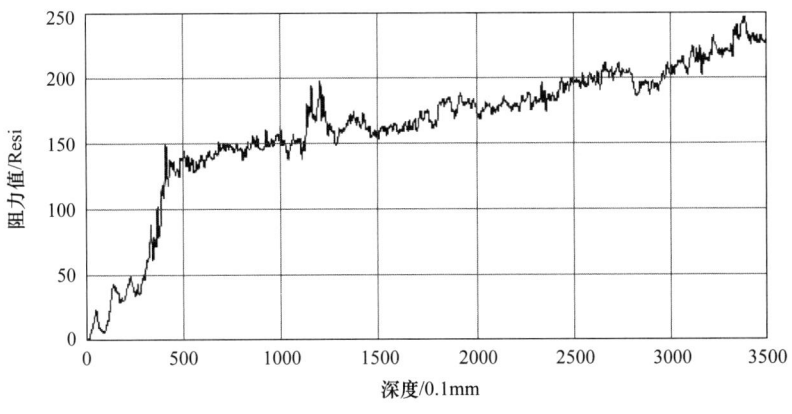

图 11-44　S4 室 E2 点阻力曲线

小结：由于墙体外部受到腐蚀，而内部的腐蚀程度极低，所以内部区间的木材硬度、强度等性能都比较接近，阻力曲线也趋向平稳。将阻力曲线分为两个区间，可以简单、快捷地观察、分析木材信息，上升区间为木材外部腐朽部分，平稳区间为木材内部保存相对完好部分，通过测量前半部上升区间的横坐标，就可以初步判断木材的腐朽深度。

11.4.3　木材年轮探测

在木材研究方面，树木年轮、早晚材特点等具有重要意义。年轮是树木生长整个生命过程的反映，研究年轮在林业生产、材质评估利用和古气候分析等方面都有重要的科学价值。例如，在生长过程中，外界条件（气候变化）对年轮宽窄有很大的影响，科学研究上有一定的价值。年轮宽带可以反映树木的生长速度，对统一树种来说，能够判断其对环境的适应程度[2]。

"黄肠题凑"结构中，大多数木材端头暴露，可以直接观察树木年轮、早晚材特点，但是如梁、枋等一些结构无法看到端头，也就不能直接观察年轮特征，需要特殊方法来检测年轮。在检测木材年轮方面，有很多种方法，最为直接的就是把木材横向切断，直接观察年轮，数出年轮数，观察年轮宽度、早晚材的特点等。另外，还可以利用树木生长锥来检测木材的年轮。将树木生长锥沿着木材髓心的方向，横向钻入木材中，抽出取心器，可以直接观察柱状样品上木材的年轮数量、宽度，以及早晚材的特点等信息。但是，在"黄肠题凑"方面，将木材横向切断的方法显然不适合。用树木生长锥方法，不用毁坏木材，能够直观地观察年轮特点，但是仍然存在缺点，即树木生长锥钻取样品时会造成直径约 5 mm 的孔洞，破坏文物外观。并且，在将树木生长锥钻进木材时会因为挤压导致饱水木材水分大量流失，还有可能因为挤压使木材产生开裂等情况，所以，此处也不适用。

对于"黄肠题凑"结构中不能直接观察年轮的木构件，笔者利用木材阻力仪对其进行检测，通过阻力曲线来分析年轮特征。

如图11-45所示，波峰和波谷处分别代表在一圈年轮中阻力值最大和最小的点。该图中标出第一个波峰的坐标为（152 mm，101 Resi），第二个波峰的坐标为（177 mm，105 Resi），两个波峰之间的距离为2.5 mm。第一个波谷的坐标为（162 mm，87 Resi），第二个波谷的坐标为（187 mm，81 Resi），两个波谷之间的距离为2.5 mm。由此可知，在标记处的年轮厚度为2.5 mm。

如图11-46所示，该图中标出第一个波峰的坐标为（46 mm，55 Resi），第二个波峰的坐标为（71 mm，69 Resi），两个波峰之间的距离为2.5 mm。第一个波谷的坐标为（57 mm，40 Resi），第二个波谷的坐标为（82 mm，53 Resi），两个波峰之间的距离为2.5 mm。由此可知，在标记处的年轮厚度为2.5 mm。

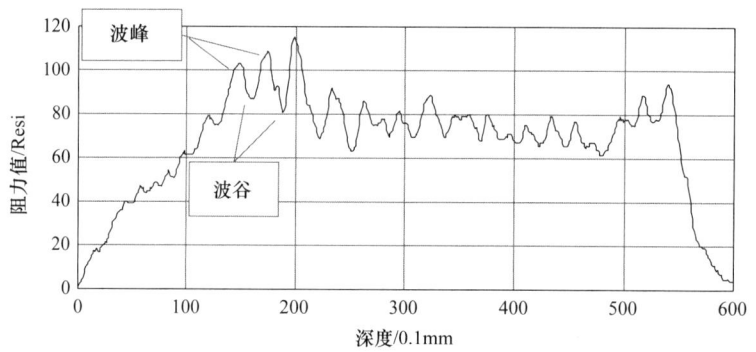

图11-45　S4室门板1阻力曲线

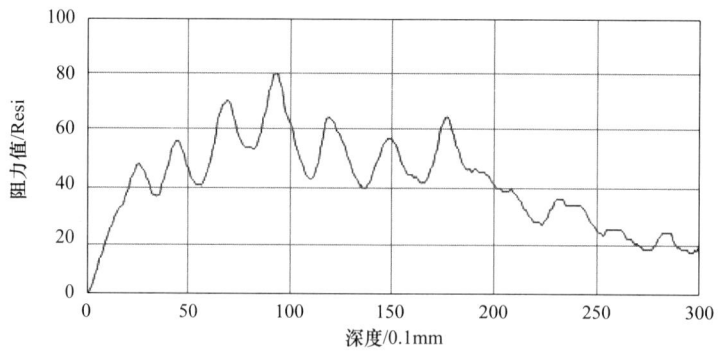

图11-46　S4室门板2

因为同一年生长的木材早材的密度、硬度比晚材小，所以，当用木材阻力仪进行检测时，钻针在接触到早材时受到的阻力要小于接触晚材时受到的阻力。对阻力曲线进行分析，其上升阶段为晚材部分，下降阶段为早材部分，每两个波峰或波谷之间的部分为一个年轮。横坐标区间即为年轮的厚度。通过阻力曲线，能够精确得出树木年轮的厚度、早晚材的厚度等信息，对研究木材的生长等有重要意义。

11.4.4 不同材种的特点

数千年以来，木材一直都是我国建筑方面的主要材料之一，但随着时光的流逝，岁月的摧残，许多木质文物都遭受到不同程度的破坏。为了更好地保护、修复遭到破坏的木质文物，木材材种的鉴别和研究工作非常重要。在木材研究方面，对于木材材种的辨别，通常需要林业方面的人员来完成。笔者拟利用木材阻力仪对不同材种的木材进行分析、研究，利用各样品的阻力曲线，将相同含水率、不同材种的样品进行对比，进而找出快速区别定陶"黄肠题凑"木材材种的简便方法。

不同种类木材的生长规律、生长速度等都不相同，其密度、硬度等性质也都不相同。所以，在利用木材阻力仪对其进行检测时，阻力仪所受到的阻力也就不同，即在利用木材阻力仪对不同种类的木材进行检测时，阻力曲线必然会有很大的差别。此次试验的各个木材样品材种已知，有两类："黄肠题凑"饱水柏木和饱水楠木。其中"黄肠题凑"中室顶板和墙体为饱水楠木样品，其余墙体木材为饱水柏木样品，由于分析样品检测点较多，这里每处选取 1～2 个代表阻力曲线，如图 11-47 所示。

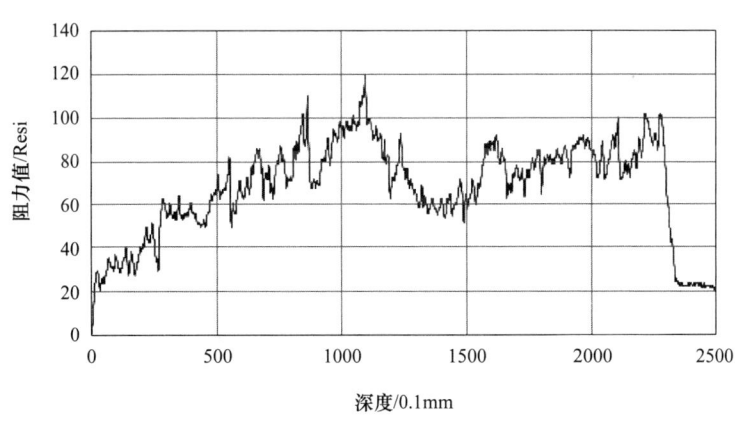

图 11-47 "黄肠题凑"中室顶板（楠木）-1 阻力曲线，垂直纵向方向

通过分析样品的阻力曲线，现将饱水楠木与饱水柏木进行对比：如图 11-49 所示，中室顶板 -1 样品的曲线阻力值并不稳定，在横坐标 1200 mm 之前先上升而后下降，但阻力曲线总体纵坐标在 70～90 Resi，即曲线大部分纵坐标处于 70～90 Resi。

中室南墙 -1 样品的曲线（图 11-48）阻力值稳定在 50～70 Resi，即曲线波谷与波峰的纵坐标为 50～70 Resi。

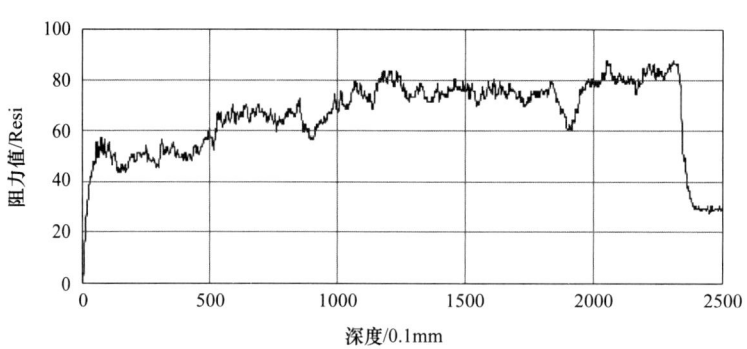

图 11-48 "黄肠题凑"中室墙体（楠木）-1 阻力曲线，垂直纵向方向

"黄肠题凑"饱水柏木 B5 阻力曲线如图 11-49 呈上升趋势，1200 mm 之前除去腐朽部分，阻力值在 130～170 Resi。

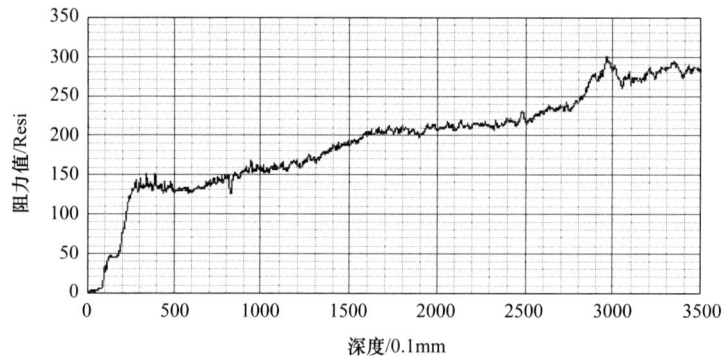

图 11-49　墙体饱水柏木 B5 阻力曲线，垂直纵向方向

将饱水楠木与饱水柏木的阻力曲线进行对比，如图 11-50 所示，浅色曲线为饱水楠木阻力曲线，深色曲线为饱水柏木阻力曲线，会发现饱水楠木阻力值普遍偏小，一般为 50～100 Resi。而饱水柏木的阻力值则都非常高，一般为 120～200 Resi，即

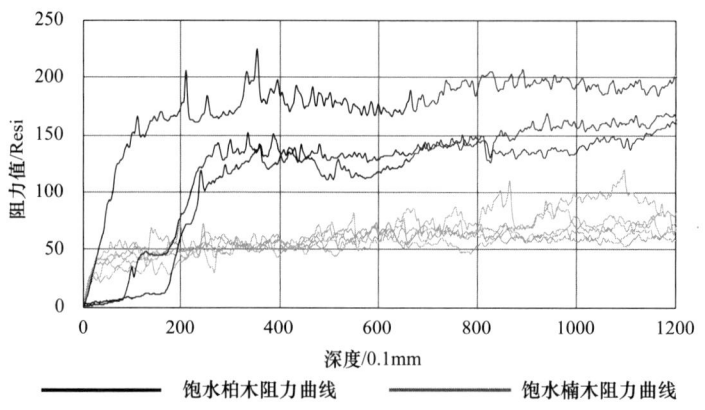

图 11-50　饱水楠木与饱水柏木阻力曲线对比图

同样是饱水木材，柏木阻力值明显高于楠木。如果在现场工作中已知有饱水楠木和饱水柏木，为了能够快速进行区分，可以直接利用木材阻力仪来进行鉴别，阻力偏大且大于 120 Resi 的木材为饱水柏木，阻力偏小且小于 100 Resi 的木材则为饱水楠木。

如以上实验数据中显示：饱水楠木阻力值一般为 50～100 Resi，饱水柏木阻力值一般为 120～200 Resi，将不同木材的阻力曲线进行比对，就很容易确定它们的材种。已知定陶汉墓"黄肠题凑"所用木材主要有柏木、楠木等，现利用木材阻力仪对木材进行探测，记录并对比各种木材的阻力值，找出它们各自的规律。那么，在现场工作当中，如果想要初步判断某一木质构件的材种，只需要利用木材阻力仪对其进行探测，就能根据已有规律来推测该构件的材种。

11.5 结论

笔者利用德国 Rinntech 公司开发的木材针测仪对定陶汉墓"黄肠题凑"中顶板、立柱、横梁和墙体等不同类型的木质构件，以及整个墓室进行保存状况评估，并得出结论：该墓室中各区域的饱水木质结构都遭受到不同程度的腐蚀，但大多数木质结构只是表层受到较为严重的腐蚀，程度较浅，内部保存较为完好。腐蚀较轻的为顶板和横梁木，墙体题凑木的腐蚀程度相当不均匀，大部分墙体腐蚀深度小于 20 mm，个别严重区域腐蚀深度高于 40 mm。

本章节通过实验探测和数据分析的方式研究了木材阻力仪在饱水木质结构中的应用，得出相应结论如下：

（1）关于隐蔽部位的木构件，可以利用木材阻力仪对其进行探测。当探针穿透木构件以后，通过阻力曲线的升降趋势可以精确探测出该构件的尺寸。

（2）对于表面完好的木质文物，在不破坏其外观及使用性能的情况下，利用木材阻力仪可以轻易检测出其内部是否存在裂隙，并完成对裂隙宽度的测量。同时，还能通过阻力值曲线图计算出裂隙到木质文物表面的距离，完成对裂隙的定位。

（3）由于外部受到腐蚀，内部保存状况较好。将阻力曲线分为两个区间，可以快捷地观察、分析木材信息，上升区间为木材腐朽区域，平稳区间为木材内部保存完好部分。通过测量前半部上升区间的横坐标，就可以初步判断木材的腐朽深度。

（4）可以探测木材年轮宽度。探针在接触到早材时受到的阻力小于接触晚材时受到的阻力。对阻力曲线进行分析，其上升阶段为晚材部分，下降阶段为早材部分。每两个波峰或波谷之间的部分为一个年轮宽度。从横坐标方向分析，阻力曲线中上升部分的横坐标距离即为晚材宽度，下降部分的横坐标距离即为早材宽度。

（5）定陶汉墓"黄肠题凑"所用主要木材有柏木、楠木等，现利用木材阻力仪对各种木材进行探测，记录并对比各种木材的阻力值，找出它们各自的规律。那么，在现场工作当中，如果想要快速甄别某一木构件的材种，就能利用木材阻力仪对其进行探测，根据之前所得规律来快速推测该构件的材种。

参考文献

[1] Acuna L, Basterra L A, Casado M, et al. Application of resistograph to obtain the density and to differentiate wood species. Materiales De Construcción, 2011, 61(303):451-464.

[2] 夏璐. 考古饱水木质文物基本特性的界定. 中国文物保护技术协会第四次学术年会论文集. 中国文物保护技术协会, 2005, 5

[3] 徐润林. 饱水木质文物的细菌病害及其诊断技术的进展. 文物保护与考古科学, 2013, （03）: 104-110.

[4] 陈家昌, 黄霞, 陈晓琳, 陈中行. 出土饱水木质文物的腐蚀病害类型与保护研究进展. 材料导报, 2015, （11）: 96-101.

[5] Imposa S, Mele G, Corrao M, et al. Characterization of decay in the wooden roof of the S. Agata church of ragusa ibla (Southeastern Sicily) by means of sonic tomography and resistograph penetration tests. International Journal of Architectural Heritage, 2014, 8(2):213-223.

[6] 王立海, 孙天用. 木材腐朽检测及防治的研究进展. 黑龙江大学工程学报, 2011, （02）: 63-69.

[7] 李华. 无损检测技术在故宫古建筑木结构材质勘查中的应用. 中国紫禁城学会论文集（第六辑 下）. 中国紫禁城学会: 2007: 10.

[8] 黄荣凤, 王晓欢, 李华, 等. 古建筑木材内部腐朽状况阻力仪检测结果的定量分析. 北京林业大学学报, 2007, （06）:167-171.

[9] 李华, 陈勇平, 黎冬青, 等. 古建筑木构件阻力仪检测中影响阻力值的因素探讨. 木材加工机械, 2011, （02）: 19-21, 26.

[10] 孙燕良. 基于微钻阻力的古建筑木材密度与力学性能检测研究. 北京林业大学博士学位论文, 2012.

[11] 周乾, 闫维明, 纪金豹. 木构古建安全现状评估方法研究综述. 四川建筑科学研究, 2015, （05）: 32-37.

[12] 崔圣宽, 蔡友振, 李胜利, 等. 山东定陶县灵圣湖汉墓. 考古, 2012, （07）: 60-67, 110-111.

[13] 王树芝, 崔圣宽, 王世宾. 山东定陶灵圣湖西汉墓M2出土木材分析与研究. 东方考古（第11集）, 北京: 科学出版社, 2014, 407-418.

第 12 章 定陶汉墓发掘以来的现场考古及保护管理

山东省菏泽市定陶区文物局对自 2010 年定陶王墓地（王陵）考古发掘以来的考古工作和文物保护工程管理工作进行了梳理。

12.1 项目概况

定陶王墓地（王陵）位于菏泽市定陶区马集镇大李家村西北 2000 m 处，是一处至少包括三座大型墓葬的汉代墓群。本次保护对象为定陶王墓地（王陵）2 号墓。作为一座大型黄肠题凑汉代墓葬，自 2010 年 10 月开始，山东省文物考古研究院对该墓葬进行了抢救性发掘，取得了重大成果。该墓葬是迄今国内已经发掘过的汉代黄肠题凑墓葬中规模最大、规格最高、结构独特、保存最为完整、最具代表意义的一座，具有重要的科学研究、保护、展示价值。定陶大型黄肠题凑墓的发掘，为研究汉代"黄肠题凑"的形制、结构提供了实物资料，同时对研究汉代高等级葬制、埋葬习俗具有重要意义，被评为"2012 年度全国十大考古新发现"。

12.2 考古发掘情况

在实施 M2 汉墓保护工程中，定陶区文物局有力配合文物保护工程进行大规模考古调查、勘探与发掘工作，是整个保护工程的重要组成部分。

2010年10月开始，由山东省文物考古研究院联合菏泽市文物局、定陶区文物局，发掘该黄肠题凑墓葬，清理墓葬中室及门道口外器物坑，取得重大成果。出土有梓棺、竹笥、汉袍（图12-1~图12-3；图版79~图版81）。

图12-1　汉墓出土梓棺局部图

图12-2　汉墓出土竹笥

为配合定陶王墓地（王陵）M2汉墓第一阶段文物保护工程施工，山东省文物考古研究院在定陶区文物局的配合下对M2保护工程范围内进行了大规模的深度考古勘探，以及必要的发掘清理。

（1）先后解剖西北部积沙槽和西南部封土（60 m×35 m×4.5 m），初步弄清封土形制为"方形、覆斗"，并探寻墓葬底部结构。

（2）对M2保护工程范围内进行大规模的深度勘探，探寻出多处遗迹。一是石质类遗迹3处；二是砖质类遗存皆分布在墓道底部。距地表深11 m，东西长约16 m、

图 12-3　工作人员清理丝袍现场

南北宽约 2.5 m。这两类遗存皆深埋在 10.7～11 m 下，也就是和该地区汉代地表深度大体一致。通过本次勘探也大致了解了 M2 墓葬封土的基本形制、规模，可知其为覆斗形封土，边长在 180 m 左右。

（3）2016 年，考古工作根据定陶王陵 M2 总体保护规划建设施工要求，配合在该墓葬周围设置防水帷幕、施工动土。主要是对 M2 墓室外围施工区内 -6 m 下开口的遗迹发现及解剖等。在 M2 周围，南北长 149、东西宽 110 m 范围内，发现墓道、墓道两侧夯土台及柱洞、墓坑周边版筑夯土台基等重要遗迹现象（图 12-4～图 12-8；图版 82～图版 86）。

墓坑外发现有两周夯土台。其中，内台周边版筑，上方边长为 48 m，底部边长约 50 m。由于该夯土台方向与原划定的 50 m×50 m 重点保护范围方向略有不同。因此，版筑夯土台底部边长 50 m×50 m 的范围与原 50 m×50 m 重点保护范围（以墓葬中心点确认）不一致，相差 0.4～0.5 m 左右。另外，该版筑夯土台的东侧、墓道两侧发现了两座东西 11、南北 10.4 m 的夯土台。该夯土台的性质尚未明确，但可以肯定的是这是该墓周边夯土建筑的重要组成部分。整个版筑夯土台、墓道两侧夯土台与积沙槽、墓葬本体共同构成了墓葬的整体建筑形制；此外，在内台外侧四周包裹一个外台，南北长 78.6、东西宽 76 m。7 月 2 日至 3 日，为确定椁室外围版筑夯土内台的性质并为保护工程提供依据，定陶王陵保护工程建设指挥部和山东省考古研究院召开专家论证会，专家提出：新发现的内台属于土筑墓室的组成部分，必须予以整体保护。

图 12-4　版筑夯土内台西南部坡面式台面

图 12-5　版筑夯土内台南侧
外缘板痕壁面

图 12-6　墓道两侧夯土台基

图 12-7　墓道两侧版筑夯土台板痕壁面

图 12-8　解剖封土结构的探沟

（4）2017年至今，考古工作主要是揭露版筑夯土台、阙台，进一步探沟解剖墓道、封土结构及墓葬埋葬方式。

12.3　文物保护工程进展情况

12.3.1　项目组织管理

自2012年8月开始，根据国家文物局的安排，山东省文物局、菏泽市人民政府和定陶区人民政府等做好协调工作，并积极促进与中国文化遗产研究院关于定陶汉墓保护协议的签订。2012年9月6日，中国文化遗产研究院受山东省文物局委托承担定陶王墓地（王陵）M2汉墓保护工作。2013年1月10日，国家文物局、山东省文物局在济南市召开工作座谈会，确定M2汉墓保护思路和任务：①进一步开展考古发掘，了解墓室底部状况；②进行详细的地质水文勘测工作，为保护方案的编制提供科学依据。2013年9月20日，山东省文物局委托中国文化遗产研究院承担M2汉墓水文地质与工程地质勘察工程。11月21日，专家会议肯定了中国文化遗产研究院完成的勘察报告，确认"原址原位"保护思路。2013年11月26日，山东省文物局委托中国文化遗产研究院完成M2汉墓整体保护方案编制工作，明确：①以疏干排水、修建挡水墙与原址保护工作思路；②地上保护设施立面简洁，以实现保护功能为主；③为汉墓建立相对独立的密闭环境，以满足黄肠题凑墓室长期保护工作需要；④建议局部展示夯土及墓圹壁遗址。

2014年3月，定陶区文物局发公函，确定M2汉墓本体保护基本面积为：以黄肠题凑汉墓为中心的正方形区域，边长50 m×50 m（图12-9；图版87）。柱洞、积沙槽及50 m×50 m范围内夯土属于本体保护范围，施工中不能受影响，在设计时应充分考虑。

图12-9　汉墓本体保护区域，以黄肠题凑为中心50 m×50 m范围

12.3.2　方案编制与实施

中国文化遗产研究院搭建科研项目平台，联合北京市建筑设计研究院有限公司、中铁西北科学研究院有限公司、广州市翰瑞文物保护研究中心、北京科技大

学、南开大学等，以原址整体保护原则为项目指导，完成了《山东定陶王墓地（王陵）M2汉墓保护工程方案》。项目包括四部分：①汉墓保护设施工程方案；②夯土区保护与相关考古工作方案；③黄肠题凑保护、监测及前期研究方案；④生物病害监测及防治前期研究方案。2014年4月15日，国家文物局组织总体方案汇报，肯定以M2汉墓本体中心50 m×50 m范围内实施原址支顶体系建设的总体思路；确认汉墓保护以149 m×110 m基坑为实施范围；明确黄肠题凑与夯土保护环境分离；要求保护设施地上部分高度要适度。2014年5月14日，国家文物局组织专家会议，评审并批复总体方案（文物保函[2014]1163号）。该项目为一期工程，工期3年。

本体保护：2015年5月18～21日，山东省文物局联合定陶区文物局，组织召开定陶汉墓现场喷淋系统结项验收专家会。专家通过现场考察喷淋设备运行情况，认为喷雾喷淋系统施工过程规范，达到预期设计的技术指标，能够满足黄肠题凑木结构的保湿需要，该技术达到国内先进水平。

2016年12月16日，中国文化遗产研究院联合定陶区文物局，组织有关专家对"山东定陶王墓地（王陵）M2汉墓黄肠题凑环境监测系统开发"项目进行验收。经过听取汇报、审查竣工报告等相关资料以及讨论，与会专家一致认为：通过在定陶王墓地（王陵）M2黄肠题凑汉墓遗址建设光纤温湿度传感器网络及其他环境监测设备，形成一套完善的环境监测系统，完成合同约定的所有技术内容，达到预期目标。该项目采用了激光吸收调制技术（TDLAS）、分布式光纤温度传感技术（DTS）及Web的软件平台等关键技术。实现了墓室高湿环境的监测、墓室外顶部较大范围的温度监测，以及数据的采集、处理和存储。系统整体运行稳定，数据准确可靠。

地下施工：2015年5月，中国文化遗产研究院完成定陶王墓地（王陵）M2汉墓保护设施地下部分第一阶段工程施工图设计图纸。同年10月31日，定陶王陵黄肠题凑汉墓地下保护施工正式开工。2015年4月24日，定陶王陵黄肠题凑汉墓保护工程建设阶段性总结会议在施工现场召开，与会专家认为工程施工符合设计要求。5月8日，止水帷幕施工正式开始。2016年7月中旬，止水帷幕施工完成。7月26日，山东省文物局批复定陶区文物局关于调整西部边线的请示。

2015年8月进行定陶王墓地（王陵）M2汉墓保护设施工程（一期）监理招标及定陶王墓地（王陵）M2汉墓保护设施地下部分第一阶段工程招标。

由于2016年度考古工作发现内台等夯土遗迹，经多次专家会议论证，以50 m×50 m为保护范围的原设计方案暂停实施，新的保护范围在确定之中。

12.4 工程现场的组织管理与配合

第一，加强组织领导。为了配合中国文化遗产研究院，在山东省文物局的领导下，实施了"三统一"的组织领导和保护机制：一是统一组织领导。成立了山东省文物局直接领导的定陶汉墓保护工作领导小组，统一领导所有与定陶王陵黄肠题凑汉墓有关的决策、行动。二是统一保护行动。中国文化遗产研究院为定陶王陵黄肠题凑汉墓技术总牵头单位；定陶区人民政府为定陶王陵黄肠题凑汉墓保护主体；山东省文物局大遗址保护与考古处作为定陶汉墓保护的具体牵头单位。三是统一宣传口径。所有与汉墓有关的宣传报道，必须经山东省文物局批准后方可进行。在此基础上，整合技术力量用于汉墓保护。山东省文物局邀请国内知名专家，先后召开了30余次专家论证会，专题研究定陶汉墓保护工作。菏泽市专门成立了全市文物保护专家咨询委员会，重点保证汉墓保护工作。定陶区更是把人才建设放在了重要位置，积极招录相关专业的本科生和硕士研究生9名，并邀请相关专家学者对定陶区文物局所属人员进行全员培训。

第二，扎实推进各项保护工作。汉墓保护整体方案尚未批准、保护资金尚未到位的困难时期，定陶区布置专门警力和保安人员，还挤出资金投入各项基础性保护工作，确保文物安全。为争取知名专家对汉墓保护的支持，区委、区政府主要领导和分管领导虚心向到访的专家咨询请教，刘庆柱、白云翔、吴顺清、郑同修等专家担任定陶区的文物保护顾问，王丹华、黄克忠、陈中行、信立祥等专家多次为我们仗义执言；荆州文物保护中心、秦始皇帝陵博物院和山东省文物考古研究院为我们垫资开展考古、保护工作和编制定陶汉墓子项的保护方案。国家文物局和山东省文物局也给予了大力支持，及时拨付了相关保护经费。建起了号称"考古第一棚"的1000多平方米可移动防护大棚，对汉墓内部进行了三维扫描和水文地质勘探，丝袍、竹笥和梓棺移交给了荆州文物保护中心进行修复保护；已经出土的1万余块文字砖委托秦始皇帝陵博物院和山东省文物考古研究院实施保护工作。

从2012年9月开始，积极配合中国文化遗产研究院。中国文化遗产研究院在时间紧、任务重的情况下成立项目组，及时拿出了总体保护方案。国家文物局多次听取汇报或组织专题论证会，对定陶汉墓总体保护方案进行指导、论证和修改，促成了该方案的顺利获批，一期方案获批资金2.86亿元，已到位资金1.434亿元，成为2014年全国投资额最大的单体保护项目。

配合具体保护工作：一是按规定和要求建设完成"自动控制喷淋系统"和墓顶滴灌系统，目前运行良好。墓室内环境得到较大改善，微生物滋生得到控制，异味已基本消失。二是按照中国文化遗产研究院划出的施工红线征集了土地，修建了施工道路，实施了封闭式管理。三是建设简易工作用房600余平方米，安装了空调等基本设施，具备了较好的工作生活条件。四是做好技术人员储备。按照中国文化遗产研究院建议，为定陶汉墓保护新招纳相关专业技术人员。

第 13 章 结 语

自 2012 年 9 月始，山东省文物局与山东省菏泽市定陶区文物局正式委托中国文化遗产研究院负责定陶汉墓原址保护的任务。笔者和沈大娲博士作为项目组成员，开始负责"子项目三——山东定陶王墓地（王陵）M2 汉墓黄肠题凑临时性保护及保护研究项目"。由最初对"黄肠题凑"这一考古名词知之甚少，对大型饱水木质文物保护的认知经验捉襟见肘，到从汉墓的现状调查着手，带着思考与问题考察了国内外大型保护木质文物遗址。在这一探索过程中笔者对定陶汉墓黄肠题凑的特点、保护方向、保护技术和展示方式逐渐积累了清晰立体的认识。

通过对汉墓的木材、封土、积水、保存环境等科学分析和监测，我们认为定陶汉墓具有保存完整、体量大、结构复杂、腐蚀不均匀、高度动态变化、易受环境影响等特征。定陶汉墓腐蚀的根本问题是水的存在和流动直接或间接导致木材结构组织的破坏，从而加速了古老木材的腐化速度。定陶汉墓位于地表之下 11 米的深坑中，地下水、自然降水和土壤中毛细水的综合作用，导致汉墓保护处理和长期保存面临巨大的挑战。因此，开展补水、控水和治水是定陶黄肠题凑保护最为紧迫和核心的问题。项目中设置的 4 个子项目并非完全独立，而是相辅相成、互相配合的，综合性地解决了汉墓的保护问题。

在诸多的文献调研和国际交流的过程中，笔者和项目组成员认识到大型饱水木结构文物的保护属于一个国际性难题。通过梳理国内外对于这类文物的保护案例和已经积累的经验与教训，总结出如下几点认识：

第一，每一项大型出土（出水）饱水木结构，其埋藏环境、保存现状、腐蚀原因和保护问题迥异。因此，其保护理念、方法、措施需要"因地制宜"。只有通过充分的现状调查和保护研究工作，才能为后续保护方向和方法的确立提供重要的指引。

第二，定陶汉墓的保护工作不能一蹴而就，因为一旦某些保护措施开始实施，结果是不可逆转的。在实施任何保护措施之前，需要技术人员深思熟虑，在扎实的前期研究基础上，不断调整完善保护方向和保护技术，这是一个比较漫长的过程。

第三，汉墓的保护工作不仅属于科学难题，更重要的是涉及诸多管理问题。资金、技术、人员和保护理念相互支撑、相互配合，才能将保护工作引向更科学、更合理的方向，缺一不可。

在总结前人经验的基础上，根据汉墓现状与特点，我们认为当务之急是开展抢救性保护工作，维持饱水木建筑的整体结构与形貌基本稳定。因此，现场保护设置了"自动控制喷淋喷雾系统"和"环境监测系统"，并跟踪监测木结构和保存环境的动态变化，便于采取及时有效的预防性保护措施。

在维护好黄肠题凑状态后，如何长期保护与展示是摆在我们面前的一项重要课题。通过近四年的实验研究，我们认为：饱水题凑木材经过PEG两步法渗透结合环境控制的脱水方式，不仅对端头糟朽区域进行加固，并且有效控制水分挥发速度，使木材收缩变形最小，能够达到比较理想的保护效果。因此，在"原址整体保护"的客观要求下，为黄肠题凑设置环境密封棚并结合喷淋加固的保护方式是行之有效的解决方案。这一研究结论亦可为拆解木构件的保护处理提供借鉴参考。

针对附有墨书的题凑木材，利用高光谱成像技术对模糊文字进行辨读；通过实验对比研究，显示风冷干燥法是比较温和的方式，木材干缩率小，裂隙产生不多，墨迹辨识度较高，是比较适用的保护方法；利用木材阻力仪，可在不拆解构件的情况下，对完整木结构的尺寸、年轮、内部腐蚀和裂隙等进行微损探测。

在各方的支持配合下，项目团队齐心协力，逐步实现了在原址条件下保持黄肠题凑稳定的保存状态。这也为探索汉墓长久保护与利用，满足公众需求，不断调整保护方向和保护思路，实施保护措施赢得了较为充分的时间。定陶汉墓黄肠题凑的保护工作依然任重道远、困难重重，希望以此书作为新的起点，为守护这座珍贵的千年遗址继续努力前行！

附表 定陶汉墓黄肠题凑监测点木材含盐量数据表

监测日期	盐离子浓度/(mg/L)	1	2	3	4	5	6	7	8	9	10	11	12	13
2014.11.26&2015.1.21	Cl^-	7.84	9.67	7.07	9.9	8.95	7.71	1.46	3.19	2.32	0.11	2.3	3.96	1.83
	NO_3^-	0.1	0.63	0.47	0.51	1.03	9.73	0.43	0.66	0.69	0.64	0.39	1.13	0.3
	SO_4^{2-}	7.95	11.12	12.61	9.52	8.88	10.7	3.11	2.96	5.43	1.72	3.78	8.15	3.5
	Na^+	7.38	8.5	6.71	10.2	8.64	8.14	1.75	3.73	3.71	2.98	4.01	6.09	2.62
	K^+	0.98	1.44	1.65	1.49	0.93	1.04	1.49	0.62	2.8	0.89	0.74	1.65	2
	Mg^{2+}	3.28	4.13	4.2	4.18	3.82	6.85	2.19	1.42	3.67	1.64	2.32	5.21	4.25
	Ca^{2+}	4.32	5.21	6.04	5.15	4.61	9.96	5.17	3.74	7.54	2.87	3.82	7.42	17.74
2015.4.1	Cl^-	3.79	6.45	12.34	7.43	6.96	5.82	2.39	4.27	4.08	2.13	2.58	1.2	1.21
	NO_3^-	1.22	2.37	0.36	6.12	5.16	0.2	0.56	1.29	0.5	1.01	0.25	1.04	0.12
	SO_4^{2-}	3.1	8.94	12.28	6.5	7.7	8.09	9.8	6.23	9.39	2.89	4.02	2.47	17.79
	Na^+	3.08	4.09	6.6	4.59	5.51	4.09	2.5	3.03	3.73	1.96	1.99	1.17	1.18
	K^+	0.42	0.26	0.62	0.54	0.55	0.69	0.99	0.37	1.02	0.3	0.23	0.2	0.14
	Mg^{2+}	0.84	0.83	2.36	0.94	0.77	1.72	1.08	0.83	2.13	0.31	0.85	0.58	1.13
	Ca^{2+}	2.59	2.58	6.6	2.95	2.71	5.03	4.59	3.47	7.62	1.12	2.6	2.11	5.93
2015.5.20	Cl^-	3.18	8.96	11.03	8.16	8.71	2.99	2.55	10.58	10.34	3.72	4.54	0.92	2.53
	NO_3^-	0.6	0.67	1.05	2.39	1.32	1.92	1.03	0.63	1.79	0.87	1.19	0.89	0.73
	SO_4^{2-}	3.95	24.47	10.17	9.65	8.74	7.07	6.85	29.26	23.35	6.38	9.6	3.23	15.83

续表

监测日期	盐离子浓度 (mg/L)	监测点编号 1	2	3	4	5	6	7	8	9	10	11	12	13
2015.5.20	Na^+	3.79	8.31	8.33	7.58	7.98	4.5	3.09	9.98	9.78	4.86	4.97	1.6	2.78
	K^+	0.86	0.83	0.78	0.85	0.73	0.84	1.17	0.97	1.91	0.68	0.65	0.55	0.61
	Mg^{2+}	2.14	5.55	4.22	3.53	3.78	3.98	3.64	7.6	8.64	2.64	3.29	2.56	3.73
	Ca^{2+}	5.01	9.65	7.31	6.46	6.56	6.17	12.22	14.8	16.67	5.79	6.02	4.88	10.43
	Cl^-	2.75	6.22	11.34	8.1	6.54	4.96	1.6	3.27	3.23	2.23	1.08	0.5	1.28
	NO_3^-	0.22	0.3	0.26	0.66	0.32	0.58	0.6	0.98	1.26	0	0	0.08	0.06
	SO_4^{2-}	5.6	13.38	14.37	12.48	8.97	8.86	27.43	11.62	18.6	6.34	5.13	5.6	38.34
2015.2.27	Na^+	2.63	4.67	6.89	6.49	4.86	4.32	8.68	3.33	3.7	2.93	1.59	0.71	4.2
	K^+	0.61	0.63	0.82	0.67	0.52	0.66	0.58	0.69	1.2	0.5	0.24	0.25	0.72
	Mg^{2+}	2.73	4.1	5.7	4.11	3.11	4.83	3.72	3.14	5.57	3.33	3.25	3.65	4.12
	Ca^{2+}	6.39	8.15	9.77	7.46	5.62	7.93	9.19	6.52	12.36	6.05	6.25	6.11	10.58
	Cl^-	2.4	8.36	10.37	5.12	6.79	5.86	2.28	5.12	3.73	1.72	1.18	0.28	0.87
	NO_3^-	0.46	3.68	4.33	26.86	3.94	0.85	1.38	0.35	1.16	0.07	0.43	0.44	0.05
	SO_4^{2-}	2.41	10.43	12.95	7.38	7.72	11.9	7.89	7.85	9.95	3.12	2.7	2.14	20.34
2015.9.23	Na^+	2.27	5.44	5.85	3.78	4.77	5.4	1.67	3.58	2.76	1.73	1.47	0.33	1.07
	K^+	0.82	0.87	0.61	1.26	0.56	0.66	1.2	0.58	1.41	0.31	0.39	0.11	0.3
	Mg^{2+}	1.84	4.02	4.02	3.5	2.77	3.55	2.51	2.93	3.31	1.71	2.12	1.63	2.9
	Ca^{2+}	4.17	6.57	6.5	6.68	4.51	4.95	6.23	6.27	6.99	3.37	3.91	2.57	6.91
	Cl^-	2.9	6.61	6.63	5.07	6	1.97	2.78	4.24	2.44	3.32	2.24	0.31	0.87
2015.11.27	NO_3^-	0.75	4.65	1.05	8.52	1.83	0.85	0.87	0.4	0.66	0.61	0.74	0.68	0.27

续表

附表　定陶汉墓黄肠题凑监测点木材含盐量数据表

监测日期	盐离子浓度 (mg/L) \ 监测点编号	1	2	3	4	5	6	7	8	9	10	11	12	13
2015.11.27	SO_4^{2-}	2.86	5.77	8.18	5.61	6.75	2.99	5.37	5.53	5.17	3.39	3.08	1.96	12.36
	Na^+	1.22	1.11	0.97	1.22	0.82	0.8	1.47	0.91	1.58	0.98	0.83	0.31	0.49
	K^+	1.73	3.08	3.23	2.68	3.08	2.8	3.3	3.48	3.38	3.52	2.65	1.79	3.03
	Mg^{2+}	4.35	6.24	6.1	5.41	5.83	4.55	7.92	8.91	8.2	7.91	5.69	4.08	9.71
	Ca^{2+}	2.9	6.61	6.63	5.07	6	1.97	2.78	4.24	2.44	3.32	2.24	0.31	0.87
	Cl^-	19.43	4.24	3.87	4.65	4.45	0.89	0.92	2.3	1.82	1.81	0.89	0.67	0.84
	NO_3^-	0.59	0.34	0.5	7.8	0.32	0.23	0.43	0.15	0.45	0.25	0.57	0.69	0.004
2016.1.29	SO_4^{2-}	1.32	5.78	3.75	3.48	3.41	1.94	3.34	2.81	5.58	1.98	1.95	2.46	7.4
	Na^+	4.16	3.13	3.38	3.6	3.94	2.04	1.3	2.56	2.19	2.65	1.31	0.63	1.04
	K^+	1.56	0.9	0.58	0.88	0.55	0.74	1.02	0.84	1.16	0.52	0.41	0.34	0.74
	Mg^{2+}	1.34	0.86	1.45	1.23	1.36	1.17	2.3	1.71	2.55	1.36	0.82	1.02	1.55
	Ca^{2+}	13.01	2.11	2.46	1.48	2.1	1.13	6	3.8	5.53	2.44	0.86	1.21	4.47
	Cl^-	4.87	7.88	9.64	8.88	9.28	3.53	1.28	5.24	4.56	5.14	1.05	1	2.62
	NO_3^-	0.22	0.99	0.57	2.68	0.02	0.35	0.56	0.1	0.77	0.48	0.05	0.08	0.166
2016.4.18	SO_4^{2-}	4.93	9.41	13.92	7.98	10.91	8.46	5.58	7.61	12.19	5.76	3.81	2.24	15.72
	Na^+	5.63	6.5	7.5	7.19	8.72	4.43	1.86	5.37	4.49	5.38	1.62	0.43	2.19
	K^+	2	1.12	1.57	1.79	1.42	1.26	0.99	0.88	1.77	1.13	0.55	0.29	1.42
	Mg^{2+}	2.74	2.76	3.32	2.43	3.93	3.87	1.46	3.69	3.57	3.31	2.37	0.7	2.94
	Ca^{2+}	5.34	4.74	6.17	4.09	7.91	6.77	3.04	9.62	9.85	7.78	5.23	1.41	10.55

续表

监测日期	盐离子浓度/(mg/L)	监测点编号												
		1	2	3	4	5	6	7	8	9	10	11	12	13
2016.6.24	Cl^-	4.27	8.42	7.55	6.18	3.89	1.69	2.86	3.52	3.67	4.37	0.99	0.33	1.38
	NO_3^-	0.24	0.23	0.17	0.23	0.62	0.17	0.28	0.1	0.29	0.09	0.07	0.09	0.02
	SO_4^{2-}	6.29	10.19	14.06	9.71	8.7	10.06	7.7	10.68	17.06	5.48	6.35	4.56	13.51
	Na^+	5.44	6.65	7.89	6.39	5.84	3.24	2.74	4.18	5.25	5.74	1.8	0.4	1.79
	K^+	1.29	0.86	0.97	1.19	0.82	0.93	0.98	0.61	1.18	0.82	0.56	0.26	0.5
	Mg^{2+}	5.49	6.71	9.06	6.32	7.01	8.48	5.8	6.84	11.94	7.98	6.85	4.55	6.55
	Ca^{2+}	11.09	13.44	17.26	12.3	13.32	15.93	13.48	15.47	25.68	15.9	13.73	9.14	18.08
2016.9.2	Cl^-	3.39	11.45	10.04	7.69	6.68	8.52	3.82	8.62	3.23	4.28	1.26	0.49	2.51
	NO_3^-	0.56	0.94	0.67	0.18	0.3	0.34	0.3	0.26	0.48	0.24	0.01	0.05	0.04
	SO_4^{2-}	3.16	8.19	9.13	6.92	5.67	2.6	4.22	8.8	6.77	3.45	1.82	1.91	7.68
	Na^+	3.49	7.73	8.38	7.84	6.8	3.39	2.53	6.5	3.81	5.02	1.27	0.6	2.51
	K^+	1.55	1.26	0.96	0.95	0.76	1.4	1.42	1.21	1.28	0.93	0.42	0.29	0.6
	Mg^{2+}	4.59	5.02	6.05	6.25	3.99	3.44	3.88	4.86	6.36	3.36	2.9	1.38	3.7
	Ca^{2+}	12.13	10.39	11.64	12.4	7.94	6.85	9.29	11.36	14.93	7.68	6.43	3.24	9.07
2016.11.3	Cl^-	7.04	10.75	8.92	8.18	7.25	0.94	3.05	8.3	5.01	5.48	1.85	0.74	1.98
	NO_3^-	0.8	0.79	0.68	0.57	0.69	1.11	0.79	0.65	1.01	0.01	0.59	0.05	0.01
	SO_4^{2-}	4.81	8.66	11.59	7.18	7.55	3.92	5.24	7.81	6.61	5.41	2.89	2.75	9.99
	Na^+	8.15	9.58	8.02	7.93	8.17	2.64	3.42	7.37	5.41	6.76	2.18	0.6	2.39
	K^+	1.05	1.08	1.23	0.85	0.8	0.66	1.03	0.81	1.22	1.44	0.48	0.39	0.58
	Mg^{2+}	4.49	6.96	5.43	4.96	4.72	4.08	3.67	5.91	5.23	3.96	2.8	2.68	3.54
	Ca^{2+}	5.28	8.99	7.04	5.91	5.5	5.3	5.58	8.95	8.14	5.55	3.71	3.38	5.3

后 记

自 2012 年秋伊始至 2017 年终，作者承担"山东定陶王墓地（王陵）M2 汉墓'黄肠题凑'临时性保护与前期研究"子项目，已整五年。作为项目组成员，能够参与保护如此珍贵的遗址与遗存倍感荣幸，也深感责任重大和压力。虽然项目组最初缺少大型出土饱水木质文物原址保护的工作经验，但是在国家文物局、山东省文物局、定陶区文物局和中国文化遗产研究院领导的关心帮助，以及同志们的共同努力下，逐渐实现了《山东定陶王墓地（王陵）M2 汉墓保护工程（一期）》的各项设计初衷，项目团队如期完成了各项任务，并且形成了一套围绕"黄肠题凑"现场设施、跟踪监测和前期研究的保护体系。项目组经过总结梳理之后，在 2018 年春暖花开之际完成此书初稿。

自定陶王墓地（王陵）M2 汉墓遗址出土，其保护工作一直受到国家文物局的高度重视。《山东定陶王墓地（王陵）M2 汉墓保护工程（一期）》获得了 2014 年度国家重点文物保护专项补助资金。山东省文物局、菏泽市政府、定陶区政府领导以及定陶区文物局等给予项目组高度的信任支持。中国文化遗产研究院刘曙光、柴晓明两任院长一直将此工程设为院级重点项目，乔云飞、唐炜等有关院领导多次会议商讨项目保护进展。并且，院内积极支持项目的相关研究，于 2014 年设立基本科研业务费自主课题"环境控制技术在大型木构筑物木材脱水保护中的应用——以定陶汉墓黄肠题凑为例"。中国文化遗产研究院的保护修复所与文物保护工程所协调配合，共同推进项目业务工作。保护修复所李黎所长、李乃胜副所长给予项目诸多建议。在此感谢各级领导和同志们的关心帮助！

此外，文物保护领域老专家王丹华、陈中行、黄克忠研究员等，中青年研究员郑幼明、郭宏、潘路、胡东波、陈家昌等赐教指导。正是鉴于专家们的无私分享经验心得，才使得保护工作顺利开展，保护技术更趋于完善。在此向各位专家表示衷心感谢！

同时，项目合作单位包括：中国航天空气动力技术研究院北京航天易联科技发展有限公司、北京洋鑫利源喷雾科技有限公司、北京科技大学机械工程学院建筑环境与设备工程系、中国科学院遥感与数字地球研究所、中国林业科学研究院木材工业研究所等，给予技术支持。山东省文物考古研究院院长郑同修，考古发掘队队长崔圣宽与项目组开展长期的交流，提供了宝贵的建议。

"定陶汉墓保护项目"总负责人马清林研究员（原副院长），在设计思路确定、团队建设、组织管理、联络协调等方面予以悉心指导。山东定陶王墓地（王陵）M2汉墓"黄肠题凑"项目组沈大娲副研究员参与很多实验研究工作和保护方案修改，葛琴雅副研究员负责汉墓微生物分析与监控。北京科技大学博士研究生罗敏参与完成了多个实验研究和现场调研，中央民族大学袁凯铮老师的硕士研究生吕淑颖、詹常亮参加许多具体工作，王翘楚参与文字整理工作。其他项目成员王乐乐、张秋艳也给予配合。在此对项目组成员的辛勤付出一并表示感谢！

本书编写以中国文化遗产研究院"定陶汉墓黄肠题凑"保护组和定陶区文物局人员为主，是中央和地方文博单位通力合作的成果体现，其出版也得到了定陶区文物局资助。

全书共十三章，成倩负责全书统稿和校订。

项目主要参与和编写人员如下：

第1章：成倩、王江峰、马清林；

第2章：成倩、罗敏、葛琴雅、沈大娲；

第3章：罗敏、成倩、沈大娲；

第4章：成倩、沈大娲、刘项；

第5章：成倩、常洋、沈大娲、杨睿、李彦林、孙菲；

第6章：张舸、成倩、张笑；

第7章：成倩、罗敏、吕淑颖、詹常亮、崔萌萌、刘欢；

第8章：成倩、罗敏、沈大娲、马清林；

第9章：吴太夏、成倩；

第10章：成倩、吕淑颖；

第11章：成倩、詹常亮、袁凯铮；

第12章：王江峰、王玲、崔圣宽、丁献军、柴黎亚、陈霞、马翠兰、张鲁、王世斌、王振军、崔萌萌、刘欢、刘媛媛；

第13章：成倩。

囿于编著者水平，书中错误与不足之处难免，恳望赐教。

作　者

二零一八年四月十六日

图版

图版 1　定陶汉墓遗址俯视图

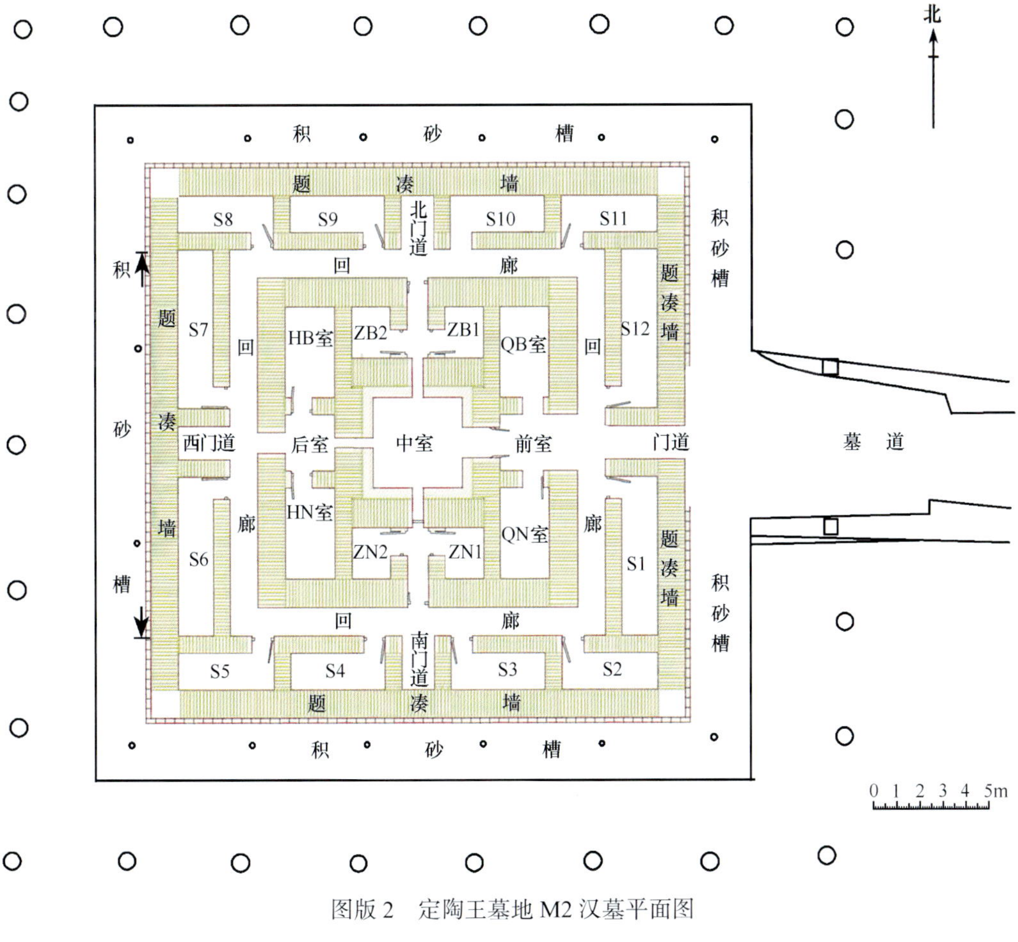

图版 2　定陶王墓地 M2 汉墓平面图

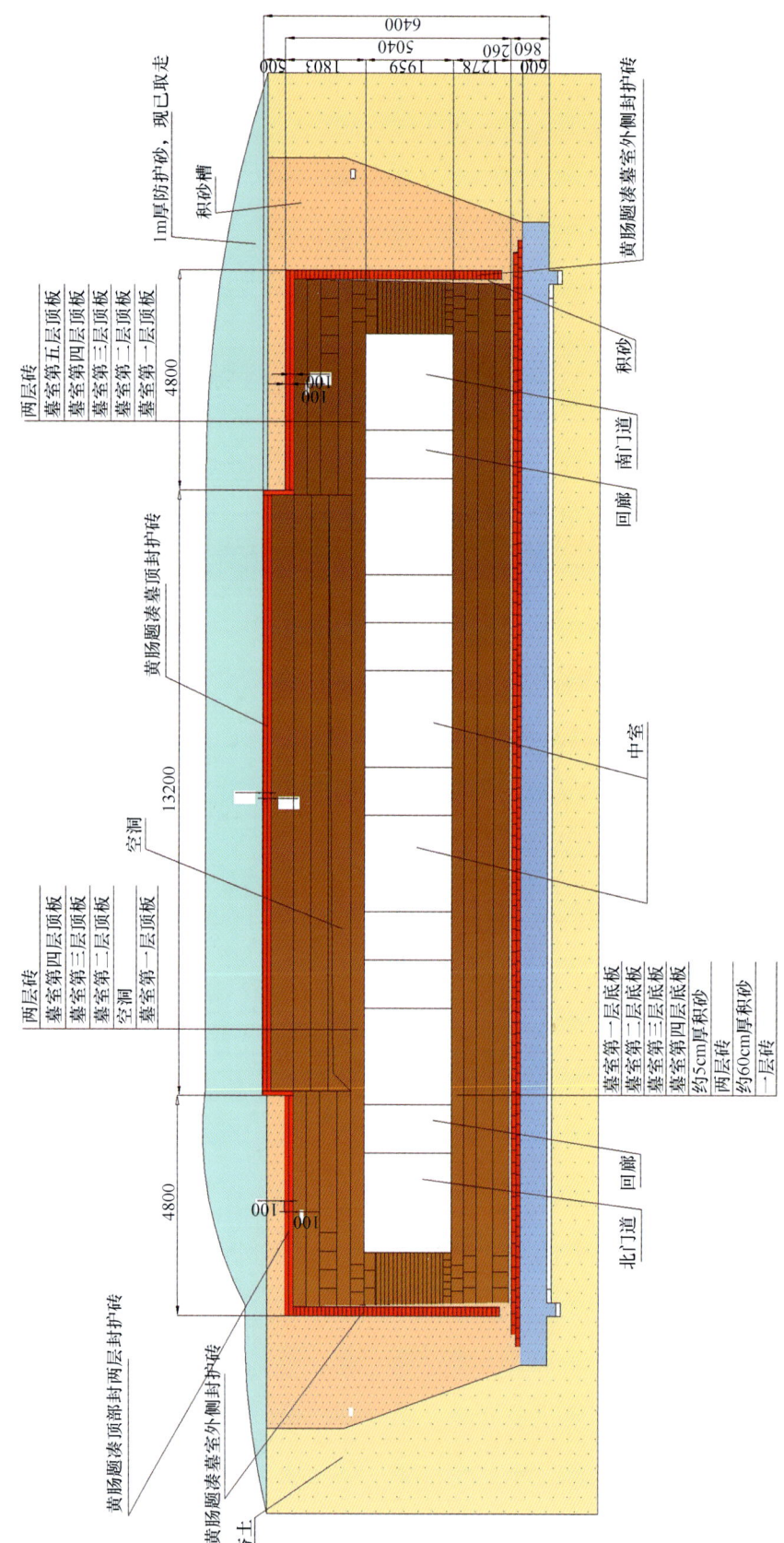

图版 3 定陶王墓地 M2 汉墓剖面图

图版 4　覆盖毛毡保温材料

图版 5　钢架结构大棚

图版 6　顶部木材的部分酥解

图版 7　墓道口积水冬季结冰

图版 8　题凑墙腐蚀呈不规则分布

图版 9　题凑墙上部龟裂起翘严重
（2013 年 4 月摄）

图版 10　题凑墙体变色发黑

图版 11　题凑墙端头木材糟朽严重

图版 12　蚯蚓滋生

图版 13　题凑墙微生物滋生严重

图版 14　题凑墙上部水分挥发后析出白色结晶盐

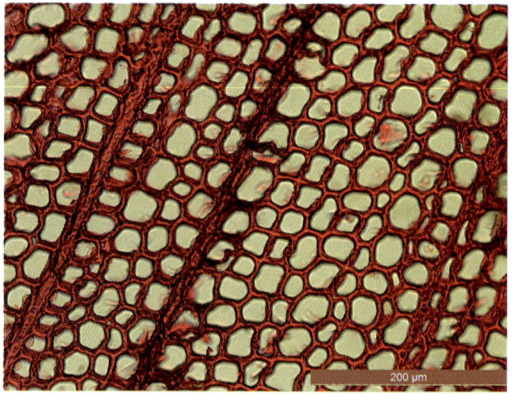
图版 15　样品 110-8 横向切面（硬木松）

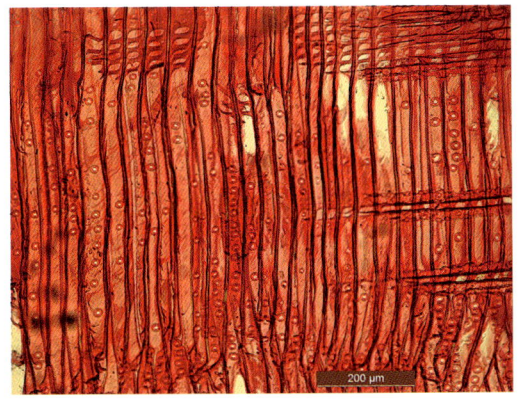

图版 16　样品 110-8 径向切面

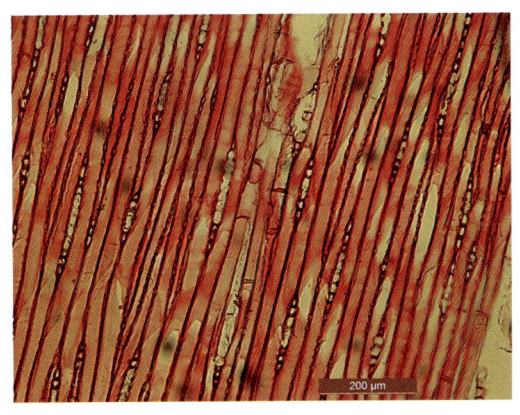

图版 17　样品 110-8 弦向切面

图版 18　样品 sd-2 横向切面（柏木）

图版 19　样品 sd-2 径向切面

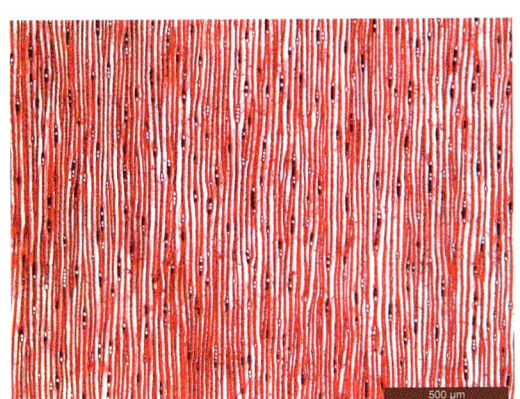

图版 20　样品 sd-2 弦向切面

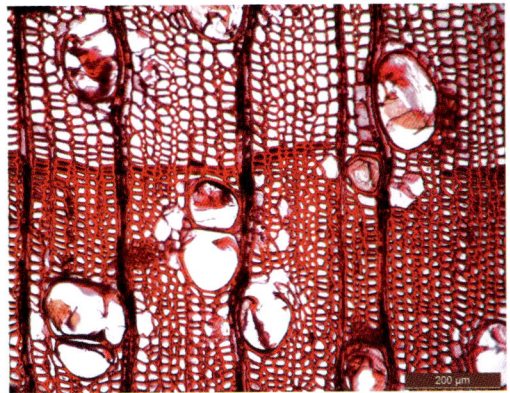

图版 21　样品 sd-5 横向切面（楠木）

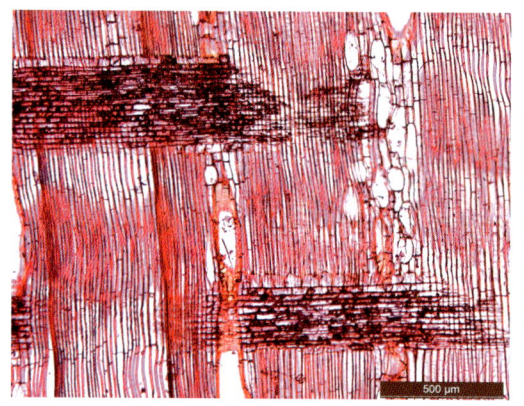
图版 22　样品 sd-5 径向切面

图版 23　样品 sd-5 弦向切面

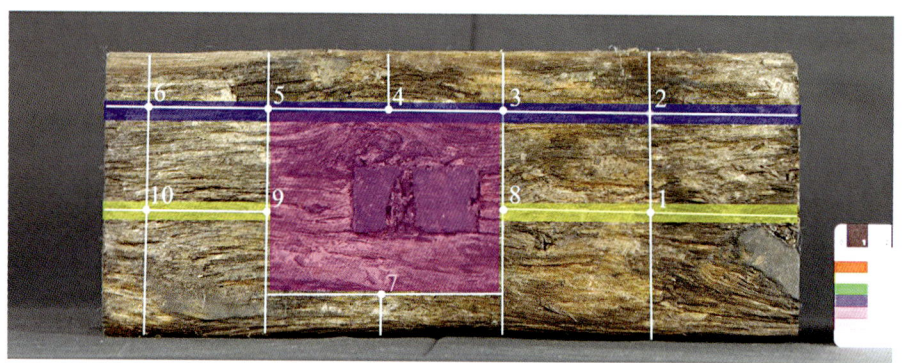
图版 24　C 面（原始弦切面）检测点分布情况

图版 25　F 面（原始端面）检测点分布情况

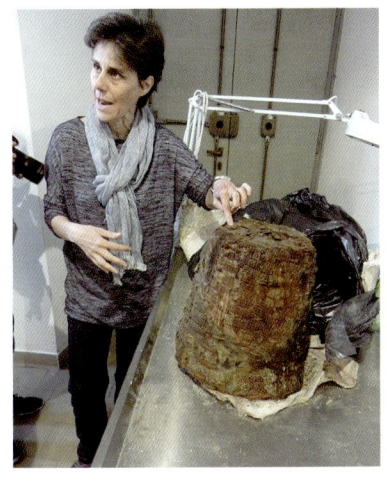 

图版 26　修复师介绍出土木篮的保护　　　　图版 27　交流讨论 PEG 处理中的木犁耙

(a)　　　　　　　　　　　　　　　　(b)

图版 28　遗址内玻璃框保护的木门

(a)　　　　　　　　　　　　　　　　(b)

图版 29　木船残骸（a）和船骸的支撑结构（b）

图版 30　扬州广陵王墓题凑墙现状

图版 31　广陵王墓黄肠题凑底部安置状况

图版 32　跨湖桥独木舟现状

图版 33　跨湖桥遗址博物馆展厅

图版 34　墓室顶部轨道上固定红色横梁，负载白色喷淋管路，箭头所指为喷头

图版 35　设备房的喷淋纯水系统

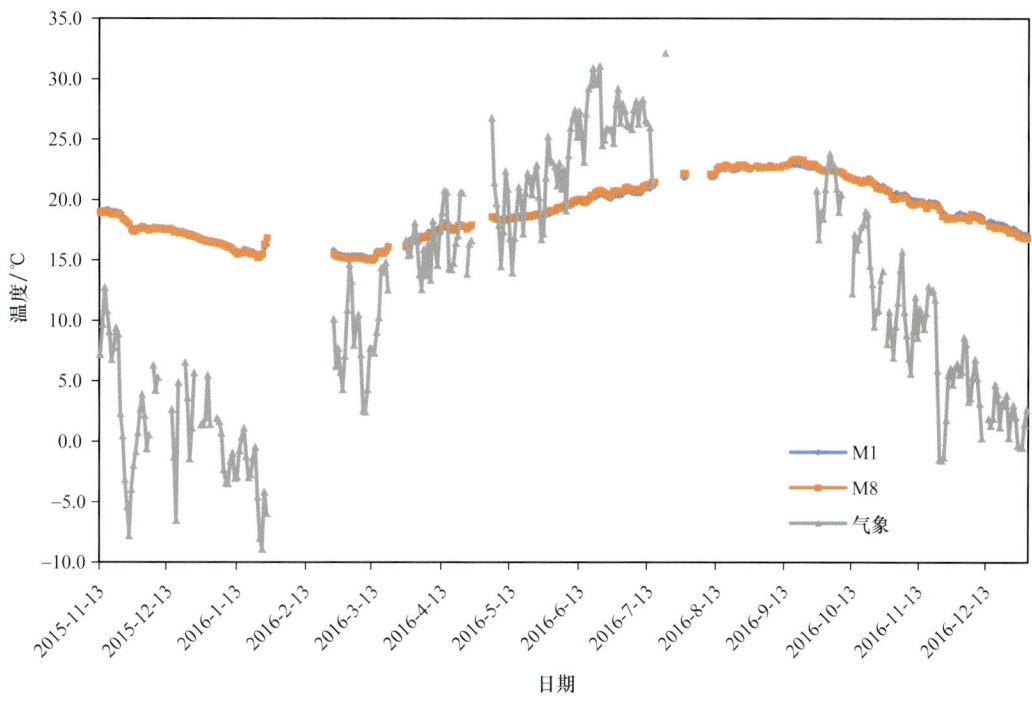

图版 48　M8 盗洞点与气象温度变化图

温度场

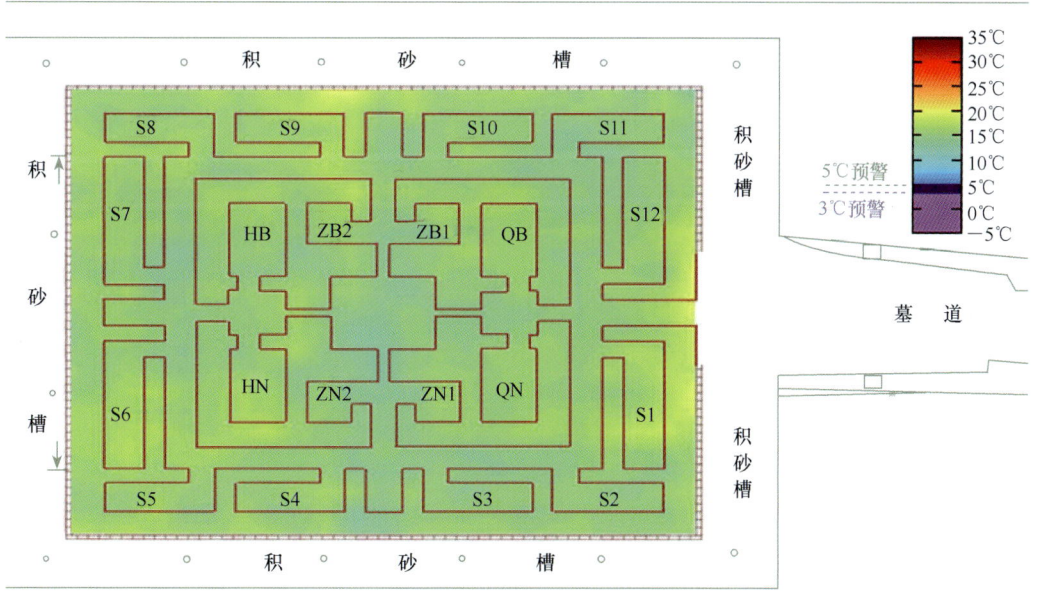

图版 49　正常温度下墓顶温度分布图

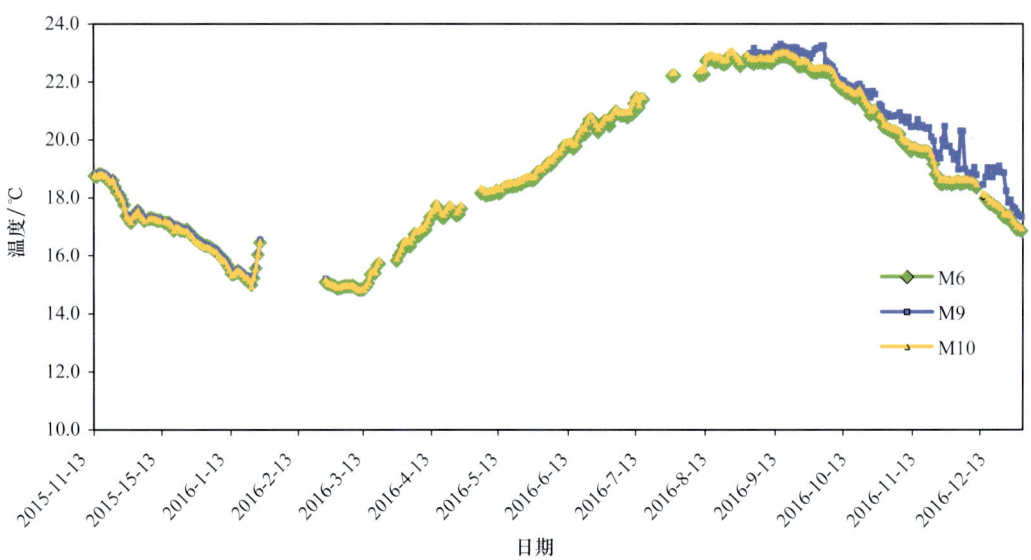

图版 46　S1 小室内各监测点与气象温度变化图

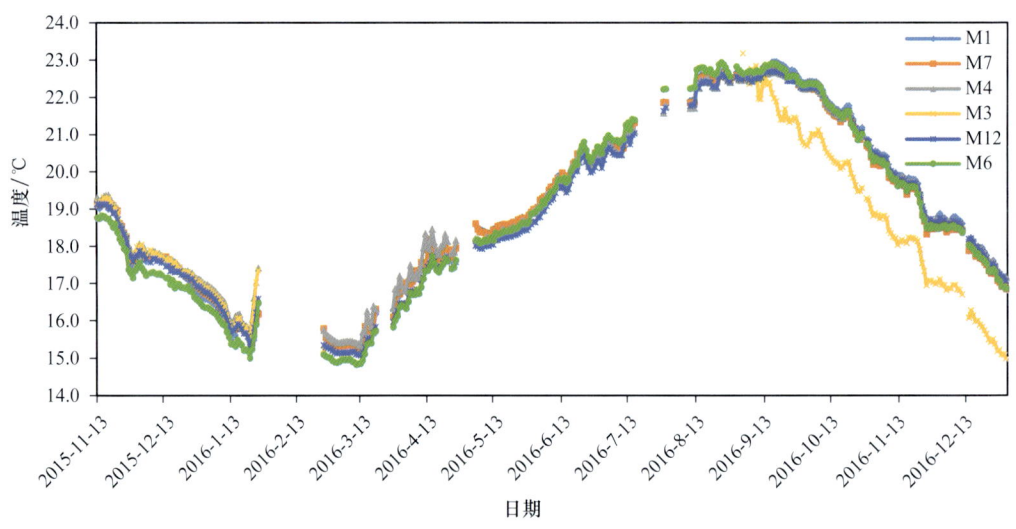

图版 47　墓室四周温度变化图

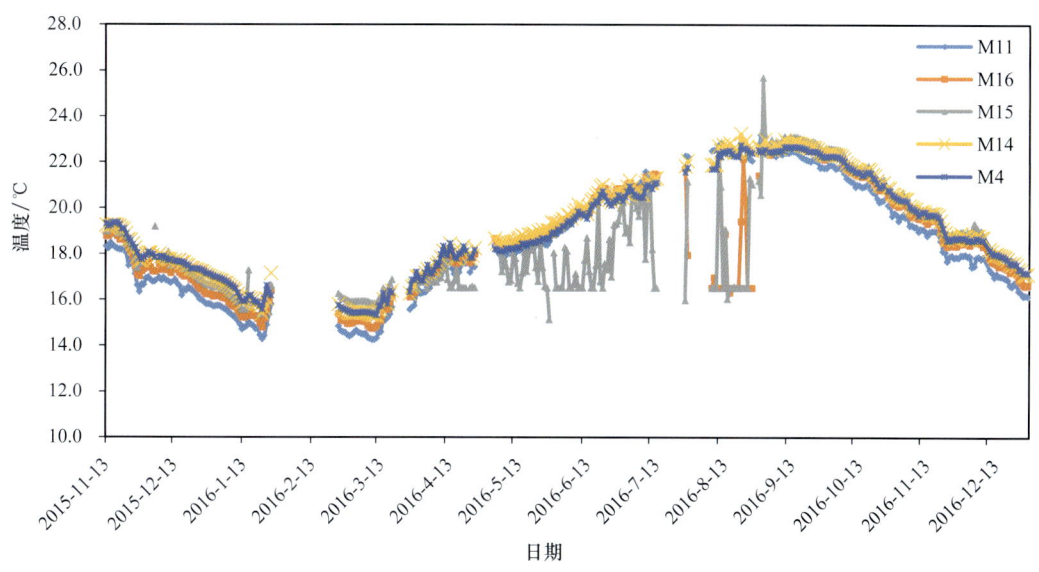

图版 44　墓道口至内部各监测点温度变化图

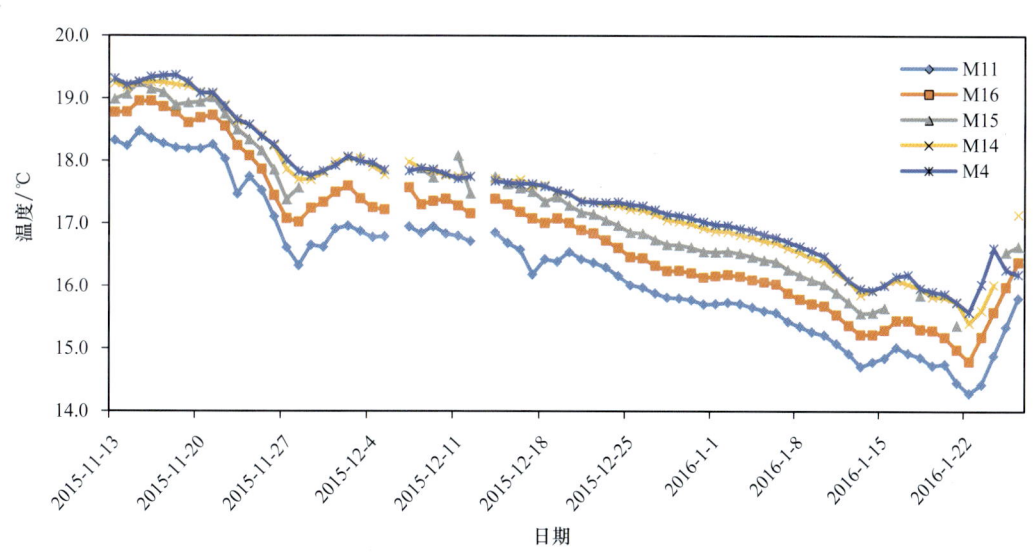

图版 45　冬季（2015 年 11 月至 2016 年 1 月）墓道口至墓室内部温度变化图

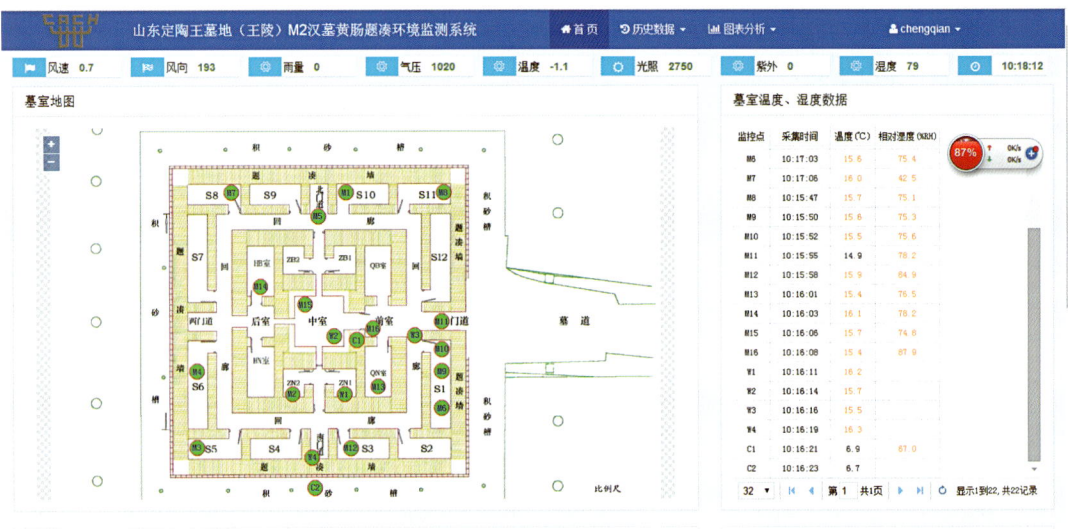

图版 42　墓室内实时监测界面

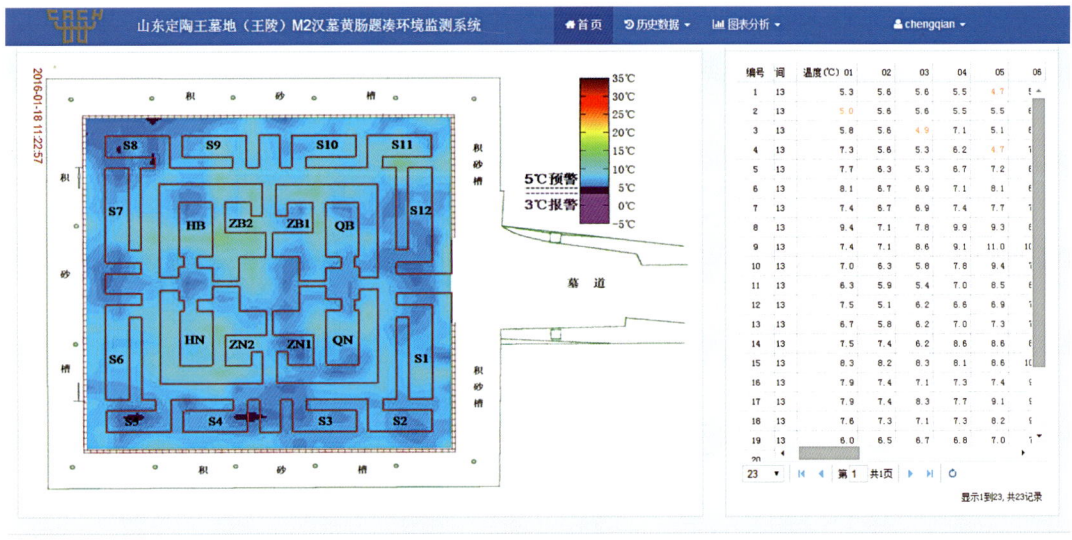

图版 43　墓室顶部温度实时监测界面

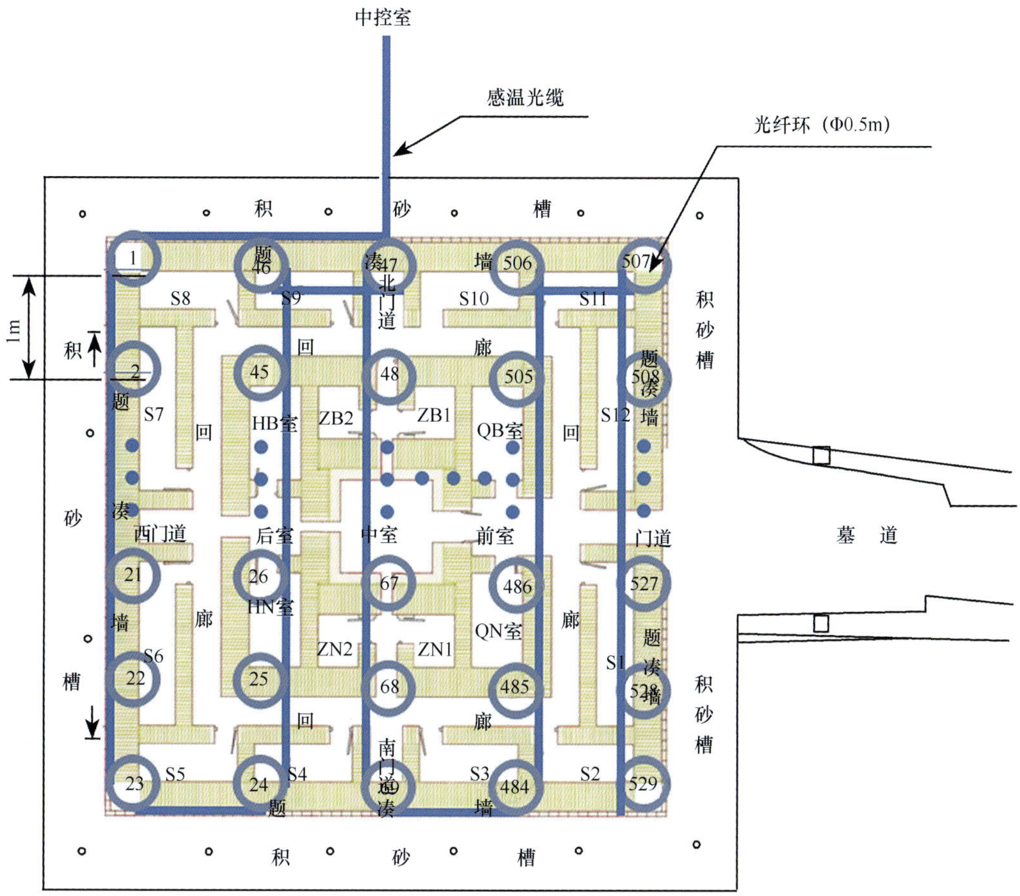

图版40 分布式光纤测温系统布设图
（蓝线代表感温光缆）

图版41 感温光缆布设现场

图版 36　墓室内喷淋头（未压气）

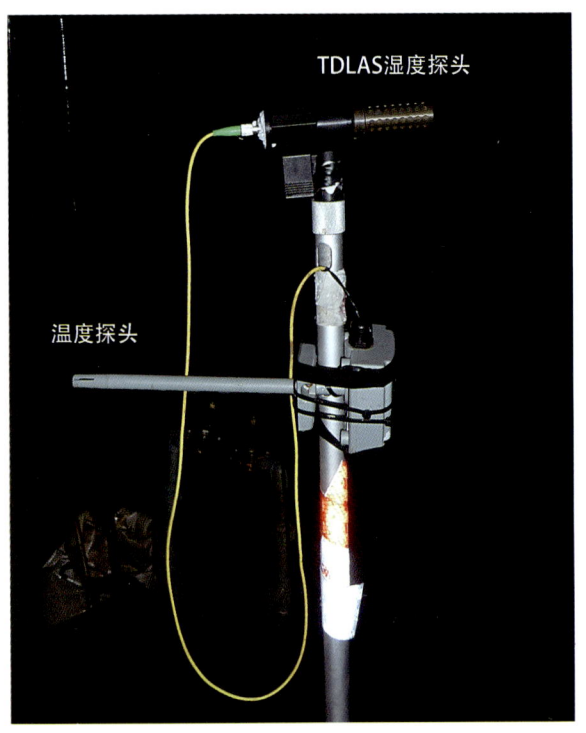

图版 38　墓室内独立监测点，湿度探头覆盖防水罩

图版 37　木材喷淋后湿润，微生物被抑制

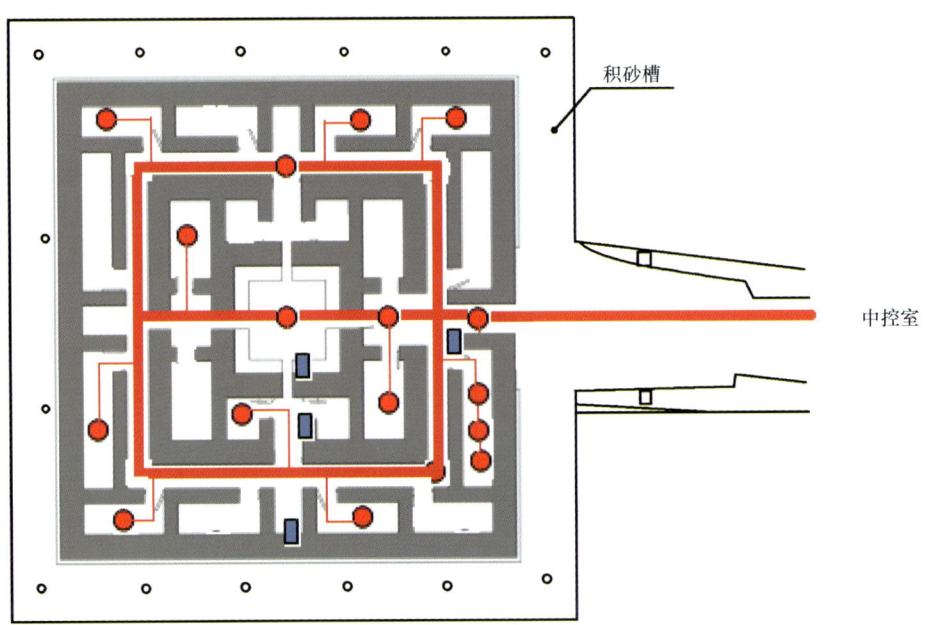

图版 39　墓室内部监测点布设图
（圆点代表温湿度采集点，方块代表墙体温度采集点）

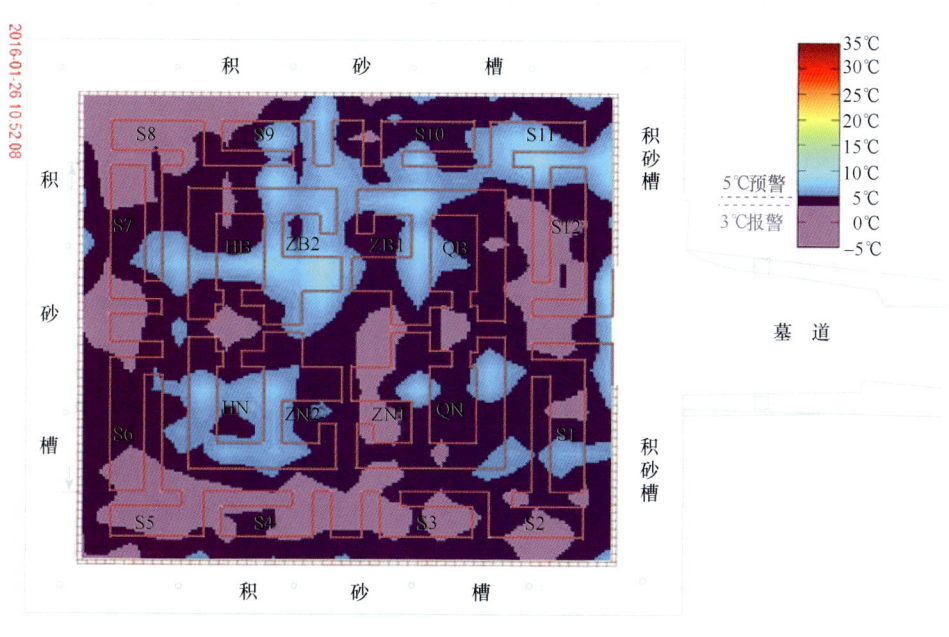

图版 50　极端低温温度分布图

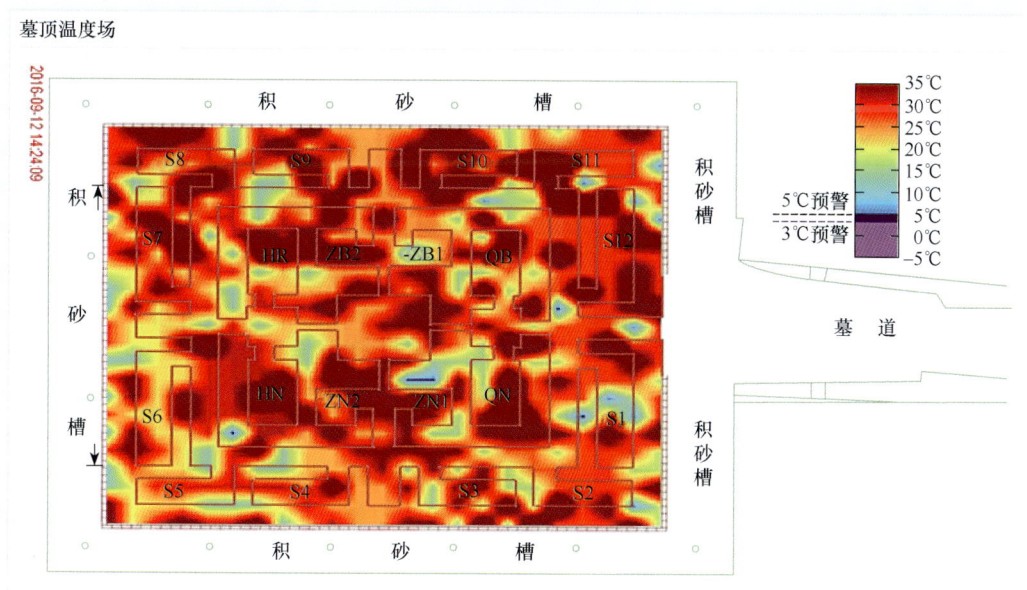

图版 51　极端高温温度分布图

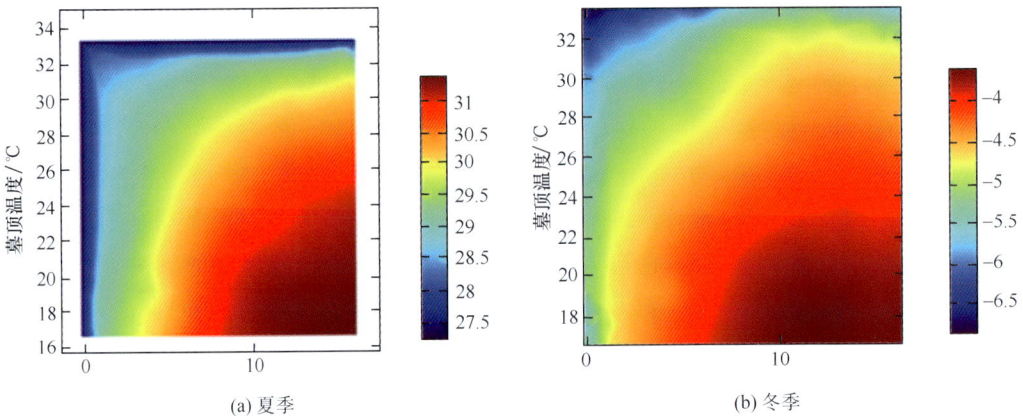

(a) 夏季　　　(b) 冬季

图版 52　墓顶温度分布

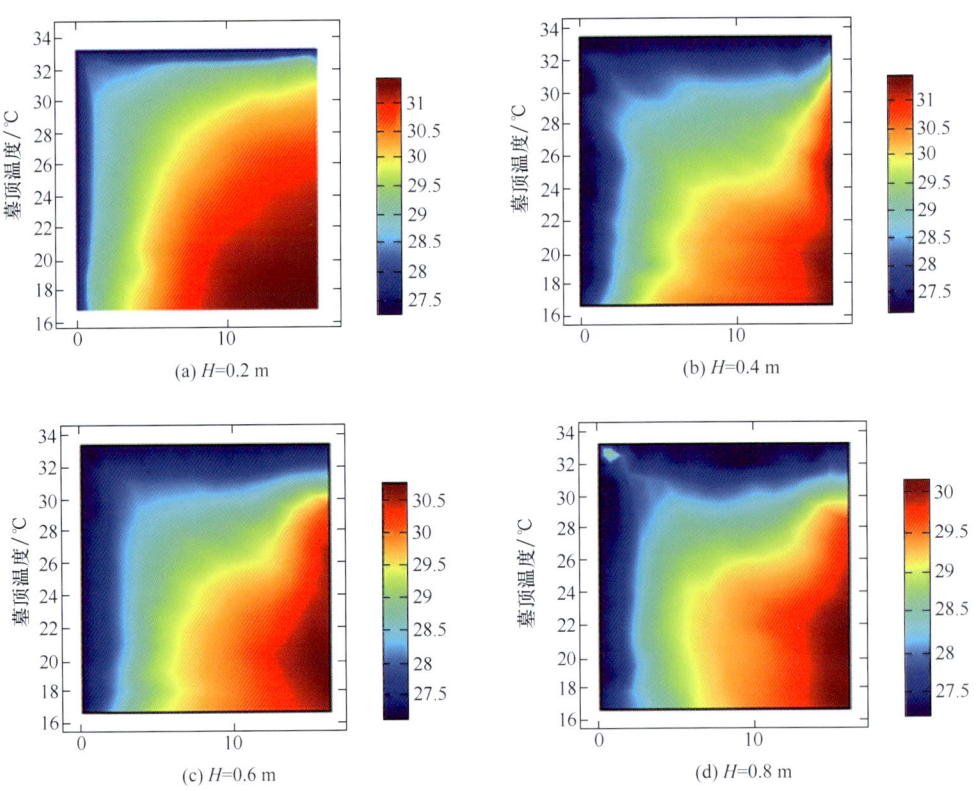

(a) $H=0.2$ m　　　(b) $H=0.4$ m

(c) $H=0.6$ m　　　(d) $H=0.8$ m

图版 53　墓顶温度分布

图版 54　经过 PEG 渗透、高湿老化再自然干燥后的样品形貌

图版 55　高湿条件下样品老化 30 天

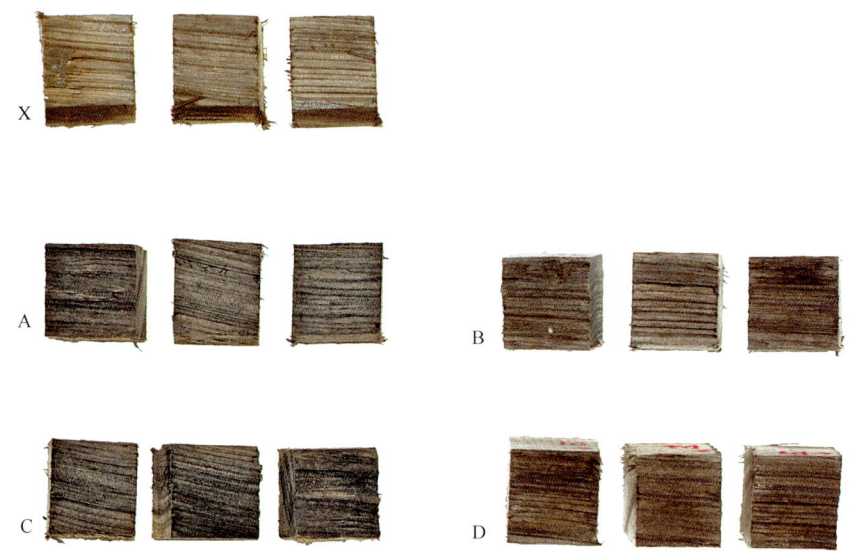

图版 56　老化 30 天后 PEG 渗透样品与空白样品形貌差异

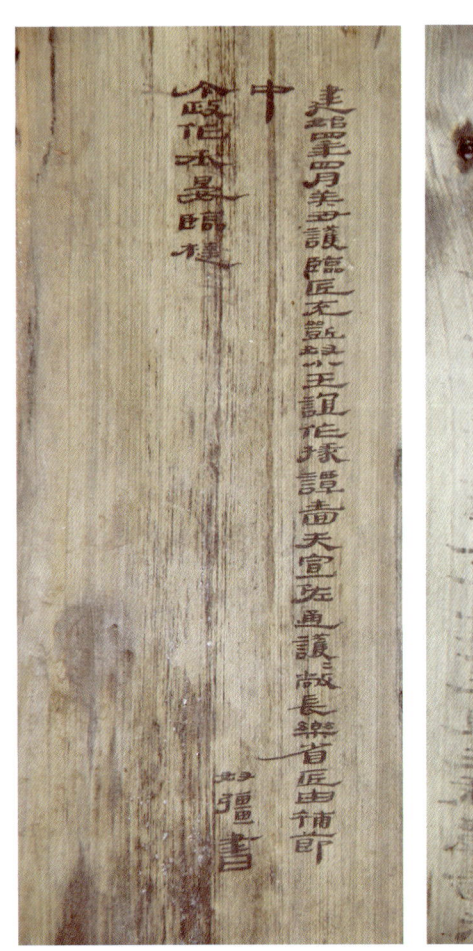

图版 57　发现有"建始四年"字样的墨书文字

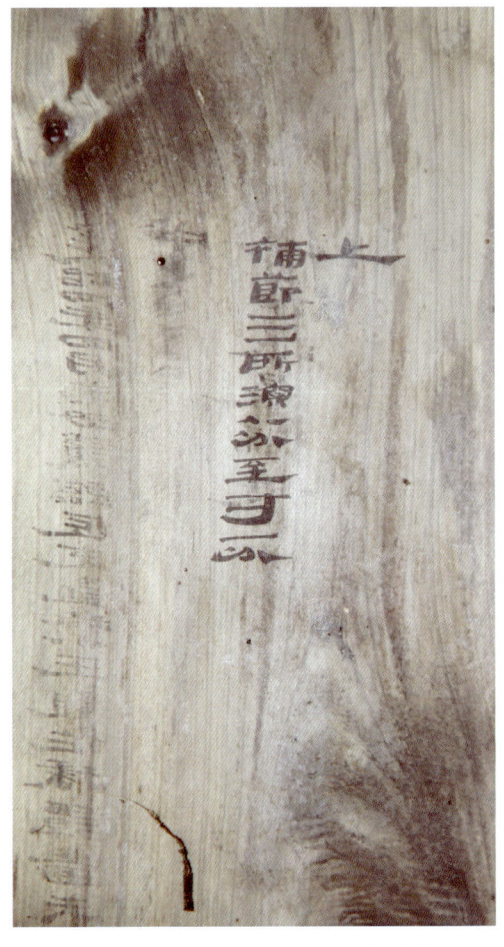

图版 58　发现的墨书文字清晰可读

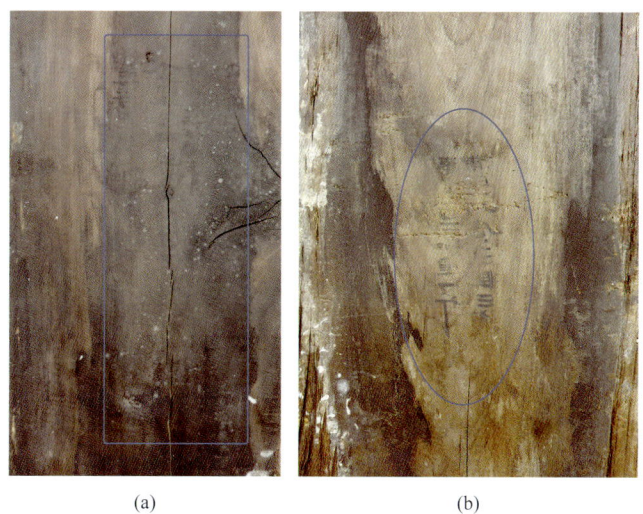

图版 59　定陶汉墓中对黄肠题凑木块拍摄的局部照片
[（a）为 A 面，（b）为 B 面]

图版 60　可见光图像

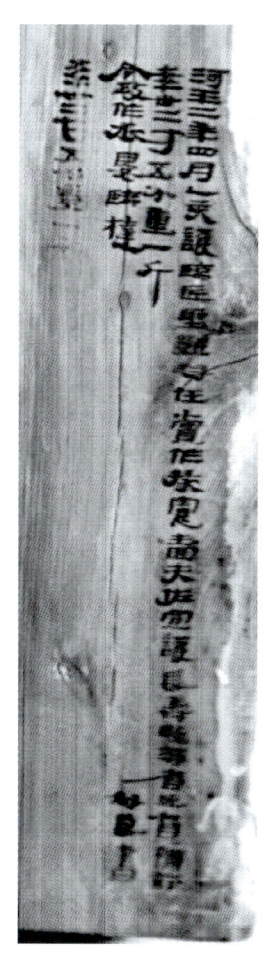

图版 61　短波红外光谱图像

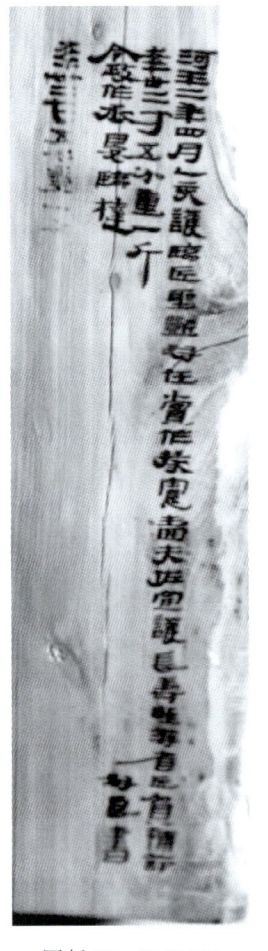 

图版 62　SMACC 算法处理图像　　　图版 63　文字着色处理图像

 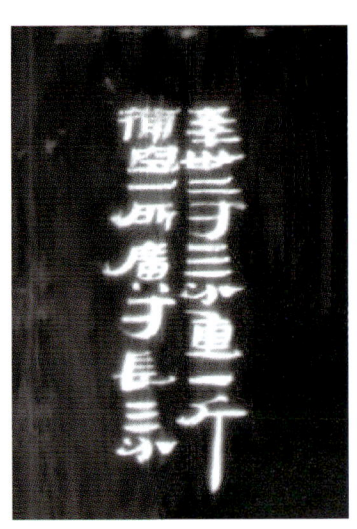 

图版 64　可见光图像　　　图版 65　SMACC算法处理图像　　　图版 66　文字着色处理图像

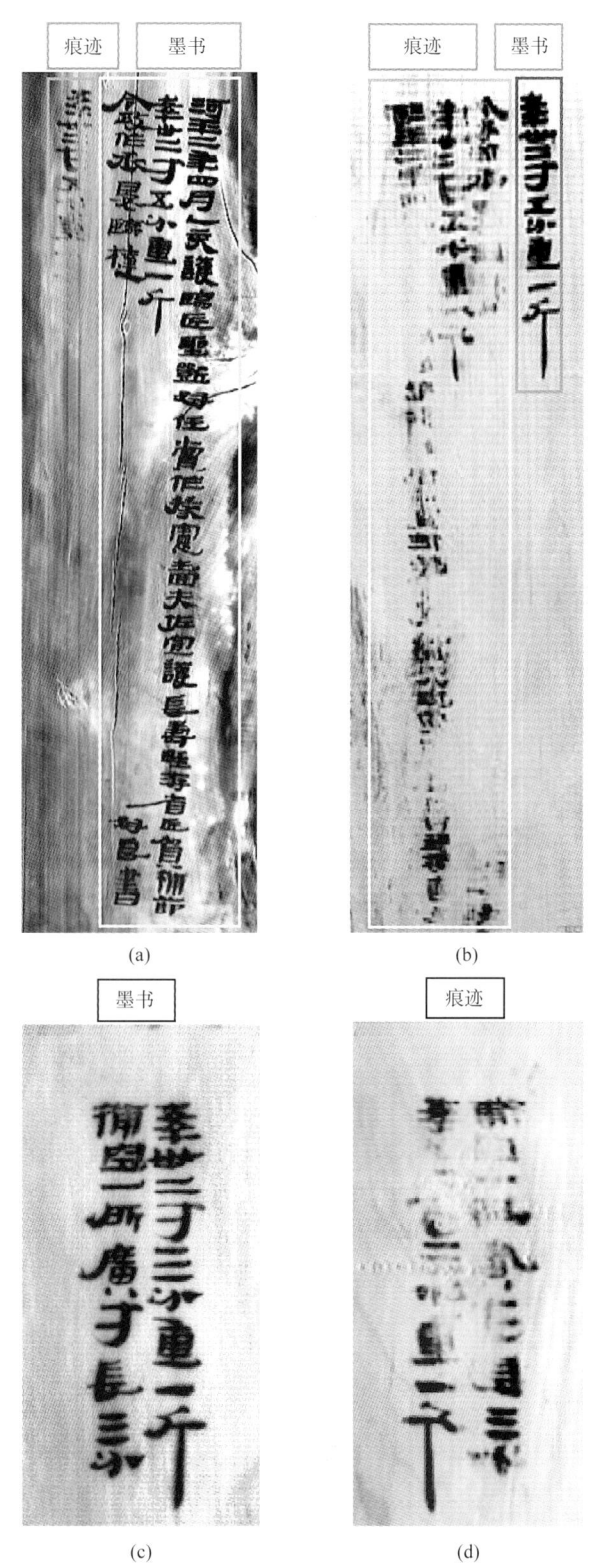

图版 67　两组短波红外高光谱成像数据提取镜像文字信息对比
（一面为原始墨书文字，另一对贴面附着镜像文字痕迹）

图版 68　墨锭 1 显微照片（×10）

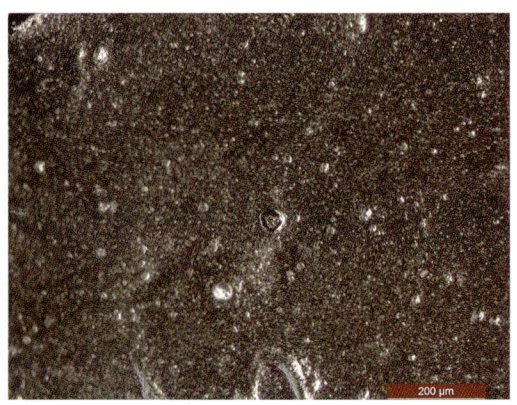
图版 69　墨锭 2 显微照片（×10）

图版 70　墨锭 3 显微照片（×10）

(a) ×5

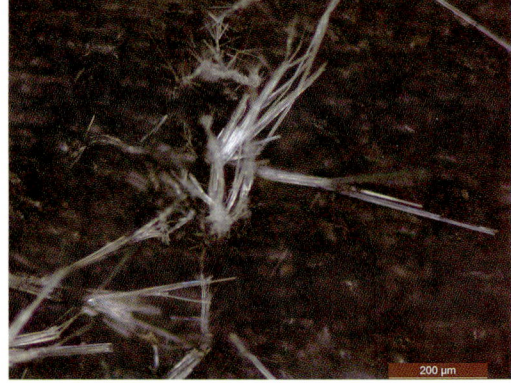
(b) ×10

图版 71　复合溶液浸泡样品表面覆盖物显微照片

图版 72　黄肠题凑组红色覆盖物显微照片

图版 73　黄肠题凑组表面白色覆盖物显微照片

(a)

(b)

图版 74　汉墓现场的木材探测

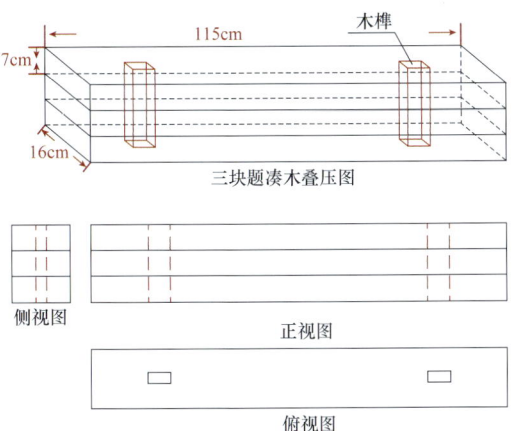
图版 75　题凑枋木三视图

图版 76　中室南门东、西立柱

图版 77　横梁位于顶板和题凑墙之间

图版 78　QN 突起榫卯

图版 79　汉墓出土梓棺局部图

图版 80　汉墓出土竹笥

图版 81　工作人员清理丝袍现场

图版 82　版筑夯土内台西南部坡面式台面

图版 85 墓道两侧版筑夯土台板痕壁面

图版 83 版筑夯土内台南侧外缘板痕壁面

图版 84 墓道两侧夯土台基

图版 86　解剖封土结构的探沟

图版 87　汉墓本体保护区域，以黄肠题凑为中心 50 m×50 m 范围

脱水时间（天）	甲端面	乙端面
0		
5		
30		
90		
518		

图版 88　A 组（室内自然干燥无加固样品）脱水过程形貌变化

图版 90　C 组（环境控制加固样品）脱水过程形貌变化

脱水时间（天）	甲端面	乙端面
0		
40		
80		
205		
520		

图版 89　B 组（环境控制无加固样品）脱水过程形貌变化